应用型本科国际经济与贸易专业精品系列教材

跨国公司经营与管理

主　编　孔　欣
副主编　万　勇　祝　佳

北京理工大学出版社
BEIJING INSTITUTE OF TECHNOLOGY PRESS

内容简介

本书以跨国公司的成长轨迹为逻辑起点，着重阐述跨国公司对外直接投资理论与经营环境，并在此基础上系统分析跨国公司组织结构、人力资源管理、内部贸易和转移价格、营销管理、财务管理和跨文化管理等内容；最后，结合中国对外开放实践，探讨外国跨国公司对华投资及中国跨国公司成长与发展问题。

本书内容系统全面，反映了国际投资理论前沿和发展趋势，侧重研究跨国公司经营管理实践与经典案例，介绍了我国利用外资和对外投资的最新情况，可作为普通高等院校经济管理类各专业教材。

版权专有　侵权必究

图书在版编目（CIP）数据

跨国公司经营与管理/孔欣主编. —北京：北京理工大学出版社，2020.9
ISBN 978-7-5682-8985-6

Ⅰ. ①跨… Ⅱ. ①孔… Ⅲ. ①跨国公司-经营管理 Ⅳ. ①F276.7

中国版本图书馆 CIP 数据核字（2020）第 163420 号

出版发行 /	北京理工大学出版社有限责任公司
社　　址 /	北京市海淀区中关村南大街 5 号
邮　　编 /	100081
电　　话 /	（010）68914775（总编室）
	（010）82562903（教材售后服务热线）
	（010）68948351（其他图书服务热线）
网　　址 /	http://www.bitpress.com.cn
经　　销 /	全国各地新华书店
印　　刷 /	唐山富达印务有限公司
开　　本 /	787 毫米 × 1092 毫米　1/16
印　　张 /	19
字　　数 /	446 千字
版　　次 /	2020 年 9 月第 1 版　2020 年 9 月第 1 次印刷
定　　价 /	53.00 元

责任编辑 / 王晓莉
文案编辑 / 王晓莉
责任校对 / 刘亚男
责任印制 / 李志强

图书出现印装质量问题，请拨打售后服务热线，本社负责调换

前言

随着经济全球化进程的深入发展，跨国公司日益成为推动世界经济成长的主导力量。跨国公司通过其构筑的研发、采购、生产、营销一体化的网络系统，促进了世界范围内的自然资源、劳动力、资本、技术、信息的跨国流动与重新配置，突破了国际经济联系的固有格局。可以说，跨国公司在全球经济增长、国外投资、扩大就业、国际贸易发展、技术进步等方面发挥着举足轻重的作用。因此，跨国公司经营管理者必须树立全球竞争与跨国合作的经营理念，熟悉国际政治经济环境，掌握跨国经营的基本理论和方法，了解跨文化管理的运作技巧，才能在国际市场上把握先机，获取竞争优势。

我国自改革开放以来，实施了一系列吸引外资的政策与举措，从各个层面完善外商投资环境，优化利用外资结构，扩大开放领域，跨国公司对华直接投资迅猛发展，中国也成为世界主要的外国直接投资接受国。外国跨国公司在中国获得巨大经济利益的同时，也促进了中国的产业结构升级、技术进步和管理创新，实现了互利共赢的良好局面。同时，随着中国改革开放的不断深入，综合国力进一步增强，外汇储备规模巨大，企业的国际竞争力也明显提高，特别是在国家实施扩大对外投资战略的有力支持下，越来越多的中国企业走向世界，涌现出一大批具有全球视野和国际战略的中国跨国公司，它们成为世界市场上一支重要的新生力量。

与此同时，不管是国外跨国公司在中国组建的"三资企业"，还是走出国门的中国跨国公司，从公司的高级管理者到普通业务人员，甚至是一般的社会成员，都感受到在跨国经营环境下，不同组织文化、不同经营理念、不同管理模式对中国传统企业管理的冲击。这其中涌现出一些适应能力强、发展后劲足、经营绩效好、市场信誉度高、具有持续竞争优势的优秀跨国公司，也有个别世界知名公司因经营不善，被迫从东道国撤资。

因此，了解跨国公司成长轨迹，研究跨国公司的相关理论，熟悉跨国公司经营管理策略，分析其对东道国及母国的经济影响，探索中国跨国公司的成长之路，对于培养国际贸易、国际营销、国际金融、国际商务等相关领域的应用性人才都是非常必要的。基于以上原因，编者在充分借鉴国内外相关研究成果基础上，编写了本书。

全书共十一章，大体上可分为三部分内容。第一部分包括第一章、第二章和第三章，介绍了跨国公司形成与发展、跨国公司的含义与特征、跨国公司对东道国经济的影响；分析了跨国公司经营环境与对外直接投资理论，为跨国公司经营管理打下理论基础。第二部分包括第四章到第九章，在跨国公司相关理论的基础上，系统阐述了跨国公司经营管理的各个主要环节，分析了跨国公司的组织结构、人力资源管理、内部贸易与转移价格、营销管理、财务管理和跨文化管理。第三部分包括第十章和第十一章，分别从外国跨国公司来华投资与中国跨国公司跨国经营两个层面，反映跨国公司经营管理实践。

本书突出三个特色。一是合理构建理论框架。本书从跨国公司相关理论阐释入手，到跨国公司的日常运作，再到跨国公司的实践活动，体现出理论框架的整体性和系统性。二是内容充实具体，结合案例分析。本书全方位地介绍了跨国公司对外投资的基本理论以及营销管理等各个环节，同时注重理论联系实际，通过典型案例分析深化理论内容，培养读者创造性思维。三是突出应用性。本书跟踪跨国公司最新理论研究成果和经营管理实践，注重结合中国引进跨国公司直接投资与对外投资的情况，在结构与内容安排上强化与需求相适应，强调理论性与实用性的有机结合。

本书由广东金融学院孔欣教授、祝佳教授和广东石油化工学院万勇教授共同编撰完成。各章的编写分工如下：第一、二、三、六、七、九章由孔欣编写；第四、五、八章由万勇编写；第十、十一章由祝佳编写。本教材适合国际经济与贸易、国际商务、工商管理、国际金融、贸易经济等专业本科生的教学，也可供相关领域的理论工作者和实际业务人员参考。

本书在编写过程中，借鉴了国内外专家学者的诸多研究成果，在此深表谢意！感谢广州区域金融政策研究基地资助！

由于作者学识有限，书中疏漏和不足之处在所难免，恳求读者批评指正。

编　者
2020 年 5 月

目 录

第一章 绪论 (1)
    第一节 跨国公司的形成与发展 (2)
    第二节 跨国公司的含义与类型 (11)
    第三节 跨国公司的跨国经营 (18)

第二章 跨国公司投资理论 (27)
    第一节 经典的跨国公司对外直接投资理论 (28)
    第二节 发展中国家直接投资理论 (49)
    第三节 国际直接投资理论的创新与发展 (55)

第三章 跨国公司经营环境分析 (64)
    第一节 国际经营环境分析 (65)
    第二节 东道国经营环境分析 (76)
    第三节 跨国公司母国经营环境分析 (84)
    第四节 跨国公司投资环境评估方法 (87)

第四章 跨国公司的组织结构 (93)
    第一节 跨国公司组织结构的演变 (95)
    第二节 跨国公司组织结构的类型 (100)
    第三节 跨国公司组织结构的发展趋势 (107)

第五章 跨国公司人力资源管理 (112)
    第一节 跨国公司人力资源管理概述 (114)
    第二节 跨国公司人力资源管理理论与模式 (117)
    第三节 跨国公司人力资源管理职能 (121)

第六章 跨国公司内部贸易与转移价格 (132)
    第一节 跨国公司内部贸易 (133)
    第二节 跨国公司转移价格 (139)

第三节　东道国应对跨国公司转移价格的对策 …………………………………（146）

第七章　跨国公司营销管理 …………………………………………………………（152）
　　第一节　跨国公司营销管理概述 ……………………………………………………（154）
　　第二节　跨国公司产品策略 …………………………………………………………（167）
　　第三节　跨国公司价格策略 …………………………………………………………（183）
　　第四节　跨国公司营销渠道策略 ……………………………………………………（189）
　　第五节　跨国公司促销策略 …………………………………………………………（196）

第八章　跨国公司财务管理 …………………………………………………………（200）
　　第一节　跨国公司财务管理系统 ……………………………………………………（203）
　　第二节　跨国公司融资管理 …………………………………………………………（209）
　　第三节　跨国公司投资管理 …………………………………………………………（216）
　　第四节　跨国公司税收管理 …………………………………………………………（222）

第九章　跨国公司跨文化管理 ………………………………………………………（232）
　　第一节　文化与跨国公司的组织文化 ………………………………………………（233）
　　第二节　文化差异与文化冲突 ………………………………………………………（236）
　　第三节　跨文化管理的理论基础 ……………………………………………………（243）
　　第四节　跨国公司跨文化管理运作 …………………………………………………（251）

第十章　跨国公司对华直接投资 ……………………………………………………（257）
　　第一节　中国吸引跨国公司来华直接投资阶段分析 ………………………………（259）
　　第二节　跨国公司对华直接投资的主要特点 ………………………………………（261）
　　第三节　跨国公司直接投资对中国经济的影响 ……………………………………（268）
　　第四节　跨国公司对华直接投资的发展趋势 ………………………………………（273）

第十一章　中国跨国公司的成长 ……………………………………………………（276）
　　第一节　中国跨国公司的发展阶段 …………………………………………………（277）
　　第二节　中国跨国公司跨国经营的投资模式 ………………………………………（280）
　　第三节　中国跨国公司发展中存在的问题及对策 …………………………………（282）

参考文献 ………………………………………………………………………………（289）

第一章

绪 论

本章学习重点

- 跨国公司的形成与发展
- 跨国公司的含义及衡量标准
- 跨国公司的特征
- 企业跨国经营的阶段分析
- 跨国公司与国家经济主权的关系

引导案例

全球外国直接投资连续第三年下降

《世界投资报告2019》（中文版）于2019年9月9日在厦门发布。该报告指出，全球对外直接投资（FDI）流量2018年继续下滑，较2017年下降13%，降至1.3万亿美元。这是全球外国直接投资连续第三年下降。

第三届中国境外经贸合作区发展研讨会暨《世界投资报告》（中文版）发布会于2019年9月9日上午在厦门举行。联合国贸易和发展会议组织投资和企业司司长詹晓宁出席发布会，并介绍了全球国际投资及投资政策的最新趋势与前景。詹晓宁认为，全球外国直接投资的下降，主要是由于2017年年底实施税制改革后，美国跨国公司在2018年前两个季度的累积国外收入大幅度汇回。从《世界投资报告2019》可见，2018年流入发达经济体的全球外国直接投资总额减少27%，降至2004年以来最低。其中，美国税改导致美国跨国公司海外资本回流美国，致使2018年欧洲吸引外资总量减半；受英国脱欧影响，外资流入也大幅减少了36%；另外，美国外国直接投资流入量也缩水9%，为2 520亿美元，但美国仍是全球最大外资流入国。与发达经济体全球外国直接投资流入量锐减相比，2018年流入发展中经济体的全球外国直接投资呈现小幅增长态势，增幅为2%。同时，发展中经济体吸引全球外国直接投资占全球总额的比重升至54%，创下历史新高。其中，亚洲发展中经济体的外资流入增长4%，成为全球外资流入最多的地区。

报告显示，2018年中国吸收外资创历史新高，达1 390亿美元，占全球吸收外资总量的10%以上，全球排名仅次于美国。中国外资流入有望继续保持高水平。詹晓宁分析指出，2019年年初，中国颁布了新的《中华人民共和国外商投资法》，建立了外资准入前国民待遇加负面清单模式，并宣布了一系列投资便利化以及市场开放的措施，这些都有利于进一步吸引外资。

报告预测，2019年全球外国直接投资有望温和复苏，预计增长10%，约达1.5万亿美元，但仍低于过去十年的平均水平。

詹晓宁认为，推高预期的主要因素是，2018年发达国家的全球外国直接投资异常低，可能会有反弹；继2018年下半年美国跨国公司的国外收入减少后，发达国家的资金流入量可能会恢复到之前的水平。

（资料来源：中国新闻网，《世界投资报告2019》：全球外国直接投资连续三年下降）

跨国公司是当今世界最重要的经济现象之一。2019年全球跨国公司母公司已经猛增到63 000家，国外分支机构达到70万家；跨国公司的总产值已经超过世界总产值的三分之一，销售额达到14万亿美元，几乎是世界贸易额的2倍；跨国公司内部贸易及相互贸易占世界贸易的60%以上。2017年跨国公司外国子公司销售额为30.82万亿美元，总资产达103.43万亿美元，增加值为7.32万亿美元，出口额为22.56万亿美元，就业人数达7 320.90万人。跨国公司母公司及其子公司对跨国公司母国与东道国的经济增长、资本形成、出口创汇、人员就业都做出了巨大贡献。现代跨国公司形成的历史并不久远，但其发展壮大十分迅速，经济影响力也越来越强。

第一节　跨国公司的形成与发展

跨国公司（Transnational Corporation）是资本跨越国界、一体化生产和全球经营战略的产物，是生产力发展和国际分工深化的必然结果。跨国公司的形成和发展与对外直接投资（Foreign Direct Investment，FDI）密切相关。所谓对外直接投资，也称"国际直接投资"，是指一个国家（或地区）的投资者（包括法人和自然人）以在国外获取长期利润为目标，以拥有国外企业的管理权和控制权为核心的投资活动。跨国公司与对外直接投资二者相辅相成，跨国公司是对外直接投资的主要载体，对外直接投资是跨国公司跨国经营的重要形式。跨国公司的形成与发展可以分为四个阶段。

一、跨国公司的形成阶段

跨国公司的萌芽最早可以追溯到公元17世纪初英国的特许公司（Charted Company）。特许公司是由英国王室赋予某些特权的垄断性公司，最著名的是于1600年成立的英国东印度公司，其从成立之初就取得了与当时的中国、印度的贸易、航运、金融特权。后来，由于英国新兴工业资本的迅速发展，社会、经济情况发生了很大变化，英国东印度公司的各种特权在19世纪初被相继取消，到了1858年该公司也被撤销。英国的特许公司除了东印度公司外，还有皇家非洲贸易公司、哈德逊湾公司、英资汇丰银行等。成立于1602年的荷兰东印度公司势力也十分强大，当时它的创业资本达650万盾，实行股份制，该公司在经营上几乎垄断了东方的香料贸易，在东南亚一带拥有大量的种植园。

这些特许公司以及后来19世纪和20世纪欧美的大型跨国公司，在亚洲、非洲和拉丁美洲的部分国家除了拥有商业特权外，还在当地的政治、军事、外交方面享有某些特权，影响了东道国的政治制度和社会制度，具有明显的殖民主义色彩。正因如此，直到现在非洲和拉丁美洲的部分国家，其民族主义政府对西方跨国公司仍怀有戒心。这些国家虽然发展资金不足，但对西方跨国公司的进入仍持谨慎态度。

　　现代意义上的跨国公司出现在19世纪60年代。1865年德国的拜尔化学公司购买了美国纽约州爱尔班尼的苯胺工厂股票，并于不久后把它兼并为自己的工厂。1866年瑞典的阿佛列·诺贝尔公司在德国汉堡开设了一家生产炸药的工厂。1868年美国的首家跨国公司——胜家公司（Singer）在苏格兰开办了第一家境外生产缝纫机的工厂，之后又先后在欧洲其他地方建立了多家分公司。1889年胜家公司研制成功了世界第一台电动缝纫机，1975年发明了电脑控制的多功能缝纫机，到20世纪70年代基本垄断了欧洲的缝纫机市场。1994年，胜家公司在中国上海建立了缝纫机有限公司。学术界把这三家公司看成跨国公司的先驱。

　　从19世纪末到第一次世界大战前，美国经济实力大增，大企业不断涌现，超过50%的大公司先后对外直接投资，在国外特别是欧洲建立分支企业，如西方联合电机公司、国际收割机公司、贝尔电话公司、爱迪生电灯公司等。帝国化学公司、联合利华公司、杜邦公司、雀巢公司等也先后开始了跨国生产与经营。到1914年，西方发达国家的跨国公司在国外的子公司约有800家，它们遍布世界各地，从事制造、采掘、种植等行业的生产经营活动，对世界范围的经济影响逐渐显现。

★延伸阅读

跨国公司的先驱——拜尔化学公司

　　1863年，德国人弗里德里克·拜尔（Bayer）在德国的伍贝塔尔城建立了生产化学染料的拜尔化学公司，1865年拜尔化学公司投资购买了美国纽约州爱尔班尼的苯胺工厂的股票，并于不久后把它兼并为自己的工厂。从1876年开始，拜尔公司又先后在俄国、法国、比利时、英国和美国等国家建立分厂。1881年，公司正式改组成为拜尔化学股份有限公司，在上述国家生产、销售药品和农药。1892年，该公司研制并生产出世界上第一种化学合成杀虫剂。1899年3月6日，拜耳获得阿司匹林的注册商标，商品专利号为36433，阿司匹林开始在位于德国伍贝塔尔的埃尔伯福特工厂生产。该商标后来成为全世界使用最广泛、知名度最高的药品品牌，被人们称为"世纪之药"，并为拜耳带来了难以想象的巨额利润，从而奠定了公司发展的基础。1912年，公司总部迁至勒沃库森。1925年公司同其他几家化学公司合并建立法本化学工业公司，1951年成为独立的法本继承公司，称拜耳颜料公司，1972年取名"拜耳公司"。

　　拜尔化学公司是世界公认的跨国公司的先驱。目前，拜尔公司是世界最为知名的世界500强企业之一。公司的总部位于德国的勒沃库森，在六大洲的200个地点建有750家生产厂；拥有120 000名员工及350家分支机构，几乎遍布世界各国。高分子、医药保健、化工及农业是公司的四大支柱产业。公司的产品种类超过10 000种，是德国最大的产业集团。

（资料来源：百度百科"德国拜尔公司"）

二、两次世界大战期间的缓慢发展阶段

从第一次世界大战爆发至第二次世界大战结束,全球对外直接投资增长缓慢,跨国公司的发展进程陷入低谷。从第一次世界大战爆发前的1913年到第二次世界大战爆发前的1938年,全世界国际投资仅增加了70亿美元,年均增长仅为0.6%。跨国公司发展缓慢的原因主要有以下几点。一是战争耗时长、范围广,不仅正常的经济发展受到冲击,世界各国纷纷停止了对外投资,跨国公司的发展也处于停滞状态,跨国公司的数量和规模增长减缓。二是在两次大战期间,发生了1920—1921年、1929—1933年、1937—1938年三次经济危机,特别是1929—1933年的经济危机,是资本主义有史以来最严重的经济萧条,经济萎缩,失业增加,导致直接投资不振。三是世界各国大多实行贸易保护主义,限制企业的对外投资,阻碍本国企业的对外贸易和跨国经营。四是国际货币体系混乱,货币制度受到干扰,汇率变动频繁,资本和金融交易风险增加,阻碍了对外直接投资和跨国公司的发展。

在此期间,对外直接投资和跨国公司跨国经营体现出三个特点。一是发展不平衡。老牌经济强国英国的经济实力下降,资本输出绝对量虽然仍居世界第一位,但相对速度减缓,优势明显减弱。美国的经济增长强劲,对外直接投资急剧增加,对外投资额由第一次世界大战前的26.52亿美元剧增至第二次世界大战前的73亿美元,所占世界对外投资额的比重由18.5%提高到27.7%,对外直接投资上升至世界第二位,由债务国变成世界主要的债权国。原来居于世界第二、第三位的法国和德国,对外投资额急剧减少,被挤出资本输出大国行列。二是对外投资领域扩大。科技的迅速发展拓宽了新的生产领域和投资领域,对制造业等新兴工业的投资比重有较大提高,传统的初级产业投资相对减少。在这方面,美国的变化最为明显,美国1914年的对外直接投资以矿业居于首位,1940年即以制造业居于首位,美国制造业大公司在海外的分支机构也由1913年的116家增至1939年的715家。三是对外投资的地区更加广泛。第一次世界大战前英、法、德等老牌资本主义国家主要向其殖民地进行资本输出,两次大战期间虽然对外投资有一半仍投向殖民地和经济落后国家,但随着直接投资于制造业的比重的增加,英、美、法、德等国对经济发达国家、新兴工业国家的直接投资比重明显提高。

三、第二次世界大战结束后跨国公司的迅速发展阶段

第二次世界大战结束后,各国开始经济和生产重建,加之社会生产力的发展和第三次科技革命的推动,世界经济获得了空前的发展,资本国际化也进一步从流通领域深入生产领域,对外直接投资急剧增长。在20世纪90年代以后,跨国公司的发展呈现出一系列新的特点。

(一) 20世纪50年代至80年代跨国公司的大发展

20世纪50年代至80年代是跨国公司迅速发展的黄金时期,具体表现在以下几个方面。

1. 全球对外直接投资增长迅速

第二次世界大战结束后,1945年全球对外直接投资额约为200亿美元,1960年增加到670亿美元,1978年达3 693亿美元,1980年增至5 357亿美元。对外投资总量在20世纪

60年代的10年间增长了2.4倍，70年代对外直接投资规模扩大了3.3倍，1945—1980年增长了近27倍。在这段时间内，全球对外直接投资的增长速度远远超过同期的全球国内生产总值增长速度和全球贸易增长速度。在1960—1973年，全球对外直接投资的年均增长率高达15.1%，而同期的国内生产总值增长率和全球贸易增长率分别为5.5%和8%；在1974—1980年，全球对外直接投资的年均增长率更是高达18.9%，而同期的国内生产总值增长率和全球贸易增长率仅分别为3.6%和4.0%。1983—1990年全球对外直接投资增长速度是全球国内生产总值增速的4倍，是全球国际贸易增速的3倍。1990年对外投资流量达到创记录的2 403亿美元。

2. 世界范围内对外直接投资流向发生了显著变化

发达国家向发展中国家的直接投资虽然绝对量仍有所增加，但所占比重明显下降，主要集中在一些新兴工业化国家和地区。与此同时，由于发达国家的经济发展水平较高，经济全球化进程加快，经济结构和消费结构相近，投资环境较好，投资空间巨大，发达国家之间的相互投资大增，发达国家既是国外直接投资的来源国，又是国外直接投资的东道国。根据联合国秘书处的相关资料，20世纪60年代中期至末期，有78%的跨国直接投资流向了发达国家；20世纪70年代初期至中期，这一比例更是高达87%。跨国公司的地区分布更加广泛，到20世纪70年代末，跨国公司在全球160多个国家和地区设有分支机构，对世界经济发展的影响也越来越大。

第二次世界大战后相当长的一段时间里，美国的跨国公司无论是从数量、规模上还是从对世界经济影响上看都具有世界霸主地位。进入20世纪80年代以后，美国跨国公司在国际上的地位相对下降，而日本、西欧各国跨国公司的国际影响力相应增强，形成了美、日、欧三足鼎立的局面。韩国、中国香港和台湾地区、新加坡等新兴经济体的跨国公司也登上国际经济舞台。

3. 跨国公司数量增加且规模扩大

据统计，1949年全球跨国公司母公司仅有512家，1956年即增至1 724家，1963年达到4 068家，1968年增至7 276家，1973年再增至9 481家，1978年全世界跨国公司母公司总数已突破万家，达到10 727家，在国外设立的分支机构多达82 266家。在这同一历史时期，跨国公司海外的子公司数量也增长迅速。1946—1950年，美国每个跨国公司平均每年在海外新建子公司0.4家，1951—1960年平均每年为0.8家，1961—1970年平均每年为1.5家，1971—1978年平均每年为1.2家。美国180家知名跨国公司从1961年至1975年平均每年在海外新建子公司多达2 265家，平均每家跨国公司每年新建海外子公司12.6家。而像通用汽车、福特汽车、埃克森石油、可口可乐、杜邦等超大型跨国公司，在20世纪60年代末都拥有超过百家的海外子公司。

进入20世纪80年代以后，跨国公司及其子公司的数量增长更快。1983年世界跨国公司总数为1.1万家，拥有国外子公司11.2万家；到了1993年已有3.7万家跨国公司控制着全球近20万家子公司。

另外，随着资本的相对集中、垄断程度的提高和跨国经营的扩展，跨国公司的规模越来越大，跨国公司母公司及分支机构的数量越来越多。据联合国跨国公司中心的统计资料，

1971年销售额在10亿美元以上的制造业（含石油业）跨国公司有211家，仅仅过了5年就翻了一番，年销售额过10亿美元的跨国公司已达422家。随着跨国公司规模的扩张，在一些资本和技术密集型行业中，产业集中度越来越高，寡头垄断程度加剧。如在农机工业中，11家跨国公司的销售额占世界销售总额的80%；在10家规模最大的计算机跨国公司的总销售额中，仅IBM一家就占了将近一半。从1982年至1992年，排名前200位的大型跨国公司的销售额从3万亿美元增至5.9万亿美元，占世界GDP的比重也从24.2%提升至26.8%。

4. 跨国公司对外直接投资重点为制造业和第三产业

早期的跨国公司对外直接投资主要集中在矿产开发、石油开采等初级产业及铁路工程等基础设施领域，第二次世界大战以后，跨国公司对外投资逐渐向制造业拓展。特别是电子工业、汽车工业、石油化工、机械制造等行业，成为跨国公司海外投资的热点。20世纪70年代后期开始，商品贸易、金融保险、运输、餐饮、咨询等服务领域的对外直接投资迅速增加。20世纪80年代以后，主要发达国家的服务业跨国经营完全超过或接近制造业的跨国经营。据统计，1980年美国跨国公司对外直接投资中，采掘、石油业占比为22%，制造业占比为41.7%，金融、保险服务业占比仅为12.7%；而到1988年，以上三大领域的比例分别变为19.8%、40.9%、39%。再比如，1988年日本的跨国公司对外直接投资中，64.9%投向了金融、保险、服务和不动产行业；1990年年底，美国、加拿大、法国、德国、荷兰等国的跨国公司总资产中，有40%～55%属于服务业。

5. 跨国公司的跨国进入方式多元化

跨国公司的跨国进入方式一般是以新建投资为主，包括在国外建立独资企业、合资企业与合作企业。20世纪70年代末至80年代末发生了又一次跨国并购浪潮，跨国公司绿地投资比例下降，收购和兼并成为跨国公司进入海外市场的重要形式。其原因是跨国并购可以直接取得海外市场和生产基地，迅速形成生产能力，获得规模经济效益；跨国并购既可以直接占有原有企业的市场份额和营销网络，又可以提高企业的知名度和国际竞争力；跨国并购既是获取国外企业先进技术和人才的捷径，又是学习、借鉴外国企业管理经营的有效手段。国际投资银行在跨国公司跨国并购中发挥了极其重要的作用，伴随着金融市场的发展和金融工具的创新，"杠杆收购"（Leveraged Buy-out，LBO）策略大量运用，小企业并购大公司的现象屡见不鲜，跨国并购规模大、持续时间长、方式灵活，跨国并购遍及发达国家。据统计，1989年全球企业并购总数为7 700起，并购价值总额为3 550亿美元；其中跨国并购就达2 764起，价值总额达1 310亿美元，分别占全球的36%和37%。

（二）20世纪90年代后跨国公司发展的新特点

20世纪90年代美国等发达国家开始了技术创新的新阶段，也推动了世界经济发展进入由工业经济向知识经济转型的历史时期，跨国公司的发展也呈现出如下特点。

1. 跨国公司总体实力大增

20世纪90年代以后，跨国公司又开始了新的扩张浪潮，跨国公司母公司和子公司数量大幅度增加。20世纪90年代初期，全球范围内跨国公司母公司数为3.7万家，所属国外分支机构24万家；90年代末全球跨国公司母公司数量达到6.345 9万家，所属子公司数量为68.952万家。1990年国际直接投资总额为2 030亿美元，1999年达到10 800亿美元，是

1990 年的 5.32 倍。截至 1999 年年底，以跨国公司为载体的世界对外直接投资存量达到 5 万亿美元，全球所有跨国公司附属公司的资产为 17.68 万亿美元，是对外直接投资存量的 3.5 倍。跨国公司对外直接投资规模不断扩大，跨国公司在国外的销售额亦呈现迅速增长的态势。1992 年跨国公司在国外的销售额约为 5.5 万亿美元，而到 1998 年已超过 11 万亿美元，大大超过同期的全球商品和劳务的出口总额。1999 年世界货物和非要素服务出口额为 68 920 亿美元，跨国公司海外附属企业的货物和服务出口额为 31 670 亿美元，占世界同期货物与非要素服务出口额的 46%。

2. 跨国并购成为跨国公司对外直接投资的主要形式

资本市场国际化的过程，也是资本运营国际化的过程。跨国公司跨国收购、兼并，成为一国资本实现国际化的捷径。当一国企业收购、兼并另一国企业时，它们之间并不是简单的间接投资，购买其股票或债券并不是仅仅为了获得股息红利等经济收益，而是要获得被并购企业生产经营的控制权，并通过这种控制权将本企业与被并购企业的资源、生产、销售、研发等活动整合起来，形成一个有机的经营整体。跨国并购以寻求战略性资产的国际直接投资形式成为跨国公司全球扩张的有效途径。

在世界范围内，面对激烈的竞争压力和经济自由化浪潮，大量跨国公司把跨国并购作为自己的核心战略，通过跨国并购来扩大企业规模，分散经营风险，巩固自己的国际竞争力。从 1988 年到 1995 年，全球跨国并购总额增加了一倍，达到 2 290 亿美元；到了 1999 年更是高达 7 200 亿美元，是 1988 年的 7 倍左右。1980 年至 1999 年，全球并购总数年增长率高达 42%。

在跨国并购当中，超大型跨国公司之间的大额并购日益增加。1995 年超过 10 亿美元的并购总交易额为 590 亿美元，1997 年超过 10 亿美元的总交易额上升至 1 610 亿美元。从跨国并购在世界对外直接投资中的比重看，1996 年跨国并购交易额在全球对外直接投资流量中所占比重为 45.4%，即当年对外直接投资还是以新建投资方式为主；而到了 2000 年，跨国并购规模迅速达到 1.1 万亿美元。在 1998 年至 2000 年，跨国并购活动成为跨国公司对外直接投资的最主要方式，跨国并购交易额在对外直接投资中所占比重在 80% 以上。与此同时，发展中国家的公司也积极参与跨国并购活动。1987 年发展中国家（地区）企业进行的跨国并购价值仅为 30 亿美元，1999 年这一数值变为 410 亿美元。

3. 国际战略联盟成为跨国公司发展的新手段

国际战略联盟是两个或两个以上的跨国公司根据世界市场的竞争态势和跨国公司自身的发展战略，为了追求共同的战略目标而签订多种合作安排协议，通过协议这种松散的非股权参与方式在研究开发、合作生产、联合经营等方面进行合作，实现优势互补、风险共担、利益共享的双赢局面。联盟各方不受市场地位约束、不受地理位置限制的跨国战略性协作，使世界产业结构发生着深刻变革，各国资源也在世界范围内得到重新配置。

国际战略联盟的兴起，既是多种因素交叉作用而产生的新经济现象，也是跨国公司在当今国际经济关系中实现战略调整的必然结果。首先它是科技革命向纵深发展的结果，当今世界科学技术的迅猛发展把企业产品日益推向高技术化和复杂化，客观上要求不同国家的跨国公司在技术、资金、设备、营销、管理等方面相互渗透，形成一种国际经营联合体，以便缩短从设计新产品到正式投产的时间,利用其他企业的营销渠道和服务网络,将产品便捷地送达消费者,抢先占领国际市场。其次,由于新技术的开发和应用周期缩短,研发知识密集型、高附加值的新技术产品所需要的资金数额巨大,风险增加,单一企业往往难以独立承担,而组建跨国战略联盟可充分利用各个跨国公司的资源,相互分摊费用和风险,实现外部经济内部化。最后,组建国际战略联盟,可借用其他跨国公司的品牌、营销途径,绕过关税与非关税壁垒,打破他国政府管制限制,有利于进入新的国际市场,提升市场占有率。

20世纪90年代以来,跨国公司在国际化的生产经营中,越来越多地采用跨国战略联盟方式。据《1997年世界投资报告》数据显示,跨国公司之间的联盟协议,1990年为1 760份,1995年则增加到4 600份。特别是国际竞争激烈的电子信息、半导体、汽车等行业,成为跨国公司之间缔结国际战略联盟的密集领域。

4. 研发全球化日益广泛

长期以来,跨国公司为了巩固技术垄断地位,防止高新技术外溢,在国际竞争中保持技术领先优势,往往把研发中心设在母国,普遍将其技术创新活动集中于母公司,置于公司总部的严密监控之下。然而,20世纪90年代以后,随着经济全球化的快速发展和国际竞争的日趋激烈,大型跨国公司为了适应世界市场的复杂性、产品的多样性以及不同国家消费者偏好的差异性的要求,同时充分利用世界各国现有的科技资源,降低新产品研制中的投入成本和各种风险,一改以往以母公司为研究与开发中心的传统布局。根据不同东道国在人才、科技实力及科研基础设施上的比较优势,跨国公司在相互兼并和联合的同时,加强了技术合作和研究与开发国际化,在全球范围内有目的、有组织地开设研发机构,以从事新技术、新产品的研发工作。跨国公司间的技术合作与研究开发越来越全球化。

以美国为例,1987年美国在国外的研发投入仅为52亿美元,1993年则猛增至98亿美元,增长了88.5%。这些投资不仅投向发达国家,也投向发展中国家和地区。美国国际商用机械公司(IBM)不仅在日本、瑞士等发达国家设有研发中心,也在很多发展中国家和地区设有研发机构。

四、2008年金融危机后跨国公司的发展趋势

进入21世纪,由于美国"新经济"热潮的急剧降温,全球信息与通信行业发展速度相对减缓;日本经济因20世纪90年代初期"泡沫"破灭而造成经济持续低迷的状况,至今没有得到有效改善;"9·11"恐怖袭击事件不仅使美国经济遭受重创,同时也把世界经济拖入衰退的泥潭;2004—2006年世界经济出现了恢复性增长,可是好景不长,2008年次贷危机爆发以及之后引发的金融海啸,使全球对外直接投资备受打击;此后的欧洲债务危机,以及贸易保护主义重新抬头,都使跨国公司对外投资和跨国经营受到较大影响。

经济全球化趋势不可阻挡,各国之间的经济合作范围越来越广,技术创新方兴未艾,新兴经济体的经济强劲增长,给世界经济发展注入新的活力。跨国公司正在进入一个新的发展和调整时期。这一时期,跨国公司的发展经营具有不同以往的特征。

1. 全球对外直接投资呈现出巨大的波动性

联合国贸易与发展会议组织(简称"贸发会议",英文缩写为UNCTAD)各年《世界投

资报告》的统计数据显示，全球对外直接投资（FDI）流入额在2000年达到14 110亿美元的峰值后，开始出现大幅度波动，如表1-1所示。2001年全球对外直接投资流入额仅为7 351亿美元，比2000年减少了48%，出现了近10年以来对外直接投资的第一次逆转。2001年、2002年、2003年全球对外投资流入额规模逐年下滑，依次为7 351亿美元、6 510亿美元、5 600亿美元。特别是2003年的对外直接投资流入额，是1998年以来数量最少的。原因之一是流入发达国家的全球对外直接投资减少。2003年流入发达国家的全球对外直接投资较上一年锐减25%，仅为3 670亿美元，其中流入美国的仅为300亿美元。

2004年全球对外直接投资流入额出现了较大的反弹，达到6 480亿美元，比2003年增长了15.7%。其中，对外直接投资在亚太地区的增长最为强劲，升幅将近50%。2005年全球对外直接投资流入额继续回升，达到9 160亿美元，增长的主要动力是跨国公司并购活动扩大，尤其是发达国家之间在金融、电信、房地产、石油工业等领域的跨国并购迅速增加。2006年、2007年全球对外直接投资流入额连续增长，流入主要发达国家的对外直接投资屡创新高，美国、英国、法国一直是对外直接投资最大流入国的前三位。2007年全球对外直接投资流入额达到峰值。2008年，由于次贷危机，全球对外直接投资流入额下降。从2009年开始到2011年，连续3年上涨；2015年、2016年、2017年全球对外直接投资流入额又连续3年下降。

表1-1 2000—2018年全球对外直接投资流入额

万亿美元

年份	额度	增长率	年份	额度	增长率	年份	额度	增长率
2000	1.410 0	—	2008	1.697 0	−14%	2016	1.750 0	−2%
2001	0.735 1	−48%	2009	1.114 0	37.1%	2017	1.430 0	−23%
2002	0.651 0	−11.4%	2010	1.244 0	5%	2018	1.300 0	−13%
2003	0.560 0	−14%	2011	1.500 0	20%			
2004	0.648 0	15.7%	2012	1.350 0	−18%			
2005	0.916 0	41.4%	2013	1.450 0	9%			
2006	1.310 0	42.6%	2014	1.230 0	−16%			
2007	1.830 0	40.4%	2015	1.760 0	38%			

（资料来源：联合国贸易与发展会议，各年《世界投资报告》）

2. 发展中国家积极参与国际投资和跨国经营

尽管国际直接投资的来源国和目的国主要是发达国家，但从21世纪开始，发展中国家更加积极地参与国际直接投资，发展中国家的跨国公司大力开展跨国经营。1990—1995年发展中国家年平均吸收外国直接投资743亿美元，对外直接投资仅为320亿美元；而到了2000年，发展中国家年吸收外国直接投资达2 379亿美元，对外直接投资为1 042亿美元。2001年，由于世界经济发展放缓，国际直接投资急剧减少，发达国家吸收外直接投资缩减59%，发展中国家缩减近14%。2004年，发展中国家对外直接投资增长明显，达1 170亿美元，表明发展中国家的跨国公司成为世界经济舞台上的一支重要力量，并对国际政治、国际经济生活产生较大影响。

2007年，发展中国家的对外直接投资流入额创下新高，达5 000亿美元，比2006年上涨21%；同时，发展中国家作为外国直接投资的来源国也变得越来越重要，2007年发展中国家外资流出额达到2 530亿美元的峰值。特别是亚洲各国的跨国公司，积极拓展海外业务，成为发展中国家对外直接投资的主力军。在发展中国家中，中国的吸引外资与对外投资增长最为显著。2002年中国连续10年成为发展中国家的最大外资流入国，并首次超过美国成为世界第一大对外直接投资目的地。2005年对外直接投资领域一个值得关注的现象是，发展中国家的跨国公司正在崛起，而中国的跨国公司更是引人注目。《2006年世界投资报告》显示，2005年全球100家最大的发展中国家跨国公司排序中，来自中国的跨国公司占到50%。其中25家来自中国香港，15家来自中国台湾，10家来自中国大陆。

2002—2005年，中国对外直接投资流量年均增长65.6%，2005年首次突破百亿美元大关，达122.6亿美元。截至2006年6月底，中国对外直接投资累计净额达636.4亿美元，累计成立境外投资企业9 900多家，分布在世界170多个国家和地区。2007年，中国继续成为发展中国家吸收外资最多的国家，当年吸引外资840亿美元，同时，中国吸引外资的结构进一步优化，服务业吸引外资的比重大幅增加，从2003年的28%增长到2007年的49%，外资更多地流向高新技术产业和高附加值领域，位于东南沿海的劳动密集型制造业逐步向内地和其他国家转移。2010年，中国在吸引外资和对外投资方面不断发展，中国跨国公司的规模进一步扩大，对世界经济的影响力也越来越强，2010年销售收入排名居世界前10位的跨国公司中，中国就占3家，分别是中石化、中国国家电网和中石油，如表1-2所示。

表1-2　2010年按销售收入排名居世界前10位的跨国公司

排名	公司名称	所属国家	所属行业	销售收入/百万美元	销售利润/百万美元
1	沃尔玛	美国	零售业	408 214	14 335
2	荷兰皇家壳牌	荷兰	炼油	285 129	12 518
3	埃克森美孚	美国	炼油	284 650	19 280
4	英国石油	英国	炼油	246 138	16 578
5	丰田汽车	日本	汽车	204 106	2 256
6	日本邮政控股	日本	服务	202 196	4 849
7	中石化	中国	炼油	187 518	5 756
8	中国国家电网	中国	服务	184 496	−343
9	安盛集团	法国	保险	175 257	5 012
10	中石油	中国	炼油	165 496	10 272

(资料来源：联合国贸易与发展会议，《2011年世界投资报告》)

3. 国有跨国公司的发展令人关注

近年来，国有跨国公司的发展不仅对母国，而且对东道国和世界市场的竞争环境产生了重大影响。2010年全球共有653家国有跨国公司，其拥有的8 500多家国外子公司遍布全球各地，与东道国各类经济体发生广泛的联系。国有跨国公司的规模巨大，在全球跨国公司100强中，国有跨国公司占据了19席。虽然国有跨国公司数量占全球跨国公司总数的比重不到1%，但其对外直接投资流量却占到全球的11%。从地区分布看，有56%的国有跨国公司位于发展中国家和转型经济体，欧洲特别是北欧国家所占比重也较高；从产业形态看，国有跨国公司类型多样，主要分布在第三产业和基础产业领域。

第二节　跨国公司的含义与类型

一、跨国公司的含义

跨国公司是当今世界最重要的经济现象之一。跨国公司依据其全球经营战略，通过对外直接投资在世界范围内设立分支机构，按照成本最小化原则在各国（地区）组织一体化生产，形成价值链的空间布局。跨国公司由此成为对外直接投资、产业内分工、一体化生产和国际贸易的重要载体。因此，跨国公司就是从事跨国经营业务的企业。但在具体定义上，由于看待跨国经营的角度存在差异，学术界至今尚无统一的概念。

早在1963年，美国出版的《每周商务杂志》就对跨国公司作了如下的描述性定义："跨国公司是指符合下列两个条件的公司，第一，它至少要在一个国家设立生产场所或者是争取其他形态的直接投资；第二，它具有名副其实的世界性预测能力，其经营者在市场开发、生产和研究等方面，能做出适用于世界各国的多种多样的基本决策。"

1971年，英国著名的跨国公司研究专家邓宁（John H. Dunning）教授从企业跨越国界从事直接生产经营活动的角度对跨国公司做出如下定义："国际的或多国的生产企业的概念……简单地说，就是在一个以上的国家拥有或者控制生产设施（例如工厂、矿山、炼油厂、销售机构、办事处等）的企业。"

1979年英国学者尼尔·胡德（Neil Hood）和斯蒂芬·杨（Stephen Young）在《多国企业经济学》中也对跨国公司做出了与邓宁类似的定义："跨国公司是指在一个以上的国家拥有全部（或部分）控制和管理能产生收益的资产的企业，这就是从事国际生产，即通过对外直接投资、筹资进行的跨国界生产。"

在诸多跨国公司定义中，联合国跨国公司中心于1977年起草，经过多次修改后于1986年最终定稿的《跨国公司行为守则草案》给出的定义最具权威性。"跨国公司是指由两个或多个国家的实体所组成的公营、私营或混合所有制企业，不论此等实体的法律形式和活动领域如何；该企业在一个决策体系下运营，通过一个或多个决策中心制定协调的政策和共同的战略；该企业中的各个实体通过所有权或其他方式结合在一起，从而其中一个或更多实体能够对其他实体的活动施加有效的影响，特别是与其他实体共享知识、资源和责任。"这一定义不仅指出了跨国公司的跨国经营性及母公司对子公司的控制力，而且特别强调了跨国公司内部管理、生产经营、战略实施的统一性。

总之，跨国公司作为现代国际化企业的高级组织形式，应该具备以下三个基本要素：第一，跨国公司应由设在两个或两个以上国家（地区）的经济实体所组成，无论这些实体的法律形式与经营如何；第二，公司在一个统一的决策系统下运行，拥有共同的经营战略和协调的配套政策；第三，各个经济实体通过股权或其他方式相互联系，各实体之间可以相互有效利用资源，并共同承担责任。

★ 延伸阅读

跨国公司名称的由来

20世纪60年代，部分西方发达国家的大企业通过对外直接投资，使其生产经营活动超越了国家界限，结合公司的全球发展战略和生产价值链空间布局，形成了一体化的网络结构。这种与国际化大生产相适应的现代企业组织形式，引起了学术界的极大关注，对于从事跨国生产经营企业的称谓也不尽相同，如跨国公司（Transnational Corporation）、多国公司（Multinational Corporation）、全球公司（Global Corporation）、国际公司（International Corporation）、世界公司（World Corporation），等等。

早在1960年4月，时任美国田纳西河管理局局长的大卫·李良瑟（David E. Lilienthal）在美国卡内基工业大学发表演讲时说："跨越国界从事生产经营活动的经济组织已不再是纯粹的一国企业，而是'多国'的企业（Multinational Corporation）……"至此，"多国公司"一词便在西方经济学界流行开来，用来描述那些跨越国界进行生产经营活动的企业组织形式。

1965年，美国哈佛大学建立了一个由多国经济学家组成的多国公司研究中心，该中心对美国及欧洲国家的跨国经营企业进行了相关调查研究，并出版了大量论文和学术专著，在这些研究成果中，均使用了Multinational Corporation一词。20世纪70年代初，联合国经济与社会理事会也展开了对跨国经营企业的研究。在1973年，经济与社会理事会提交的一份题为《世界发展中的多国公司》的报告中，同样采用了Multinational Corporation的称谓。但是，在1974年对这份报告的讨论中，拉丁美洲国家的代表提出异议，他们认为，Multinational Corporation一词是专指由安第斯条约组织成员国联合创办与经营的公司。为了避免概念上的混淆，联合国经济与社会理事会在全面考察各种准则和定义后，于1974年做出决议，决定联合国统一采用"跨国公司"（Transnational Corporation）这一名称。联合国在1974年8月以后的有关文件中，一律用"跨国公司"来称呼这类企业，这一称谓也逐渐被国际社会普遍接受。

二、跨国公司的衡量标准

跨国公司往往是由两个或两个以上国家的经济实体所组成的，在世界范围内从事生产、销售和其他经营活动的国际性大企业。在衡量一个企业是否是跨国公司时，一般要考虑三个标准。

1. 结构性标准

结构性标准主要是将地区分布、股权结构等结构性指标作为划分跨国经营与国内经营的标准。

一是地区分布标准。地区分布标准考察的是企业跨国经营的地理区域，一般把在两个或两个以上国家从事生产经营活动的企业称为跨国公司。而哈佛大学的"美国多国公司研究项目"认为，必须在六个国家以上设有子公司或附属企业才算是真正的跨国公司。著名经济学家雷蒙德·弗农（Raymond Vernon）教授也认为，被称作跨国公司的企业应该有广泛的地区分布，如果一个母公司在本国基地以外只在一个或两个国家拥有股权（子公司），则不能把它列入跨国公司的行列。

二是股权结构标准。该标准强调母公司拥有国外企业的股份比例，母公司拥有国外企业的股份多少，涉及该公司对国外企业生产经营控制能力的大小，关系到能否把国外企业视为自己的子公司。雷蒙德·弗农（Raymond Vernon）、罗尔夫（Rolfe）都认为，跨国公司在国外子公司所拥有的股权至少应达到25%。对此各国相关的法律规定也不尽相同，美国法律规定，一个企业拥有的国外企业股份要在10%以上，国外企业才能算作该公司的子公司，该公司才为跨国公司。日本规定要在25%以上；加拿大则规定为50%以上。

2. 跨国化标准与跨国化指数

跨国化标准也称经营绩效标准，它以企业在全球经营业绩状况来界定企业是否是跨国公司。

跨国化指数用以反映跨国公司海外经营活动的经济强度，是衡量海外业务在公司整体业务中的地位的重要指标。企业国际化的强度不仅反映在组织形式的变化上，也必然表现在经济指标上。跨国化指数用来综合评价企业国际化程度，即跨国化指数越高，企业的国际化程度就越高。国际社会运用跨国化指数来判断一个企业是否是跨国公司，通常以国外资产占总资产比率、国外销售额占总销售额比率、国外雇员人数占总雇员人数比率的高低作为判断标准。

跨国化指数 =

[（国外资产/总资产+国外销售额/总销售额+国外雇员人数/总雇员人数）/3]×100%

目前国际上跨国公司的跨国化指数越来越高。表1-3是2012年中国和世界10家最大跨国公司的跨国化指数，世界10家最大跨国公司的平均跨国指数为67%，有的甚至超过88%。但中国跨国公司的跨国化指数相对偏低。

表1-3 2012年中外10家最大跨国公司跨国化指数比较

中国10家最大跨国公司			世界10家最大跨国公司		
排名	企业名称	跨国化指数/%	排名	企业名称	跨国化指数/%
1	中国石油天然气集团公司	26.75	1	通用电气	48.8
2	中国石油化工集团公司	24.37	2	皇家壳牌	72.8
3	中国中信集团有限公司	19.76	3	丰田汽车公司	58.6
4	中国海洋石油总公司	25.80	4	埃克森美孚公司	62.6
5	中国中化集团公司	55.73	5	法国道达尔公司	79.5
6	中国远洋运输（集团）总公司	43.46	6	英国石油公司	69.7
7	中国铝业公司	12.10	7	沃达丰集团	88.9
8	中国五矿集团公司	24.40	8	大众汽车集团	58.6
9	中国保利集团公司	19.83	9	雪佛龙公司	59.3
10	浙江吉利控股集团有限公司	67.25	10	埃尼集团	71.2
	平均	31.95		平均	67.0

（资料来源：联合国贸发会议网站和中国企业联合会网站）

跨国化指数是用来衡量跨国公司的国际参与程度的指标，是公司经营活动在国外配置程度的函数。联合国贸发会议于《1998年世界投资报告》中指出："该指数……所依据的理论框架是以国外活动与本国活动的二分法为基础的，并有助于评估跨国公司的活动和利益介入本国或外国经济的程度。"这些指标从不同角度反映了跨国公司在经营绩效方面所表现出来的跨国程度。

联合国贸发会议，每年要对全球100家最大跨国公司（Transnational Corporations, TNCs）进行国外总资产与跨国化指数排序。

3. 行为取向标准

行为取向标准是指企业对跨国经营所采取的思维方式与动机选择。这一标准着重考察企业对待跨国经营的态度，而企业跨国经营的途径与规模并不是最关键的。美国宾夕法尼亚大学教授普尔穆特（Howard Perlmutter）1969年在《国际公司的曲折演变》一文中，对企业跨国经营路径进行了较为深入的研究。他认为在描述公司从事海外业务时，外部的可量化的指标如海外投资比例、海外股权比例、海外东道国雇员人数等指标固然有用，但并不充分。当深入考察国际企业的现状时会发现，企业决策者及高层管理者对企业在世界范围内从事经营活动持何种态度十分重要。总部及子公司在东道国和母国的环境下对外国思维、外国员工、外部资源的导向性，在确定公司跨国性质时变得非常关键。一般而言，企业首先立足国内市场，进而从国内市场向国外领域扩张，直到定位于全面的国际导向，在此过程中，其价值观念和行为方式通常要经历以下三个阶段。

（1）母国取向。母国取向即以公司所在国（母国）为中心制定发展战略与经营决策，重点从母国的市场需求和经营环境出发，优先考虑母国企业的经济利益和发展前景。这类企业的生产经营虽然也有少量的涉外份额，但国外业务仍采用母国的经营管理模式；尽管也雇用东道国员工，但所属企业的高级管理人员仍由母公司委派。

（2）东道国取向。东道国取向即公司在进行经营决策时，充分考虑东道国的政策法规、市场环境、要素供给状况等，母公司给予子公司更大的自主权，决策系统开始分散，决策权力下放，经营中在考虑母国利益的同时，也兼顾东道国当地企业的利益和要求。这类企业的生产经营虽然大量分布在海外，但缺乏统一的、系统化的国际化经营战略。

（3）国际化取向。国际化取向是指公司决策不再仅仅局限于母国或东道国，而是从全球竞争环境出发，以公司总体利益最大化和获取长远竞争优势为目标，做出系统性、整体性的战略与决策。这类企业在跨国经营中，母公司与国外子公司在相互依存和协调配合方面不断强化，都必须服从全球范围内的整体利益。在企业进行绩效评价时采用统一标准，在员工业绩考核时对母国员工和东道国员工一视同仁。只有国际化价值取向的企业，才是真正意义上的跨国公司。

跨国公司的全球经营战略可使其在世界范围内实现生产要素的优化配置，在母公司控制最终决策权的前提下，把研发与设计、原材料采购、生产加工、营销与服务等生产链的价值增值活动和业务流程安排到世界各地，采用科学合理的生产力空间布局，通过内部一体化，实现公司整体利益最大化。

三、跨国公司的类型

全球跨国公司的价值理念与决策方式存在明显差异，业务领域不尽相同，营销与管理结构各异。从不同的角度，跨国公司分成不同的类型。

1. 按跨国经营领域分类

（1）资源开发型跨国公司。资源开发型跨国公司以获得母国所短缺的各种资源和原材料为目的，对外直接投资主要涉及种植业、采矿业、石油业和铁路等领域。这类公司是跨国公司早期积累时经常采用的形式，资本原始积累时期，英国、法国、荷兰等老牌殖民国家的特许公司在19世纪时向美国、加拿大、澳大利亚和新西兰等经济落后而资源丰富的国家进行的直接投资，就主要集中在种植业、采矿业和铁路上。现今，资源开发型跨国公司仍集中于采矿业和石油开采业，如著名的埃克森美孚公司、壳牌公司等。

（2）加工制造型跨国公司。加工制造型跨国公司主要从事机器设备制造和零配件中间产品的加工业务，以巩固和扩大市场份额为主要目的。这类公司以生产加工为主，进口大量投入品生产各种消费品供应东道国或附近市场，或者对原材料进行加工后再出口。这类公司主要生产和经营诸如金属制品、钢材、机械及运输设备等产品，随着当地工业化程度的提高，公司经营逐步进入资本货物部门和中间产品部门。加工制造型跨国公司是当代一种重要的公司形式，为大多数东道国所欢迎。美国通用汽车公司作为世界上最大的汽车制造公司，是制造业跨国公司的典型代表。

（3）服务提供型跨国公司。服务提供型跨国公司主要是指向国际市场提供技术、管理、信息、咨询、法律服务以及营销技能等无形产品的公司。这类公司包括跨国银行、保险公司、咨询公司、律师事务所以及注册会计师事务所等。20世纪80年代以来，随着服务业的迅猛发展，服务业逐渐成为当今最大的产业部门，服务提供型跨国公司也随之成为跨国公司的一种重要形式。

2. 按跨国经营结构分类

（1）横向型跨国公司。横向型跨国公司是指母公司和各分支机构从事同一种产品的生产和经营活动的公司。在公司内部，母公司和各分支机构之间在生产经营上专业化分工程度很低，生产制造工艺、过程和产品基本相同。这类跨国公司的特点是母子公司之间在公司内部相互转移生产技术、营销诀窍和商标专利等无形资产，有利于增强各自的竞争优势与公司的整体优势，减少交易成本，从而形成强大的规模经济。横向型跨国公司的特点是地理分布区域广泛，通过在不同的国家和地区设立子公司与分支机构就地生产与销售，可以克服东道国的贸易壁垒，巩固和拓展市场。

（2）垂直型跨国公司。垂直型跨国公司是指母公司和各分支机构之间实行纵向一体化专业分工的公司。纵向一体化专业分工有两种具体形式：一是母子公司生产和经营不同行业的相互关联产品，如自然资源的勘探、开发、提炼、加工制造与市场销售等；二是母子公司生产和经营同行业不同加工程序和工艺阶段的产品，如专业化分工程度较高的汽车行业与电子行业等的关联产品。垂直型跨国公司把具有前后衔接关系的社会生产活动国际化，母子公司之间的生产经营活动具有显著的投入产出关系。这类公司的特点是全球生产的专业化分工与协作程度高，各个生产经营环节紧密相扣，便于公司按照全球战略发挥各子公司的优势；而且由于专业化分工，每个子公司只负责生产一种或少数几种零部件，有利于实现标准化、大规模生产，获得规模经济效益。

（3）混合型跨国公司。混合型跨国公司是指母公司和各分支机构生产和经营互不关联产品的公司。混合型跨国公司是企业在世界范围内实行多样化经营的结果，它将没有联系的各种产品及其相关行业组合起来，加强了生产与资本的集中，规模经济效果明显；同时，跨行业非相关产品的多样化经营能有效地分散经营风险。但是，由于经营多种业务，业务的复杂性会给企业管理带来不利影响，因此具有竞争优势的跨国公司并不会向不同行业盲目扩展业务，而倾向于围绕加强核心业务或产品的竞争优势开展国际多样化经营活动。

3. 按决策行为分类

（1）民族中心型跨国公司。民族中心型跨国公司的决策哲学是以本民族为中心，其决策行为主要体现母国与母公司的利益。公司的管理决策高度集中于母公司，对海外子公司采取集权式管理体制。这种管理体制强调公司整体目标的一致性，优点是能充分发挥母公司的中心调整功能，更优化地使用资源；缺点是不利于发挥子公司的自主性与积极性，且东道国往往不太欢迎此模式。跨国公司在发展初期，一般采用这种传统的管理体制。

（2）多元中心型跨国公司。多元中心型跨国公司的决策哲学是多元与多中心，其决策行为倾向于体现众多东道国与海外子公司的利益，母公司允许子公司根据自己所在国的具体情况独立地确定经营目标与长期发展战略。公司的管理权力较为分散，母公司对子公司采取分权式管理体制。这种管理体制强调的是管理的灵活性与适应性，有利于充分发挥各子公司的积极性和责任感，且受到东道国的欢迎。但这种管理体制的不足在于母公司难以统一调配资源，而且各子公司除了自谋发展外，完全失去了利用公司内部网络发展的机会，局限性很大。在跨国公司迅速发展的过程中，东道国在接受外来投资的同时逐渐培养起民族意识，经过多年的积累和发展，大多数跨国公司的管理体制从民族中心型转变为多元中心型。

（3）全球中心型跨国公司。全球中心型跨国公司既不以母公司为中心，也不以分公司为中心，其决策哲学是公司的全球利益最大化。相应地，公司采取集权与分权相结合的管理体制，这种管理体制吸取了集权与分权两种管理体制的优点，事关全局的重大决策权和管理权集中在母公司，但海外子公司可以在母公司的总体经营战略范围内自行制订具体的实施计划，调配和使用资源，有较大的经营自主权。这种管理体制的优点是在维护公司全球经营目标的前提下，各子公司在限定范围内有一定的自主权，有利于调动子公司的经营主动性和积极性。

四、跨国公司的主要特征

跨国公司与一般的国内企业一样，根据企业的内部条件和外部环境做出科学决策，优化配置各种资源，以市场需求为导向，生产适销对路、物美价廉的产品；通过各种营销手段和良好的售后服务扩大市场占有率，提升企业的竞争力，最终实现利润最大化。但跨国公司对不同国别市场的运营系统实施统一战略和一体化管理，建立起一套由跨国公司母公司与海外分支机构组成的各种跨国的业务活动系统，实行所谓的内部化交易，而不是通过公开市场来完成上述业务。跨国公司与国内企业比较而言，其典型特征表现在以下几个方面。

1. 全球化的战略目标

全球化的战略目标是当代跨国公司区别于其他公司的重要特征之一。跨国公司尽管一般会先在母国立足,把母国作为其向世界市场扩张的基地,但母国市场并不是跨国公司的终极目标市场。跨国公司往往把整个世界作为它的经营活动平台,在全球范围内有效配置各种生产要素,充分利用世界各国的比较优势,降低经营成本,提高竞争力,以实现整体利益最大化目标。跨国公司根据其全球化战略,在制定规划和决策时,考虑的不仅是公司目前的经营状况,更多的是公司未来的发展前景;不是局限于一个子公司(分支机构)的得失或某一地区市场的成败,而是从全局出发;在对子公司(分支机构)进行绩效评价时,不仅仅看其自身的盈利,更重视子公司(分支机构)对母公司和其他子公司的支持与贡献。跨国公司全球化的战略目标,所追求的是跨国公司整体的、长远的、最大的战略利益。

2. 统一的决策体系

跨国公司一般规模庞大,分支机构(子公司、分公司等)遍布世界各地,但拥有完整的决策体系。各子公司和分公司虽然有自己的决策部门,在本公司经营领域根据具体情况做出某些经营决策,但其决策必须服从于母公司的最高决策中心。各子公司和分公司应在母公司的统一决策和控制下进行跨国经营,通过研发、设计、采购、生产、营销、服务等一体化的全球价值链和国际化网络,实现公司共同的全球战略目标。

3. 对外直接投资的主要载体

对外直接投资是跨国公司最基本的跨国经营手段,并通过绿地投资、股权安排及跨国并购等具体方式,在东道国建立独资、合资、合作企业,在世界范围内开拓市场,进行合理的生产布局,实现全球一体化经营。联合国贸发会议《2007年世界投资报告》资料显示,2006年跨国公司对外直接投资额占全球对外直接投资额的近90%。

4. 知识产品内部化

专利、专有技术、技术诀窍、管理经验、商标、品牌、商誉等知识产品是跨国公司最重要的垄断优势,而这些知识产品具有如下特点:一是非竞争性使用,即共享性,某一企业使用,不影响其他企业使用;二是零边际成本,即产量达到某一临界点后,再增加产量,成本几乎不再增加;三是信息不对称,即知识产品拥有者掌握的信息多,而知识产品需求者了解的信息少。这些特点决定了知识产品很难通过市场来确定合理的交易价格,或者交易成本过高,同时知识产品在外部市场让渡时极易扩散,故知识性产品一般不能通过外部市场完成交易。因此,跨国公司为了规避知识外泄风险,降低市场交易费用,保持其垄断优势,往往将知识产品的交易内部化。

5. 技术创新的推动者

当今世界,技术创新已经成为企业开发新产品、提高产品质量、提升市场竞争力、获取高额利润的主要手段。跨国公司资金实力雄厚,技术人才众多,实验设备先进,加之良好的技术创新环境和激励手段,使其成为全球技术创新的推动者。

6. 跨国经营面临巨大风险

跨国经营在给跨国公司带来丰厚的经济利益和巨大的发展空间的同时,也暗含很多不确定性和风险。跨国公司与东道国的政治制度、经济制度、法律制度不尽相同,跨国公司对东道国的市场需求空间、生产要素供给缺乏足够的了解,东道国的需求偏好、风俗习惯、宗教信仰、文化差异等也对跨国公司经营绩效产生影响。跨国公司在东道国跨国经营，必须考量可能的政治风险、商业风险、财务风险等。

第三节　跨国公司的跨国经营

一、企业跨国经营的动因

一国企业通过对外直接投资进行跨国经营，主要动因不外乎参与国际分工，有效利用他国资源；调整自身的经营结构，通过内部化手段实现所有权优势与国外区位优势的有机结合；绕过他国关税与非关税壁垒，带动出口贸易的发展等。某一企业进行跨国经营的动因并不是一成不变的，会随着国际经济状况的变化与企业的经营战略而不断调整，是多元的、动态变化的。具体来说，企业跨国经营的动因主要有以下几方面。

1. 全球战略的需要

在经济全球化背景下，跨国公司作为企业跨国经营的主体，要想提升其国际市场竞争力，在世界范围内优化配置各种经济资源，合理安排对外投资，拓展世界市场，进行生产力布局，开展生产经营活动，实现价值增值，获得最大利润，必须制定跨国公司的全球战略。跨国公司的全球战略，意味着不必追求某局部市场、个别产品或某个子公司的盈亏得失，所关心的是企业整体的、长远的利益最大化，为了实现企业的终极目标，可以牺牲局部地区某些部门的局部利益。全球战略是跨国公司跨国经营的出发点。随着科学技术的发展，尤其是全球信息网络的形成，全球战略的实施具有更大的技术上的可行性，推动跨国公司走向一种脱离母国身份、超越国籍的经营实体，将世界市场和各国消费者作为自己的服务目标。

2. 获取最大的经济利益

企业跨国经营的根本目的就是利润最大化，追求高额利润是企业跨国经营的基本驱动力，也是国际企业跨国经营的基本动因。

（1）通过跨国经营，开拓新市场。企业通过对外直接投资进行跨国经营，可以绕过东道国的关税或非关税壁垒，打入东道国市场，就地生产、就地销售，以资本、技术等生产要素流动代替商品出口，巩固原有的市场份额，甚至开辟新的市场。20世纪七八十年代，日本的家电企业就是这样大举进入美国市场的；20世纪90年代初期，国际家电市场进一步饱和，行业资本回报率逐年下降，跨国家电企业纷纷到中国投资设厂，利用中国的低劳动力成本，获得竞争优势，抢占中国及其他发展中国家的市场份额。

（2）提升企业的运行效率，降低经营成本。企业的生产经营到了一定阶段或特定时期，往往会遇到效率下降的瓶颈，跨国经营通过对外直接投资可以建立全球生产体系，提升经营效率。跨国公司可以充分利用东道国的低劳动力成本、便捷的原材料采购条件，在国外设厂生产，从而提高生产效率；另外，也可以学习外国的先进管理经验，改进管理方法，改善运营环境，提高管理效率。

（3）获得规模经济效益。规模经济是指在产量扩张的同时，平均成本持续下降。随着技术进步和生产力水平的提高，很多企业会遇到国内市场空间狭小与生产能力过剩的矛盾，企业规模经济效益得不到充分发挥。此时，企业可以对外直接投资，将其闲置的生产能力转移至东道国，发挥本企业的技术优势、管理能力、营销渠道和品牌效应，通过内部一体化，在全球范围内开展生产经营，最大限度地利用企业各种资源，扩大生产，提高产量，降低平均成本，获得规模经济好处，提高市场竞争力。

（4）充分利用东道国的优惠政策。一些国家和地区，特别是发展中国家和地区为吸引外资，制定了一系列优惠政策，如税收减免、土地使用优惠、资金融通便利、各种手续简化等。东道国政府的这类优惠政策一方面可以大幅度降低跨国公司的经营成本，另一方面也减少了跨国经营风险，从而给跨国公司带来较为丰厚的利润。东道国的各项优惠政策对外国直接投资产生了强烈的吸引力，也成为企业跨国经营的主要动因之一。

3. 获取全球资源

如果母国所具有的要素禀赋不能充分满足企业发展的需要，或者其他国家或地区存在更丰富、更廉价的经济资源，本国企业则可以利用对外直接投资，寻求获取他国资源的机会，开展跨国经营。

（1）获取自然资源。由于自然禀赋不同，自然资源分布在世界各地，例如石油资源主要储藏在中东地区，铁矿石在大洋洲和南美洲储量较为丰富，北美洲用来生产谷物的土地面积广袤等；俄罗斯、美国、中国等国家领土面积广大，资源相对丰富，而日本等国领土面积狭小，自然资源贫乏。不同国家或地区的企业可能为了利用丰富廉价的自然资源，而开展对外投资与跨国经营，即资源导向型的对外直接投资。

（2）获取人力资源。人力资源是企业生产经营重要的投入要素，跨国公司可以利用外国廉价的劳动力降低生产成本，在商品价格上形成比较优势，进而增强市场竞争力，如中国丰富的劳动力资源就是吸引跨国公司来华投资经营的一个重要原因。另外，当企业发展到一定阶段以后，对高级管理人才和专业技术人才的需求越来越迫切，通过跨国经营，在国际职业经理人市场招聘管理经验丰富的高端管理人员，在世界范围内招揽专业技术人才等，也是企业进一步发展壮大的重要途径。

（3）获取战略性资源。所谓战略性资源，是指对企业长远发展和竞争力提高具有战略性作用的资源，主要包括研究与开发能力、核心技术、创新能力、商标、专利、品牌、商誉、营销网络等。战略性资源一般很难从外部市场通过交易获得，企业内部形成需要较高条件和较长时间。企业在跨国经营中可以利用对外直接投资与国外其他公司进行全方位合作，通过战略联盟、合作研发、兼并收购等多种手段，发挥协同效应，获得对企业发展至关重要的战略性资源，进而增强企业的核心竞争力。

4. 学习先进技术

先进技术是企业取得国际竞争力的重要因素。对外投资在获取新技术、新知识方面的优势，首先表现在技术转移成本比较方面。技术贸易、吸引外资、技术援助等传统方式的收益效果已明显满足不了跨国公司对技术进步要素的需求。靠自身创新研发的成本，因经济环境约束而变得更加昂贵。相比之下，通过对外投资方式，在技术较为先进的国家进行相应科研、生产、贸易等活动，其获得技术知识的能力和成本是最为节约的。

其次，则表现在技术获取速度方面。现代科学技术的高速发展已成为企业获取竞争力的主要手段。现代生产的高度自动化,大大缩短了技术在生产环节中的运用时间。

再次,从技术获取数量上,也体现出对外投资方式的优势。技术贸易方式具有很大的局限性。外商投资项目的技术一般根据企业的投资价值定位来确定,其先进性、适用性很难满足其他企业生产经营的整体需求。在目前技术知识一体化的国际环境里,可以依靠企业对外投资方式来解决。因为对外投资活动作为生产国际化中一个功能环节,其获取技术知识的能力要远远大于国内的吸收能力。

最后,则表现在技术知识获取的效率上。从对外投资所产生的正向技术转移效应看,进行技术知识转移存在着很多壁垒,原因是其中存在着成本较高、利益竞争冲突、消化吸收能力不足等因素,使得东道国企业在获取技术知识的质量和效率方面面临很大压力。即使伴随着经济全球化,促使包括技术要素在内的各种要素的充分流动现象出现,也会由于其功能定位的影响,企业获取国外先进技术的效率低下。这就是执行开放政策国家的企业靠被动地引进外资政策很难得到适合的技术知识的原因。所以,只能采取主动对外投资方式,积极开展跨国经营,使国际市场上的技术知识进行转移应用和技术外溢,从而提高企业获取国外先进技术的效率。

二、跨国经营阶段分析

企业的跨国经营意味着企业在资源获取、一体化生产、市场开拓、技术交流、吸收管理经验等方面,积极参与国际分工、国际协作等一系列经营活动,由国内企业发展为跨国公司的过程。目前,国际上主要有三种企业跨国经营阶段理论。

1. 罗宾逊的六阶段理论

美国经济学家理查德·罗宾逊于 20 世纪 80 年代中期,提出了企业跨国经营的六阶段论。

(1) 起始阶段。罗宾逊认为,在起始阶段,企业主要服务国内市场,按照国内消费偏好安排生产,企业的经营战略重点放在国内;只是在国内市场需求不足时,才考虑国外需求,有了少量的、小规模的产品出口,企业才开始涉足国际市场。

(2) 出口阶段。在出口阶段,企业出口规模逐步扩大,并逐渐成为企业经营范围的一部分。此时企业开始设立管理出口业务的部门,主动开拓国际市场。

(3) 国际经营阶段。随着企业出口规模的进一步扩大,国外市场逐渐成为企业经营范围不可或缺的组成部分,出口销售额占企业总销售额的比重逐渐增加,企业开始以参股等形式在国外创建子公司。

(4) 多国阶段。在多国阶段,企业在多个国家和地区拓展生产经营业务,建立子公司或分公司,开始形成跨国性的企业集团。

(5) 跨国经营阶段。随着企业生产经营规模的扩大,企业开始从全球战略角度出发,为了实现企业整体的长远利益最大化,在国际范围内配置各种经济资源,加强对国外分支机构的统一管理和协同配合,通过内部一体化形式充分发挥技术、管理、品牌等垄断资产的使用效率,母公司与各子公司之间的关系更为密切。

(6) 超国际阶段。在超国际阶段,企业将全球战略贯穿整个经营过程,把世界市场作为自己的经营平台,重大决策、研发设计、采购资源、生产销售等全面针对国际市场,跨国指标进一步提高,具备了超越国籍、经营日益全球化的特征。

2. 伯尔穆特的四阶段理论

美国学者伯尔穆特在罗宾逊六阶段理论基础上,从跨国公司直接投资与东道国社会、经济、文化背景的适应过程以及母子公司之间的权限划分角度,提出了所谓的跨国经营四阶段理论。

(1) 国内指向阶段。虽然企业已有一定规模的出口业务,并在国外建立子公司,但企业的业务活动仍以国内为中心进行决策,优先考虑母国企业的利益。这是企业国际化经营的第一阶段。

(2) 本地化阶段。随着子公司的发展,由于与东道国社会、经济、文化背景的差异而导致经营发生困难,此时进入跨国经营的第二阶段,即充分利用当地的各类资源,主动适应东道国的环境,子公司积极使用当地人员进行管理经营,子公司的自主权相应增加。

(3) 区域指向阶段。伴随着国外分支机构的数量扩张和规模扩大,母公司对国外子公司和分公司的管控弱化,管理难度增加,因而母公司为了强化统一管理,有必要构建区域性管理部门,相应减少子公司、分公司的有关权限。

(4) 全球指向阶段。随着国际分工的不断深化,母公司与子公司、子公司与子公司之间的相互依存度增大,跨国公司从全球整体利益最大化考虑,推行一体化战略,在一体化战略指导下,公司总部与遍布全球的子公司相互配合、协作经营。

3. 安索夫的三阶段理论

从企业跨国经营由低到高渐进发展的不同形态出发,同样是来自美国的学者安索夫,提出了企业国际化经营的三阶段理论。

(1) 出口阶段。安索夫认为,企业参与国际经济活动、进行跨国经营的第一个阶段,是通过国外代理商在当地市场销售本企业的生产商品。

(2) 国际阶段。随着企业生产经营规模的扩大,为了降低成本,增加国外市场占有率,特别是出口贸易受到国外关税及非关税壁垒阻碍时,企业必然进行对外直接投资,在东道国建立子公司、分公司等分支机构,就地生产,就地销售。

(3) 跨国经营阶段。在企业国际化经营范围日益扩大以后,寻求母公司与子公司及子公司与子公司之间的资源优化配置,实现企业整体利润最大化,将公司的生产经营纳入全球战略中。

4. 企业跨国经营的阶段分析

通过考察企业跨国经营的发展历程,会发现企业跨国经营一般按照以下演进模式发展:一个企业首先是立足国内市场,最先满足本地消费者的需求,在此基础上以产品和市场为导向,走出国门,主要利用目标市场的经销商出口部分产品和劳务;随着出口规模的扩大,通过对外直接投资,陆续介入东道国市场的运行和管理,这时呈现出多国市场并存状态;为了获得企业整体长远利益最大化,实现资源在全球范围的优化配置,企业实施统一的全球战略,走上完全的国际化道路,成为真正意义上的跨国经营企业,即跨国公司。

企业跨国经营可以分为以下四个阶段,即代理出口阶段、国外销售阶段、国外生产阶段和跨国公司阶段,如表1-4所示。

表 1-4 企业跨国经营的四个阶段

比较项目	第一阶段	第二阶段	第三阶段	第四阶段
与国际市场的关系	间接、被动	直接、主动	直接、主动	直接、主动
主要经营场所	国内	国内	国际	国际
经营重点	国内	国内	兼顾国内外	国际
企业组织结构	国内部门	国际业务部	国际产品部、国际地区部	全球性结构
跨国经营种类	商品与劳务贸易	商品与劳务贸易	商品与劳务贸易、国外投资	商品与劳务贸易、国外投资

三、跨国公司与国家经济主权

西方国家的跨国公司本质上是高度国际化的垄断资本组织，其根本目的是最大限度地攫取高额超额利润。跨国公司是经济全球化的主要推动者，其利用对外直接投资，将价值链扩展到全球每一个角落，从而形成了一个从国内到国外，从研发、采购、生产到销售无所不包的跨国经营体系。20 世纪 80 年代以来，随着经济全球化进程的迅猛发展，跨国公司迅速崛起、壮大。一些大型跨国公司的资产和年销售额已超过大多数国家的国民生产总值。根据世界银行发表的《2000/2001 年世界发展报告：与贫困作斗争》，在 1999 年所能采集到数据的 206 个国家和地区中，仅有 69 个国家的国民生产总值超过 100 亿美元。而《财富》杂志公布的 1995 年全球 500 家最大的跨国公司排行榜上，有 440 家公司的年销售额超过 100 亿美元。2019 年《财富》杂志公布的世界 100 个最大经济体中，有 51 个是跨国公司，只有 49 个是主权国家。于是在国际上掀起了有关跨国公司与国家经济主权消长的争论。由于受全球主义和新自由主义学派的影响，国内外学界确实有人倾向于接受跨国公司削弱国家经济主权的看法。

（一）跨国公司侵蚀国家经济主权的观点

关于跨国公司侵蚀国家经济主权，多数研究认为，跨国公司是一种垄断的全球经济行为主体，它以实现全球资源配置的最优化、在全球范围内追逐利润的最大化为目的，因此首先考虑的必然是公司的利益和目标而不是任何国家的利益和目标。跨国公司的"国籍现在只有一种形式上的参照意义"。它们"拒不效忠任何民族、国家，而是在全球范围内追求自己的利益和利润，它们既不代表其母国也不代表东道国，仅仅代表公司自身的利益"。由于跨国公司的全球扩张，"民族、国家已经失去了它们作为今天无国界的全球经济中有意义的参与单位的作用。"

对于跨国公司与母国即发达国家的经济主权的关系，现有研究认为，"全球性的工商企业和国家政府之间出现了实质性的分离，前者怀有世界眼光，后者则集中注意它们的选民的福利。""跨国公司的国际性对发达国家的威胁表现在：追逐利益最大化的跨国公司与致力于维护本国福利的西方发达国家之间产生了矛盾，即'失去祖国'的跨国公司转移了西方发达资本主义国家的生产和劳动岗位，减少了政府的税收和社会福利，以及国家建设的资金来源，加剧了社会福利国家危机。"跨国公司削弱了国家的社会再分配职能。

关于跨国公司与东道国即发展中国家的关系，相关研究强调，跨国公司一般在发达国家（中心地带）发展垂直分工体系中的高层次产业，而在东道国，即发展中国家（边缘地带）发展低层次产业，由此造成发展中国家产业结构的单一性、从属性。跨国公司的威胁还表现为对发展中国家市场的占有率越来越高。最终后果是发展中国家的财富外流，产业结构畸形，民族产业萎缩，与发达国家的差距扩大。"跨国公司追逐利润最大化的国际性决定了它对发达国家（母国）和发展中国家（东道国）的经济权力都构成了挑战。"

（二）跨国公司与主权国家权力关系

随着全球化的加速发展，总体而言，跨国公司对主权国家的权力确实有所削弱。但深入分析，就会发现实际情况相当复杂。

1. 跨国公司财力的增长

人们对跨国公司相对于主权国家权力的增长的判断，在很大程度上是基于跨国公司雄厚的财力及其强劲增长。因此首先需要对此加以澄清。现在的大型跨国公司确实拥有很多财产，这些财产是一种经济权利和权力。但是，这类权力和国家的经济主权有质的区别，这些权力不可能转化为类似国家所拥有的政治和社会权力。很多属于国家权力范围的事情，对仅有财产权力的公司来说是禁区。迄今为止，"国家及其代理人仍然是唯一可以合法地强制他人做什么（如兵役）或者禁止做什么（如贩毒）等的组织"。国家权力衰落理论的坚决反对者罗伯特·吉尔平（Robert Gilpin）认为，主权国家在国际社会中和国内社会里都发挥着跨国公司所不可取代的作用，即提供安全和公益，保护私人财产权。

2. 跨国公司与发达国家的权力关系

首先，全球化是发达国家政府推动的结果。全球化的动力不只来源于跨国公司，也来自发达国家的政府。罗伯特·吉尔平就曾指出，全球化最强的时期总是与霸权国家在全球体系中的最强大相联系的，而霸权的衰落则导致不稳定的增长和全球相互依赖的减弱。他发现，美国跨国公司的活动在大多数情况下是增进母国的利益。跨国公司之所以能够在全球各地追逐巨利，很大程度上是靠其母国的政府为它们创造的便利条件。根据帕金森定律，政府有一种天然扩张自己规模及权力的倾向，没有一个国家的政府会主动地做出限制自己权力的选择。

其次，跨国公司的扩张没有削弱发达国家政府的财政能力。收税的能力既是国家权力的体现，也是行使其他权力的重要保障。从一个国家税收收入和总支出占国民生产总值（GNP）的变化情况，可以大致看出国家权力的增长。国家经济主权削弱的论据之一便是跨国公司的全球游走削弱了国家的税收收入以及社会支出能力。事实是怎样的呢？自1990年以来各主要国家经常性收入以及经常性社会支出的变化情况，也许更能说明问题。1990年与1998年七国政府经常性收入、支出所占GNP比重对比如表1-5所示。

表 1-5　1990 年与 1998 年七国政府经常性收入、支出所占 GNP 比重对比　　　%

年份		国别						
		瑞典	英国	奥地利	法国	意大利	德国	美国
1990 年	收入	44.2	36.5	33.0	40.1	38.5	28.4	19.5
	支出	40.8	38.0	38.1	42.5	47.8	30.1	23.5
1998 年	收入	40.3	38.3	37.3	41.8	41.5	31.7	21.8
	支出	42.8	37.8	40.1	46.6	44.6	33.0	21.0

（资料来源：世界银行. 2000/2001 年世界发展报告：与贫困作斗争. 本报告翻译组，译. 北京：中国财政经济出版社，2001.）

再次，跨国公司在许多重要方面依赖母国。许多研究表明，如果用包括资产份额、所有权、管理、研究与开发的地点等重要标准来衡量，母国基地的重要性仍是不言而喻的。在许多跨国公司的创立和维持中，国家扮演了重要的角色。任何跨国公司都必须认同特定的主权国家，以便在必要的时候获得支持和寻求安全保护。跨国公司对母国的依赖在战争或紧急状态下表现得尤为明显。假如跨国公司丧失民族性，无论它有多大的经济实力，也将沦为国家凭借政府权力任意宰割的对象，在与东道国发生冲突时尤其如此。

3. 跨国公司与发展中国家的经济主权关系

发展中国家数目众多，各国国情差异很大，它们与跨国公司权力的消长情况比较复杂。但有一点可以肯定，发展中国家也是跨国公司的接受国，基本不存在跨国公司侵蚀国家税收权力的问题。

首先，从新兴工业化国家与跨国公司的关系来看。东亚新兴工业体以及拉美的国家和地区，为跨国公司的投资创造了良好的外部环境。外来投资带来了经济发展所需的资金、技术和先进的管理理念，带动了民族工业的发展，客观上帮助这些国家实现了经济快速增长和国力迅速增强。跨国公司对于这些国家经济发展的作用整体来说是积极的，但也不能否认跨国公司对国家权力的侵蚀作用。大致说来，跨国公司对东道国经济社会发展的独立性有一定的消极影响。一些国家国民经济中的个别关键行业和部门有被跨国公司控制之虞，甚至已被控制；一些国家的产业政策、反不公平竞争政策、劳动和环保政策等的执行，因为跨国公司因素的存在而受到削弱。

其次，从转型国家与跨国公司的关系来看。这里的社会转型国家包括苏联、个别东南欧国家以及亚洲的中国、越南和印度等。在以上转型国家中，像中国、印度和越南等推行渐进改革的国家，取得了令人称羡的经济发展成就。它们与跨国公司之间也基本上实现了利益的良性互动，其主要原因在于：一方面，它们在国内为跨国公司的投资创造了较好的内部环境；另一方面，对跨国公司进行了必要的限制。但苏联和个别东南欧国家则是另一番情形。

伴随着严重的经济秩序混乱和萧条，这些国家政府的经常性收入和支出所占 GNP 的比重均有较大幅度的下降，政府收入远远不能满足国家日常开支的需要，政府的经济权力被严重削弱，基本经济职能受到侵蚀。其原因主要不是跨国公司的侵蚀，而是对新自由主义"药方"的几乎全盘照搬。跨国公司也由于这些国家的混乱望而却步，少有长远投资，更多的是利用这些国家的汇率波动以及经济管理的漏洞而进行短期投机。苏联最后基于此及其他原因而解体。

最后,从"边缘化"国家与跨国公司的关系来看,跨国公司的对外直接投资是发展中国家的资本和技术的重要来源,但相当数量的发展中国家严重缺乏足以吸引跨国公司的国内环境。仅仅凭借廉价的劳动力和自然资源是无法引起跨国公司的兴趣的,还需要有良好的基础设施、廉价而素质较高的劳动力、健全的法律法规、稳定的政治和社会环境。而这些因素恰恰是多数发展中国家所缺少的,于是这些地区成了被跨国公司"遗忘"的角落。

(三) 正确认识跨国公司与国家经济主权之间的关系

一国制定的科学的对外投资与引进外资战略,是建立在正确认识跨国公司与国家经济主权的关系之上的。

1. 新自由主义的泛滥而非跨国公司是侵蚀国家权力的主要根源

进入 20 世纪以后,随着垄断资本力量的加强,完全的自由竞争不复存在,公共物品供给、经济外部性、信息不对称、收入分配失衡、环境恶化、可持续发展等领域的市场机制失灵,于是产生了国家权力的扩张,其内容包括福利国家和凯恩斯主义。但是到了 20 世纪 80 年代,以美国为首的西方国家在与苏联的竞争中确立了"自信"后,又开始回归保守主义。这一回归的理论基础和意识形态就是发端于英美的新自由主义。三十多年来,代表发达国家资本利益的新自由主义不仅成为发达市场经济国家"正确"的意识形态,而且成为中心支配边缘的制度性工具。

在发达国家,新自由主义的得势使跨国公司的权力加强,而受到伤害的与其说是政府不如说是劳工的权利。他们丧失了国家曾经赋予的许多权利,成了纯粹的劳动力商品。这是发达国家福利水平下降的真正原因。在许多新兴工业化国家和转型经济体中,西方国家将贸易、贷款、投资与推行"新自由主义"的政策挂钩,削弱了这些国家的经济权力,并最终埋下了拉丁美洲、东亚以及俄罗斯的经济和金融危机的隐患。另外,对于那些近乎无利可图的最边缘化、最不发达的国家,发达国家又在新自由主义的指导下,放弃了对其援助。跨国公司除了掠夺它们廉价的经济资源外,对这些国家毫无兴趣,使许多这类国家的经济接近崩溃。

2. 主权国家的责任

跨国公司对发展中国家经济主权的影响,和发展中国家的不同国情密切相关,其实际影响不仅取决于跨国公司的实力和战略,更取决于东道国的能力和选择。在全球化的今天,发展中国家的国家权力需要维护和增强,更需要健全和重构。

3. 跨国公司与主权国家的协调发展

发达国家也应该认识到,不应该放纵市场力量,任其自由发展,应该正视新自由主义给整个世界、自己国家带来的负面影响。在国家间相互依存关系日益深化的条件下,如果越来越多的国家的经济权力被严重弱化并导致国家内部结构不稳定,势必影响整个世界的和平与发展,最终跨国公司和发达国家政府都会尝到苦果。跨国公司和主权国家都是历史发展的必然,跨国公司和主权国家的目标和利益有冲突的可能,也有和谐共处与共赢的可能。

思考题

1. 跨国公司的判断标准是什么？
2. 跨国公司的主要特征有哪些？
3. 试述跨国公司的发展阶段。
4. 跨国经营有几个发展阶段？每个阶段的表现怎样？
5. 跨国公司与主权国家的相互关系如何？

第二章

跨国公司投资理论

本章学习重点

- 垄断优势理论
- 内部化理论
- 国际生产折衷理论
- 边际产业理论
- 对外直接投资理论的最新发展

引导案例

中国企业海外投资迎来"大时代"

2015年4月23日,正在印度尼西亚举行的亚非领导人会议上,中国国家主席习近平表示愿意加强与亚非国家的产能合作。考虑到亚投行筹办工作的顺利推进,习近平这一表态并不出人意料。有理由相信,中国高层的持续助力,将推动中国企业的海外投资进入一个名副其实的"大时代"。来自中国商务部的最新数据显示,2015年一季度,中国境内非金融类投资者共对全球142个国家或地区进行了直接投资,投资金额同比增长29.6%。这延续了2011年以来中国企业"走出去"步伐加快的势头。

2011年到2014年,在全球直接投资流量年缩减8%的背景下,中国对外直接投资逆势上扬,年增长率达16%。作为2015年中国对外经济的一大看点,中国对外直接投资总额有望在年内正式超过吸收外资总额,从而跻身名副其实的"资本净输出国"行列。

中国企业"走出去"步伐的加大,固然有缓解国内产能过剩、压缩成本等因素的考量,从更深层趋势来看,这是中国企业转向全球战略布局、提升国际产业链价值的必然道路。立足于国家层面来看,这也是中国从经贸大国迈向经贸强国的不二之选。

有鉴于此,近年来,中国政府加大了助力企业"走出去"的力度。从高层变身"超级推销员"推介中国高铁、核能等设备,到"一带一路"倡议的提出和布局,再到亚投行的顺利推进等,本届政府对这一领域着力之重以及具有战略性的落子,让人印象深刻。

中国政府的努力没有白费。2015年一季度，中国装备制造业对外直接投资持续增长到9.6亿美元。1—2月中国铁路设备，包括铁道及电动机车、车辆及相关零件的出口超过10亿美元，比上年同期大幅增长51.8%。

在对外投资的"质"上，中国企业亦有可圈可点之处。知名会计师事务所安永近日发布报告称，中国企业对外投资日趋成熟，从早期的倚重寻求自然资源转向全球战略布局，投资产业由早期集中在能源矿产类扩展到科技、地产、金融、农业、医疗等多个领域。

以欧洲为例，直至2011年之前，中国主要是欧洲投资的接受者。但近期以来，借欧元贬值之势，中国企业在欧洲掀起了一股"并购潮"。在投资领域，中国投资者也从之前主要集中在能源、汽车等领域拓展开来，在投资金额和领域方面均实现了"大突破、大跨越"。

同样值得注意的是，近年来，中国海外投资由早期的国企主导模式逐渐转变为国企和民企并驾齐驱。2014年国企与民企海外投资额基本持平。这一局面是中国国内改革在外向型经济中的必然反映，亦有望进一步盘活中国海外投资。

有理由相信，随着中国高层加大对"走出去"的助力，尤其是随着中国国内经济转型持续发力和改革不断深入，中国对外投资有望保持较高速度增长。同样增长的，亦有中国"走出去"企业面临的风险与挑战，如何应对这些"成长的烦恼"，将是未来一段时期中国政府与企业的工作重心。

（资料来源：中国新闻网，《中国企业海外投资迎来"大时代"》）

第二次世界大战以后，特别是进入20世纪60年代后，欧美国家的跨国公司迅速崛起，对外直接投资蓬勃发展，越来越多的西方学者开始对跨国公司对外投资的决定因素、投资动机、投资方式、与东道国关系等方面进行系统研究。经典的跨国公司对外直接投资理论研究，以不完全竞争市场结构为理论基础，先后形成了垄断优势理论、内部化理论和国际生产折衷理论；另外，以国际贸易理论为基础，形成了产品周期理论和边际产业扩张理论。

20世纪80年代后，由于发展中国家对外直接投资的兴起，对发展中国家对外直接投资的理论研究也开始兴起，诞生了小规模技术理论、技术地方化理论、国际投资发展阶段理论、技术积累产业升级理论等。

近年来，随着跨国公司的迅猛发展，以及对外直接投资对世界经济影响的加深，对外直接投资理论也进一步深化，出现了许多不同于传统理论的新进展，标志着对外直接投资理论进入了一个崭新的阶段。这些理论的提出，极大地丰富了对外直接投资的理论体系，也对跨国公司对外直接投资的健康发展具有积极的指导意义。

第一节　经典的跨国公司对外直接投资理论

一、垄断优势理论

1960年美国学者斯蒂芬·海默（S. H. Hymer）在其博士论文《国内企业的国际化经营：关于对外直接投资的研究》中，首次提出垄断优势理论（Theory of Monopolistic Advantage）。20世纪70年代，海默的导师查尔斯·金德尔伯格（C. Kindleberger）对该理论进行了补充和完善，从而形成了最为经典的跨国公司对外直接投资理论——垄断优势理论，该理论又被称作"海默-金德尔伯格学说"。

（一）垄断优势理论的形成

垄断优势理论是在对传统国际资本流动理论进行反思的基础上形成的。传统的国际资本流动理论认为，对外投资者的主要目的是追求高利率，资本从供给丰富（利率较低）的国家流向供给稀缺（利率较高）的国家，资本在国际流动的原因在于各国利率的差异。海默实证分析了1914—1956年美国对外投资的相关资料，发现1914年前美国几乎没有对外证券投资（间接投资），直到20世纪二三十年代才开始出现对外证券投资。第二次世界大战后，美国对外直接投资迅速增加，但对外证券投资发展却十分缓慢。海默得出了对外证券投资与对外直接投资有着不同行为表现的结论，认为传统的国际投资理论难以对此做出科学合理的解释，需要用所谓的"垄断优势理论"加以阐释。

20世纪70年代初期，约翰逊（H. G. Johnson）、凯夫斯（R. Caves）、阿列伯（R. Aliber）、尼克博克（F. T. Knickerbocker）等人从多方面对该理论进行了补充和论述，开创了以国际直接投资为研究对象的研究领域。

（二）垄断优势理论的基本内容

海默从市场不完全竞争造成的垄断出发，认为美国企业之所以进行对外直接投资，是因为跨国公司的子公司比东道国同类企业拥有某种垄断优势。为了充分利用这种垄断优势，企业可以在国外从事生产经营，获得比国内市场更高并超过东道国竞争者的经济利益。证券投资形式的国际资本流动是以高利率为导向的，而国际直接投资则是对国内、国外市场可能的预期利润率差异做出的反应。因此，国际直接投资只有在跨国公司预期能获得高于当地同类企业收益的前提下才可能发生。一般而言，东道国本土企业与跨国公司相比，对本国的法律制度、商业惯例、市场环境、需求偏好、消费习惯以及文化传统、宗教信仰等更为熟悉，交通运输成本低廉，易于得到本国政府的支持，因而处于有利的竞争地位。而跨国公司在东道国则必须承担跨国经营语言、文化、法律、制度、沟通、环境障碍带来的额外成本。因此，开展跨国经营的企业一定拥有本土企业所不具备的特有优势——垄断优势；加之市场不完全性，使得跨国公司能够保持对这种特定优势的独占性，跨国公司才能在东道国取得较高的竞争优势和垄断利润。所以，垄断优势及市场不完全性是跨国公司进行对外直接投资的两个决定性因素。

1. 市场不完全性是跨国公司对外直接投资的基础

市场不完全性是指要素市场和产品市场存在某些阻隔或垄断因素，不是完全竞争的市场，企业可以在一定程度上控制要素及产品的价格。跨国公司拥有足以抵消东道国本土企业有利因素的特定优势是远远不够的，必须在外部市场不完全的条件下，跨国公司才能保持对上述优势的独占性，成为真正的垄断优势。也就是说，跨国公司的垄断优势是外部市场不完全的结果。

寡占和垄断的存在导致市场结构不完全，市场不完全竞争必然导致商品市场与要素市场存在不完全竞争，即少数买主或卖主能够通过控制购买量或生产量来影响市场价格。例如，在商品市场上，企业在品牌、商标、专有技术、商品差异化、特殊营销手段、市场技能或价格联盟等方面的控制权，都会产生产品市场的不完全。

在要素市场中，劳动力、资本和技术知识方面，特别是技术知识市场的不完全更加明显。如在技术转让中，技术所有者和技术购买者之间存在信息不对称现象，增加了技术交易的风险，提高了交易费用，降低了技术市场效率。

各国政府采取不同的经济政策和法律法规，对税收、利率、关税、汇率等进行干预，从而使国际市场不完全。在外部市场失灵的情况下，企业在获得中间产品（如原材料、半成品、知识产品等）的过程中，无法在国际市场上正常实现交易，从而产生过高的交易成本、低配置效率的现象。

以上各种市场不完全现象，导致世界各国、各地区在商品和要素的市场供求关系、价格水平、市场容量上出现了种种差异，从而为企业进行国际直接投资开辟了空间，诱使企业选择国际直接投资方式来规避市场不完全所带来的过高的经营风险和交易成本。

2. 垄断优势是跨国公司对外直接投资的必要条件

垄断优势理论认为，跨国公司拥有的垄断优势是其实现对外直接投资目标、获得垄断利润的必要条件。海默把跨国公司的垄断优势归纳为以下四个方面。

（1）资源优势（Resource Advantage）。大型跨国公司往往在资本、人才、管理、市场等资源方面具有明显的优势，在国际竞争中处于有利地位。在资本方面，跨国公司本身就拥有雄厚的资本实力，可以在母公司与各子公司之间灵活调度数量庞大的资金；同时，跨国公司凭借其较高的信用等级，还可以在国际资本市场上以较低的成本迅速筹措到资金。在人力资源方面，由于跨国公司能提供较高的薪酬和较好的工作环境，所以，跨国公司可以在世界范围内招聘到经验丰富的高级管理人才、专业知识突出的技术开发人才和训练有素的企业员工，从而保证公司整体的高效运营。跨国公司在长期的国际市场竞争中，积累出一整套适应现代化研发、生产、营销、售后服务的先进管理经验和管理技术，极大地优化了公司资源的有效配置，促进了公司各项生产经营活动的顺利运行。跨国公司历史悠久，影响面广，营销组织健全，销售网络遍布全球，其产品更容易打入国际市场。特别是一些大型跨国公司，不仅有自己的独立营销渠道，还与国际包销商建立了长期而稳定的业务联系，商品流转快，销售成本低。以上的资源优势使跨国公司在很多方面赢得了巨大优势。

（2）技术优势（Technological Advantage）。技术优势包括专利、专有技术、技术诀窍等知识性资产，是跨国公司最重要的垄断优势。跨国公司是全球技术创新的主导力量，它们一般具有雄厚的资金实力、高水平的科技人才、先进的科研条件，可以通过加大科技资源投入，研发新技术和新工艺，并利用法律手段保护知识产权，防止技术外泄，通过对外直接投资手段，使这种垄断优势在跨国公司子公司内部使用，从而使技术优势得到最大限度的发挥，获得更多的垄断利润。

（3）规模经济优势（The Advantage of Economies of Scale）。大多数跨国公司在资本密集、技术密集、容易形成寡头垄断的行业经营，这些领域国际市场空间巨大，跨国公司利用国际专业化生产来避免本国和东道国市场对公司经营规模的限制，扩大市场份额，降低单位产品成本，提高边际收益，获得内部规模经济效益。跨国公司通过水平一体化或垂直一体化经营来控制原材料供应的需求垄断和产品销售渠道的供给垄断，随着整个行业市场规模的扩大，单个企业还可以享受高素质劳动力市场共享、技术外溢效应和基础设施完善等方面带来的好处，即获得外部规模经济效益。

(4) 经营管理优势（Consumer Recognition Advantage）。跨国公司的竞争优势与其高水平的技术研发、协调生产、市场营销、财务管理能力密切相关，高效的经营管理体制为跨国公司的平稳运行和竞争力提升打下了坚实的基础。同时，跨国公司在长期的生产经营过程中累积起来的良好口碑、企业商誉、消费者忠诚度等，使这种优势得以强化。具体表现为本企业异于其他企业的品牌、商标、消费者认同优势可以超越地域限制和文化差异，使跨国公司在东道国获得当地消费者的信赖，有利于跨国公司在新的市场推销现有产品及创新产品。

（三）对垄断优势理论的评价

垄断优势理论突破了传统国际投资理论的桎梏，将证券投资与直接投资区别开来，把国际直接投资理论作为国际经济学研究的一个独立分支发展起来，开创了国际直接投资理论研究的先河。国际投资理论研究也从流通领域转到了生产领域，从过去主要探讨国际资本流动的宏观层面，深化为重点研究在不完全竞争市场上企业投资与经营行为的微观层面。这种转变为国际直接投资理论的发展创造了更为广阔的研究空间。

垄断优势理论首次提出了不完全竞争市场是导致国际直接投资的根本原因，并分析了市场不完全的类型；论证了垄断优势是跨国公司对外直接投资的必要条件，并阐述了垄断优势的具体内容；从充分利用自身垄断优势的角度，论述了跨国公司对外直接投资的根本动因。同时，研究了知识转移、产品差异化能力、寡占反应行为等对跨国公司对外直接投资的重要影响。这些理论对国际直接投资问题研究和实践探索都具有十分重要的意义。

当然，垄断优势理论也存在一定的局限性：一是垄断优势理论是以寡头垄断市场上美国大型跨国公司为研究对象，探讨美国技术先进、经济实力雄厚的跨国公司对外扩张的动因与条件的。这一理论只突出强调垄断优势这方面因素的影响和作用，缺乏理论分析应有的系统性和完整性，难以全面解释纷繁复杂的跨国公司的投资活动，特别是发展中国家中小企业的跨国经营行为。二是海默所用的研究方法侧重于静态分析，既没有阐明跨国公司垄断优势的进一步发展，也没有论证各种市场不完全竞争状态的变动性。所以，垄断优势理论在研究跨国公司对外直接投资问题方面还缺乏普遍性和动态性。

（四）垄断优势理论的发展

海默和金德尔伯格提出的垄断优势理论开创了跨国公司对外直接投资理论研究的先河。此后，西方学者在这一理论基础上开展了进一步的实践检验，并在产业组织理论与市场结构理论等方面对其进行了补充和发展。

1. 通货区域理论

美国金融学家罗伯特·Z. 阿利伯（Robert Z. Aliber）在1970年和1971年分别发表的《对外直接投资理论》和《多元通货世界中的跨国企业》两篇论文中，把对外直接投资视为资产在各个通货区域之间流动的一种货币现象，提出了"通货区域理论"。

阿利伯认为，由于并不存在一个完全自由的世界货币市场，因而货币市场是不完全性市场，从而存在若干通货区域。各种货币地位不同，币值的稳定性也各异。如果一个公司所在国的货币"坚挺"，这个公司的资产就会在金融市场上获得较高的价格，因此该公司具有货币区域的优势。以不同国家的货币定值的资产收益率各异，而收益率的差别既反映了汇率的可预期变化，也反映了对汇率变化不确定的补偿。

各国货币的软硬程度不同，硬通货汇率往往"坚挺"。虽然 1973 年布雷顿森林体系瓦解，但美元仍是国际储备货币，因此美元通货区的跨国公司拥有强币的优势，美元总是被高估，因而用美元进行国际投资是有利的。

根据通货区域理论，对外直接投资的流向是与货币优势的变化趋势相吻合的。该理论解释了第二次世界大战后跨国公司对外直接投资的大致流向：最初是美国大量的对外直接投资；然后是德国、日本两国对外投资的扩张；在 20 世纪 70 年代至 80 年代初，陆续出现欧洲跨国公司进入美国投资的情况。

通货区域理论从金融角度来研究对外直接投资的动因和发生机制，将对外直接投资视为资产在各个通货区域之间的一种流动。从某种意义上讲，该理论是把对外直接投资当作一种货币现象来看待，而非作为一种企业的生产、经营活动来研究。但是，这一理论难以说明不同货币区域之间的双向投资现象，也难以解释弱币区域仍有大量对外直接投资这一事实，更何况随着国际金融市场的一体化，世界通货区日益趋于同质，独立的通货区已不复存在。

2. 核心资产论

核心资产论的代表人物是约翰逊（H. G. Johnson）。约翰逊在继承了海默和金德尔伯格核心思想的基础上，进一步发展了跨国公司所拥有的垄断优势。他在 1970 年发表的论文《国际公司的效率和福利意义》一文中指出，"知识的转移是直接投资的关键"。他认为，跨国直接投资的企业所具有的垄断优势，主要是对知识资本的占有和使用，知识资本包括专利、专有技术、组织技能、管理经营、销售技巧等一切无形资产。知识资产是企业的核心资产，它与其他资产不同，其生产成本很高，而通过直接投资使用这些知识资本来生产产品的成本却相当低，当产量很大时，其边际成本趋近于零。但知识资产的供给又极富弹性，具有使用上的非排他性，可以在不同地点同时使用。因此，跨国公司的子公司可以充分利用母公司的知识资产，即核心资产，创造更高的经济利益，而东道国的本土企业则无此优势。

3. 产品差别能力论

凯夫斯（R. E. Caves）于 1971 年 2 月在《经济学》杂志上发表了一篇题为《国际公司：对外直接投资的产业经济学》的论文，该论文从产品差别能力的角度对垄断优势理论进行了补充。凯夫斯特别强调，跨国公司生产差异化产品的能力是其最重要的优势。产品差异化包括两个层面：一是在产品的实物形态或使用功能方面，跨国公司可以充分利用它的技术优势，生产出与其他厂商有差异的同类产品，这些差异包括使用功能、产品质量、外观造型、包装设计等；二是跨国公司也可以通过营销技巧使消费者在消费心理上产生差别，例如，打造知名商标、品牌，形成良好的口碑和商誉。

凯夫斯认为，产品差异化能力在技术已经标准化的领域显得尤为重要，依靠对物质形态方面进行少量优化、改变，或通过广告形成的商标、品牌识别，以及给予产品不同的销售条件与附加利益，可以规避产品被竞争者直接模仿。因此，跨国公司利用产品的差异，可以适应不同层次和不同地区消费者的消费偏好，从而增加产品的销售，扩大市场份额，增强跨国公司的竞争力。

4. 寡占反应论

1973 年，尼克博克（Knickerbocker）出版了《垄断性反应与跨国公司》一书。他从垄断企业战略竞争角度出发,进一步发展了海默的垄断优势论,提出了寡占反应论,也称寡头垄断行为理论。他通过分析187家美国跨国公司的投资行为,发现在一些寡头垄断性工业中,外国直接投资很大程度上取决于竞争者之间相互的行为约束和反应。

寡占是指由少数几家大公司控制某一行业大部分产品供给的市场结构。在这种市场或行业中,每一家大公司(即寡头)都占有举足轻重的地位,它的任何行动都会影响到其他寡头的生产和经营。因此,在寡占市场结构中,寡头企业的行为具有相互依赖性。寡占反应行为是指每一家公司都对其他公司的行动保持高度敏感性,密切关注竞争对手的行动,如果竞争对手开展对外直接投资,就紧随其后实行跟进战略,以抵消先行者优势,维持自己相对的市场份额,保持市场竞争的相对均衡。如果某个寡头企业率先进行海外投资,而本企业不这样做,就可能从此丢掉这个市场,或者将来以更高的代价才能夺得这个市场。

尼克博克将对外直接投资分为两类:一类是进攻性投资,即寡头企业率先在国外建立第一家子公司的投资;另一类是防御性投资,即同一行业的其他寡头企业追随进攻性投资,在同一区域进行的跟进投资。进攻性投资动机可以用产品生命周期理论来解释,而防御性投资动机应该用寡占反应行为来说明。尼克博克对1948—1967年的美国对外直接投资资料进行了实证分析,发现美国跨国公司在国外的子公司有一半是集中在三年内建立的,并且这些跨国公司的集中程度也很高。实际上,20世纪80年代日本的对外直接投资也有同样的情形,当时丰田汽车、日产汽车看到本田汽车公司到美国、欧洲进行投资后,也紧跟着在美国和欧洲进行直接投资。

二、内部化理论

内部化理论(Theory of Internalization)也称市场内部化理论,是解释跨国公司对外直接投资动机及决定因素的较有影响力的理论之一。该理论由英国学者巴克莱(P. J. Buckley)和卡森(M. O. Casson)于1976年在《跨国公司的未来》这部著作中首次提出。1981年,加拿大学者拉格曼(A. M. Rugman)在巴克莱和卡森的内部化理论的基础上,比较了出口贸易、许可证转让与对外直接投资三种跨国经营方式的条件及选择模式,进一步发展了内部化理论。

(一)内部化理论的渊源:交易费用理论

1937年美国学者罗纳德·科斯(R. H. Coase)在其发表的题为《企业的性质》一文中,系统性地提出了市场交易成本理论,西方学者称之为科斯定理。科斯认为,市场与企业均是资源配置的手段,这两种资源配置方式在一定范围内存在相互替代关系,它们之间的不同之处在于:在市场上资源的配置是由非人格化的价格来调节的;而在企业内,资源的配置则是通过权威来实现的。到底是采取市场配置资源方式还是选择企业内部资源配置方式,主要取决于市场交易成本与企业内部层级组织管理成本的高低。

微观经济学假设存在一个灵活有效的自由市场交易机制,能够完成生产要素及产品和劳务等所有价值活动的公平、顺畅的交易过程,从而实现资源的优化配置。在这一过程中,价格机制是核心,通过自由波动的价格调节,在生产要素市场和产品及服务市场,拥有平等地位和自主权的交易双方可以瞬间完成各类交易活动,并且不发生任何交易成本或交易费用。科斯对此不以为然,科斯明确指出,任何市场的运行都是有成本的,即存在交易费用。交易费用这一重要概念最先由新制度经济学引入经济分析领域。交易费用就是在一定社会关系中，人们自愿交往、彼此合作、达成交易所支付的成本，即达成一笔交易所要花费的成本，包括选择交易对象的搜寻成本、交易磋商谈判的签约成本、监督与履约的执行成本等。如果通过组建一个组织（企业），并形成某种权威（企业家）来支配资源，利用企业内层级关系，即上下级的"命令—服从"关系来调配资源，虽然发生了一定的企业内部管理成本，但如果管理成本低于市场交易费用，企业就应将原本通过市场进行的各项交易纳入企业内部。所以，交易费用理论认为，企业的本质就是市场的替代物。

科斯的理论与传统的厂商理论不同。传统的厂商理论或产业组织理论仅仅分析了企业在专业化分工和规模经济方面的作用，企业的水平一体化或垂直一体化经营，是为了提高生产率，即规模经济效益。而科斯认为，企业是一个多功能的复合体，除了组织生产外，还要开展研究开发、采购原料（包括中间产品）、招募雇用、营销服务等一系列与市场相关的活动。科斯定理主要从企业内部分工性质所引发的产品交换机制和生产组织形式来研究企业的性质。外部市场机制的不完全导致企业内部分工和组织形式的变化，企业水平一体化或垂直一体化的目标是将各阶段的分工生产置于统一的管理体制之下，通过企业内部的资源调配，避免外部市场交易成本过高所产生的不利影响。巴克莱和卡森正是在这一理论基础上提出了内部化理论。

（二）内部化理论的主要内容

1. 内部化理论的逻辑关系

内部化理论仍然以市场不完全性作为分析的前提条件，但与垄断优势理论的出发点和落脚点不同。垄断优势理论认为，垄断造成的市场不完全可以导致企业获得垄断优势，垄断优势是跨国公司对外直接投资的必要条件；而内部化理论则把市场不完全性归结于市场机制本身的内在缺陷，自由市场在中间产品交易时客观存在的某些交易障碍导致市场失灵、交易成本上升，企业不能有效地通过外部市场的交易协调其生产经营，获得预期经济利益。内部化理论正是从中间产品特别是知识产品的特性与市场机制的矛盾来论证内部化的必要性，其目的就是把高交易成本的外部市场交易活动内部化，克服市场交易障碍，降低交易成本，消除外部市场的不完全，以便获得更高的经济效益。

内部化理论的逻辑关系是：在不完全竞争市场结构条件下，企业的经营目标是追求利润最大化；在中间产品通过外部市场交易存在障碍时，企业将产生内部化动机，以替代外部市场交易；当企业内部化行为超越国界时，就产生了跨国公司的跨国经营。

2. 市场内部化动机与中间产品特征

巴克莱和卡森认为，市场不完全性不是由寡头垄断、规模经济、政府干预等原因导致的，而是由市场失灵引起交易成本上升。内部化理论特别强调中间产品的市场不完全性。在中间产品市场不完全的条件下，跨国公司为了避免交易成本过高，谋求整体利益最大化，往往把中间产品特别是知识产品在企业内部转移，以企业内部市场交易代替外部市场交易。中间产品是指在企业的投入—产出转换系统中，作为中间投入的产品。

中间产品不仅包括上游部门提供的零部件、半成品等，更主要的是指专利、专有技术、技术诀窍、品牌、商标、商誉、管理技能、市场信息等所谓的知识产品。这些知识产品及其交易具有如下特点。

（1）知识产品的形成周期长、成本高、风险大。跨国公司在研究开发知识产品过程中，需要投入大量的人力、物力和财力，新产品、新工艺从研制、应用、量产到获得经济效益，往往耗时较长，可能短则几年，长则十几年，甚至更长时间。知识性产品研发不仅投入多，而且风险大，企业付出巨资并不一定能保证获得预期的专利或技术，即使研制的新产品问世，市场是否认可仍然是一个未知数。跨国公司在知识产品研发过程中的每一个环节都存在不确定性。

（2）知识产品可以为所有者带来某种垄断优势。跨国公司利用知识产品生产出在市场上具有独占性的新产品，这类产品可能性能优越或价格低廉，具有很强的竞争优势。跨国公司如果将其拥有的知识产品在外部市场上转让给其他厂商，结果就是培育了竞争对手，削弱了自身的垄断优势和竞争能力。因此，跨国公司一般把知识产品在企业内部转让，有效控制知识产品外溢，避免新技术等被别的企业利用，这样可以长期保持对知识产品的独家垄断，从而获得更大的经济利益。

（3）知识产品定价困难。在知识产品市场上存在着"信息悖论"，即只有当知识产品需求者了解某一知识的信息价值以后，需求者才会愿意且决定购买，然而，一旦知识产品供给者公开了知识产品的某些秘密后，知识产品需求者就没有必要再花较高价格购买了。

跨国公司基于保密的需要，在知识产品转让时不可能把所有的技术细节特别是关键技术都提供给买方，这就使买方很难对知识产品有一个全面深入的了解，且由于信息不对称，无法对知识产品合理定价。加之知识产品的经济效益只有在全部投产到市场销售之后，其效益才能最终确定，所以在知识产品交易时，买卖双方就某项知识产品的经济效益无法达成一致意见，难以议定一个合理的价格。此外，由于知识产品具有唯一性，缺乏可比性，供给一方从稀缺性、唯一性角度讨要高价，需求一方从不确定性、风险性角度压低价格，使买卖双方给出的价格差异太大，难以成交。这些因素使知识产品无法通过外部市场按供求规律确定一个公平、合理的价格。这必然导致跨国公司采用内部化的方式交易知识产品。

3. 市场内部化的实现条件

跨国公司市场内部化的最终目的是获得更大的利益，但市场内部化在节约交易成本的同时，也会增加企业的内部化成本。公司是否内部化以及内部化动机的大小取决于内部化成本、内部化收益及外部交易成本的比较。只有当企业的内部化收益大于内部化成本时，市场内部化才是可行的；只有当企业的内部化成本小于外部市场交易成本时，外部市场的内部化才是有利的。

（1）内部化的收益。市场内部化的收益主要来自消除外部市场不完全所带来的经济效益，具体包括以下几个方面。

首先，消除中间产品市场不确定性带来的收益。中间产品尤其是专利、技术、信息等知识产品，存在非竞争性使用、信息不对称、零边际成本等"公共产品"的性质，难以通过外部市场按供给需求关系确定交易价格。跨国公司通过市场的内部化，使中间产品的买卖在所有权上合二为一，买卖双方统一于一个跨国公司内部，企业内部的命令——服从关系取代了外部市场的买卖合同关系，消除了外部市场上买卖双方不确定性给企业带来的风险，保证中间产品的供给长期稳定。市场内部化最大限度地减轻了国际市场的不完全，缓和了出口贸易的不稳定性，从而提高了企业的经济效益。

其次，协调相互依赖的跨国公司各项业务活动所带来的经济效益。外部市场交易是通过交易合约把买卖双方联系起来的，而合约的签署与履行之间存有时滞，跨国公司缺乏合适的价格信号引导并协调其短期生产经营活动和长期投资计划，时滞给交易双方带来不确定性和风险。跨国公司通过建立内部市场，可以将相互依赖的各个业务环节置于母公司统一的控制与调度之下，合理安排原材料和中间产品采购、生产进度、库存与销售，协调采购、生产、营销不同阶段的中长期供需关系，从而给企业带来经济效益。

再次，差别定价机制所带来的经济效益。跨国公司通过内部一体化战略，建立内部化市场，对内部市场上流转的中间产品特别是知识产品运用差别化定价手段，促使中间产品市场高效运转，公司整个生产经营活动有序进行，进而实现公司总体利润大幅增加的目标。

最后，利用转移价格规避政府行政干预所带来的经济利益。转移价格是跨国公司母公司与子公司以及子公司与子公司之间买卖中间产品时所执行的价格。这种价格可以偏离中间产品的成本，不受市场供求波动的影响，为跨国公司的全球经营战略服务，从而成为跨国公司进行税务筹划来合理避税、转移调度资金、规避外汇管制等最重要的手段，是谋求跨国公司整体利益最大化的有效工具。

（2）内部化的成本。内部化成本是指企业为克服外部市场交易障碍而必须额外增加的成本，主要包括以下几个方面。

首先，内部管理成本的增加。跨国公司在把原来通过外部市场交易进行的业务活动纳入企业内部以后，组织规模必然扩大，生产经营等业务活动必然增多，需要投入更大的人力、物力和财力，增加管理层级，建立一整套监督管理机制，才能对遍布世界的子公司进行有效管理。这些无疑会增加跨国公司的管理成本。另外，跨国公司内部化的重要目的是要保持对知识产品的长期独占权，为了避免技术外泄，跨国公司母公司与子公司及子公司与子公司之间要建立独立的通信系统；跨国公司的分支机构遍布全球，各个机构之间距离遥远，联络频繁，必然会增加跨国公司的通信成本，这也是内部管理成本的一部分。

其次，资源配置效率下降的成本。跨国公司实行市场内部化以后，将原来一个完整的大市场人为地分割成了若干个独立的小市场（即企业内部市场）。这些独立、封闭的小市场迫使跨国公司有可能以小于最优经济规模的水平从事投资与生产经营活动。不管是从全社会角度看还是从跨国公司本身角度看，都会造成资源配置效率的降低和经济效益的损失。

最后，国家风险成本。国家风险成本也称政治风险成本。跨国公司实行内部化后，在东道国的投资、生产、营销活动会形成对当地市场一定程度的垄断与控制，这显然对东道国的经济发展不利，可能引起东道国政府的人为干预。东道国政府会采取歧视性政策，在市场准入门槛、外资控股比例、税收与融资方面进行限制，甚至实施国有化手段等。跨国公司母国与东道国之间政治关系越不稳定，歧视性成本就越高。

（3）外部交易成本。外部交易成本是指通过外部公开市场进行各项交易的成本，包括搜寻成本、信息成本、议价成本、决策成本、监督交易成本、违约成本及其他交易成本。搜寻成本，即商品信息、交易市场及交易对象的寻找成本；信息成本，即取得交易对象信息及与交易对象进行信息交换的成本；议价成本，即针对契约、价格、数量、品质等与交易对象进行讨价还价，发现相对价格的成本；决策成本，即进行相关决策与签署契约所支付的成本；监督交易成本，即监督交易对象是否履行交易合同、规避支付风险的成本；违约成本，即交易一方或双方在违约时解决争议所需付出的事后成本；其他交易成本，如跨国经营时还要规避汇率波动风险的成本及缴纳各种税款等。

(三) 内部化理论的其他观点

内部化理论正是基于市场不完全导致交易成本提高、交易效率下降而提出来的。市场不完全包括两种类型。一是市场结构性不完全。一些企业可以依据自身对技术、资本、产品、价格等方面的控制，使自由竞争机制受到干扰，形成了不完全竞争的市场结构，包括垄断竞争、寡头垄断甚至完全垄断，内部化正是对这种市场不完全特别是寡头垄断市场的主动调整与适应。二是市场交易性不完全，即因为产品性质与市场机制不相适应，主要是在技术、专利、商标等具有公共物品特质的中间产品交易中，市场交易机制失灵，可以通过内部化在一定程度上得到补偿。前者主要以海默的观点为代表，后者除了前面介绍过的巴克莱和卡森的理论外，还包括威廉姆森、汉纳特等人的观点。

1. 海默的内部化观点

海默的内部化观点侧重于从市场结构不完全角度进行阐述。他认为，大型企业凭借其资金、技术、人才方面的优势获得垄断地位，形成寡占市场结构，利用这种市场结构性不完全，可以把企业的垄断优势保持在企业的内部并长期存在，需要寡头企业在海外建立全资子公司或控股公司，这就是内部化过程。如果将先进技术等在外部市场转让，不仅经济效益不佳，还会培育竞争对手，削弱自身的垄断优势。

海默在考察美国寡头企业对外直接投资时发现，美国的大企业拥有强大的市场力量，能借助自身的垄断优势，克服在海外经营所遭遇的市场阻碍，降低各种风险带来的额外成本，并且获得较高的经济利益。海默的分析方法和理论研究可以较好地解释跨国公司水平一体化的国际化经营。

2. 威廉姆森的内部化观点

威廉姆森着重从资产专用性（Asset Specificity）角度论证内部化的原因。资产专用性是指某项资产只适合某一专门用途，如果不牺牲该资产的一部分生产率，或者不对该资产进行再投资以适应新的交易活动，则难以通过交易挪作他用。资产专用性的类型包括资产的地点专用性、物资资产专用性和人力资本专用性。一种专用投资会产生资产套牢（Lock-In）效应，使资产的投资报酬产生"准租"，可能使事前的契约关系发生扭曲，受到垄断方（买方垄断或卖方垄断）的要挟，这种要挟会导致专用性资产的准租金被对方据为己有的机会主义行为发生。机会主义行为即投机行为，是交易的一方侵占交易另一方的经济利益，这在一定程度上使契约双方相关的专用性投资不能实现事先的最优化安排，从而使该项资产的价值大为损失，形成巨大的沉淀成本。高度专用性资产在市场上转让的交易成本太高，使交易双方几乎无法承受，只能通过纵向一体化，在企业内部转让。

威廉姆森认为，交易方式的选择必须考虑与特定交易相关的专用性资产及可能产生的与此有关的机会主义威胁。当交易的一方对该交易进行了巨大的专用性资产投资以后，交易的其他各方就会产生强烈的机会主义倾向，这时可以采取内部化方式，以此抵消投机行为风险；当交易的专用性程度较低时，交易各方的投机倾向很小，企业可以选择节约交易费用的市场交易方式。

例如，在钢铁工业，从铁矿石开采、冶炼，到钢材生产，每一阶段都需要巨大的专用性资产投资，包括物资资产专用性和地点专用性投资，这种高度专用性的资产难以在市场上转让交易，结果只能通过垂直一体化在企业内部转让，即通过内部化方式规避投机风险和降低交易费用。

3. 汉纳特的内部化观点

美国马里兰大学的汉纳特在其1977年的博士论文《对外直接投资理论》中提出了自己的观点，并在1982年出版的著作《跨国企业理论》中作了进一步的阐释。汉纳特认为，跨国公司的内部化是企业治理结构的国际化。由于经济主体的有限理性和机会主义倾向的存在，自由市场机制难以准确地测度和衡量产出的价值，从而使提供与购买该项产出的经济主体都得不到应有的报酬，这就是所谓的欺诈。欺诈必然导致市场交易失效，降低经济效率，而内部化机制可以在一定程度上减轻欺诈造成的损害。因为经济活动既可以通过市场价格体系，也可以通过企业内部层级组织体系来进行。通过自由市场对产出进行衡量与评价称为"产出约束"，而利用层级体系来考核产出称为"行为约束"，通过外在的产出约束和内在的行为约束，可以减少欺诈的发生并缓和市场失效的程度，从而降低资源配置成本，提高经济效率。

（四）对内部化理论的评价

内部化理论是20世纪70年代中期以后形成的至今较为流行的对外直接投资理论，该理论以科斯产权理论为基础，以中间产品（特别是知识产品）市场不完全为研究对象，认为企业进行对外直接投资的实质是基于所有权的企业管理与控制能力的扩张，通过对外直接投资，将本来在外部市场进行的交易变为在公司所属企业间进行，用企业内部管理机制代替外部市场交易机制，减少较高的市场交易成本，从而形成企业跨国经营的内部化优势。

内部化理论认为，跨国公司只不过是一般企业的一种特例，是企业制度高度演进和发展的新阶段，能创造出企业内部的国际分工和交易体系，从而实现更高程度的资源配置效率。该理论较好地解释了跨国公司的性质、起源，以及对外直接投资的动机与形式，不仅可以解释发达国家跨国公司的对外投资行为，还可以说明发展中国家企业的跨国经营，因而具有一般性与通用性。该理论还有助于解释第二次世界大战后跨国公司的增长速度、盈利情况和发展模式等事实。内部化理论也可以作为阐释跨国公司在对外直接投资、出口贸易和许可证安排这三种跨国经营方式选择的依据。跨国公司通过内部化方式开展对外直接投资，保持其在全球范围内的垄断优势，进而实现利润最大化，因此在三种方式中占主导地位。出口贸易易于受到进口关税和贸易保护主义的限制，许可证安排则局限于技术进入产品生命周期的最后阶段，因而均属于次要地位。

当然，内部化理论也存在一定的局限性。第一，由于内部化理论从经济学思想和方法论层面都是建立在交易费用理论基础上的，这在一定程度上限制了该理论的解释力。企业首先是社会资源配置的重要方式，是把投入的经济资源变为商品产出的一种生产性组织。节约交易费用并不是企业存在的根本原因。第二，该理论未能对跨国公司对外直接投资外部环境因素进行系统分析，因而不能有效说明对外投资的区位选择问题。第三，该理论虽然可以较好地解释水平一体化和垂直一体化的对外直接投资，但对资源开发型和出口导向型的对外直接投资缺乏解释能力。

三、国际生产折衷理论

第二次世界大战结束后，随着欧洲重建的完成和日本经济的崛起，国际直接投资的格局发生了重大变化，美国独霸国际直接投资领域的局面被打破，欧洲及日本的跨国公司在国际直接投资中的份额增加，逐渐形成美、欧、日的跨国公司对外直接投资三足鼎立的格局。跨国公司已经成为最重要的国际生产的组织者和国际技术转让的提供者，跨国公司母公司与子公司之间的交易活动取代了传统国际贸易，成为影响世界贸易增长的主要因素。跨国公司的发展不仅深刻影响着全球经济格局，也带动了国际直接投资理论的繁荣，20 世纪 70 年代后期出现了众多有影响力的国际直接投资理论，从而为这一理论的综合创造了条件。

（一）国际生产折衷理论的产生

国际生产折衷理论（Eclectic Theory of International Production）是由英国经济学家邓宁（John H. Dunning）于 20 世纪 70 年代提出来的。1973 年，邓宁在其《国际生产的决定因素》一文中指出，只有将贸易与国际生产这两种相互替代的国际化形式，从所有权优势与区位优势两个方面进行讨论，才能正确评价英国加入欧洲经济共同体的经济含义。邓宁这篇文章中的主要观点被认为是其折衷思想的最早萌芽。1977 年，邓宁利用系统综合方法对早期的各种主要跨国公司理论进行了比较研究，发表了他的代表作《贸易、经济活动的区位与跨国企业：折衷理论探索》，形成了所谓的国际生产折衷理论。1981 年邓宁出版了《国际生产与跨国企业》一书，进一步完善了其国际生产折衷理论，使这一理论更加系统化、理论化。

邓宁认为，海默、巴克莱和卡森、弗农、小岛清等的国际直接投资理论，是建立在对不同国家的不同时期对外直接投资的实证分析基础之上的，它们对特定国家特定时期的跨国公司具体投资行为具有较强的解释力，却缺乏普遍意义。邓宁提出的国际生产折衷理论不仅具有跨国公司对外直接投资的现实背景，同时具有较为丰富的理论发展基础。

就国际生产折衷理论产生的现实背景而言，主要是第二次世界大战后国际直接投资格局发生了重大变化，需要更全面、更综合的理论来解释现实情况，这些现实的变化具体表现在四个方面：一是国际直接投资主体多元化，不仅形成了美、欧、日三大区域的跨国公司齐头并进的国际投资新格局，而且发展中国家无论是作为国际直接投资的东道国还是母国，都出现了迅猛增长的趋势；二是国际直接投资新领域凸显，跨国公司由原来的主要向制造业投资，扩展到投资资源开发、农业、技术研发等领域，特别是服务业成为国际直接投资最重要的领域，且发展速度明显加快；三是国际直接投资形式呈现多样化，除了独资企业、合资企业、合作企业外，跨国公司相互之间收购兼并以及建立在战略联盟基础上的合作投资所占份额越来越大；四是国际直接投资流向发生了变化，由以前的发达国家向发展中国家进行的纵向直接投资，发展到发达国家之间的横向投资，甚至发展中国家向发达国家投资的复杂局面。

从国际生产折衷理论产生的理论积淀看，自 20 世纪 60 年代开始，国际直接投资理论领域基本上是沿着四个研究方向发展的，这为国际生产折衷理论奠定了一定的基础：一是依据产业组织理论,从不完全市场出发研究跨国公司对外直接投资的必要条件,即跨国公司比东道国企业拥有某些优势,如海默的垄断优势理论;二是把国际直接投资与国际贸易结合起来,运用动态分析方法,阐述投资与贸易之间的替代转换问题,如小岛清的边际产业扩张理论;三是基于生产区位理论,探讨跨国公司对外直接投资的区位选择问题;四是以厂商理论为基础,研究中间产品市场不完全情况下,跨国公司以内部化方式来开展对外直接投资的理论,如巴克莱和卡森的内部化理论。

邓宁认为,上述理论只是对跨国公司对外直接投资行为所作的单一性、局部性解释,而不是国际直接投资的一般性理论。邓宁强调,跨国公司的对外直接投资、出口贸易及许可证安排可能是一个企业面临的不同选择。能否建立一种综合性的理论,全面、系统地说明跨国公司对外直接投资的动因、条件、方式,使之具有通用性,则更具理论意义和现实指导意义。

(二) 国际生产折衷理论的主要内容

邓宁把自海默以来的国际直接投资理论系统整合成一个统一的分析框架,认为企业从事国外直接投资是由该企业本身所拥有的所有权优势(Ownership Advantage)、内部化优势(Internalization Advantage)和区位优势(Location Advantage)共同决定的,所以称之为国际生产折衷理论或折衷范式,也称为 OIL(Ownership- Internalization- Location)范式。

1. 所有权优势

所有权优势是指一国企业拥有的或能够获得的、国外企业所没有或无法获得的资产及其所有权。邓宁认为,跨国公司所拥有的所有权优势可分为两类:一类是只有通过对外直接投资才能形成的所有权优势,如原料及中间产品的垄断、产品多元化、市场分散化、产品生产的统一调配与资源调度、销售渠道与消费市场的控制、运输成本的降低等,这类所有权优势无法通过出口贸易或技术转让方式给本企业带来收益,只能在跨国公司体系内部加以利用,才能带来经济效益;另一类是通过出口贸易、技术转让及对外直接投资均可以给跨国公司带来收益的所有权优势,如技术、商标、品牌、经营管理技能、规模经济等。具体来说,所有权优势包括以下四方面内容。

(1) 技术优势。技术优势主要包括专利、专有技术、新产品开发能力、销售技巧等。

(2) 组织管理优势。组织管理优势包括高素质的管理人才、组织协调能力、丰富的管理经营经验等。

(3) 规模优势。一方面,企业规模越大,研究开发投入越多,创新能力就越强,越有利于企业的技术进步与竞争能力的提高;另一方面,企业规模越大,越能在国内外市场上获得规模经济效应,从而获得竞争优势。

(4) 资金优势。除了拥有巨额的自有资金外,因为企业有较高的知名度、良好的形象、优良的信用记录而形成的多渠道、低成本的资本融通优势。

但是,邓宁指出,企业拥有所有权优势只是其能够开展对外直接投资的必要条件,而非充分条件。也就是说,所有权优势并非只能通过对外直接投资方式加以利用,有些所有权优势也可以采取出口贸易或技术转让的形式来利用。企业到底以什么方式参与跨国经营,不仅取决于其是否拥有所有权优势,也受制于企业将所有权优势加以内部化的意愿和能力,还要考虑东道国的市场条件与外部环境。

2. 内部化优势

邓宁认为，跨国公司的国际竞争优势不是来自传统的垄断优势，更不是来自单纯的高技术占有，而是主要来自所有权优势的内部化。专利、技术等垄断优势只有在同一个所有权企业内部进行交换，根据企业总体战略目标配置垄断优势资源，企业的垄断优势才能得到充分发挥。

所谓内部化优势，是指跨国公司将其拥有的资产和所有权在跨国公司的母公司及子公司之间内部使用所带来的特定优势。跨国公司内部化的主要动机是避免外部市场不完全性对其跨国经营产生的不利影响，继续保持和充分利用已有的所有权优势。巴克莱、卡森等人强调的是外部市场不完全与中间产品特殊属性之间的交易障碍，而邓宁认为外部市场对中间产品和最终产品来说都存在不完全性，都有这样或那样的交易障碍。邓宁把市场不完全分为两种情形：一是结构性市场不完全，即由贸易壁垒、交易成本过高而导致的市场不完全；二是知识性市场不完全，指的是由生产和销售的有关知识信息不易获得或需要支付高昂的代价才能获取而导致的市场不完全。在跨国公司跨国经营中，资产使用的内部化就是其利用所拥有的资产开展对外直接投资。在企业具备了所有权优势并且希望将其内部化使用的前提下，对外直接投资是否能够付诸实施且获得较好的经济效益，还要考查东道国的经济环境及市场条件。

3. 区位优势

区位优势是指跨国公司在东道国进行直接投资时所享有的当地禀赋条件、投资国政策与跨国公司自身优势相结合而产生的更大便利。区位优势是由东道国和投资国的多种因素决定的，包括直接区位优势和间接区位优势。

（1）直接区位优势。直接区位优势包括东道国固有的、不可转移的自然禀赋优势，如优良的地理位置、丰富的自然资源；低廉的生产要素成本，如劳动力工资水平很低；潜在的巨大的销售市场；各级政府各种优惠的外资吸引政策等。

（2）间接区位优势。间接区位优势包括投资国鼓励本国企业对外直接投资的某些政策措施；投资国国内市场的一些不利因素迫使国内企业到海外从事直接投资，如国内市场狭小、生产成本过高、出口运输成本上升；商品出口受到进口国关税及非关税壁垒限制等。

邓宁认为，区位优势不仅是跨国公司对外直接投资的充分条件，还决定了其对外投资的类型和结构。

4. OIL 范式

国际生产折衷理论认为，一个企业从事跨国经营活动主要有三种方式：一是通过对外直接投资在国外生产；二是通过国际贸易把产品出口到国外；三是向国外生产者发放许可证。这三种跨国经营方式是同一个企业在不同条件下面临的不同选择，邓宁的 OIL 范式就是要建立一种综合性的理论，以系统说明跨国公司的跨国经营模式。邓宁认为，企业拥有的所有权优势是其从事国际经济活动的基本条件。如果企业仅拥有所有权优势，而没有内部化优势和区位优势，该企业应充分利用自己的专利、技术等优势，选择许可证安排方式进行无形资产转让；如果企业具有所有权优势和内部化优势，而没有区位优势，该企业应选择扩大规模、增加产量,然后出口,即采取出口贸易方式进行跨国经营;如果企业同时拥有所有权优势、内部化优势和区位优势,该企业应充分利用内部化优势这一桥梁与纽带,把所有权优势和区位优势有机地结合起来,选择对外直接投资方式。跨国公司从事跨国经营的方式选择如表2-1所示。

表2-1 跨国公司从事跨国经营的方式选择

所有权优势	内部化优势	区位优势	选择方式
有	无	无	许可证安排
有	有	无	出口贸易
有	有	有	对外直接投资

邓宁根据国际生产折衷理论的基本框架,结合不同跨国公司对外直接投资的方式选择与行业特征,将跨国公司国际化生产经营活动分为六种基本形态,即资源开发型、进口替代制造型、合理化专业分工型、贸易与分销型、配套服务型和其他类型。每一类型的对外直接投资又是由不同的所有权优势、内部化优势和区位优势的组合决定的。跨国公司国际化生产经营类型如表2-2所示。

表2-2 跨国公司国际化生产经营类型

类型	所有权优势	内部化优势	区位优势	适合行业
资源开发型	资本、技术	以合适的价格持续、稳定地供应原材料并控制市场	拥有资源	石油、铁矿石、铜、锌、铝、锡、香蕉、可可、茶叶等
进口替代制造型	资本、技术、商标、品牌、管理技巧、规模经济等	利用技术优势转让、高信息成本、购置成本不确定	原料与劳动力成本、市场、政府政策	计算机、医药、汽车、卷烟等
合理化专业分工型	资本、技术、商标、品牌、管理技巧、规模经济,靠近市场	利用技术优势转让、高信息成本、购置成本不确定,分工协作效应;垂直一体化经济	产品专业化、集中化、经济性;劳动力成本低、东道国政府鼓励本地生产	汽车、电子设备、农业机械;家电、纺织与服装、照相机等
贸易与分销型	产品分销	保障营销渠道,保护公司品牌及声誉	当地市场,接近消费者,售后服务等	多种商品,特别是与消费者密切接触的商品
配套服务型	接近市场	利用技术优势转让、高信息成本、购置成本不确定;保障营销渠道,保护公司品牌及声誉	市场	银行、保险及咨询服务
其他类型	多元化	多元化	市场	证券、投资、资产管理;航空、旅馆业等

（三）国际生产折衷理论的评价

国际生产折衷理论主要以市场不完全性和要素禀赋理论为基础，从国家的宏观层面分析了不同国家间的优势及其不平衡分布，对以往各种直接投资理论进行了高度概括，吸收了各种理论的精华，系统、综合地说明了三种优势（所有权优势、内部化优势和区位优势）与三种国际生产经营方式（对外直接投资、出口贸易和许可证安排）之间的关系，从而形成了一个折衷性的理论分析框架，具有通用性和一般性特点，对跨国公司对外直接投资的动因、条件和方式具有较强的解释力。

当然，国际生产折衷理论也存在一些瑕疵：在该理论中，没有坚持内部化理论的制度分析方法，用内部化优势替代内部化理论，撇去了内部化理论的精髓。

严格意义上说，内部化优势仅仅反映了企业所拥有的技术、管理等优势在企业内部利用的可能性，很难与企业所有权优势分开。因此，在理论上把内部化优势与另外两种优势并列，作为决定企业跨国直接投资的决定性变量，在理论体系和思维逻辑上需要进一步阐述。

★延伸阅读

特斯拉的在华投资

据启信宝统计，特斯拉已经在中国成立了 15 家公司，还有几十家分公司，总注册资本将近 9 亿美元。其中特斯拉（上海）有限公司成立于 2018 年 5 月，注册资本为 46 7000 万元，经营范围是电动汽车及零部件、电池等生产。目前，特斯拉上海工厂已经开工建设，该项目为上海有史以来最大的外资制造业项目。

特斯拉上海工厂一、二期年总产量预计达 50 万辆，而这 50 万辆产能的上海工厂，特斯拉采取独资模式为外资在中国建立汽车工厂的首创。特斯拉自 2008 年推出第一款车 Roadster 以来，从未实现年度盈利，仅实现过两次季度性盈利，对于特斯拉来说，中国工厂无疑是马斯克与特斯拉的一场豪赌。对于这家资金捉襟见肘的电动汽车公司来说，销量几乎成为它的一切，无论是研发新款车型、扩充充电网络，还是提振股价，都需要订单量与交付量背后的销量作为支撑。不同于通过公开募集资金或发行可转债等方式获取资金，卖车才是真正的"造血"。现在，随着特斯拉中国工厂的建成与投产，中国市场彻底转向承担这家汽车公司的销量之重。目前，中国是特斯拉最大的海外销售市场且增速迅猛。官方数据显示，特斯拉 2019 年上半年在中国地区的营收为 14.69 亿美元，相比 2018 年同期的 10.36 亿元，增长 41.80%。

"朱晓彤和马斯克一样，都把中国当成掘金之地。"特斯拉中层称。"掘金"主要是指特斯拉在中国享受的一系列无法比拟的优厚待遇，股权、地价、借款，还有刚刚培育起来的电动车市场。

上海工厂是特斯拉的第一家海外工厂。上海工厂的建立，主要是为了降低交通运输、生产制造与关税带来的购车成本，以吸引更多中国消费者。特斯拉采取的独资模式为外资在中国建立汽车工厂的首创。虽然，中国政府相关部门一直在考虑放开汽车合资公司 50∶50 的股比。但迄今为止，也仅有华晨宝马一家，在合资公司成立 15 年后，宝马增持合资公司股比至 75%。除此之外，上海市提供了大量廉价的土地，近百亿规模的银行借款，甚至还为了特斯拉工厂的落地，不惜取消了另一家中国新创造车公司蔚来汽车在当地建厂的计划，已于 2017 年签订的蔚来上海嘉定工厂被迫终止。2019 年上海车展期间，蔚来汽车联合创始人兼总裁秦力洪在接受腾讯新闻《潜望》采访时表示，虽然没有"大动干戈"，但蔚来上海嘉定工厂当时确已动工一年有余。上海工厂的折戟，甚至让纽交所挂牌的蔚来，遭到了美国投资人的集体诉讼，称其存在虚假或误导性陈述。

当然，如此优厚的条件之下，临港地区对拥有 50 年使用权的特斯拉上海工厂的许多指标做了详细要求。特斯拉被要求在未来 5 年中投资 140.8 亿元人民币，并在 2023 年年底实现产值 750 亿元人民币，并产生 22.3 亿元人民币的年税收。否则，特斯拉就要交出土地，但会获得有关土地租用、楼房及设备的相应资金补偿。甚至，还对工厂奠基时间、建设完成时间和开始生产时间等做了详细要求。

如今，作为特斯拉唯一的海外工厂，该工厂一定程度上决定着大洋彼岸的这家加州高端新能源汽车生产商的命运。

（资料来源：腾讯新闻，《特斯拉豪赌"中国工厂"》）

四、产品生命周期理论

（一）产品生命周期理论的提出

美国哈佛大学教授雷蒙德·弗农（Raymond Vernon）于 1966 年在其《产品周期中的国际投资与国际贸易》一文中，将产品生命周期理论用于分析跨国公司对外直接投资活动，并先后于 1971 年、1974 年和 1979 年多次加以补充和完善。

产品生命周期（Product Life Cycle）是产品的市场寿命，即一种新产品从开始进入市场到被市场淘汰的整个过程。弗农认为，产品生命是指市场上的营销生命，某种产品和人一样有生命，要经历形成、成长、成熟、衰亡的周期。而这个周期在不同的技术水平国家里，发生的时间和过程是不一样的，其间存在一个时差，这一时差表现为不同国家在技术上的差距，反映了同一产品在不同国家市场上的竞争地位差异，从而决定了国际贸易和国际投资的变化。

（二）产品生命周期理论的主要内容

弗农把不同国家依次分成创新国（一般为最发达国家）、一般发达国家、发展中国家。弗农认为，美国是一个高技术、高消费的国家，它首先发明并商业化生产一种新产品，这时时间为 t_0；经过一段国内生产和销售后，在时间 t_1 开始将此产品出口至加拿大、日本等发达国家；再隔一段时间至 t_2，世界上其余国家也开始进口这种产品；至时间 t_3，在美国出口产品的同时，它也逐步把技术和生产转移至资源条件明显比较优势的加拿大、欧洲、日本等国，因此美国出口逐步减少；至时间 t_4，美国成为净进口国；同样，随着产品愈益标准化和成熟，加拿大、日本等国又将技术和生产向其他发展中国家转移，它们自己的出口减少，本身对产品的消费逐步依靠从其他发展中国家进口；至时间 t_5，其他发展中国家成为净出口国；而美国等国又开始发明与生产技术含量更高、更新的产品，从而不断形成一个个新的循环。产品生命周期如图 2-1 所示。

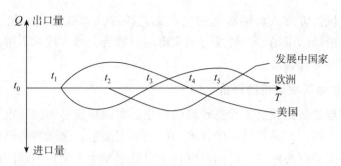

图 2-1 产品生命周期

图 2-1 中纵轴正方向表示出口量，负方向表示进口量；横轴 T 表示时间。t_0 为美国开始生产的时间，t_1 为美国开始出口和欧洲开始进口的时间，t_2 为发展中国家开始进口的时间，t_3 为欧洲国家开始出口的时间，t_4 为美国开始进口的时间，t_5 为发展中国家开始出口的时间。

该理论将产品生命周期划分为创新、成熟和标准化阶段，说明在产品生命周期的不同阶段各国在国际贸易中的不同地位，并把企业的区位选择与海外生产及出口结合起来进行系统的动态分析。

1. 创新阶段

创新阶段是指新产品开发与投产的最初阶段。创新国企业凭借其雄厚的研究开发实力进行技术创新，开发出新产品并投入本国市场。由于需要投入大量的研发力量和人力资本，产品的技术密集度高，且生产技术不稳定、产量低，所以成本很高。生产主要集中在创新国，是因为新产品的需求价格弹性较小，创新企业通过对新产品技术工艺的垄断地位即可在国内获得高额垄断利润。对于经济发展水平相近的一般发达国家偶尔的少量需求，创新企业通过出口即可满足，因此这一阶段无须到海外进行直接投资。

2. 成熟阶段

成熟阶段是指新产品及其生产技术逐渐成熟的阶段。随着新产品的生产和市场竞争的发展，市场出现了一系列变化：新产品的生产技术日趋成熟，开始大批量生产；产品的价值已为经济发展水平相近的一般发达国家的消费者所认识，国外需求强劲；需求价格弹性增大，企业开始注重降低生产成本；生产工艺和方法已成熟并扩散到国外，研发的重要性下降，产品由技术密集型逐渐转向资本密集型。与此同时，随着创新国向一般发达国家的出口不断增加，进口国当地企业开始仿制生产，而进口国为了保护新成长的幼稚产业开始实施进口壁垒，限制创新国产品输入，从而极大地限制了创新国的对外出口能力。因此，创新国企业开始到一般发达国家投资建立海外子公司，直接在当地从事生产与销售，以降低生产成本、冲破市场壁垒、占领当地市场。

3. 标准化阶段

标准化阶段是指产品及其生产技术的定型化阶段。生产技术的进一步发展使产品和生产达到了完全标准化，研发费用在生产成本中的比重降低，资本与非技术型熟练劳动成为产品成本的主要部分。企业的竞争主要表现为价格竞争，创新国已完全失去垄断优势。于是，创新国企业以对外直接投资方式将标准化的生产工艺转移到具有低成本比较优势的发展中国家，离岸生产并返销母国市场和一般发达国家市场。最后，当该技术不再有利可图时，创新国企业将其通过许可方式转让。

（三）对产品生命周期理论的评价

产品生命周期理论从比较优势动态转移的视角，对国际贸易和国际投资两种跨国经营行为进行了系统分析。随着产品及其生产技术的生命周期演进，国际贸易格局和国际投资方向相应发生变动，各国的贸易地位、跨国投资行为也随之发生变化，创新国由出口国变为进口国，而劳动成本低的发展中国家最终则由进口国变为出口国。根据该理论，各国应当依据比较优势的动态转移，确定产品定位、生产区位、跨国投资方式与国际贸易方向。该理论较好地解释了20世纪五六十年代美国对西欧及发展中国家的直接投资现实，表明产品生命周期的演化会导致跨国公司的对外直接投资流向呈梯度式变动的规律。但是，该理论也存在明显的局限性，不能解释20世纪80年代以后发达国家之间的产业内贸易情况。

五、边际产业扩张理论

边际产业扩张理论（The Theory of Marginal Industry Expansion），也称比较优势投资理论（The Theory of Comparative Advantage to Investment），是由日本一桥大学教授小岛清（K. Kojima）于20世纪70年代提出来的。该理论以当时日本的对外直接投资现实为研究对象，利用比较成本原理对日本和美国的对外直接投资进行比较分析，并在此基础上创立了具有日本特色的对外直接投资理论。

（一）边际产业扩张理论的产生背景

日本作为一个资源匮乏、幅员狭小的海岛国家，在第二次世界大战中其经济基础遭受重创。第二次世界大战后，日本在美国的扶持下，实施贸易立国的发展战略，积极吸引外资，引进、吸收先进的制造技术，强化日本式的"终身雇用制""年功序列制"等企业管理制度，利用各种机遇，用很短时间就在战争的废墟上实现了经济的恢复与崛起，成为实力雄厚的经济大国。

进入20世纪70年代，日本经济高速发展，对外出口急剧扩大，贸易顺差越来越多，外汇储备快速增长，日本的对外直接投资也从无到有，并呈现出迅猛增长的趋势。到1975年日本的对外直接投资总量累计为150亿美元，占日本GDP的3.1%；人均对外投资额为135美元。与美国相比，日本的对外直接投资绝对量很少，大约是美国的1/9，但其增长速度却远超美国，如在1967—1974年，日本的海外投资增长率高达31.4%，高出美国10%左右。如果日本的对外直接投资保持这样的增长速度，到1985年日本的对外直接投资规模将达到1 000亿美元，这种情况不仅极大地影响世界对外直接投资格局，也深刻地影响日本国内的经济结构。那么，日本的对外直接投资动机、投资模式是与美国相同，还是另一种发展路径？这一问题成为包括日本经济学家在内的世界很多学者感兴趣的研究议题。

从第二次世界大战后到20世纪70年代中期，全球范围内跨国公司对外直接投资理论是以海默的垄断优势理论和弗农的产品生命周期理论为主流的，日本的理论界同样接受并流行以上的主流观点。但在20世纪70年代中期以后，部分日本学者在研究日本本国跨国公司对外直接投资时,却发现垄断优势理论和产品生命周期理论无法给出令人信服的解释,他们认为上述两种理论只适用于美国跨国公司的对外直接投资问题,而没有考虑其他国家对外直接投资的特点,对日本的对外直接投资现状更是缺乏解释力。因此,应该独辟蹊径探讨符合日本实际情况的对外直接投资理论,用以说明和指导日本企业的对外直接投资活动。在此背景下,日本一桥大学著名学者小岛清在 1979 年出版的《对外直接投资论》、1981 年出版的《跨国公司的对外直接投资》和《对外贸易论》等著作中,系统分析了日本跨国公司的对外直接投资行为,提出了边际产业扩张理论。

(二) 小岛清对主流对外直接投资理论的反思

小岛清认为,海默的垄断优势理论和弗农的产品生命周期理论都是建立在企业的绝对优势基础之上的,强调厂商内部垄断优势对其直接投资的影响,重视对海外直接投资企业的微观经济层面分析,却完全忽略了宏观经济因素,特别是国际分工原则对对外直接投资的作用。

在国际直接投资领域占统治地位的垄断优势理论,可以比较好地阐释美国贸易替代型的对外直接投资过程。美国从事对外直接投资的企业都是美国具有绝对优势的产业部门,与东道国相比,美国企业在技术等方面处于领先地位,这样在国外投资生产,不仅可以抵补由此带来的额外成本,获得超额的经济利润,还可以规避外国政府设置的贸易壁垒,利用到国外直接投资,在东道国当地生产、当地销售来替代该类产品的出口,即开展贸易替代型的对外直接投资。但小岛清认为,美国的这种国际投资生产方式违背了国际分工体系中的比较优势原则,不利于美国的整体国际利益。因为按照国际分工原理,美国应该将这类企业保留在国内,通过不断扩大出口来获得比较利益。如果拥有垄断优势的企业竞相到国外投资设厂,把优势产业转移至国外,不仅培养了大量的竞争对手,而且本国原来的出口优势领域被直接投资替代,必然导致本国的出口锐减,结果是国际收支逆差扩大,失业率上升,产业结构退化等。

(三) 边际产业扩张理论的主要内容

小岛清的边际产业扩张理论主张一个国家的对外直接投资应该从投资国产业系列中已经处于或即将处于比较劣势的产业依次进行。这些产业可以被定义为边际产业,即已经失去或即将失去比较优势的产业。虽然这些产业在投资国已处于不利的竞争地位,但在东道国却拥有一定的比较优势。小岛清主张,在本国已处于比较劣势的生产活动,都应该通过对外直接投资形式依次向国外转移,这对日本经济结构调整及整体经济发展是有利的。

1. 对外直接投资的动机

小岛清从投资国的角度出发,把对外直接投资的动机划分为以下三种类型。

一是自然资源导向型,即为了开发矿山、油气、林业及水产等资源而在东道国投资,建立相应的资源开发企业。投资国的投资目的是弥补国内自然资源的空缺,投资流向资源丰裕的国家,从而保障自然资源的有效供给,形成本国制成品与初级产品生产国之间的垂直专业化国际分工。

二是生产要素导向型,即为了利用东道国相对便宜的生产要素。一国经济发展到较高阶段以后,不可再生的土地资源变得更加稀缺,劳动力成本也越来越高。在生产要素中,同资本相比，土地是完全缺乏流动性的，劳动力的国际流动也受到诸多法律限制，所以东道国廉价的土地与劳动力几乎不能转移至投资国。生产要素导向型的对外直接投资正是为了追求东道国丰富、廉价的土地和劳动力，而到东道国投资、建厂。

三是市场开发导向型，即直接投资以扩大产品销售、增加市场份额为目的。投资国为了实现获得规模经济效应、保持技术垄断优势、绕过东道国关税及非关税壁垒等目的，而到东道国投资设立生产企业，并在当地销售，提高市场占有率，获得更大的经济利益。

2. 对外直接投资的本质特征

小岛清认为，国际贸易是按照既定的比较成本开展的，根据上述原则所进行的对外投资也可以扩大两国的比较成本差距，创造出新的比较成本格局。对外直接投资具有以下本质特征：对外直接投资不是简单的资本流动，而是包括资本、技术、管理经营在内的综合性经营活动，其中出资部分主要表现在以机器设备、技术等生产资料形式进行单方面的价值转移，同时还包括工人业务培训、管理经验、市场销售等知识技能的转移。所以，小岛清把直接投资视为"包括销售问题的先进生产函数的转移和移植"。从此种意义上说，直接投资是以两国存在不同的生产函数为前提的，接受投资就意味着接受了投资国高资源配置效率的生产函数，从而使本国的生产函数得以提高。

3. 日本与美国对外直接投资的区别

小岛清的对外直接投资理论是以 20 世纪六七十年代日本的跨国公司对外直接投资实践为研究对象的，他认为，日本的对外直接投资有着不同于美国对外直接投资的显著特点。

（1）日本对外直接投资的产业是根据边际产业，即比较成本的顺序依次进行的。日本对外直接投资主要集中在自然资源开发、服装纺织品生产、标准化的零部件加工等领域。这些产业在日本是已经失去或即将失去比较优势的劳动密集型夕阳产业，但在某些发展中国家，如果采用日本的中等、适用技术，类似产业则可以形成比较优势或具有潜在的比较优势。日本在向这些国家直接投资的过程中，可以促进它们的工业化进程，利用其廉价劳动力优势，生产物美价廉的产品，不仅在东道国销售，还可以畅销第三国或返销到日本市场，这对日本的投资企业而言是极其有利。而美国的对外直接投资则不然，美国的企业利用其垄断优势，从具有比较优势的产业开始向国外转移，主要投向其他发达国家的制造业，特别是高新技术产业，从而获得垄断利润。

（2）日本的对外直接投资以中小企业为主，投资规模远比欧美国家的对外直接投资规模要小，所转让的技术也多为实用技术，比较符合东道国的经济结构和生产力水平，适合当地发展具有比较优势的服装纺织品等劳动密集型产业，起到促进就业和扩大出口的作用。而美国的对外直接投资主要由大型跨国公司发起，不仅投资规模较大，而且充分利用其垄断的先进技术优势。

（3）日本企业为了顺利进入东道国市场，规避市场准入壁垒，与东道国企业进行合资与合作，往往采取合资经营方式、契约式的合作经营形式或非股权安排方式。而美国的跨国公司为了在东道国保持垄断的技术、管理优势，尽力避免先进技术和管理技巧外泄，更多地建立独资企业。

（4）日本的对外直接投资行业是在本国已经处于比较劣势而在东道国正在形成比较优

势或具有潜在比较优势的行业，所以，这种对外直接投资的增加会增加机械设备、原材料、零部件的出口量，因此，日本的对外直接投资是贸易创造型的，或者称为顺贸易导向型投资。与此相反，美国的对外直接投资则是贸易替代型的，或者称为逆贸易导向型投资，因为部分行业随着对外直接投资的扩大，减少了这些行业产品的出口。日本与美国对外直接投资模式在理论基础、分支机构类型、投资企业规模、转让的技术水平、对外直接投资类型等方面存在着显著的差别，如表2-3所示。

表2-3 日本与美国对外直接投资模式的区别

国别	理论基础	分支机构类型	投资企业规模	转让的技术水平	对外直接投资类型
日本	边际产业理论	合资或合作企业	中小企业	中等实用技术	顺贸易导向型
美国	垄断优势理论	独资企业	大型企业	高新技术	逆贸易导向型

（四）对边际产业扩张理论的评价

边际产业扩张理论在研究视角、研究方法和基本结论方面有其独到之处。首先，该理论站在一国宏观经济利益的高度，强调国际分工原则在对外直接投资领域的应用，从比较优势的角度将贸易和投资作为一个联系的整体进行考查与分析，提出了"贸易创造型投资"的观点，在很大程度上解释了发达国家对发展中国家以垂直分工为基础的国际直接投资的动机、过程与结果。其次，小岛清深刻地认识到，国际直接投资的本质特征是"资本、技术、管理经验和营销技巧等知识的总体转移"，他把对外直接投资看成先进生产函数的移植。最后，利用比较分析方法，系统考查了20世纪六七十年代日本与美国对外直接投资的差异，把对外直接投资分为顺贸易导向型与逆贸易导向型，并指出对外直接投资应该从投资国处于比较劣势的边际产业依次进行。

边际产业扩张理论也存在明显的局限性。首先，小岛清把对外直接投资分为日本式的贸易创造型（顺贸易导向型）与美国的贸易替代型（逆贸易导向型），这无论在理论上还是在现实中，都存在一定的片面性。他所分析的日本式的贸易创造型投资，是以20世纪60年代末到70年代初日本向东南亚地区进行资源开发或对劳动密集型产业投资为研究对象的，但是20世纪80年代以后，日本企业的对外直接投资呈现出与美国的贸易替代型投资"趋同"的态势。所以说，边际产业扩张理论缺乏一般性和普遍性意义。其次，该理论仅以投资国的宏观角度分析对外直接投资的动机与结果，没有充分考虑对外直接投资主体——跨国公司的主动性及其影响因素。最后，这一理论很难说明第三产业的对外直接投资问题，对于发展中国家向发达国家进行所谓的逆向投资也缺乏很好的解释力。

第二节 发展中国家直接投资理论

相对于发达国家来说，大多数发展中国家的企业并不具备发达国家跨国公司所具有的技术水平、管理经验、经营规模及资本优势等，发展中国家企业与发达国家企业相比，在诸多方面存在着明显差距。按照传统的国际直接投资理论，这些发展中国家企业是没有进行对外直接投资所必需的优势和实力的。在20世纪70年代以前，发展中国家在国际直接投资领域的数量和规模确实是微不足道的。但在20世纪80年代以后，随着发展中国家的经济发展，越来越多的发展中国家企业先后走上了国际化经营之路。80年代中期，仅新兴工业化国家和地区，从事跨国投资活动的公司就超过2 000家，对外直接投资额达200亿美元。不少企业甚至还将投资领域成功扩散到发达国家。发展中国家对外直接投资的绝对量虽然较小，但增长速度迅猛。如1990年，韩国对外直接投资额高达82亿美元，我国台湾地区达54亿美元，分别比80年代中期增长7倍和10倍。从而打破了国际直接投资领域发达国家一统天下的格局，成为国际直接投资舞台上一股不容忽视的力量，并对传统的国际直接投资理论提出了新的挑战。

为了阐释发展中国家对外直接投资的动因与模式，20世纪80年代以后，陆续诞生了一批有价值的新的对外直接投资理论。其中最具代表性的有威尔斯的小规模技术理论、拉奥的技术地方化理论、邓宁的国际投资发展阶段理论、坎特威尔与托兰惕诺的技术创新产业升级理论等。

一、小规模技术理论

美国经济学家威尔斯（Louis J. Wells）于1977年发表了《发展中国家企业的国际化》一文，文中提出了小规模技术理论（The Theory of Small-scale Technology），并于1983年出版了其代表作《第三世界跨国企业》，分析了发展中国家对外直接投资竞争优势的来源，对发展中国家外直接投资问题给予很好的解释。

1. 小规模技术理论的主要内容

威尔斯认为，传统对外直接投资理论的缺陷是把竞争优势绝对化了。对于发展中国家而言，其跨国公司的竞争优势是相对的，主要来自低生产成本，这种低生产成本是与其母国的市场特征密切相关的。威尔斯主要从出口方面分析了发展中国家跨国公司的比较优势。

（1）拥有为小规模市场需求提供服务的小规模技术。发展中国家与发达国家的市场存在着巨大的差别，其中一个突出特点是其大多数制成品市场需求有限、规模很小。如果发展中国家企业从发达国家直接引进制造技术，相对于国内狭小的市场空间，引进的技术往往不能充分利用，存在着资源的闲置和浪费，即发达国家的大规模先进技术无法在这种小规模市场中获得规模效益。这种市场差异为许多发展中国家的企业进行对外直接投资提供了机遇，它们可以有针对性地引进、模仿、吸收，进而开发满足小规模市场需求的生产技术来获得竞争优势。例如，1959年斯里兰卡准备求助于苏联建立一座钢铁厂，当时苏联一座钢铁厂最小的年生产能力也是6万吨，而斯里兰卡对钢材的年需求量仅为3.5万吨（包括各种不同型号的钢材总量）。最后，斯里兰卡只能从印度引进适合小批量的钢铁生产设备。

（2）在国外生产具有民族特点的产品方面具有明显优势。发展中国家对外直接投资的一个鲜明特征表现在民族文化上。发展中国家的跨国公司在国外直接投资主要是为了服务于国外某一团体，这一团体在餐饮、食品加工、新闻出版、旅游、文化、娱乐等方面的需求有着明显的共性。由于这些民族产品的生产大多是利用投资国当地的资源，因此在原材料供给上有保障，在生产成本上有一定优势。一个突出的例子就是，华人社团在餐饮、食品加工、新闻出版、旅游、文化、娱乐等方面的需求，带动了一部分东南亚国家和地区的海外投资。根据威尔斯的研究，这种具有强烈民族色彩的海外投资在印度、泰国、新加坡、马来西亚等国家和中国香港、中国台湾等地区的对外直接投资中占有一定的比例。

（3）物美价廉的营销策略。发达国家生产的产品一般是科技含量高的尖端产品，其营销策略往往是通过投入大量的广告，树立产品形象，创造品牌效应。与发达国家跨国公司的产品相比，发展中国家的跨国公司提供的产品更加注重实用性和低价格，高性价比是发展中国家企业产品的最大特点，物美价廉是发展中国家的跨国公司提高市场份额的利器。发展中国家的跨国公司更倾向于通过贴近消费市场、建立传统的营销渠道、树立民族品牌、优质服务、良好口碑等形式来占领市场。例如，美国学者布斯杰特（Busjeet）对毛里求斯出口加工区外国制造业公司的调查证实，发展中国家跨国公司推销产品的广告费用大大低于发达国家的同类公司。在被调查的企业中，96%的发展中国家的公司广告费用占其销售额的比例低于1%，而发达国家的同类公司中，21%的子公司广告费用占其销售额的比例超过2%。

2. 小规模技术理论的简单评价

小规模技术理论被西方理论界认为是在发展中国家对外直接投资领域具有代表性的研究成果，他把发展中国家跨国公司的竞争优势与这些国家自身的市场特征结合起来，在理论上为以后的研究提供了一个可行的分析框架，充分说明那些技术不是特别先进、规模不是特别巨大的发展中国家中小企业参与国际市场竞争的可行性。但该理论也存在明显的缺陷，威尔斯始终将发展中国家在技术上的创新活动局限于对现有技术的继承和使用上，从而约束了该理论的适用范围。

二、技术地方化理论

英国牛津大学教授拉奥（Sanjaya Lall）在对印度跨国公司的竞争优势和投资动机进行深入研究后，于1983年出版了《新跨国公司：第三世界企业的发展》一书，提出技术地方化理论（The Theory of Localized Technological Change），以此来解释发展中国家和地区的对外直接投资行为。

1. 技术地方化理论的主要内容

技术地方化是指发展中国家的跨国公司可以对外国技术进行消化、改进和创新，从而使其技术和产品更适合本国的经济条件和消费需求，形成自己的特定优势。

实际上，大多数发展中国家在现代制造业中的生产技术是从发达国家"完全进口"的，在对进口技术的本土化改造过程中，发展中国家跨国公司的技术以小规模、劳动密集型和标准化为特点，适应国内的技术基础和市场条件，通过改进生产技术以实现产品生产的小批量和灵活性，增加产品生产的劳动力使用密度，解决原材料投入困难等问题，一旦遇到适当机会，则可以把这种成熟的小规模技术移植到其他发展中国家去。拉奥列举了发达国家与发展中国家跨国公司竞争优势的不同来源，如表2-4所示。

表 2-4　发达国家与发展中国家跨国公司竞争优势的来源

发达国家跨国公司	发展中国家跨国公司
1. 跨国公司规模大 2. 靠近资本市场 3. 拥有专利或非专利技术 4. 产品差异 5. 营销技巧 6. 管理技术和组织优势 7. 低成本投入 8. 对生产要素和产品市场的纵向控制 9. 东道国政府的支持	1. 跨国公司规模小 2. 技术适合第三世界供求条件 3. 产品差异 4. 营销技术 5. 适合当地的管理技术 6. 低成本投入 7. "血缘"关系 8. 东道国政府的支持

拉奥认为，发展中国家的跨国公司可以在以下几个方面形成自己的特定竞争优势。

第一，发展中国家跨国公司技术和知识的本土化是在特定环境下进行的，这种独特的环境又与一国要素价格及其质量相联系，这与发达国家有很大的区别。发展中国家一般会存在劳动力过剩与价格低廉的情况，因此，发展中国家跨国公司往往拥有密集使用劳动力、节约使用资本的特点。

第二，发展中国家生产的产品更适合本国的经济条件和消费需求，同样也适应于经济发展程度相当、人均收入水平相仿的其他发展中国家。因此，发展中国家的企业对进口技术进行适当的改造和创新，就能在较低技术层面形成某种优势，并可以凭此种优势开展对其他发展中国家的直接投资。

第三，发展中国家企业的竞争优势不仅来自其生产过程、产成品与当地要素供给、技术基础及消费需求的相互适应，也来自技术改造与创新产生的技术在小规模生产条件下所具有的更高的经济效益和更灵活的生产组织结构。

第四，在产品特征上，发展中国家企业能够开发、生产出与发达国家大型跨国公司名牌产品不同的消费品。对于市场空间巨大、存在产品差异化、消费者需求层次众多、购买力水平不同的市场，发展中国家企业生产的产品在某些方面具有特殊的竞争优势。

2. 对技术地方化理论的简单评价

拉奥的技术地方化理论把对发展中国家企业对外直接投资的研究重点引向了企业的微观层面，论证了发展中国家企业可以利用其特有的比较优势参与国际经营的可行性。与小规模技术理论相类似，技术地方化理论同样重视企业形成竞争优势所持有的技术引进、吸收活动，但拉奥更强调企业技术吸收过程是一种不可逆的穿心活动，发展中国家企业对发达国家先进技术不是被动的模仿和复制，而是积极主动的改进、消化和吸收，从而形成了一种适应东道国环境的技术，这种技术的形成包含了企业内在的创新活动，正是这种创新活动给发展中国家的跨国公司带来了独特的竞争优势。

三、国际投资发展阶段理论

20 世纪 80 年代以后，经济全球化趋势不断加强，发展中国家跨国公司对外直接投资的实践需要在理论上进一步创新。为了弥补国际生产折衷理论静态分析的缺陷，并拓展、延伸应用于发展中国家的对外直接投资领域，邓宁又提出了国际投资发展阶段理论（The Theory of Investment Development Cycle），旨在从动态角度阐释一国的经济发展水平与其国际直接投资规模及地位之间的关系，从而发展了国际生产折衷理论。

邓宁采用人均国民生产总值来表示一国的经济发展水平，用直接投资流出量（对外直接投资）、直接投资流入量（外商直接投资）、直接投资净值（直接投资流出量－直接投资流入量）表示对外直接投资水平。邓宁分析了1967—1978年67个国家的相关资料，结果发现，一国对外直接投资或吸收国外投资与本国经济发展水平之间呈现出阶段性特点。具体来说，包括以下四个阶段。

第一阶段是人均国民生产总值在400美元以下的阶段。处于这一阶段的国家，经济发展水平落后，生产力水平极低，本国企业尚未形成所有权优势，或者本国企业所具有的极少优势无法利用，因此不具备对外投资能力，几乎没有任何直接投资流出。另外，这类国家人均收入低，国内市场狭小，商业和法律体系不健全，交通、通信等基础设施落后，人力资本匮乏，没有形成足够的区位优势吸引跨国公司来本国大量投资。

第二阶段是人均国民生产总值在400~2 000美元的阶段。处于这一阶段的国家，经济发展水平有所提高，国内市场潜力扩大，消费者的收入水平和购买力有了一定程度的提高，投资环境也有所改善，形成了某些区位优势，对外国的跨国公司来本国投资产生了一定的吸引力，外资进入的规模不断扩大。但是，这类国家的经济实力较低、技术水平较差，本国企业的所有权优势有限，不足以克服东道国的投资障碍，对外直接投资尚处于起步阶段，规模较小，直接投资流出量小于直接投资流入量。

第三阶段是人均国民生产总值在2 000~4 750美元的阶段。处于这一阶段的国家，经济发展水平较高，市场较为成熟、稳定，市场经济制度完善，市场容量较大，消费者的购买力较强，对国外跨国公司投资的吸引力较大，外资流入迅猛增加。同时，国内经济发展进入快车道，企业的所有权优势和内部化优势得到加强，一些企业纷纷走出国门，到其他国家进行投资，对外直接投资的增长速度甚至可能超过引进外资的发展速度，但对外直接投资净额总体上仍为负值。

第四阶段是人均国民生产总值在4 750美元以上的阶段。处于这一阶段的国家，经济发展水平很高，国内市场经济制度健全，基础设施完善，市场空间大，消费水平高，能够吸引大量的跨国公司到本土投资。与此同时，本国企业拥有强大的所有权优势和内部化优势，并且善于利用国外的区位优势，对外直接投资的增长高于引进的国际直接投资的增长，直接投资净值为正值。

上述国际投资发展的四个阶段如表2-5所示。

表2-5 国际投资发展的四个阶段

人均GNP	经济发展水平	对外直接投资	外商直接投资	直接投资净值
400美元以下	很低	几乎没有	少量	负值
400~2 000美元	较低	少量	大增	负值
2 000~4 750美元	较高	大增	大量	负值
4 750美元以上	很高	大量	大量	正值

投资发展阶段理论是国际生产折衷理论的发展与完善,它将一国国际投资地位与其经济发展水平有机地联系起来,将一国吸引外资与对外投资纳入同一个分析体系。该理论不仅可以说明发达国家的对外直接投资行为,也可以分析发展中国家的对外直接投资实践。

四、对以上三种理论的评价

小规模技术理论、技术地方化理论和国际投资发展阶段理论等发展中国家对外直接投资理论阐明了发展中国家企业在跨国经营中的比较优势和进行跨国经营的程度与经济发展阶段的关系,指出了发展中国家企业进行海外投资的可能性,对于指导发展中国家企业的对外直接投资具有重要意义。它们首次把研究的视角转向发展中国家的海外投资活动,丰富了企业国际化的内涵,在理论上提供了新的分析空间,并对一直处于弱势中的发展中国家企业的国际化起到了激励和指导作用。但小规模技术理论承认发展中国家企业国际化依赖于发达国家的先进技术,其所进行的国际化的层次和规模也有很大的局限性。跨国公司不仅要考虑自身利益的最大化目标,还要考虑东道国的行为机制和自身的约束条件,这种利益和行为机制相互依赖,说明对外直接投资行为是一个典型的博弈过程。显然,理论在这方面的发展还有很多工作要做。

五、技术创新产业升级理论

20世纪90年代初,英国里丁大学教授坎特威尔(John Cantwell)和托兰惕诺(Paz E. Tolentino)对发展中国家对外直接投资问题进行了系统考查,主要从技术积累角度出发,把发展中国家的对外直接投资行为动态化和阶段化,提出了技术创新产业升级理论(Theory of Technical Innovation and Industrial Promotion)。

1. 技术创新产业升级理论的主要内容

技术创新产业升级理论认为,技术积累对一国经济发展具有促进作用,技术创新是一国产业升级和企业发展的根本动力。与发达国家不同的是,发展中国家企业在技术创新中并没有很强的研发能力,主要是利用特有的"学习经验"和组织能力,掌握和开发现有的生产技术,具有明显的学习特征。发展中国家企业通过不断的技术积累来促进本国的经济发展和产业升级,而技术能力的不断提高又促成了企业的对外直接投资。

根据坎特威尔和托兰惕诺的研究,发展中国家对外直接投资的地理范围和产业分布是随着时间的推移而演变的,由于国内产业结构和内生技术创新能力的影响,发展中国家跨国公司对外直接投资的发展是有规律可循并可以预测的。

从对外直接投资的地理特征上看,其地域发展次序如下:一国利用地缘便利和种族关系,扩大市场领域,首先在其周边国家或地区进行投资;随着对外投资经验的累积,种族因素的重要性逐渐弱化,市场因素愈加重要,投资从周边国家向其他发展中国家扩散;最后,在积累了充足的对外投资经验后,为获取更先进的生产技术和管理技能,开始向发达国家投资。从海外经营的地理范围上看,发展中国家企业在很大程度上受"心理距离"的影响,其投资方位形成周边国家—其他发展中国家—发达国家的渐进发展轨迹。

在产业分布上,发展中国家企业首先从事以自然资源开发为主的纵向一体化的生产活动,然后开展以进口替代和出口导向为主的横向一体化的生产活动。随着发展中国家工业化程度的提高，发展中国家经济结构也发生了深刻的变化——技术进步加快，科技水平提高，产业结构升级，对外直接投资领域不再局限于传统产业的产品生产，开始涉足高科技领域的产品生产与技术研发活动。发展中国家对外直接投资活动逐步从低级阶段向高级阶段发展，从资源依赖型向技术依赖型演进，显示出技术引进对本国产业转换升级及对外投资的推动作用。

2. 对技术创新产业升级理论的简要评价

技术创新产业升级理论是以技术积累为内在动力，以对外直接投资的地域扩展和产业升级分析为基础的国际投资理论。该理论论证了发展中国家的企业在从事跨国经营、对外直接投资时，要在吸收外资、引进发达国家先进技术、积累管理经验的基础上，依托自身的生产要素供给和市场需求特点所形成的比较优势，循序渐进地开展对外直接投资。其对外直接投资在投资区位拓展和投资产业升级方面具有规律性和阶段性特征。

该理论比较全面合理地解释了20世纪80年代以后发展中国家，特别是亚洲新兴工业化国家和地区的对外直接投资现实，在理论上具有一定的科学性和创造性，对于发展中国家企业的对外直接投资活动具有一定的指导意义。

第三节 国际直接投资理论的创新与发展

20世纪90年代以来，跨国公司对外直接投资活动的规模进一步扩大，投资领域不断拓展，投资方式推陈出新，出现了一些新的趋势和特点。各国学术界对此进行了更广泛的分析和探索，促使相关的理论研究不断深入和创新。

一、投资诱发要素组合理论

20世纪90年代初，部分西方学者从投资国与东道国环境、跨国公司内部与外部因素对对外直接投资活动的影响等方面出发，全方位、综合性研究探讨对外直接投资问题，克服了以往理论研究的片面性，提出了具有较大学术影响力和现实解释力的投资诱发要素组合理论（The Theory of Investment Inducing Factor）。

（一）投资诱发要素组合理论的理论要点

投资诱发要素组合理论认为，任何类型的对外直接投资都是在投资直接诱发要素和间接诱发要素的共同作用下发生的。

直接诱发要素是对外直接投资的直接和主要诱因，是引发跨国公司投资的主要生产要素，具体包括技术、资本、劳动力、管理、信息等。直接诱发要素既可能存在于投资国，也可能存在于东道国。如果投资国拥有某种直接诱发要素的优势，如先进技术，可以诱发其对外直接投资，把技术要素转移至东道国；反之，如果投资国没有直接诱发要素的优势，而东道国却有这种要素优势，投资国则可以通过对外直接投资的方式到东道国投资来获取和利用这种要素。例如，一些发展中国家的企业到技术发达的国家投资，在东道国建立研发机构。可见，东道国的直接诱发要素同样也能诱发和刺激投资国企业的对外直接投资。

间接诱发要素是指除了直接诱发要素之外的其他非要素因素，包括投资国、东道国或全球性的政策、环境方面的要素。这些要素也能诱发对外直接投资行为，并在当代国际直接投资中发挥重要作用。间接诱发要素包括以下三个方面：一是投资国政府制定的鼓励对外直接投资的政策法规，与东道国签署的合作协议等。二是东道国良好的投资环境，例如完善的交通、通信、电力设施，丰富的原材料供给，廉价的劳动力，广阔的市场前景等；还包括东道国稳定的政治局势、成熟的法制环境、吸引外资政策措施、较少的市场准入限制与外汇管制、资金融通便利等投资软环境。三是全球性的经济区域化、集体化发展趋势，全球范围内的产业结构调整，科技革命的发展，国际金融市场深化与改革等。

（二）对投资诱发要素组合理论的简要评价

投资诱发要素组合理论根据对外直接投资的投资国和东道国双方需求、多方条件，综合、全面阐释了对外直接投资的动因、条件与决定因素，具有很强的理论解释力和通用性，在理论创新上具有重要意义。

虽然技术、资本、管理等直接诱发要素是对外直接投资的主要诱发因素，一般而言发达国家跨国公司在这些方面具有相对优势，是国际直接投资的主体。但是单纯运用直接诱发要素组合理论并不能全面说明对外直接投资的动机与条件，尤其是广大的发展中国家企业在技术、资本、管理等直接诱发要素方面往往处于相对劣势，其对外直接投资在很大程度上是间接诱发要素起作用的结果。在一定意义上说，投资诱发要素组合理论为发展中国家开展对外直接投资提供了新的理论依据，在指导发展中国家企业进行跨国经营方面具有现实意义。

同时，投资诱发要素组合理论没有从动态的角度对国际直接投资的发展过程与发展规划展开论述，还停留在静态分析层面上，这也正是该理论在今后需要完善的方面。

二、战略资产寻求理论

战略资产寻求理论也称优势获取理论（Advantage-seeking Theory）。英国经济学家邓宁于1993年在出版的《跨国公司与全球经济》一书中，首次提出了跨国公司对外直接投资的战略资产寻求动机；1998年邓宁又进一步系统分析了一国企业开展对外直接投资的动机问题。邓宁是战略资产寻求理论的主要代表人物。

（一）战略资产寻求理论的主要内容

邓宁从跨国企业对外直接投资的动机角度入手，分析了近年来跨国公司对外直接投资活动。邓宁认为，从对外直接投资的动机角度划分，可以把跨国公司对外直接投资概括为两种类型：一类是优势扩张型，另一类是战略资产寻求型。

优势扩张型对外直接投资是以本国企业具有的所有权优势为基础，目的主要是充分利用自己的先进技术、专利、品牌和管理经验等，提高利用效率，发挥规模经济效益，提高产量，扩大市场销售，进一步增加经济利益。战略资产寻求型对外直接投资的目的主要是获取东道国的战略性资产，如获取他国先进的技术、知识、管理技能和高素质的人力资源等，以弥补本企业在这些方面的不足，增强其核心优势，获得在国际市场上的竞争力。

对外直接投资不仅是母国企业利用其已有的所有权优势的手段，也是进一步增强这些优势的重要途径。投资国设立在东道国的子公司、分公司在其运营过程中，通过建立"卓越中心"，可以吸收东道国企业的某些优势和长处，形成所谓的子公司特定优势，并把这些战略性知识反馈给母公司及其他子公司，从而形成协同创新效应。传统的垄断优势理论认为，跨国公司应该首先具有某种垄断优势，然后才能开展对外直接投资。而战略资产寻求理论认为，跨国企业在对外投资中应主动学习、借鉴、利用东道国企业的技术、知识、信息和管理技能，培育和强化自己的已有优势，把垄断优势的增强看作一个动态演进的过程。对外投资不仅限于增加经济利益，获得战略性资产更是应有之意。

（二）对战略资产寻求理论的简要评价

战略资产寻求理论从对外直接投资的动机角度研究跨国企业的投资问题，明确指出垄断优势既可能是跨国公司对外直接投资的前提条件，也可能是跨国公司对外直接投资的追求结果。该理论阐明了技术相对落后、管理经验缺乏的发展中国家企业到发达国家投资的原因所在。

三、跨国公司全球战略理论

20世纪80年代以来，随着经济全球化、贸易自由化、金融国际化，特别是信息网络化、交通便利化进程的加快，有关跨国公司全球发展战略型国际直接投资的学术观点，即跨国公司全球战略理论也应运而生。

（一）跨国公司全球战略理论的主要观点

跨国公司全球战略是指跨国公司根据自身条件和国际经济环境，围绕公司全球化发展的长期目标，在世界范围内统一协调内外资源，安排研发、投资、生产、销售和售后服务等活动，使有限的资源得到更有效的利用的战略。跨国公司全球战略理论认为，跨国公司基于全球发展战略的对外直接投资与以往基于国别竞争战略的对外直接投资是不同的，两者的最大差别在于前者着眼于全球范围内的利益最大化，而不是追求一时一地的盈亏；而后者更多的是考量某一个子公司（分公司）的经营状况。

跨国公司在制定全球发展战略时，从某种意义上否定了以前的大而全、小而全的国际生产模式。跨国公司的价值创造过程可以分解为一系列互不相同而又互相关联的经营活动，其总和构成了公司的"价值链"，每一项经营管理活动仅仅是这一链条上的一个环节，各环节相互依存而构成一个有机联系的系统。这就要求跨国公司通过对各项资源的跨国界配置、协调与管理，实现研发、采购、生产营销、财务的一体化，真正实现专业化分工与专业化生产，充分发挥资源的协同效应，增强抵御风险的能力，提高国际竞争力，以便获取经济全球化所带来的最大利益。

（二）对跨国公司全球战略理论的简单评价

跨国公司全球战略理论从企业微观视角出发，分析跨国公司的投资和生产活动，强调跨国公司生产经营的全球化、整体性和协同性，使对跨国公司对外直接投资行为的分析不再局限于其在东道国子公司的利益最大化。对跨国公司投资行为的研究更加切合实际，并可在一定程度上解释跨国公司的研发全球化、跨国公司的跨国并购行为和跨国公司组建战略联盟等相关问题。

总之，近年来涌现的国际直接投资理论大多表现出鲜明的时代特征，在一定程度上诠释了各种不同的国际直接投资新现象与新趋势。这些理论大多通过对国际直接投资行为的微观结构的解析，结合国家产业发展战略和国际宏观环境等因素的综合分析，来探讨跨国公司对外直接投资的动因、条件和模式，体现了一定的科学性和创造性。

四、跨国企业异质性理论

20世纪90年代，经济学家发现，虽然经济全球化加深，对外直接投资迅猛发展，对外贸易的利润空间要比国内市场大得多，但只有少数企业选择国际贸易行为，大多数企业主要服务于国内市场，新贸易理论对此问题的说服力也显得苍白无力，迫使经济学家对国际贸易的成因进行反思。21世纪初，梅里兹（Melitz）（2003）提出了异质性企业模型，安特拉斯（Antras）（2003）提出了企业内生边界模型，共同开创了新新贸易理论（New-New Trade Theory）。该理论打破了以往贸易理论关于企业同质性的假定，把国际贸易建立在异质性企业这一微观经济主体基础之上，对当今国际贸易成因、结构和模式进行了具有相当说服力的全新解读。

（一）企业的异质性与新新贸易理论的产生背景

1. 企业的异质性

企业的异质性是指同一产业内的企业，在生产经营中由于内外部条件的制约，选择不同的生产技术，雇用生产技能和劳动熟练程度不同的员工，进而导致企业的生产率存在差异。这种生产率差异是因为企业要素投入不同而内生的，是客观存在的，对企业是否进入国际市场起决定性作用。从更广泛的意义看，企业异质性主要表现为企业生产率、专业性技术、产品质量以及工人技能方面的差异。

传统国际贸易理论以比较优势理论为基础，建立的产业间贸易模型很好地分析了发达国家与发展中国家的产业间贸易，但并没有涉及具体的企业层面；新新贸易理论所建立的产业内贸易模型虽然涉及微观企业层面，但为了简化模型，以代表性企业假设将企业同质化。然而，近年的实证数据表明，企业间差异对于理解国际贸易有关问题是至关重要的。

关于企业异质性的形成，梅里兹模型仅考察了初始劳动生产率差异这一因素。而耶普尔（Yeaple）（2005）建立了一个更一般的均衡模型，分析了初始状态相同的企业，如果选择不同的竞争性技术和生产技能存在差异的工人，二者的不同组合也可能导致企业不同的生产率，再加上国际贸易成本因素，这样企业的产品（包括服务）就具有差异性贸易优势。耶普尔全面分析了企业异质性的形成问题。

2. 新新贸易理论的产生背景

实证数据显示，在生产分工日益细化的背景下，全球贸易投资一体化趋势不断加强，企业的运作效率、生产规模、经营绩效和国际化经营行为有着诸多异质性。因此，需要研究企业个体特征在企业国际化经营和扩张路径选择中的作用。然而，不仅传统贸易理论在完全竞争、规模报酬不变的假设前提下，仅仅通过分析不同国家（或地区）间的比较优势来阐释产业间贸易，根本没有涉及国际贸易的行为主体——进出口企业。即便是新新贸易理论，其采用对称性和代表性企业假设，在一体化均衡情况下，同一产业内忽略了不同企业在生产成本、产品定价、产品数量、利润及收益和外贸参与程度等方面的差异，因而无法解释20世纪90年代以后经济学家获得的企业微观数据，也不能从根本上解决"确定哪些企业是国际贸易行为主体"这一本质问题，国际贸易领域的微观实证数据对以往的理论提出挑战。这就迫切需要一种新的摒弃以往的技术性对称，能够深入国际贸易行为的真正主体，研究企业异质性作用的全新的贸易理论。客观上要求国际贸易理论对此做出科学解释。

早在1995年，伯纳德（Bernard）和詹森（Jensen）就发现与非出口企业相比，出口企业劳动生产率更高、企业规模更大、利润更多。1998年，克莱利德（Cleride）等人利用墨西哥、哥伦比亚、摩洛哥等国的经验数据，验证了企业生产率与出口贸易之间存在着正相关关系；伯纳德和瓦格纳（Wagner）在1998年利用德国企业的面板数据，同样发现只有那些生产率较高的企业才能选择出口；2003年伯纳德等人利用扩展的李嘉图模型，再度对美国与46个主要贸易伙伴的贸易数据进行实证分析，结果表明，较高的生产率和较大的生产规模是影响企业出口决策与出口行为的重要因素。

梅里兹和耶普尔（2004）根据大量事例对1996年美国进出口企业的生产率进行研究，得出"出口企业劳动生产率比非出口企业高出39%"的结论；克拉马日（Kramarz）、科图姆（Kortum）（2004）在研究中发现，法国制造业中仅有17.4%的企业从事出口贸易，而且其出口量仅占生产量的21.6%；詹森、伯纳德、雷丁（Redding）（2007）等人研究发现，2000年美国550万个企业中只有大约4%进行过出口贸易，2002年美国制造业企业中出口企业与非出口企业相比，出口企业的就业率、销售额和人均增加值分别高出非出口企业119%、148%和26%。可见，在某一行业内从事国际化经营的只是少数效率高、竞争力强、规模相对较大、产品质量好的企业，大多数企业只服务于国内市场。

（二）国际贸易的成因分析

以古典贸易理论和新古典贸易理论为代表的传统贸易理论在分析国际贸易产生的原因时，假设企业是同质的，国际贸易产生的基础是各国的比较优势。古典贸易理论认为，比较优势来源于各国不同的劳动生产率；新古典贸易理论认为，比较优势源于不同国家的要素禀赋差异，即强调国家层面的特定优势，进而把国家优势默认为该国某一行业内所有企业的优势。新新贸易理论在不完全竞争、规模经济和产品差异化假设条件下，用代表性企业竞争优势替代行业优势，从产业层面分析不同国家的贸易地位与贸易格局。可见，传统贸易理论和新新贸易理论都忽略了进出口企业自身的特质，仅从企业外部条件与环境的差异来分析国际贸易产生、贸易结构和贸易利得。

事实上，国际贸易行为的最终决策还是由企业做出的，因此，研究企业差异性与国际贸易之间的因果关系是国际贸易理论发展的客观必然，在这方面梅里兹走在了时代的最前列。2003年，梅里兹在克鲁格曼（Krugman）（1980）竞争模型和雷本海（Hopenhayn）（1992）动态均衡产业模型基础上，加入企业生产率差异这一因素，建立了异质性企业模型，该模型构成了新新贸易理论的基础。在梅里兹模型中，假设存在两个对等国家，都投入一种生产要素，分别拥有一个生产最终消费品的部门，投入一种生产要素（劳动），在存在沉淀成本、"冰山"运输成本和边际成本的条件下，生产率不同的企业，其行为选择是不同的。

开展国际贸易的沉淀成本主要包括进行研究国际贸易环境、了解国际市场的供给需求、在国外进行产品宣传、寻找交易伙伴、构建符合国外要求的行业规制和产品标准、建立营销渠道等活动所产生的成本。这些成本在国际贸易活动完成前就已经发生，其成本大小与贸易量没有关系，是企业出口的额外的固定成本。出口还要承担"冰山"运输费用。运输成本被视为一座"冰山"，也就是国际贸易长途运输的产品只有一部分能够到达目的地，其他部分在运输过程中被损耗掉。这样，如果要求有一单位产品到达国外市场，考虑到"冰山"运输成本，就必须出口 $1/(1-r)$ 单位的产品（r 为损失率）；此外，出口还要承担保险费用、通关费用等边际成本。

沉淀成本、"冰山"运输成本和边际成本的存在相当于提高了进行国际贸易的门槛，虽然国际市场潜力巨大，存在高额利润空间，但只有生产率相对较高、出口获利大于沉淀成本和边际成本的少数企业才能进行出口贸易，那些生产率较低的企业将不能产生足够的利润以弥补进入国外市场的固定成本、"冰山"运输成本和边际成本，大多数企业只能服务国内市场。因此，出口选择与企业生产率之间存在着必然的因果关系——企业自选择机制，每一个企业都面临着一个行业内生决定的生产率"门槛"，只有当企业生产率在到某一临界值以上时，这类企业才能跨越沉淀成本、"冰山"运输成本和边际成本进入国际市场，即高生产率是企业进入国际市场的前提。当然，这种自选择也可能是企业有意识的战略规划，是为了开拓国际市场而主动增加投入、提高生产率的结果。

（三）出口与行业资源的重新配置

在出口选择的动态过程中，出口与产品质量、企业生产率和工人技能提升之间存在着较强的关联性。潜在的出口企业通过优胜劣汰进入国际市场并且获得了更多的市场份额和利润，它们对于专业技能型工人的需求也随之增加，因此，企业规模的扩大、市场空间的拓展会导致企业经营绩效溢价的上升。

效率高的出口企业由于利润增加和良好的经营绩效，可以不断地加大投入，进一步开展技术创新活动，提高产品质量，降低成本，吸纳更多的优质资源，步入市场份额扩大、竞争力增强的良性循环。从行业发展角度看，国内市场及国际市场的优胜劣汰迫使效率低的企业退出市场，市场份额转移到高生产率企业，市场集中度提高，促进资源重新配置，从而使行业的整体生产率提高，进而推动整个行业经济效率的提升。这样，依据生产率差异，可以将企业分为三种类型，即生产率最高的出口型企业（同时服务于国内、国外两个市场），生产率居中的仅在国内市场销售的内销型企业，生产率最低、最终被市场淘汰的企业。

一方面，国际贸易可使整个行业的企业数量减少，单个企业规模扩大，生产率高的出口企业平均变动成本更低，竞争力更强。另一方面，成本的降低会通过选择效应对企业产生不同的影响，一是选择出口的高生产率企业由于成本降低而扩大规模；二是高生产率企业规模的扩大增加了要素投入的需求，从而提高了要素成本，进一步迫使低生产率企业选择退出。这一效应的最终结果是推动了行业的资源重组，提高了稀缺资源的优化配置，从而使行业的整体生产率提高。

（四）出口与国外直接投资的抉择

国际贸易行为可以发生在不同国家的企业之间，也可能发生在同一企业内部，这种现象在跨国公司中尤为明显。当前，跨国公司内部的中间产品、技术与服务在国际流动，占国际贸易的 1/3 以上，这主要表现为跨国公司母公司与国外子公司之间以及国外子公司之间的交易活动。据经济学家邓宁（John Harry Dunning）测算，跨国公司母公司内部出口贸易在总出口中的比重，计算机工业为 91.3%，汽车工业为 62.4%，石油工业为 51%，电子工业为 36.5%，纺织业为 12.8%，食品工业为 9.8%。对此，安特拉斯（2003）、埃尔普曼（Helpman）和梅里兹（2004）、耶普尔（2005）等人结合交易成本理论、产权理论和不完全契约理论，提出了企业内生边界模型（Endogenous Boundary Model of The Firm），对 Melitz 模型进行了拓展，分析了企业国际化路径选择问题，即企业采取什么方式进入国际市场，是产品出口还是选择对外直接投资。

企业在国际化过程中，选择出口贸易还是对外直接投资，不仅取决于出口与对外直接投资的成本比较，还与企业异质性密切相关。当国外市场的规模扩大并且出口成本也相应提高时，与出口相比，在国外直接从事生产活动则更为有利；反之，当建立国外生产设施的成本增加时，在国外进行生产则相对不利。如果企业选择以对外直接投资代替出口，它就会放弃增加固定成本投入的集中生产，却可以通过接近市场压缩交易成本而节省可变的单位成本，并且有可能节省单位生产成本。在同一产业内部，不断增加的异质性使得企业在国际化经营方式选择上存在差异，从而也就决定了哪些企业出口。

当国外市场规模扩大且出口成本提高时，对外直接投资更为有利；而当贸易成本相对较低，在国外建立分支机构的成本上升时，可选择在国内生产然后出口，这在一定意义上可看成是对外直接投资对出口的替代。在引入企业异质性以后，企业内生边界模型得出以下结论：效率最高且规模较大的企业选择以对外直接投资方式进入国际市场，即采取内部一体化形式，其交易仍在企业边界之内，这样的企业就会成为跨国公司；效率次之的企业以出口的方式进入国际市场；效率较低的企业选择仅服务国内市场。

（五）企业外包与内部一体化的选择

企业外包与内部一体化是国际企业生产组织的两个相反的发展方向。外包是指企业将自己的一部分生产或服务活动通过市场契约交由其他企业完成，这样可以充分利用企业外部资源，达到降低成本、提高核心竞争力的目的。而内部一体化则是企业利用自己的垄断竞争优势、内部化优势，采取对外直接投资形式在国外设立分支机构，进行企业内部交易。市场或企业是资源配置的两种可以相互替代的手段，其不同点在于：市场上的资源配置是由非人格化的价格来调节的；而在企业内部，资源的配置是通过权威来实现的。选择不同的资源配置方式取决于市场交易成本与企业内部管理成本的对比关系。

安特拉斯（2003）利用 Helpman-Krugman 模型分析美国企业公司内贸易时发现，美国企业的资本密集型中间投入品是以垂直对外直接投资方式在国外进行的，而劳动密集型产品是直接进口的，即通过契约方式外包给其他外国企业。安特拉斯和埃尔普曼（2004）在分析企业的全球采购行为时认为，企业生产率差异与全球采购方式密切相关，高生产率的最终产品生产商选择在国外购买中间产品，中等生产率的最终产品生产商选择在本国购买中间产品，而生产率较低的企业则通常自己生产中间产品。

在分析外包和对外直接投资的影响因素时，格罗斯曼（Grossman）和埃尔普曼（2005）

假定外包是一个不完全契约下寻找中间产品供应商的过程,因而一国的契约制度、国内外市场中间产品供求关系、各种交易费用等因素都对外包产生影响。至于对外直接投资的影响因素,格罗斯曼(2006)等人发现,在国外进行对外直接投资的投资额大小、运输成本、东道国市场需求等是影响对外直接投资的直接因素。因此,当市场交易成本很高时,企业将在国外进行直接投资,用对外直接投资替代外包;在中间产品的交易成本较低时,生产率高的企业会选择外包来降低成本。生产率低的企业是选择外包还是对外直接投资,还要考察对外直接投资的投入成本与企业的资金状况。

(六) 其他理论

马库森(Markusen)(1983)和斯文松(Svensson)(1984)对要素流动和商品贸易之间的相互关系作了进一步的分析。分析结果表明,资本要素的国际流动或者直接投资与商品贸易之间不仅存在着替代性,而且在一定条件下还存在互补关系。

贝尔德伯斯(Belderbos)和斯莱韦根(Sleuwaegen)(1996)利用公司层面的数据发现:在目标市场存在贸易保护的情况下,投资与贸易之间存在着替代关系。

为解决横向与纵向对外直接投资理论互不兼容与实际共存状态的相互矛盾,马库森(2002)允许总部服务和实际生产活动具有不同的要素密集度,把纵向和横向对外直接投资纳入统一的理论框架,建立了对外直接投资的知识资本模型(KK 模型),实现了横向和纵向对外直接投资理论的统一。

迈克尔·波特(M. Porter,1990)对竞争优势进行研究后指出,竞争优势是动态变化的,一国想要在全球竞争中战胜对手,国内需要激烈的竞争。

格兰特(Grant)(1991)、艾特马(Etemad)(1999,2002,2003)、马修(Mathew)(2003)和费伊(Fay)(2002)等人从国际化经营的战略角度出发,认为国内有限的资源会促使中小型企业向外寻求资源,而且国外的合作伙伴也会向企业提供其他的资源。

近年来,中小企业的跨国投资问题成为对外直接投资理论研究的重点之一,其中比较有代表性的是列希(P. W. Liesch)和奈特(G. A. Knight)的信息国际化理论。列希和奈特在分析中小企业对外直接投资行为时,从知识和信息角度对中小企业对外直接投资进行了分析。他们认为,中小企业在进行对外直接投资之前就已经掌握了信息内部化的优势。信息国际化理论认为,网络联系和各种战略联盟关系正在代替传统组织形式,为中小企业提供了竞争优势。

对外直接投资理论的发展与国际直接投资发展的现实紧密呼应,相关理论的提出在一定程度上解释了发达国家对外直接投资现象,分析了直接投资与国际贸易的关系、直接投资的动机与成因、直接投资对东道国的影响等问题。但是,从理论研究的内容和角度来看,当前的对外直接投资理论更多的是从产业、地区层面论述跨国公司的投资行为,注重于解释跨国公司对外直接投资的基础、动因、优势和区位选择等。

不足的是,这些理论很少涉及跨国公司对外直接投资方式创新、在对外投资之后的战略行为,深入分析东道国的行为机制等问题。这些理论的共同特征是突出强调某一方面因素的影响和作用,缺乏理论分析应有的系统性和完整性,存在一定的局限性,难以全面解释纷繁复杂的跨国公司投资活动。

思考题

1. 跨国公司的垄断优势包括哪些内容？
2. 基于边际产业扩张理论，分析20世纪60年代前后日本的跨国公司对外直接投资与美国的区别。
3. 阐述国际生产折衷理论的主要内容。
4. 简单评价发展中国家直接投资理论。
5. 分析跨国公司对外直接投资理论的发展趋势。

第三章

跨国公司经营环境分析

本章学习重点

- 经济全球化的效应分析
- 东道国的经济环境包括的内容
- 跨国公司投资环境评估方法
- 跨国公司母国政策因素分类
- 经营环境对跨国公司的影响

引导案例

外资巨头看好中国投资环境

谷歌"退出门"余音尚在，一份中国美国商会的报告又掀波澜。有报道称，中国美国商会最近对 203 家在华美国企业的调查显示，有 38% 的企业表示并不受中国的欢迎。而在 2009 年 12 月公布的同一调查中，只有 26% 的企业有这一感受。中国投资环境真的发生变化了吗？

一、IBM：中国潜力不可估量

2010 年 3 月 25 日，"IBM 论坛 2010"在北京举行。IBM 某新兴市场负责人宣布，2010 年 IBM 全球发展重点将集中于业务分析、云计算和新一代数据中心，关注新兴市场和智慧的地球。他同时强调，"中国是全球最重要的新兴市场之一，有着不可估量的发展潜力，IBM 将全力助力中国成为全球'智慧时代'的引领者"。

IBM 大中华区董事长及首席执行总裁在接受本报记者采访时，一口气列举了 2010 年 IBM 将在中国办好的 5 件大事：推动区域扩展，建设智慧城市，着力业务决策分析与优化，促进产业转型升级，打造新一代数据中心、云计算平台。

该执行总裁还特别介绍说，2010 年 3 月 23 日，IBM 大中华区软件集团华西区设立，并在西安建立 IBM 中国开发中心（中国西部）。这些都是为了"配合中国政府'西部大开发'战略的第二个十年开发，辐射和支持中国和全球企业对商业智能与业务分析能力迅速增长的需求"。

二、英特尔：投资中国充满信心

"投资中国，是英特尔做的一件正确的事；与中国一起成长，英特尔将把这个正确的事做得更正确。"英特尔中国执行董事近日在接受本报记者采访时这样说。

他坦言，英特尔于1985年进入中国，头10年仅是在北京设了一个只有3个人的代表处，"当时英特尔高层的确对投资中国有过怀疑和失望，但从来没有对开放的中国失去信心。"1993年，英特尔借中国政府开发上海浦东的良机，投资成立了英特尔研发中心和产品销售中心；2003年，英特尔抓住中国政府西部大开发战略的实施，在成都投资建立了"全球最大的芯片封装测试中心"；2007年，英特尔紧跟中国政府振兴东北老工业基地战略，在大连建立了中国在集成电路产业中投资额最大、技术最为先进的外商投资企业。

"目前，英特尔在中国投资的企业已有员工7 000人，等到大连芯片工厂投产后，还会增加1 000多人，成都也要增加1 000多人。英特尔在中国的企业员工不久将达到1万人的规模。"该执行董事说，下一步，英特尔将很快启动在中国二、三线城市投资建厂的计划。

三、专家：跨国公司新时期发挥新作用

北京新世纪跨国公司研究所一主任对本报记者表示，如果说有跨国公司对中国的投资环境有些反应，应该是因为有关部门在政府采购、自主创新认定等领域出台了一些文件或文件征求意见稿。"但我本人并没有看到中国美国商会所做调查的全文。"他强调，一些部门在出台文件之前向社会征求意见，这其中也包括外商投资企业。外商投资企业或商会对这些征求意见稿发表意见是正常的，之前也有过类似情况，国内外媒体及有关人士对此都不应过度解读。

该主任说，在改革开放多年后，我们应该以全球化的思维对待外资企业，同时跨国公司也应该适应中国转变经济发展方式的趋势，真正睿智的跨国公司都不会失去中国机会。IBM和英特尔公司的最新动作表明，跨国公司其实非常注意研究中国经济的发展方向。"如何参与到中国转变发展方式过程中，在新时期发挥新的作用，是众多跨国公司目前正在深入考虑的事情。"

（资料来源：东星资源网，《外资巨头看好中国投资环境》）

跨国公司的经营环境是指在跨国公司经营过程中，影响其运行、管理和绩效的各种外部因素的总和。相对于国内企业而言，跨国公司经营环境的内容与领域更为复杂和广泛，各种不确定性和风险性也相应增加，因此，对跨国公司的经营管理提出了更高的要求。跨国公司在对外投资和跨国经营过程中，必须充分掌握外部经营环境，具备更强的环境适应能力。跨国公司的经营环境主要包括国际经营环境、东道国经营环境和跨国公司母国经营环境。

第一节 国际经营环境分析

跨国公司面向国际市场开展各项生产经营活动，要在经济全球化和国际法律框架下，面对不同消费偏好的各国消费者和竞争实力强大的各国同类企业。这种外部环境的复杂性和不确定性给跨国公司带来了巨大风险，也是跨国公司必须迎接的严峻挑战。

一、经济全球化

20世纪80年代以来，随着国际分工的不断深化，世界各国经济联系日益密切，贸易全球化、生产全球化、金融便利化的趋势愈加明显，经济全球化加速发展成为一种时代特征。

（一）经济全球化的含义

经济全球化又叫世界经济国际化，表现为世界各国之间的商品（服务）及资本、劳动力、技术、管理、信息等各种生产要素的流动更加充分与自由，并且各国家（地区）之间的经济联系和合作进一步加强，各国之间形成一个不可分割的整体。具体而言，经济全球化表现在以下三个方面。

1. 贸易全球化

贸易全球化是经济全球化的重要内容。通过国际贸易，各国间的商品、技术、服务等得以交换和交流。国际贸易是各国间实现经济交往、经济分工和经济合作的基本手段。20世纪80年代以后特别是90年代以来，国际贸易发展势头强劲；20世纪90年代后期对外贸易依存度超过了20%，21世纪以来更是接近25%。对外贸易已经成为影响各国、各地区经济运行和发展的重要因素。

除了世界贸易额增长、各国对外贸易依存度增强外，当今国际贸易的格局方式也在发生显著变化。电子商务及网络采购在国际贸易中成为主要方式，产业内贸易、产品内贸易取代产业间贸易成为主流，非实物的技术贸易和服务贸易在国际贸易中的比重日益增大。

2. 生产全球化

20世纪80年代以来，生产全球化成为经济全球化的主导形态。生产全球化包括直接生产过程全球化和生产要素全球化。直接生产过程全球化是衡量生产全球化深度的重要指标，它不仅使世界一切国家的生产和消费真正成为全球性的，而且使各国的直接生产过程成为世界直接生产过程的一个组成部分，从而形成统一的全球生产组织体系和一体化的再生产循环系统。正是以直接生产过程全球化为中心的全球生产组织体系和再生产循环体系的形成，才使世界经济成为一个市场经济、资本经济、知识经济三位一体的全球综合集成经济系统。

3. 金融便利化

在国际贸易大发展、国际生产广泛推行的同时，金融全球化的势头更加迅猛。国际金融流量巨大，远远超过国际贸易额。据统计，现在国际金融市场一天的流量是6万亿美元，每天仅外汇市场的平均交易额就达2万亿美元。如果说生产和贸易是建立在有形资产和现实价值基础上的，国际金融则更像是在虚拟世界里所进行的数字游戏，在有巨大诱惑力的同时也有风险性和投机性。

从生产力发展的角度分析，经济全球化是人类社会经济发展的一个历史过程，这一历史过程包括两个层面：第一个层面是指全球统一市场的形成，即在世界范围内各国、各地区之间的经济相互交织、相互影响、相互融合成一个统一整体的过程；第二个层面是指全球市场规则的构建，即在世界范围内规范经济行为的全球规则，以及以此为基础的经济运行的全球机制的建立。

（二）经济全球化的效应分析

经济全球化是一把"双刃剑"。如果单纯从人类社会进步和科技发展的角度，从提高生产力的标准来看，经济全球化的确能够促进经济效益的提高及世界产业规模的扩大，会引起生产与消费从结构到地点的变化，会刺激各种新技术的研究与开发。同样，经济全球化也会产生一些负面效应。

1. 经济全球化的正面效应

（1）经济全球化把世界各国联结成一个相互联系的有机整体。在经济全球化的大背景下，各国成为相互联系、相互影响的有机统一体，相互对抗不再是国际社会的主旋律。由于信息资源的无限性和开放性，以及贸易、投资的互利性，一方拥有的资源另一方也可以同时拥有，一方利用的资源另一方仍然可以利用。竞争和冲突也不再是不可调和的，而是可以通过讨价还价、和平协商解决。在经济全球化时代，一荣俱荣、一损俱损的新观念取代了过去一方之所得必然为另一方所失的国际交往法则。经济全球化是整个世界面向未来的必然选择。

（2）经济全球化时代有助于构建国际新秩序。经济全球化是国际关系发展的必然趋势，有利于抵制霸权主义、强权政治，是维护世界和平的需要。经济全球化还是建立公正合理的国际政治经济新秩序的需要，有利于推动国际关系的民主化。为了实现国际新秩序，国际社会中代表新旧秩序的不同力量必须共处于同一运行机制之下，经过相互之间的矛盾、斗争和妥协，共同推进秩序的变革。经济全球化意味着国际合作，否则就无法实现国家间的优势互补和经济资源在全球范围内的优化配置。

（3）经济全球化可使世界范围内的资金、技术、产品、市场、资源、劳动力进行有效合理的配置。经济全球化在有效促进国际合作的同时，也加剧了各国间的竞争。竞争的原因，经济上是由于世界资源的有限性和资本的扩张性；政治上则是由于国家的存在，各国都试图通过增强自身的实力来实现别国对自己的依赖，从而较多地获取收益，较少地付出成本。经济全球化加速了生产要素在全球范围内的自由流动，形成了统一的全球市场，从而推动了跨国公司的全球化经营和全球产业结构的调整，并最大限度地实现资源的优化配置。这种不同国家、不同地区的经济要素的有效组合，客观上促进了全球社会生产力的发展，促进了发展中国家经济的发展，减少或避免了人类社会现有的各种资源的浪费。

（4）经济全球化将促进贸易和投资的自由化。贸易与投资自由化是经济全球化的产物，又是经济全球化的强大推动力。正是贸易与投资自由化的加速发展，推进了经济全球化的进程；反之，经济全球化的发展又要求贸易与投资自由化的进一步完善。贸易与投资自由化最重要的内容和核心就在于减少关税壁垒和取消非关税壁垒。世界贸易组织正式运转后，首次将服务贸易、知识产权和投资等非货物贸易也纳入多边规则，使扩大多边自由化的领域以及扩大国际贸易自由化进程成为世界贸易组织的一个核心职能。此外，投资自由化已经成为当前国际投资发展的主流，不仅是发达国家，越来越多的发展中国家也积极采取投资自由化措施。一方面大量引进外资，另一方面又积极进行对外投资，从而使世界直接投资额迅速增加，投资活动遍及全球，全球性投资的规范框架和规则也开始形成。

（5）经济全球化加速技术转让和产业结构调整的进程。经济全球化带来了国际分工的大发展，产业的大转移，以及资本、技术等生产要素的大流动，这对于发展中国家弥补国内资本、技术等要素缺口，发挥后发优势，迅速实现产业演进、技术进步、制度创新，促进经济发展十分有利。跨国公司为了延长技术的生命周期，扩大技术效用以及给自己的技术寻找出路，大大加快了技术转让活动。这种加速转让在客观上有利于发展中国家的技术发展，有利于发展中国家加快产业结构的升级和工业化进程，加速从传统经济向现代经济的转变。

2. 经济全球化的负面效应

（1）经济全球化加剧了世界经济的不平衡，使贫富差距拉大。经济全球化首先带来的是对发展中国家民族经济的冲击，而且这种冲击是建立在不平等关系基础之上的。一方面，国际经济组织（世界贸易组织、国际货币基金组织、世界银行等）都掌握在发达国家手中，世界经济运转的各种原则、制度和秩序都是由它们制定的。另一方面，西方发达国家所拥有的经济、技术和管理优势，是发展中国家远不可及的。因而经济全球化中获益最大的当然是社会生产力高度发展的发达国家，而经济和技术相对落后的发展中国家尽管具有一定的中长期利益，但在近期是很少或很难受益的，甚至可能受到很大的损害和冲击。

（2）经济全球化使世界经济不稳定性加强。全球经济的一体化不仅体现在实物产品市场上，还体现在金融领域。随着世界各国金融领域的逐渐开放，加快实行自由化及金融产品的不断衍生，各国的货币市场、债券市场、外汇市场、股票市场、期货市场等形成了一个全球性的巨大交易网络。在这个网络作用下，全球金融产品的交易额遥遥领先于实物产品的交易额；而且金融产品的交易是全天候的，交易极其迅速，成本极其低廉。金融市场中"看不见的手"更有可能成为"肮脏之手"。1997年，国际金融大鳄乔治·索罗斯冲击东南亚金融市场，使东南亚经济一夜之间回到了经济腾飞前。2008年美国次贷危机迅速辐射全球，由此引发的金融危机影响了世界上大部分国家和地区。

（3）现行的全球经济运行规则不尽合理。经济全球化的发展，客观上需要用规则去加以规范、约束，而规则的制定是以实力为基础的。所谓规则，其实就是对利益冲突的一种界定。在经济全球化进程中，由于国际经济组织是由欧美等发达国家操纵的，因此经济全球化的规则主要由发达国家来制定。现存的国际经济规则中虽然有些规则考虑到了发展中国家的利益，如世界贸易组织的规则，但大部分规则却是由发达国家主导制定的，有些规则还是在发展中国家缺席的情况下制定的。某些产业发展规则是在发展中国家还没有发展该产业的时候制定的，如信息技术产业协议及劳工标准等。发展中国家一旦发展这些产业，就必须遵守它们并未参与制定的规则，并为此而付出代价。

（4）经济全球化还可能导致发展中国家生态环境遭到破坏，出现如荒漠化、土地侵蚀、动植物物种灭绝、海洋与河流污染等问题。发达国家往往出于本国战略利益的考虑，为了保护本国的生态环境，而把大量的污染源工业建立在海外，不仅消耗了他国的资源，同时也污染了他国的环境。据有关资料统计，美国将60%以上的污染企业建在海外。

（三）经济全球化与跨国公司

跨国公司是经济全球化的载体，也是国际竞争的重要组织形式。一国的国际竞争力，甚至一国的国际政治地位，从长期看取决于是否拥有世界级的跨国公司和世界级的产品。一国参与全球化的迫切任务之一是按照市场经济的要求，引导和扶持有竞争力的企业组建大型跨国公司，在国际市场开展竞争。通过培育和壮大本国的跨国公司，以全世界为市场来安排投资、开发、生产、销售，并给予资金和技术上的支持，以获取全球化的最大利益。经过跨国公司的国外直接投资行为，把对国内市场的消极保护转变为对全球市场的积极参与，并据此分享经济全球化中国际分工专业化、精细化所带来的利益。跨国公司普遍推行全球战略，它们或者在全球最适宜的地点完善全球产业链；或者把价值链的若干环节进行外包，充分利用其他企业、其他国家的资源；或者通过与其他企业建立战略联盟或并购其他企业，吸纳整合全球最优资源，打造全球产业链，完善全球产业系统。

1. 承担社会责任

跨国公司不仅为公司股东负责，也为企业所处的社会和环境负责；不仅为母国的社会和环境负责，也需要对海外子公司的社会和环境负责。作为全球化的跨国公司应当承担全球社会责任。20 世纪 70 年代，跨国公司在全球发展所引发的社会和环境问题引起人们的高度关注。在发挥跨国公司积极作用的同时，国际社会也希望遏制跨国公司带来的社会和环境问题。近年来，经济合作与发展组织积极推进企业从事"负责任的商业行为"，这是更为宽泛的企业责任概念，它不仅包括经济、社会和环境责任，而且包括反对商业贿赂以及企业道德方面的要求。

2000 年 7 月 26 日，全球契约在联合国总部正式发起进入实施。全球契约是人们解决全球化带来的各种问题的一个新思路，即发挥全球化中跨国公司的作用，使跨国公司成为解决社会环境等问题的积极力量。现在已经有 4 000 家世界著名企业加入全球契约。然而，跨国公司毕竟不是社会慈善机构，而是以创造价值和营利为目的的企业组织，它们强化社会责任和环境责任也没有偏离企业经营和营利的目标，实际上是强化企业的竞争力。在全球化时代，过去的技术、产品竞争上升为公司责任理念及道德水准的竞争，责任理念成为企业制胜不可或缺的软竞争力。

2. 打造全球产业链

跨国公司通过在全球最适宜的地点设置研发设计、制造组装、营销服务、资本运作等中心，形成全球产业链；跨国公司的现代市场竞争，已经从单一企业间点对点的竞争上升到产业链和产业系统的竞争。

研发设计是产业链中跨国公司最难全球化的部分。为了增强企业竞争力，跨国公司必须在全球重要市场开展研发设计。随着通信和网络技术的发展，各国的人力资源被纳入全球创新系统，迫使跨国公司建立全球研发系统。最新的发展趋势是跨国公司把研发设计等服务环节从母国转移出来，越来越多地进入新兴市场国家。研发全球化是跨国公司向全球公司转型的重要方面。近年来，中国也吸纳了许多跨国公司的研发中心，商务部统计显示，跨国公司在中国设立的研发机构近千家，其中 400 家是最近几年建立的。

制造组装全球化是跨国公司应对经济全球化的重要举措。20 世纪 90 年代初期以来，跨国公司在全球相继加大对生产设施的投资。由于新兴市场规模扩大的速度快、劳动力成本低廉，吸引了诸多投资。

营销服务全球化往往是跨国公司最先开展的全球化行动。跨国公司从过去的多国经营转向全球经营，迅速进入和占领正在形成的全球市场，积极地把营销网络覆盖到全球新兴市场。一些专业服务公司往往是最先在全球开展业务的跨国公司。

资本运作全球化是跨国公司打造全球产业链的关键环节。20个世纪70年代初的第三次经济全球化，其启动标志就是以美元为代表的全球货币自由流动。货币、债券和股票的全球买卖和流动推动了经济全球化的发展。纽约、伦敦、法兰克福等全球金融中心是跨国公司进行资本运作的中心。2006年，中国来自维尔京群岛的投资共112亿美元，占当年实际引进外资的18%，超过日本、美国、欧洲等地在华投资的数量。

3. 整合全球资源

跨国公司为迅速占领全球市场，必然要从外部获得资源，特别是人力资源的支持。随着技术更新的加快和教育水平的提高，发展中国家的人力资源也有可能进入跨国公司全球产业链，在这样的背景下，外包业务应运而生。初期是制造外包，而现在，财务管理、产品设计等服务业务也都开始进行外包。例如，宝洁公司和IBM于2003年9月9日签署为期10年、价值4亿美元的全球服务外包协议。根据该协议，IBM将为世界各地的近9.8万名宝洁员工提供服务支持，包括工资管理、津贴管理、补偿计划、移居国外和相关的安置服务、差旅和相关费用的管理，以及人力资源数据管理。

4. 形成全球经营管理网络

（1）跨国公司股权分散化。金融资产全球自由流动推动了全球化，也必然导致企业股权的全球化。股权的全球化，意味着跨国公司吸纳资金的范围从一个国家转向全球，也意味着跨国公司从为一个国家的股东负责逐步演变成为全球股东负责。最近十几年来，跨国公司纷纷在全球多个股市上市融资。例如，索尼公司外资股权在日本金融危机爆发时已经超过43%，2007年达到52.6%。股东结构的变化，显然是跨国公司治理结构全球化的重要原因。

（2）公司治理结构的全球化。董事会、监事会与管理层三权鼎立、相互制衡，构成了跨国公司一般的公司治理结构。但由于各国文化背景的不同和企业发展历史的差异，公司治理模式呈现多样化。全球企业治理管理结构的调整不是单向趋同的，而是在坚持自身治理管理结构优点的基础上，有选择地学习其他公司的长处。这种双向甚至多向的治理结构的趋同，是经济全球化带来的企业治理管理结构改革的积极发展。

（3）公司管理结构的调整，实行矩阵式管理。过去，跨国公司是以母国为中心、辐射若干国家子公司的中心辐射式的管理模式，公司总部拥有绝对的决策控制权。由于全球各个市场当地化经营的需要，过去单纯的纵向管理结构已经不能灵活地应对全球各个地点经营条件的迅速变化。跨国公司需要实行矩阵式管理结构，在全球市场的若干重点地区和国家设立地区总部，统一管理协调公司各个业务部门在当地的经营活动。应在全球不同国家和地区设立纵向的业务分部及横向的地区总部，使这些公司形成新的管理架构。这是一种多中心、多结点的网络管理模式，有利于全球公司对全球范围经营环境的变化做出更迅速的反应，更有效地利用全球资源。

（4）形成全球企业的理念和文化。以往，跨国公司往往以母国文化为中心整合各国雇员带来的不同文化。现在，全球公司则通过全球各地的分支机构吸纳当地人才，从而吸纳人类多种文化成果，形成能够融汇多元文化的企业文化。这种转变被称为从"我族文化中心战略"转向"多元文化战略"。

二、国际法律环境

法律是由权力机关制定并强制执行的各种行为规范的总和。跨国公司作为服务全球市场的经济主体,其经营活动覆盖世界多个国家和地区,跨国公司不仅要依法经营,也要运用法律武器捍卫自身的合法权益。而世界各国的法律法规存在明显的差异,这种差异首先反映在不同的国际法律体系上。目前国际法律体系可分为大陆法系和英美法系。

(一) 国际法律体系

1. 大陆法系

大陆法系是成文法系,又称罗马法系、民法法系、法典法系或罗马-日耳曼法系,其法律以成文法,即制定法的方式存在。大陆法系源于古代罗马法,古代罗马法反映和调整了古罗马奴隶制社会高度发达的简单商品生产和商品交换的法律关系,以完备的法律形式维护了私有制,但大陆法系真正形成是在中世纪日耳曼各部族"继受"罗马法之后。

11世纪以后,在经历了中世纪早期的长期战乱纷争之后,欧洲各国相继大体完成封建化过程。新的历史条件所造就新的社会生产关系和新的社会生活关系,要求一种与其相适应的新的社会行为规范制度,罗马法的复兴成为必然。特别是中世纪中后期,罗马法在欧洲传播较广,从而产生了一些熟谙罗马法的学者和官吏。近代资产阶级取代封建统治阶级以后,完整地采纳了罗马法的体系、概念和原则,并加以修改和发展,以适应资本主义发展的需要。1804年拿破仑按照资产阶级"自由、平等、博爱"的口号,以及私有财产不可侵犯和自由竞争的原则颁布的《法国民法典》,就是这一法系中的典型立法。可以说,大陆法系是全面"继受"罗马法的,如罗马法的法人原则、私人权利平等原则和法人制度、物权制度等。使用大陆法系的国家在继受罗马法原则和制度的同时,也接受了罗马法学家的思想学说和技术方法,如在法律实施过程中的法律术语、法律概念等。

在西方近代化过程中,法国、德国在采纳了罗马法之后,制定出自己的成文法律体系,并将其强制推行到自己的殖民地。其他一些国家鉴于这一法系法的优点,模仿这一法系的模式,制定了自己的成文法典。据统计,欧洲大陆的德国、法国、意大利、荷兰、西班牙、葡萄牙等国,以及亚洲、拉丁美洲大约70个国家的法律属成文法系。

2. 英美法系

英美法系是以英国普通法为基础发展起来的法律的总称。最初只有普通法,但是到了13世纪末,普通法变得非常僵硬,已经不能适应社会经济发展的需要。诉讼当事人直接向国王申诉,国王将一些案件交给枢密大臣去审理,枢密大臣根据自己的良知做出只约束诉讼当事人的判决。这种判决发展成一套新的法律,因这种法律具有普通法缺乏的弹性,所以称为衡平法。

衡平法以"正义、良心和公正"为基本原则,以实现和体现自然正义为主要任务。同时,衡平法也是为了弥补普通法的一些不足而产生的。衡平法虽是判例形成,但是它的形式更加灵活,在审判中更加注重实际,而不固守僵化的形式。衡平法的原则与精神起到鼓励法官创立新规则与救济手段的重要作用。19世纪末,衡平法始终和普通法处于并立。衡平法作为普通法的重要补充,集中关注普通法调整不力的财产纠纷领域,特别是信托、合同、保险等方面。1875年生效的英国司法将普通法院与衡平法院合并，结束了两套法律规则并行的局面。美国法在继承英国法传统的同时也吸收了衡平法的精神与原则，形成了英美法系中法官造法和自由心证主义的特色，使英美法保持了活力，形成了不断发展的局面。

自17世纪英国开始对外进行殖民扩张以后，英国法也随之在世界范围内传播，使得英美法系作为世界主要法系之一的地位确立。目前，美国、英国、加拿大、澳大利亚、印度、巴基斯坦、孟加拉国、马来西亚、新加坡、新西兰等26个国家的法律属英美法系。近几十年来，英美法系国家也制定了大量成文法，作为对习惯法的补充。

（二）国际商法

跨国公司是从事跨越国界的投资、生产及贸易等商务活动的经济主体，其商务行为不仅涉及自身的利益，也会对其他国际商务参与主体产生影响。为解决各种国际商务冲突，保障国际商务往来顺利开展，跨国公司的商务行为必然受到相关国际商法的规范和约束。

1. 国际商法的含义

国际商法是关于商务的国际私法，是指在具有涉外因素的商务关系中，通过选择准据法来解决商务冲突，保障国际上商务民事往来安全和顺利进行的法律规范的总和。国际商法是冲突法，因为各国商务立法不同，要解决国际商务纠纷首先就必须解决选择和适用哪一国法律的问题，即解决当事人所在国的法律冲突。

2. 国际商法的地位

关于国际商法的地位问题，实质上就是国际商法与相关法律部门之间的关系问题，即调整国际经济关系的法律规范的部门分类问题。依法学的一般理论，划分法律部门的主要标准为法律规范的调整对象，其次为法律的调整方法，后者主要是刑法与其他法律部门间的区分标准。法律的调整方法归根到底是由法律的调整对象派生出来的，法律调整对象的性质和特点决定了法律调整方法及法律规范的性质和特点，因此划分法律部门时必须坚持统一的标准，否则就会造成逻辑上的混乱。而根本标准只有一个，就是法律所调整的社会关系，凡调整同一类社会关系的法律规范就构成一个独立的法律部门。国际商法是一个独立的法律部门，是基于国际商事法律规范的内容、性质进行的分类，而非就其表现形式进行的分类。

3. 国际商法的调整对象

国际商法作为调整国际商事关系的法律规范的总称，具有特有的调整对象，即国际商事关系。国际商事关系是以营利为目的的国际商事主体参与的商品流转关系，其主体不论是个人、法人、国家政府还是国际组织，只要这种商事关系的当事人分属于两个以上不同的国家或国际组织，或其所涉及的商事问题超越一国国界的范围，这种关系就可称为国际商事关系。国际商法的调整对象不仅在空间上超越了一个国家的国界，而且在内容上也具有以"商事"为质的规定性，从而决定了国际商法既不同于以主权国家地域内的社会关系为调整对象的国内法体系，也不同于以国家之间非商事关系为调整对象的国际法。

4. 国际商法的调整内容

从形式上讲，国际商法体系的确定既要考虑国际商法所涉及、调整的商事关系领域，又要考虑国际商法渊源本身的结构和特点，还要确定体系各组成部分内容之间的关系。在内容上,国际商法体系的确定取决于跨国界的商事关系的发展。国际商事关系发展到今天,所涉及的已经不再是简单的产品交换等内容。

国际商事关系以生产要素的跨国界流动为主流,再结合商事行为性质的结构,可以系统地划分国际商事活动涉及的领域,这也是国际商法按调整对象进行划分的基础。按照这一标准,国际商事关系涉及四个领域:即直接媒介钱货交易的动产和不动产买卖、有价证券买卖、在交易所进行的买卖以及商人间的买卖等;间接媒介货物交易的行为,如货物运输、仓储保管、居间、行纪、代理商等;为工商提供资金融通的银行、信托,为商业提供产品的制造业、加工业等;直接间接为商事活动提供服务的财产保险等。

三、国际公约与国际惯例

(一)国际公约

国际公约是两个或两个以上主权国家为确定彼此的政治、经济、贸易、文化、军事等方面的权利和义务而缔结的诸如公约、协定、议定书等各种协议的总称。

国际公约调整和制约纯粹以国家或国际组织作为主体双方的商事法律关系,诸如国家政府之间或国家政府与国际组织之间有关投资、贸易、信贷、结算、保险等方面的商事法律关系。据国际法的基本原则,在法律适用的问题上,国家缔结或参加的有关国际条约,除国家在缔结或参加时声明保留的条款以外,无论何种条约,一经批准,就必须遵守"有约必守"的原则,其效力优于国内法。据此,国际法规范也可能被自然人、法人所直接适用而转化为国内规范。目前,国际上对跨国公司经营管理影响较大的国际公约主要有以下几种。

(1) 规范跨国公司全球投资方面的国际公约。主要包括:联合国国际投资和跨国公司委员会负责起草的《跨国公司行动守则》(草案);由世界银行集团颁布,旨在保护外国投资者权利的《外国直接投资待遇指南》;由经济合作与发展组织缔结的《多边投资协定》。

(2) 保护知识产权方面的国际公约。1883年制定的《保护工业产权巴黎公约》(通称《巴黎公约》),是知识产权国际保护的开端。此后,陆续制定了《商标国际注册马德里协定》(通称《马德里协定》)、《专利合作条约》、《保护植物新品种国际公约》、《保护文学和艺术作品伯尔尼公约》(通称《伯尔尼公约》)、《保护表演者、录音制品制作者与广播组织公约》(通称《罗马公约》)、《集成电路知识产权条约》。1994年4月15日世界贸易组织成员方签署了《与贸易有关的知识产权协定》。

(3) 维护消费者权益方面的公约。主要有1973年海牙国际私法会议通过的《产品责任法律适用公约》,1980年海牙《关于消费者买卖合同法律适用公约草案》《关于人身伤亡产品责任欧洲公约》《关于产品责任的法律适用公约》等。

(4) 维护国际市场秩序及保护公平竞争的公约。为了保护和营造国际经济活动公平竞争,维护国际市场秩序,在很多国际组织及相关条约、世界各国国内法中都有涉及,但尚未产生具有法律约束力的完整、独立的国际公约。具有一定影响力的有联合国《跨国公司行为守则》《国际技术转让行动守则》《联合国国际货物销售合同公约》等。

(5) 在仲裁方面的国际公约。解决投资争端国际中心的《华盛顿公约》《联合国国际贸易法委员会仲裁规则》等。

(二) 国际惯例

国际惯例是指在国际经济活动长期实践中,逐渐形成的一些具有普遍意义的习惯做法和解释。国际惯例是由国际上一些组织机构、商业团体把国际经济某一方面,如贸易、投资支付、运输、价格等方面的长期习惯做法或典型案例归纳、解释成文或订立规则。国际惯例在法律明确管辖之外或当事人在契约中明确适用时具有约束力。

具有较大影响力的国际惯例包括:国际法协会的《1932年华沙-牛津规则》《1941年美国对外贸易定义修订本》,国际商会的《国际贸易术语解释通则》《跟单信用证统一惯例》《托收统一规则》,在运输保险方面有《1974年约克-安特卫普规则》等。

四、国际经济组织

在全球化大背景下,国际经济组织对跨国公司所处经营环境的影响力越来越大。国际经济组织行使的相关职能及其制定的一系列规则制约或推动跨国公司的发展,使跨国公司在国际市场上开展的投资、生产、销售、税收、技术转让、员工雇佣、利润分配等经营活动变得愈发复杂。跨国公司必须对各类国际经济组织的宗旨、职能、运作等有充分的了解,才能利用国际经济组织的积极因素,规避其负面影响,促进跨国公司自身的健康发展。

广义的国际经济组织是指两个或两个以上国家政府或民间团体为了实现共同的目标,通过一定的协议形式建立的具有常设组织机构和经济职能的组织。狭义的国际经济组织仅限于国家政府间组织,不包括非政府间组织。

国际经济组织是国家之间的组织,不是凌驾于国家之上的组织;成员一般是国家,但在某些特殊情况下,非主权实体也取得了一些国际经济组织的正式成员或准成员资格;调整国际经济组织成员间关系的基本原则是国家主权平等原则;调整国际经济组织成员间关系的法律规范是国际经济组织法。根据国际经济组织活动的影响范围和领域,可将其分为三大类。

(一) 世界性的国际经济组织

世界性的国际经济组织,是指参加者包括世界各洲或多数洲的国家或民间团体的国际经济组织,其特点是成员具有广泛性和代表性。世界性的国际经济组织主要有国际货币基金组织、世界银行集团、世界贸易组织、联合国贸易和发展会议等。

1. 国际货币基金组织

根据1944年7月1日至22日签订的《国际货币基金协定》,国际货币基金组织于1945年12月27日成立,同年11月15日成为联合国的专门机构。国际货币基金组织的宗旨是:促进国际货币合作;促进国际贸易的扩大和平衡发展,从而促进和保持高水平的就业和实际收入;促进汇价的稳定,在各成员国之间保持有秩序的汇率安排;协助建立成员国之间经济性交易的多边支付制度,帮助消除阻碍世界贸易发展的外汇限制。国际货币基金组织有关组织结构方面的法律规范包含以下内容:①成员资格。参加1944年联合国国际货币金融会议,并于1945年12月31日以前正式签署基金协定的30个国家为基金组织创始成员国。其他国家根据基金组织理事会规定的日期和条件,可申请参加基金组织。其成员资格的丧失有自愿退出和强制退出两种情况。②组织机构,分为理事会和执行董事会。③投票权与表决。投票权与其所缴份额密切相关;表决以简单多数通过的议事规则表决。④法律人格。有完全的法人权利,特别是有权签订契约、取得和处置动产和不动产以及进行法律诉讼。其享有的豁免和特权包括财产和资产享有司法豁免,除非因起诉或履行契约而自动声明放弃此项权利;财产和资产免受搜查、征用、没收以及其他行政或立法行为的任何形式的扣押;财产和资产免受各种限制、管制、统制以及任何性质的延期付款;档案不受侵犯。

2. 世界银行集团

根据1944年7月召开的联合国国际货币金融会议通过的《国际复兴开发银行协定》,于1945年12月27日成立。1956年成立了国际金融公司,1960年成立国际开发协会。上述三个国际金融组织形成了世界银行集团。随后,世界银行集团又成立了解决投资争端国际中心和多边投资担保机构。世界银行集团的宗旨为:通过提供资金、经济和技术咨询、鼓励国际投资等方式,帮助成员国,特别是发展中国家提高生产力,促进经济发展和社会进步,改善和提高人民生活水平。国际复兴开发银行主要对成员国政府、政府机构或政府所担保的私人企业发放用于生产的长期贷款,派遣调查团到借款国调查及提供技术援助等。国际金融公司在不需要政府担保的情况下,专对成员国的私人企业发放贷款,并与私人投资者联合向成员国的私人生产企业投资。国际开发协会则只对最贫困成员国的公共工程和发展提供长期贷款。世界银行集团有关组织结构方面的法律规范包括:成员资格、组织机构(理事会、执行董事会和行政法庭)、投票与表决(按认缴份额享有表决权;表决适用简单多数通过的议事规则)、法律人格(国际复兴开发银行、国际金融公司和国际开发协会分别具有完全的法律地位,有权签约、取得和处置不动产和动产以及诉讼)。

3. 世界贸易组织

1994年的《世界贸易组织协定》相对于1947年的《关税及贸易总协定》,其宗旨增加了三个新因素:涉及服务贸易产品;表述了可持续发展,"寻求保护和维护环境";承认需要积极努力"确保发展中国家尤其是最不发达国家能获得与它们国际贸易额增长需要相适应的经济发展"。世界贸易组织的成员资格有创始成员和纳入成员。中国是总协定的创始成员之一,1950年非法占据中国席位的台湾当局宣布退出总协定,2001年12月11日,中国以主权国家资格加入世界贸易组织。世界贸易组织的机构有部长级会议、总理事会、理事会、委员会和秘书处。世界贸易组织的决策程序为协商一致;如未能达成一致则采用投票方式,各成员拥有一票投票权。世界贸易组织具有法律人格,具有由其成员赋予它行使其职能所必要的法律权能,并享有为行使其职能所必要的特权和豁免权。

4. 联合国贸易与发展会议

通过1964年在日内瓦召开的第一届联合国贸易与发展会议,确定联合国贸易与发展会议(简称"贸发会议")为联合国常设机构。贸发会议的成员包括全体联合国成员国、联合国专门机构成员国和国际原子能机构成员国。中国于1972年首次派代表参加贸发会议,成为其成员国。组织机构有会议、贸易和发展理事会和秘书处。理事会下设立三个委员会,分别是货物和服务贸易与商品委员会,投资、技术与有关金融问题委员会,企业、商务便利与发展委员会。决策方式为一票投票权,采用一致同意或协商一致的决策方式。

(二)区域性的国际经济组织

区域性的国际经济组织,是指参加者局限于某一洲或某一地区的国家或民间团体的国际经济组织，其特点是通过参加国之间的联合实现其经济目的或增强其经济实力。

区域性的国际经济组织较有代表性的就是欧洲联盟。欧洲联盟（European Union，EU）简称欧盟，是欧洲多国共同建立的政治及经济联盟，由欧洲共同体发展而来，总部设在比利时首都布鲁塞尔。该联盟现有 27 个会员国，正式官方语言有 24 种。1952 年，欧洲煤钢共同体建立，1958 年，欧洲经济共同体和欧洲原子能共同体成立，1967 年，三者统合于欧洲共同体之下。1991 年 12 月 11 日，欧洲共同体马斯特里赫特首脑会议通过了建立"欧洲经济货币联盟"和"欧洲政治联盟"的《欧洲联盟条约》（通称《马斯特里赫特条约》，简称"马约"）。1992 年 2 月 7 日，《马斯特里赫特条约》签订，设立理事会、委员会、议会，逐步由区域性经济共同开发转型为区域政经整合的发展。1993 年 11 月 1 日，《马斯特里赫特条约》正式生效，欧洲联盟正式成立，欧洲三大共同体纳入欧洲联盟，这标志着欧共体从经济实体向经济政治实体过渡。同时发展共同外交及安全政策，并加强司法及内政事务上的合作。1994 年 1 月 1 日，欧洲经济暨货币联盟进入第二阶段，成立欧洲货币管理局；1998 年 1 月，欧洲中央银行成立；1999 年欧元开始运作；2002 年 1 月 1 日，硬币与纸币开始流通，完全代替旧有货币。

此外，东南亚联盟、加勒比共同市场、北美自由贸易区、亚洲开发银行、亚洲基础设施投资银行等也属于区域性国际经济组织。

（三）专业性国际经济组织

专业性国际经济组织的参与者大多是某项特定商品的生产国或出口国。其以协调各成员方的出口政策（包括出口数量和价格）、对商品的生产和销售做出统一安排为宗旨，维护成员方在有关商品的国际贸易中的共同经济利益。目前，几乎所有的原料和初级产品都有自己的国际经济组织，如石油输出国组织、国际商品组织、国际小麦理事会、国际茶叶委员会、国际糖业组织、国际咖啡组织等。

第二节 东道国经营环境分析

跨国公司的分支机构（子公司、分公司）要在东道国开展各项投资、经营活动，必须充分考虑东道国的经营环境，结合跨国公司发展战略，制定具体的经营目标，采取合理的经营方式，进行科学管理，只有这样，才能达到预期的经营绩效。可以说，东道国的经营环境是制约跨国公司运营的最直接、最重要的影响因素。

一、东道国的经济环境

（一）东道国的经济体制

经济体制是指某一经济体在社会经济资源配置过程中所采取的方式和手段，具体来说，就是主要通过市场经济手段、价格调节机制实现资源的优化配置，还是主要通过计划经济手段、行政管理方式分配和使用资源。目前，发达经济体利用价格机制和竞争机制，通过市场自发调节来配置资源，很少限制国际资本流动，在跨国公司市场准入、产品生产与销售、资金融通、企业税收、知识产权保护等方面，给予外资企业国民待遇，经营环境较为宽松，跨国公司跨国经营水平较高。

（二）东道国经济发展水平与经济发展阶段

一国的经济发展水平，直接影响跨国公司前来直接投资的规模与结构。反映经济发展水平最重要的指标是国内生产总值（GDP）与人均国内生产总值。国内生产总值是指一国在一定时期（一般是1年）内生产的最终商品和服务的市场价格的总和。国内生产总值越多，经济规模就越大，经济发展水平就越高，能源电力、交通运输、互联网和通信、金融保险、电商物流等行业发展越快，吸引外资的能力越强、空间越大。人均国内生产总值越高，高新技术产业和现代服务业占比越大，经济发展水平就越高，就越有利于跨国公司的跨国经营与发展。同时，根据经济总量和人均收入，可以把经济发展分成不同的阶段，而在不同的经济发展阶段，外商直接投资的类型也有差异。

对跨国公司对外直接投资的影响，可分为四个阶段：东道国经济发展水平低，人均收入少，外商直接投资较少；东道国经济发展水平增加，人均收入提高，外向出口型对外直接投资占比较大；东道国达到中等发达国家水平，外向出口型对外直接投资下降，当地市场型对外直接投资增加；东道国达到高收入的发达国家水平，几乎全是当地市场型对外直接投资。

（三）东道国市场需求

市场需求是指购买者对产品的需要，包括对产品品种、质量、规格、型号、数量、价格、供货期限和销售服务等方面的需求。市场需求反映的是一定时间和地区内，顾客购买产品时所持的愿望。企业生产经营的产品，如果适应这种要求，产品就能做到适销或畅销；假如不适应这种要求，产品就会出现市场销售疲软。因此，科学测算市场需求量，是跨国公司的产品销售取得成功的关键。

测算东道国市场需求是指在某一特定时期和特定条件下，根据过去和现在的相关市场信息，通过科学方法，预测东道国市场对各类商品和劳务的购买量。跨国公司对市场销售需求的测定与研究，有利于企业的经营管理决策和资源的合理分配，帮助确定产品目标和经营战略，挖掘市场潜力，扩大产品销售量，提高跨国公司的效益，在新产品评价和有效处理一系列营销决策问题上也有重要的作用。对外投资者应在广泛搜集资料的基础上，采取一定方法，分析和估量东道国的市场前景。

市场需求量的测算，需要考察五方面因素。一是市场容量。即市场对某种产品的最大容量，也就是一定时间内，某种产品在某一市场最大可能的销售数量。市场容量与人口规模与结构相关性高。东道国人口越多，市场容量就越大；中青年人口比例越高，市场容量也越大。二是市场潜力。即市场对某种产品尚有多大的未被满足面，也就是说市场潜在的需求量有多大。三是市场份额。即本企业的产品在同种产品的市场销售量中所占的比例，通过努力能否使市场占有率有所上升，上升的幅度能达到什么水平。四是竞争态势。即市场竞争对手的数量、竞争的激烈程度、竞争对手的状况，以及市场竞争对本企业产品销售构成的挑战，面对竞争本企业应采取什么样的对策。五是市场动态。即市场的变化状况和发展趋势对本企业产品销售带来的影响，企业采取哪些措施才能更好地适应市场变化发展的要求。

（四）消费者收入水平

东道国的国民收入水平和人均国民收入水平是决定该国消费需求的最基本因素。收入水平越高，居民的购买力就越强，因而市场的需求潜力就越大。

在分析消费者收入水平时，可以从宏观和微观两个层面来剖析。从宏观层面看，主要分析国民收入和人均国民收入两大指标，可以反映东道国的经济发展水平和人均收入水平。从微观层面看，主要考察个人收入中扣除税款和非税收性负担后所剩下的余额，即个人可任意支配的收入；从个人可支配的收入中减去储蓄的部分，就是个人能够用于消费支出的收入。这部分收入是社会需求中最活跃、最重要的部分，也是影响商品销售的主要因素，所以跨国公司在对外直接投资活动中应特别关注。能够直接用于消费的这部分收入的水平，直接影响东道国的市场容量、消费规模与消费结构，进而影响跨国公司在东道国的投资时机、投资规模、投资领域和投资方式等。同时，跨国公司还应注意社会各阶层收入的差异性，以及不同地区、不同年龄、不同职业的收入水平等。

（五）东道国的经济稳定性

当跨国公司考虑是否进入某一个东道国特别是新兴市场国家的时候，最关注的是东道国经济体系的稳定程度。一般而言，东道国的经济增长速度较快、政局稳定、政策连续性强是最为理想的状态。除此之外，东道国的通货膨胀率、汇率变动情况、利率是否市场化等方面都会对经济稳定性产生影响，进而影响跨国公司对东道国的投资决策。

东道国的通货膨胀对跨国公司的影响表现在两个方面：一是对东道国市场需求的影响，二是对跨国公司生产经营活动的影响。从东道国市场需求方面看，通货膨胀会导致东道国居民实际购买力下降，从而减少对跨国公司产品的需求。从跨国公司生产经营活动来看，通货膨胀会导致原材料价格大幅度上涨，提高跨国公司的生产成本；另外，也会使跨国公司销售收入的实际价值大幅下降，投资利润减少，不利于跨国公司收回投资成本。

汇率稳定也是影响跨国公司在东道国投资的主要因素。汇率是一种货币与另外一种货币的相对比价。相对稳定的、完全市场化的汇率，可以真实地反映东道国外汇市场的供求状况，形成合理的外汇价格，有利于跨国公司核算投资成本、合理确定产品价格、保证销售收入和经营利润。如果东道国的汇率严重受非市场因素干扰，汇率频繁、剧烈波动，必然给跨国公司的投资和经营带来巨大风险。

利率作为资金的价格，其高低直接影响跨国公司投资与经营的成本。市场化的利率形成机制，能客观反映资金的供求关系，引导社会资源合理配置。利率上升意味着跨国公司要投入更多的资源，在债务上支付更多的利息，从而削弱了跨国公司投资的信心，使跨国公司减少投资；相反，较低的利率可以使跨国企业较容易地借到更便宜的资金，促进跨国公司在东道国增加投资。如果利率经常性剧烈波动，必然带来利率风险。

（六）资源供给状况

任何企业的生产经营活动本质上就是一个投入—产出过程，投入各种经济资源，包括自然资源、劳动力、资本等，通过企业的经营管理产出商品和劳务。跨国公司也是如此。如果东道国的各种资源比较丰富，价格比较低廉，并且容易获得和使用，那么就可以降低跨国公司的经营成本，获得更大的利润。

对跨国公司而言，拥有一定数量和品种的资源是生产经营活动的基本前提，所以东道国的资源状况就成为影响跨国公司对外投资决策的又一个重要因素。自然资源，即自然界提供给人类的各种形式的物质财富。当代自然资源日益短缺，能源成本提高，环境污染日益严重，政府对自然资源的管理和干预不断加强，这些会直接或间接地给跨国公司带来威胁或机会。因此，跨国公司必须积极从事研究开发，尽量寻求新的资源或代用品。同时，跨国公司在经营中要有高度的环保责任感，善于抓住环保中出现的机会，推出"绿色产品""绿色营销"，以适应世界环保潮流。

另外，跨国公司在生产经营过程当中必然需要投入大量的劳动力。劳动力包括熟练劳动力和非熟练劳动力。很多发展中国家劳动力素质较为低下，劳动力培训及中介服务缺乏，跨国公司不易找到需要的技术人员、中下级管理人员及熟练工人，影响正常经营活动的开展。资本也是跨国公司生产经营活动中必不可少的一种资源，跨国公司在经营过程中需要短期流动性资金，因此东道国金融体系是否完善、融通资金是否便利，对于跨国公司经营影响也比较大。

二、东道国的政治环境

东道国的政治环境因素直接关系到国际直接投资的安全性。政治环境是指东道国的政治体制、政策稳定性和连续性，是执政者的治国能力、政府部门的行政效率及国际关系等构成的政治和社会的综合条件。由于跨国公司的全球发展是长期的投资活动，所以投资者必须重视投资地区的长期政治稳定性。政治环境是跨国公司国际投资中涉及的最敏感因素，是跨国公司投资决策的前提条件。因为政治环境与东道国政府、政权主权等国家核心利益紧密相联，稍有不慎，就会对跨国公司的海外经营和投资活动产生巨大的影响。反映东道国政治环境的因素很多，既包括政治制度、政策的连续性和政局的稳定性，也包括东道国在国际事务中的地位、外交政策等一系列国际政治关系因素。上述因素在一定时期内相互联系、相互影响、不断变化。

（一）政治制度与政治体制

政治制度是指建立在东道国经济基础之上的上层建筑，包括国家政权的组织形式，以及相关的政治、经济和文化等方面的制度。在一般情况下，政治制度的灵活性较差，跨国公司违反东道国政治制度所付出的成本也较大。政治制度与经济体制密切相关，而经济体制又是影响跨国公司投资的最重要因素。政局的稳定性和政策的连续性是跨国公司在发展中国家进行投资时所必须考虑的重要因素。部分发展中国家政局不稳、政策缺乏连续性，这会对跨国公司的连续生产造成极大的负担，特别是新政局对跨国公司的不同态度甚至敌视态度。

政治体制通常指有关政体的制度，包括国家的治理形式、结构形式、选举制度、公民行使政治权利的制度等。一个国家的政治体制总是同该国的根本性质和社会经济基础相适应的。体制的不同，具体表现在政治和行政治理体制、经济治理体制、政府部门结构、行政效率等方面。一般说来，与资本输出国不同的政治体制可能会给外国投资者带来一定程度的风险，但也有可能对外资有一定的吸引力。

（二）政治稳定性

政治稳定性表现为政府的稳定性和政策的连续性。一般认为，政府的稳定不应受任何内部与外部问题的困扰和动摇，如内部分裂、反对党派存在、民族问题、经济困难、潜在的政变因素等。政府应具有应对一切冲突的应变能力,如有上述问题存在,则被认为存在某种程度的不稳定。当然,上述问题的存在与否,以及能否得到恰当的解决,还取决于政府的宗旨、政策,政府官员的意志和才能等因素。政策的连续性不仅在于本届政府的政策要有稳定性和连续性,而且在于它不受政府正常选举的影响,不会因为政府的正常更迭而改变政策的连续性。在国际投资中,政策的连续性往往为投资者所关注。一国的政策连续性越大,说明该国的政治稳定性越高,对外国投资者越有吸引力。

政府是否有应对一切冲突的应变能力,是国内企业及跨国公司最为关注的政权稳定因素,政治稳定不仅能使外国投资者的利益得到保障,而且有利于外国投资者制定长远的投资发展规划,政治不稳定则会引起投资环境中其他因素的变化,进而对外国投资者产生影响。

(三) 执政者治国能力

执政者治国能力反映在国家政治、经济、生活的各个方面,如政府对发展教育事业的重视,政府对法治建设的重视,政府能否有效维护社会治安,政府的社会福利和社会保障工作水平,政府处理突发事件的能力,政府在公众中保持良好形象的能力等。一般来说,执政者的治国能力越强就越能保持稳定的社会政治环境。政府部门的行政效率,包括行政人员的能力所提供公共服务的数量和质量,机构的独立性等,也会影响外商的投资和生产经营活动。如果东道国政府审批手续繁杂,管理人员权责划分不清,办事相互推诿,不仅会降低政府部门的工作效率,还会给外商的生产经营活动带来额外负担,挫伤外商投资的积极性。

(四) 政府的对外关系

政府的对外关系,包括与主要贸易伙伴的关系、与他国政府的正常关系等方面。一国政府的对外关系现状和发展前景,同样会影响到外国投资者对该国政治环境的评价。一般说来,一国对外关系良好,而且与越来越多的国家交往密切、关系友好,则外国投资者对该国的政治环境评价就较好;反之,则评价较差,从而影响外资的进入。

东道国的政治环境不佳容易引发政治风险。政治风险主要有三种:一是没收,就是政府强迫企业交出财产权,不给任何补偿;二是征用,是指政府强迫企业交出财产权,仅给予一定的补偿;三是国有化,是指政府将企业的财产划归国家所有,由政府接管,一般被征管的企业是对国家主权、国民福利、经济增长、国防安全等至关重要的行业与领域等。随着全球化的发展,各国经济日益相互依存,贸易往来增多,为避免国有化政策带来的损失,跨国公司纷纷采用与当地企业及政府合作的策略,来保护自己的利益。

三、东道国法律环境

法律环境主要是指东道国国内法律体系的完整性、法律执行的有效性、法律对待的公平性、法律制度的稳定性,有时也涉及东道国对双边和多边国际法律的承认、承诺的执行。从本质上讲,一国的法律体系包括法律和法规,与政治制度密切相关。当跨国公司进入东道国,东道国法律法规会通过任何一级政府影响跨国公司的经营活动。跨国公司必须熟悉和遵守东道国法律。

(一) 反垄断法

反垄断法是政府制定的一种维护市场竞争秩序、限制企业和个人垄断和操纵市场行为的法律。目前,世界上大多数经济发达国家制定了反垄断法,一些发展中国家也制定了有关法律,各国反垄断法的实施,对企业的跨国经营产生了较大的影响。首先,反垄断法的监察对象主要是在市场中占有较大份额的大型企业,这些企业在国内的进一步发展受到了限制,往往要走跨国经营之路。其他国家的反垄断机构也很自然地把这类跨国经营的大公司列为主要监控对象。其次,各国反垄断法的内容和具体实施有很大的差别,给跨国公司的管理人员增加了难度。例如,美国的反垄断法规定,不同行业中企业不能够占有巨大的市场份额,而欧洲一些国家的反垄断法则允许企业占有大量市场份额,但在其他方面加以限制。最后,跨国公司收购和兼并在许多国家受到有关法律的严格限制。

(二) 商品进出口规定

各国政府针对商品进出口贸易制定了多种法律、法令和规章制度,如关税制度、通关程序、配额制度、许可证制度、外汇管理制度、特殊的国别政策等。这些规章制度直接影响每一个跨国公司进出口的商品数量和结构等。此外,各国还有许多具体的规定,如商品技术标准、健康与卫生标准、包装与包装材料的规定等。如加拿大政府规定,进口的食品包装上必须用英、法两种文字标明商品品名、重量、所含成分、进口商及生产商的名称、地址等;美国、英国和日本规定,进口花生的黄曲霉素含量不能超过本国制定的标准;德国规定,不允许用稻草作为商品包装材料。这些具体规定可谓多如牛毛,不胜枚举。所有这些有关进出口方面的法律规定,都会影响跨国公司涉外经济活动的正常进行。

(三) 外汇管制

外汇管制是指一国政府对外汇交易实行的限制。许多外汇短缺的国家政府对外汇的兑换、分配和使用进行严格的管理,影响进出口贸易和国际资本流动。例如,东道国政府不允许企业自由地获取外汇,就会限制或阻止本国企业购买外国公司的设备和产品。又如,在东道国的子公司,如不能将当地货币转换为外汇,就无法将其实现的利润返回给母公司。在跨国生产经营实践中,外汇管制会给跨国投资经营造成许多不便。

(四) 税收法律

各国税收法律的不同,主要体现在税收种类、税收水平、税收内容的复杂性、税收执法严厉程度等方面。例如,美国、德国等发达资本主义国家税收种类多,内容复杂,税率高,执法严厉,而一些发展中国家和小国则情况相反。跨国公司在某国注册的经济实体,其子公司和附属机构又分散在其他国家,就会牵涉到国家之间的税收分配关系,并由此而产生一系列国际税收的法律问题。这些问题是一国政府单方面通过国内立法不能完全解决的问题,如国际税收管辖权的冲突、避免双重征税的国际协调,以及防止纳税人的国际逃税等问题,都需要国家之间的合作才能解决。

(五) 环境保护法

环境保护法在发达国家比较严厉,限制较多,处罚也重,跨国公司在产品的设计、性能、包装、使用说明等方面都需注意,以免触犯法律。例如,美国的防污染法要求汽车必须有防污染装置,并达到规定的排污控制标准才能进口。欧盟各国按汽车发动机的规格来征税,所以,向欧盟出口汽车时必须考虑这个问题。环境保护成为跨国公司市场准入的一个门槛。

(六) 投资体制

企业投资活动受制于投资体制和相关法律是显而易见的。一国的投资体制是支配投资领域经济行为模式和经济利益关系的一系列投资法律、行为规范和习惯，它明确了跨国公司进入东道国投资的基本条件、环保标准、投资方式、投资规模与结构，界定了投资活动中各个经济主体的权利、责任和义务，抑制了投资主体的机会主义倾向，从而达到降低交易成本、提高投资效益的目的。投资人的一切投资活动和投资行为必须按照投资体制规定的规则进行，那种不符合投资法律法规要求的投资活动，是不能进入东道国市场的。

★延伸阅读

美国设有专门的外国投资委员会，管理外企并购美国企业，凡是涉及美国国家安全利益的外国投资都要受到特别的管制。美国1988年的《爱克逊-佛罗里欧修正案》规定：如有"确切证据"认为外国人对美国企业进行合并、收购和接管所形成的控制有损于美国安全，总统无须经过法院审判，即有权直接禁止该交易，并授权专门的外国投资委员会具体实施。美国在能源、自然资源以及基础设施建设等产业方面，对外资的准入都实施较为严格的限制。

德国政府审查和限制外资的权力比美国还要大得多，而且德国与其他欧洲国家对非欧共同体国家的投资者，普遍存在明显歧视。德国政府明令限制非欧共体国家的资本介入农业，在银行、金融和保险业也对非欧共体成员的投资者有着特殊的限制，多是要求"对等"待遇。

（资料来源：聂孝红. 东道国干预外资并购的国际法律界限 [J]. 国际经济合作，2011 (10)：79-82.）

四、东道国的社会文化环境

社会环境决定了社会的价值体系，是一个群体（国家、民族、组织等）在一定时期内形成的思想、理念、行为规范等，以及根据这一群体整体意识所开展的相关活动。跨国公司的经营活动会受到国家、民族、组织文化差异的影响。

社会文化环境主要指一个国家（地区）的价值观念、生活方式、风俗习惯、宗教信仰、民族特征、伦理道德、教育水平、语言文字等的总和。不同国家的社会文化环境差异，会导致国与国之间消费需求的差异，直接影响到消费者对产品的接受程度，以及跨国公司营销组合策略的实施。跨国公司必须熟悉目标市场所在国的社会文化环境，深入了解各国社会文化环境的差异，入乡随俗，提高应变能力和竞争能力。社会文化环境决定了跨国公司应遵循的行为规范，应根据目标市场所在国的社会文化环境特点来制定营销策略。社会文化环境对国际市场营销的影响主要表现在以下几个方面。

（一）价值观念

价值观念是生活在某一社会环境中的多数人对事物普遍的态度和看法。持不同价值观的人具有不同的生活习性和方式、不同的追求，这就必然导致不同的消费偏好、不同的购买行为。因此，在一个特定社会中，理解主流的价值观以及日常行为规范是十分重要的。价值观影响社会主体的价值标准、道德规范和对事物的认知等,也引导人们的思维方式和行为方式。跨国公司从事国际市场营销活动之前,应对目标市场的价值观念进行研究分析,识别、发现因价值观念差异所带来的市场机会和市场障碍,制定出符合目标市场价值观念的营销策略。

(二)风俗习惯

风俗习惯是指个人或集体的传统风尚、礼节、习性,是特定社会文化区域内历代人共同遵守的行为模式或规范。风俗习惯主要包括民族风俗、节日习俗、传统礼仪等,对社会成员有非常强烈的行为制约作用,是社会道德与法律的基础和辅助部分。不同国家和地区有着不同的风俗习惯和商业礼仪,使得各国商务人员的行为和方式各具特色。营销人员应了解和适应各国的风俗习惯,否则会给跨国公司国际经营活动带来巨大损害。营销者在组织市场营销活动时,应迎合目标市场的风俗习惯,让跨国公司在营销过程中少走弯路。部分国家节日赠送礼物习俗如表3-1所示。

表3-1 部分国家节日赠送礼物习俗

国别	中国	印度	日本	墨西哥	沙特阿拉伯
节日	春节	排灯节	岁暮节	圣诞节	开斋节
宜送之物	送含蓄的礼物,如咖啡用具、书、领带、笔等	送糖果、坚果、水果、烛台等	送苏格兰酒、白兰地、美国纪念品、柠檬之类的圆形水果	送台钟、圆珠笔、金质打火机	送精致的可以为祈祷者确定方向的指针盘或开司米织物
不送之物	不送钟	不送皮革制品、印有蛇图案的东西	不送4个或9个一套的礼物	不送纯银制的器物、食品篮	不送牛肉

(资料来源:百度知道,《不同国家赠送礼物的习俗》)

(三)宗教信仰

宗教信仰是指信奉某种特定宗教的人群对其所信仰的对象(包括特定的教理教义等),由崇拜认同而产生的坚定不移的信念及全身心的皈依。这种思想信念和全身心的投入表现贯穿特定的宗教仪式和宗教活动,并用来指导和规范自己在世俗社会中的行为,属于一种特殊的社会意识形态和文化现象。宗教信仰是文化的重要组成部分,它直接或间接地影响人们的价值观念和行为,进而对企业营销活动产生深远的影响。了解并尊重不同宗教信仰,在跨国经营过程中可能会起到意想不到的作用。

(四)语言文化

语言是人类最重要的交流工具。跨国公司在跨国经营过程中,必然涉及跨语种的沟通交流。不同语言在语义、语境表达方面存在着一定差异,一个特定的词语不仅有其字面意义,还有延伸含义或隐含意义,在特定语境下可能有完全不一样的理解。因此,在国际市场营销活动中,正确运用语言非常重要。例如,美国通用汽车公司生产的"Nova"牌汽车在美国很畅销,但是销往拉丁美洲却无人问津,原因是拉丁美洲许多国家讲西班牙语,而"Nova"一词在西班牙语中译为"不动"。试想一下,谁愿意买"不动"牌汽车呢?

由于历史和环境的原因,世界各国都有其区别于别国的独特社会文化背景,并且国与国之间经济发展水平不同、宗教信仰不同、风俗习惯不同，差异很大。这些差异必然影响东道国政府、各种组织、居民对跨国公司的态度。跨国公司必须因地制宜，随时调整跨国公司的经营战略、组织结构、管理方式和企业文化，以适应东道国的社会文化习俗，从而取得良好的投资效益。这也是诸多跨国公司选择本土化经营的最直接原因之一。

第三节　跨国公司母国经营环境分析

跨国公司母国的经济发展阶段、同行业竞争状况，以及母国政府对外投资政策等母国环境因素，对跨国公司在东道国的直接投资也会产生较大的影响。具体包括以下六种环境因素。

1. 跨国公司母国的经济发展阶段

对跨国公司母国而言，本国经济处于不同发展阶段，国内资本供求关系存在很大的区别。假设在两部门经济模型中，Y 代表国民收入，C 代表消费，S 代表储蓄，则 $S = Y - C$。

当一国经济高度发达，不仅经济总量巨大，特别是人均国内生产总值较高时，由于消费相对稳定，所以广义储蓄较多，国内资本供给充裕。如果国内没有更多、更好的投资机会，资本必然到国际市场寻求较高回报的投资。因此，当某国经济处于高度发达阶段时，国内资本往往有大量闲置，本国政府可能会鼓励本国企业扩大对外投资。反之，当一国经济发展水平较低、人均收入较少时，绝大部分收入用于消费，储蓄几乎没有，资本供给严重短缺，资本供求缺口扩大，政府必然限制资本外流。

2. 跨国公司母国同行业竞争状况

同行业是指从事国民经济活动中相同或相近性质产品生产的经营单位所组成的结构体系，它是具有相同属性的企业的集合，如家用电器行业、汽车行业、服装行业、物流行业等。跨国公司母国同行业竞争状况分析主要研究该行业的主要特征、市场结构、企业数量、行业集中度、进入与退出障碍等方面。

不管是在完全竞争市场，还是在垄断竞争、寡头垄断市场结构中，大部分行业的企业之间的利益是紧密联系的，各个企业的竞争目标都是使本企业获得相对于竞争对手的比较优势，这导致企业在经营过程中必然会与其他企业产生冲突和对抗，这些冲突与对抗就构成了企业之间的竞争。竞争程度不仅表现在同类产品的质量、价格、销售、售后服务和广告宣传上，更表现在行业内的竞争态势上。

在市场需求既定情况下，生产同类产品的企业数量众多，产品的替代性较小，市场需求弹性小；行业集中度较低，市场进入门槛较低，行业退出障碍较高；产品供给相对过剩，形成买方市场，降低价格是最主要的竞争手段等，意味着行业内的企业之间竞争程度加剧。行业内竞争越激烈，企业进行对外直接投资、开展跨国经营的动机越强烈。

3. 母国规避海外政治风险的国际条件

政治风险是指东道国政府或社会政局不稳定和政策变化而导致跨国公司的国际商务活动受到影响，并促使其经营绩效和其他目标遭受损失的不确定性。跨国公司母国国际政治地位较高，与其他国家建立平等、友好的外交关系，这种良好的国际环境为母国跨国公司的海外经营营造了好的氛围，也是母国跨国公司有效规避海外政治风险的根本条件和重要保障。例如，2018年9月4日，中非合作论坛北京峰会圆桌会议通过《关于构建更加紧密的中非命运共同体的北京宣言》和《中非合作论坛-北京行动计划（2019—2021年）》。在《中非合作论坛-北京行动计划（2019—2021年）》中规定，非洲国家将继续完善法律法规和基础设施、提供高效务实的政府服务，为吸引中国企业投资、开展产能合作创造良好条件和环境。此次会议标志着中国与非洲的合作进入了崭新的时代，为中国企业在非洲大陆的经营创造了一个稳定的政治经济环境，为规避可能遇到的政治风险奠定了坚实的基础。

4. 母国政府的政策支持

1992年党的十四大报告明确指出，要"积极扩大我国企业的对外投资和跨国经营"。1997年党的十五大进一步明确"更好地利用国内国外两个市场、两种资源，积极参与区域经济合作和全球多边贸易体系，鼓励能够发挥我国比较优势的对外投资"。2000年3月在全国人大九届三次会议上基本上把"走出去"战略提高到国家战略层面上来了。2001年，"走出去"战略被写入我国《国民经济和社会发展第十个五年计划纲要》。2013年9月7日，提出了共同建设"丝绸之路经济带"的畅想，此后多次提及"一带一路"倡议。它将充分依靠中国与有关国家既有的双多边机制，借助既有的、行之有效的区域合作平台，积极发展与沿线国家的经济合作伙伴关系，共同打造政治互信、经济融合、文化包容的利益共同体、命运共同体和责任共同体。根据官方数据，2014—2017年，中国对"一带一路"沿线国家的直接投资为560亿美元。这个数字不包含中国各银行提供的贷款，由国家主导的政策性银行国家开发银行称，截至2017年年底已贷出1 800亿美元；中国进出口银行截至2016年年底已贷出1 100亿美元。这笔投入最终可能超过一万亿美元。

中国跨国公司要想在国际经营上取得健康快速的发展，强有力的资金支持是不可缺的。我国的政策性银行，其主要职能就是贯彻和配合政府特定经济政策和意图，提供融通资金便利，相应地也成为跨国公司海外经营融资的重要来源。例如，作为政策性银行，中国进出口银行应将业务内容进行调整，不直接做信贷业务，而是将现有资本金作为"信贷担保基金"，向那些为跨国经营企业提供商业贷款的商业银行提供信贷担保。跨国公司母国还可以在信贷、保险等方面给予优惠支持，利用信用担保进行有效融资，以实现在东道国良好信用的建立及对风险的有效控制。

国家通过直接的财政支持，在税收、外汇、利率、补贴等方面给予各种优惠，例如，华为和中兴在国外市场取得的价格优势很大程度上来源于政府增值税退税的支持。跨国公司可以对海外经营业务依据国家产业政策与规划进行适当扩展或调整，向政府支持的行业倾斜，从而享受到政府各种优惠政策。另外，母国简化跨国公司对外投资的审批程序，节约交易成本，对于跨国公司抓住跨国经营的有利时机也很重要。

5. 母国的国际关系

跨国公司母国的国际关系，特别是母国与东道国之间的国家关系，对营销活动的业绩和前途会产生直接而强烈的影响。两国友好，经济往来频繁，就能为营销活动创造较为宽松的国际关系环境；相反，两国敌对，相互封锁、管制、禁运、壁垒森严，就会为营销活动设置障碍，增加风险。母国良好的国际关系可以为经济服务。越来越多的跨国公司充分发挥母国外交上的优势为公司扩大对外投资、拓展国外市场、树立形象服务。

例如，中国与泰国建交以来，双边关系发展顺利，在各领域开展了友好交流与合作。两国加深了相互理解和信任，推动了两国政治、经济、文化等领域的友好合作关系的发展。在中泰两国人民及两国政府的共同努力下，近年来中泰关系出现了新的发展势头。进入新世纪后，中泰友好合作关系迈向更加有活力和全面发展的新阶段，两国领导人经常互访，在多边场合保持密切的会晤和磋商。特别是近年来，中泰战略伙伴关系发展良好，为中国向泰国投资创造了良好的条件，投资额迅速增长。

泰国投资促进委员会（BOI）2019年年初宣布，2018年来自海外的直接投资申请额增至2017年的2倍，达到约5 825亿泰铢（约合人民币1 254亿元）。其中，来自中国对泰国投资的总额已达到554亿泰铢（约合人民币119亿元），同比增加2.2倍，位列第三。中国在汽配、电子、数字、机械和化工等领域，以及农业、服务业对泰国的投资发展迅速，投资和产业影响力进一步提升。

6. 政府智库支持、政策指导及信息服务

对于身处异国他乡的中国跨国公司，在海外经营过程中难免会遇到心有余而力不足的情况，尤其是在面临一些重大战略决策时，母国政府及其智库的支持显得尤为重要。中国众多的高校、科研机构除了进行正常的学术科研之外，也扮演着为政府机构充当智库的角色，成为政府可以调用的重要智力资源。这些智库机构不仅会对诸如全球经济增长、汇率变化等做出宏观预测，也会针对企业的海外投资给予合理的建议和规划，在中国跨国公司遇到重大决策时往往会助上一臂之力。

由全球化智库（CCG）研究编写、社会科学文献出版社出版的企业国际化蓝皮书《中国企业全球化报告（2018）》指出，国家监管层对中国企业"走出去"的管理日趋精细化，有效促进中国企业对外投资健康有序发展，并且不断优化对外投资结构，推动实体经济、创新领域、高新技术等走向世界舞台。与此同时，优化企业资源的全球化配置，将进一步促进我国从投资大国向投资强国转变。这份报告总结了2017—2018年中国企业全球化发展面临的五大问题并提出对策建议。CCG的研究人员表示，2017—2018年中国企业对外投资凸显的新问题主要集中在五个方面：第一，中国企业海外发展，合规经营亟待与国际接轨；第二，从"产品走出去"到"品牌走出去"，中国企业任重而道远；第三，走进"一带一路"的中国企业困难显现；第四，中美大国博弈下，中国企业美国投资遇阻；第五，中国企业海外对外承包工程，PPP模式效率亟待提高。

一般而言，政府对各东道国的政治经济环境、各种法规及文化有更为全面、宏观的认识，其境外投资政策不仅体现了国家对海外投资企业的规范性要求和期望，也表明了对某些投资地区或产业的支持。如，商务部、外交部、国家发展和改革委员会于2007年联合出台了《对外投资国别产业导向目录（三）》，并鼓励中国的优势企业到境外从事贸易分销、金融保险、电子信息、物流航运等业务，并对这些行业给予相应支持。

在海外经营信息方面，政府通过建立诸如企业境外投资意向信息库、境外投资项目招商信息平台和境外投资中介服务机构信息平台等，为跨国公司获取海外经营信息提供了良好的渠道。

第四节 跨国公司投资环境评估方法

在跨国公司国际化经营过程中，其投资决策正确与否是至关重要的。科学的投资环境评估是跨国公司制定投资战略、筛选投资国别与投资项目、确定投资规模与结构、选择投资方式的基础。下面介绍几种具有代表性的国际投资环境评估方法。

一、国别冷热比较法

国别冷热比较法是以"冷热"因素表示投资环境优劣的一种评估方法。热因素多的国家为热国，即投资环境优良的国家；冷因素多的国家为冷国，即投资环境差的国家。因此该法也被称作冷热国对比分析法或冷热法。

国别冷热比较法是美国学者伊西·利特瓦克（Isian A. Litvak）和彼得·拜廷（Piter M. Barting）于1968年在《国际经营安排的理论结构》一文中提出的。他们根据对20世纪60年代后半期美国、加拿大、日本等250家企业海外投资的调查，将各种环境因素综合起来分析，归纳出影响国外投资环境"冷""热"的七大基本因素，59个子因素，并评估了10个国家的投资环境。"热国"或"热环境"，是指该国政治稳定、市场机会大、经济增长较快且稳定、文化相近、法律限制少、实质阻碍小、地理及文化差距不大；反之，即为"冷国"或"冷环境"；不"冷"不"热"者则居中。国别冷热比较法把一国投资环境归结为七大因素。

1. 政治稳定性

政治稳定性主要体现在政府是否得到国民的拥护。如一国政府得到其国民的拥护，代表了广大人民群众的意愿，深得人心，而且该政府鼓励和促进企业发展，创造出良好的适宜企业长期经营的环境，则一国的政治稳定性高，这一因素为"热"因素。

2. 市场机会

市场机会是指外国投资者投资生产的产品和提供的劳务在目标投资国市场上的有效需求。距有效需求达到满足还有较大的消费空间，拥有广大的顾客，并且具有现实的购买力，市场机会就大。当市场机会大时，为"热"因素。

3. 经济发展与成就

一国经济发展速度、资源配置效率和市场秩序是投资环境的重要因素。如目标投资国的经济发展速度快、经济运行良好，经济发展与成就大，则为"热"因素。

4. 文化一元化

文化一元化是目标投资国国民的相互关系、处世哲学、人生观和奋斗目标受传统文化的影响。受传统文化影响大，文化一元化程度高，则为"热"因素。

5. 法律阻碍

法律阻碍是指目标投资国法律对企业经营的阻碍程度。如目标投资国法律繁杂，并有意或无意地限制和束缚现有企业的经营，对企业经营的阻碍程度高，则为"冷"因素。

6. 实质阻碍

实质阻碍是指目标投资国的自然资源和地理环境对企业生产经营的阻碍程度。实质阻碍程度较大，则为"冷"因素。

7. 地理及文化差距

地理及文化差距指投资国与目标投资国在地理位置及社会文化上的差异。如投资国与目标投资国地理位置距离遥远，文化迥异，社会观念、风俗习惯和语言差距很大，有碍沟通与交流，并对投资的负面影响较大。

以美国为例，运用国别冷热比较法对部分国家投资环境冷热比较分析，如表3-2所示。

表3-2 美国跨国公司对部分国家投资环境冷热比较分析

国别	政治稳定性	市场机会	经济发展与成就	文化一元化	法律障碍	实质障碍	地理及文化差距
加拿大	大	大	大	中	小	中	小
英国	大	大	大	大	中	小	中
日本	大	大	大	大	大	中	大
希腊	小	中	中	中	小	大	大
西班牙	小	中	中	中	中	大	大
巴西	小	中	小	中	大	大	大
南非	小	中	中	小	中	大	大
印度	中	中	小	中	大	大	大
埃及	小	小	小	中	大	大	大

（资料来源：赵春明. 跨国公司与国际直接投资［M］. 北京：机械工业出版社，2007.）

以上七种因素中，政治稳定性强、市场机会大、经济发展与成就大、文化一元化程度高、法律障碍小、实质障碍小、地理及文化差距小，表明东道国的投资环境良好，称为热因素；反之即为投资的冷因素；介于冷与热之间则为中。跨国公司可以根据国别冷热比较法，对不同东道国的投资环境进行分析、比较，选择最佳的投资东道国。投资环境越佳，跨国公司进入东道国的市场机会就越多，跨国经营就越顺利，投资额一般就越大。反之，跨国公司应该谨慎对外直接投资。表3-2就是利特瓦克和拜廷根据当时部分国家七项因素的冷热情况，从美国跨国公司角度对东道国投资环境进行的优劣分析。其中，加拿大投资环境最好，埃及投资环境最差。

二、投资环境等级评分法

投资环境等级评分法最先是由美国经济学家罗伯特·斯托鲍夫于1969年提出的。他将一国投资微观环境归纳为八大类因素，并按对投资者的重要性，确定不同的评分标准；再按各种因素对投资者的利害程度,赋予具体的不同分值,然后将分数相加,作为对该国投资环境的总体评价。总分越高表示投资环境越好;反之,表示投资环境越差。投资环境等级评分法把影响跨国公司国际投资的各个因素数量化,便于跨国公司对不同的投资环境进行科学评估与比较分析,从而选择投资环境相对优良的区位开展投资与经营活动。投资环境等级评分表如表3-3 所示。

表 3-3 投资环境等级评分表

序号	投资环境因素	评分
一	资本抽回(Capital Repatriation)	0~12 分
	无限制	12
	有时间上的限制	8
	对资本有限制	6
	对资本和红利有限制	4
	限制繁多	2
	禁止资金抽回	0
二	外商股权(Foreign Ownership Allowed)	0~12 分
	准许并欢迎全部外资股权	12
	准许全部外资股权但不欢迎	10
	准许外资占大部分股权	8
	外资最多不得超过半数股权	6
	只准外资占小部分股权	4
	外资不得超过股权的三层	2
	不准外资控制任何股权	0
三	对外商的歧视和管制程度(Discrimination and Controls)	0~12 分
	对外商与本国企业一视同仁	12
	对外商略有限制但无管制	10
	对外商有少许管制	8
	对外商有限制并有管制	6
	对外商有限制并严加管制	4
	对外商严加限制并严加管制	2
	对外商禁止投资	0
四	货币稳定性(Currency Stability)	4~20 分
	完全自由兑换	20
	黑市与官价差距小于10%	18
	黑市与官价差距在10%~40%	14
	黑市与官价差距在40%~100%	8
	黑市与官价差距在100%以上	4

续表

序号	投资环境因素	评分
五	政治稳定性（Political Stability）	0~12分
	长期稳定	12
	稳定但因人而治	10
	内部分裂但政府掌权	8
	国内外有强大的反对力量	4
	有政变和动荡的可能	2
	不稳定，政变和动荡极可能	0
六	给予关税保护的意愿（Willingness to Grant Tariff Protection）	2~8分
	给予充分保护	8
	给予相当保护但以新工业为主	6
	给予少许保护但以新工业为主	4
	很少或不予保护	2
七	当地资金的可供程度（Availability of Local Capital）	0~10分
	成熟的资本市场，有公开的证券交易所	10
	少许当地资本，有投机性的证券交易所	8
	当地资本有限，外来资本（世界银行贷款等）不多	6
	短期资本极其有限	4
	资本管制很严	2
	高度的资本外流	0
八	近五年的通货膨胀率（Annual Inflation）	2~14分
	小于1%	14
	1%~3%	12
	3%~7%	10
	7%~10%	8
	10%~15%	6
	15%~35%	4
	35%以上	2
	总计	8~100分

（资料来源：毕红毅．跨国公司经营理论与实务［M］．北京：经济科学出版社，2014．）

从表3-3中可以看出，罗伯特选取的因素都是对投资环境有直接影响的，为投资决策者最关心的。同时，它们又都有较为具体的内容，评价时所需的资料易于取得、易于比较。在对具体环境的评价上，采用了简单累加计分的方法，使定性分析具有了一定的数量化内容，同时又不需要高深的数量知识，简便易行，一般的投资者都可以采用。在各项因素的分值确定上，他采取了区别对待的原则，在一定程度上体现了不同因素对投资环境作用的差异,反映了投资者对投资环境的一般看法。投资环境等级评分法由于具有定量分析和对作用程度不同因素的逐项分析,所以深受投资者的欢迎,是使用较为普遍的一种投资环境评价方法。

但其具体的评分内容和标准仍有不够完善之处。例如,在许多投资者看来,一国的政治稳定性为至关重要的因素,但该项仅被赋予了 12 分的权重,而黑市与官价差距小于 10% 的(有黑市存在就说明存在着外汇管制)却给予了 18 分的权重。该方法在评分时不考虑所得税率的高低、基础设施的好坏等重要因素,这样的做法也是欠妥的。在具体的实际运用中,我们可以借鉴其基本做法,然后对具体的评分标准和应计分的因素加以调整。

三、道氏公司投资环境动态分析法

投资环境不仅因国别而异,即使在同一国家也会因不同时期而发生变化,所以,在评价投资环境时,不仅要看过去和现在,还要评估今后可能产生的变化,以便确定这些变化在一定时期内对投资活动的影响。美国道氏公司从这一角度出发,制定了一套投资环境动态分析方法,基本内容如表 3-4 所示。

表 3-4 道氏公司投资环境动态分析法

企业经营条件	引起变化的主要压力	有利因素和假设的汇总	预测方案
评估以下因素 (1) 实际经济增长率 (2) 能否获得当地资产 (3) 价格控制 (4) 基础设施 (5) 利润汇出规定 (6) 再投资自由 (7) 劳动力技术水平 (8) 劳动力稳定 (9) 投资刺激 (10) 对外国人的态度	评估以下因素 (1) 国际收支结构及趋势 (2) 被外界冲击时易受损害的程度 (3) 经济增长相对于预期 (4) 舆论界领袖观点的变化 (5) 领导层的稳定性 (6) 与邻国的关系 (7) 恐怖主义 (8) 经济和社会进步的平衡 (9) 人口构成和人口趋势 (10) 对外国人和外国投资的态度	对前两项进行评价后,从中挑出 8~10 个在某个国家的某个项目能获得成功的关键因素(这些关键因素将成为不断查核的指数或继续作为国家评估的基础)	提出 4 套国家/项目预测方案 (1) 未来 7 年中关键因素造成的"最可能"方案 (2) 如果情况比预期的好,会好多少 (3) 如果情况比预期的糟,会如何糟 (4) 会使公司"遭难"的方案

(资料来源:闫定军,周德魁,刘良云. 国际投资 [M]. 北京:清华大学出版社,2005.)

道氏公司认为,投资环境评估的目的是要通过对有关因素的评价来提高决策的准确性,以排除投资环境风险可能造成的损失,并确认东道国具备合适的企业经营条件。此条件不因环境风险的变化而朝不利于企业的方向变化,竞争风险的存在正是跨国公司发挥其优势的必要前提。一旦来自投资环境的压力使竞争环境发生改变,跨国公司的竞争优势便会受到威胁。投资者在国外投资所面临的风险分为两类。其一是正常企业风险,或称竞争风险。例如,自己的竞争对手也许会生产出一种性能更好或价格更低的产品。这类风险存在于任何基本稳定的企业环境之中,它们是商品经济运行的必然结果。其二是环境风险,即某些可以使企业所处环境本身发生变化的政治、经济及社会因素。这类因素往往会改变企业经营所遵循的规则和采取的方式,对投资者来说,这些变化的影响往往是不确定的,既可能是有利的,也可能是不利的。

据此,道氏公司把影响投资环境的诸因素按其形成的原因及作用范围的不同分为两部分:企业从事生产经营的业务条件(即表3-4的"企业经营条件")和有可能引起这些条件变化的主要压力(即表3-4的"引起变化的主要压力")。在对这两部分的因素做出评估后,比较投资项目的预测方案,从而选择出具有良好投资环境的投资场所。

思考题

1. 简述经济全球化对跨国公司的影响。
2. 跨国公司在对外投资时为什么要重视东道国的制度环境?
3. 跨国公司投资环境评估方法有哪些?
4. 如何测算东道国的市场需求?测算东道国的市场需求有何作用?
5. 跨国公司对外投资与母国财政与货币政策的关系怎样?

第四章

跨国公司的组织结构

本章学习重点

- 跨国公司组织结构的演进
- 跨国公司全球性组织结构的类型
- 跨国公司组织结构的发展趋势
- 影响跨国公司组织结构选择的因素

引导案例

宝洁 Vs 联合利华：一对冤家同途殊归的十年

联合利华与宝洁有着非常相似的过去：臃肿、庞杂、保守、行动缓慢、增长乏力。更为巧合的是，1999年这两家公司不约而同地进行了重大重组，10年之后，二者的命运已然分化。宝洁步入了良性发展的快车道，联合利华却依然为增长问题而烦恼。

1999年以来，联合利华进行过两次轰轰烈烈的重组，第一次被称为"增长之路"，第二次从2005年夏思可上任开始，被冠以"同一个联合利华"。不能说这两次重组完全无功而返，但未能如愿以偿使联合利华实现快速增长亦是不争的事实，更遑论其业绩的飘忽不定了。

1930年，荷兰一家人造黄油公司和英国一家肥皂公司合并成为联合利华。像另一家英荷联姻企业壳牌一样，联合利华采取了今天看来不无怪异的结构。它有两家母公司、两个总部（分别设在英国伦敦和荷兰鹿特丹）、两个董事长，母公司股票分别单独上市。1996年之前，公司的管理权力主要由集团的特别委员会行使，该委员会由两名董事长和一名董事组成。在两家母公司下是分布在各个国家的众多业务公司，这些业务公司又分属于两家母公司。后来，特别委员会改为执行委员会。这种结构导致职责不清、决策缓慢。多年来，投资者一直呼吁联合利华改革其复杂的管理结构。

妥协要付出代价。20世纪90年代末，像宝洁一样，联合利华陷入困境，不得不开始进行重组，其内容包括组织结构调整、压缩产品线以及裁员等。改革后，联合利华的全球业务被合并为两大全球业务部，即食品业务部、家庭用品及个人护理用品业务部。其全球组织运营架构采取按地域组织的原则，如食品业务部分为亚洲区、欧洲区、北美区、拉美区、非洲中东土耳其区，地区总裁全面负责某一地区的运营。这种架构与宝洁改革之前不乏相似之处。

但这场改革并未触及根本，一方面组织内的协调成本仍未有效降低；另一方面，按地域组织的结构不利于形成全球效益。在欧洲，这种局限性显得更为突出。有分析师表示，直到今天，联合利华欧洲区依然如同松散的邦联。结果，联合利华看似庞大，但并未表现出应有的聚合力量，反而给人以笨重的感觉。

2004年，联合利华业绩亮起红灯。次年，夏思可发布了"同一个联合利华"的重组计划，旨在建立一个更加精干和灵活的业务结构，推动联合利华快速增长。2005年4月，联合利华再次打破延续多年的治理结构，原任联席董事长的夏思可改任集团CEO（首席执行官），另一位联席董事长安东尼·伯格曼斯担任非执行董事长。至此，联合利华集团才终于有了第一位单独负责公司经营的CEO。经过此次改革，联合利华原来的执行委员会以及11个业务部被取消，管理大权掌握在集团CEO及其运营团队手中。该团队成员包括欧洲区、非洲区和亚洲区总裁，食品业务部总裁，家庭及个人护理业务部总裁，首席财务官及首席人力资源官。

这次重组的核心在于通过结构调整统一联合利华。2008年之前，联合利华的侧重点是在其业务分布的各个主要国家推行"同一个联合利华"的运营模式，实现地区内部的统一。从2008年开始，联合利华着手设立4个新的区域性总部，即其所谓的"多国组织"，其目的是通过区域性的集中管理，使联合利华在各区域的单位共享人力资源、IT和财务等服务职能，从而提高企业运营效率。夏思可的举措实际上是通过"削藩"来加强"中央集权"，使地方经理不再像以前那样大权在握，从而有利于"中央"意志的贯彻以及集团内的协作。

但这又是一场拖泥带水的革命，统一的过程艰难无比。刚开始，联合利华仍保留两个总部，两家母公司的股票也仍然分别在英国和荷兰上市。数年之后，夏思可才得以将两个总部合并到伦敦。

就在联合利华一步三回头之际，大西洋对岸的宝洁也行动了。改革之前，宝洁的组织结构与联合利华有某些相似之处。直到1998年，宝洁仍是按地区组织，共设有100多个利润中心。1999年7月，宝洁宣布了"组织2005"计划，开始为期6年的组织再造。该计划的主要内容包括：实现工作流程的标准化、再造组织文化、减少官僚层级以加速决策、裁员等。

宝洁新的组织结构被一些管理学者称为协作性多部门结构。该公司共设立了5个全球业务运作部、8个地区市场发展部、1个全球业务服务部。全球业务运作部为所有宝洁的品牌制定战略，负责本部门范围内的研发和生产；地区市场发展部的职能是负责所在地区市场产品的开发，并制定针对所在市场的营销策略；全球业务运作部和地区市场发展部之间是协作关系。全球业务服务部在全球三大地区设有中心，其中美洲2个、欧洲3个、亚洲4个。设立全球业务服务部的目的在于整合主要的业务流程，如财会、订单管理、人力资源系统、员工福利及全球IT服务等，由该部统一向全球各业务运作部提供服务。经过改革后，宝洁的利润中心减少到了7个。宝洁原CEO雷富礼指出，宝洁的组织结构虽然比以前更加复杂，但更有利于其全球决策。

与联合利华相比,宝洁的组织架构更有效地处理了"中央"与"地方"之间的权力分配问题,既有利于在全球范围内实现规模效益,又避免了宝洁在全球化早期不注重本土化的弊病。

(资料来源:龚伟同. 宝洁VS联合利华:一对冤家同途殊归的十年 [J]. 商务周刊,2008(20):80-83.)

跨国公司是现代社会中企业进行跨国生产、流通、交换等资源配置活动的一种重要组织形式,是高度适应国际市场运作的典型企业组织结构。不同类型的跨国公司及其子公司在法律地位、设立程序、经营模式、管理权限、所有者权益等方面不尽相同。跨国公司的组织结构服务于跨国公司的战略需要。选择合适的跨国公司组织结构,对跨国公司的有效运作有着极为重要的意义。

第一节 跨国公司组织结构的演变

组织结构是指组织成员为了实现组织目标,在组织管理运行中进行分工协作,明确各方责任与权利关系而形成的结构体系。组织结构可简单概括为组织内部的构成要素及要素间关系。组织结构可看作组织静态结构和动态变化的结合。

一、组织结构内涵的演进

传统的管理学家强调组织的客观性、非人格化和结构形式等概念,主要关心组织结构的设计。这种设计明显具有静态的特性,它按照有效分配和协调各种活动的要求进行,注重结构中的职位、相互间的明确关系、清晰的职权和交往方式等刻板结构。所以,每当提起组织结构,人们首先想到的是组织结构图。而在动态环境中,人们关注的是两个问题。一是结构的过程,即组织协调性,注重组织结构如何适应剧烈变化的环境,能动地对环境做出反应;二是运行机制的设计,即控制程序、信息系统、责任与权利的关系、报酬机制及各种规范化的规章制度等,使组织的集权程度符合环境及经营的需要。

从静态角度看,组织结构是一种框架图,即分工、任务、职责、权利的有序安排。组织成员在固定岗位上按部就班,各司其职。而在竞争日益激烈的今天,组织结构作为一种核心竞争力,受到企业的普遍关注。组织结构体现了企业如何协调生产活动,具有较强的不可模仿性,从而构成了企业核心能力的重要组成部分。这种以组织结构为基础的核心能力一旦形成,就成为保持领先者优势的源泉。

二、跨国公司组织结构形式的演进

跨国公司的组织结构演变是企业组织结构演变的重要组成部分。随着企业的不断发展,企业规模不断壮大,企业的组织结构形式必须适应企业不同阶段的发展需要,而不断扩大的企业规模又促进了企业组织结构的不断调整。当企业逐渐成长为实施国际化经营的大型跨国公司时,其组织结构形式相应地经历了一系列变化。

绝大多数企业在刚开始经营时主要服务于国内市场,当国内市场逐渐饱和需要往国外销售时，在原有组织结构中需要增加海外市场部，其职能主要是向海外销售过剩产品或服务；然后，随着海外市场的不断扩张，同时考虑人员和成本，逐步设立总部集权下的海外子公司，负责子公司所在国家或者区域的生产和销售工作；随着市场的进一步扩大，迫切需要协调各子公司之间的资源并对其进行优化配置，以形成更合理的组织结构形式，适应越来越激烈的竞争，因此成立了国际业务分部，对跨国公司各类业务在分权的基础上进行统一管理。随着经济全球化的程度越来越高，信息技术不断发展，全球性的组织机构应运而生，成为适应新经济环境和全球化战略的跨国公司的新组织结构形式。

在进行组织结构调整时，跨国公司都会面临一个两难选择：强调分工，则导致管理被分割，容易引起控制不力；强调合作，则导致权责不清，难以进行绩效考核。随着跨国公司全球化战略的不断推进，全球经营规模急剧扩大，海外员工、海外资产和海外销售比例不断增加。原有的国际业务部门的横向职能性管理，与各个事业部在全球的纵向管理之间的矛盾将会越来越突出。如何协调纵横关系、健全跨国经营网络，成为跨国公司的重大问题。最新的发展趋势是跨国公司在设立纵向和横向的管理组织机构时，力图克服条块分割，实现纵横两个方向的有机结合，形成健全的全球管理体制。

跨国公司的产生至今不过100多年，它的迅猛发展是经济全球化的必然结果。跨国公司作为适合社会生产力和市场经济发展的企业最高组织形式，其组织结构的演进大致可分为三个阶段。

1. 集权型层级制：直线—职能制

早期的跨国公司多采取直线—职能制，即跨国公司的控制和协调手段是以直接监督为主或者直接监督与工作程序标准化相结合。这种组织是在环境稳定、技术相对简单、产品单一的情况下形成的，属于高度集权的组织结构。其特点是一定的管理部门和管理人员明确地专门从事某一项职能的工作，职责划分明确，管理权力高度集中，最高管理层能够对整个组织实施严格控制。这种自上而下的组织结构管理成本较低，生产指令传递较快，管理效率较高；但是员工参与决策较少，对市场信息反应滞后，不利于调动各方的积极性和主动性。这种组织结构形态酷似金字塔，塔尖是承担企业重大经营管理职能的决策者，塔身是各职能部门、车间及班组等所组成的梯状结构，塔底为一线员工。

2. 分权型层级制：职能型组织、分部型组织

分权型层级制包括事业部制、超事业部、矩阵结构等形式。20世纪20年代初，美国企业界两位高级管理人员杜邦和斯隆在对公司组织进行改组时，不约而同地提出分部型组织（简称M型组织）或职能型组织（简称U型组织）。在这一时期，工业化进程明显加快，企业组织规模日趋扩大，产品从单一性迅速向多样化发展。市场从某一地区进一步向国外扩张，使企业组织面临的环境日益复杂多变，企业所有者越来越感到经营能力的缺乏，实现所有者与经营者的分离、分权成为必然趋势。分部型组织的诞生，使组织结构向灵活性方向迈进了一大步，也使跨国公司的组织结构更加丰富。此后，西方跨国公司对各分部之间的协作关系与相互作用有了进一步的认识，开始在原分部型组织中设置各种横向联系手段（如临时性任务组、永久性项目组等）。

无论是直线—职能制、事业部制还是矩阵结构模式，虽仍被世界上大多数跨国公司采

用,但实质上都没有突破层级制的特征,其共同特点是企业经营决策权集中于高层管理者和各职能部门管理者手中,以纵向命令控制为主来协调整个组织的行为,从而导致信息传递缓慢,灵活性差,横向协调困难。员工亦处于听命行事的被领导地位,不利于员工积极性和创造性的发挥,不利于人力资源的开发。

3. 横向结构型组织

横向结构型组织是围绕业务流程而非部门职能来建立的组织结构,这种组织结构规避了组织的纵向层级制度和确定的部门边界。组织的管理工作任务下放到更低的层级,直接交给具体的业务部门及成员,由多职能、自我管理型团队开展各项组织活动。横向结构型组织由作业团队自我管理取代了传统的上下级管理,能够缩短反应时间,进行快速决策,消除原有部门间的障碍,促进员工有意识地进行合作,从而降低了管理成本,提高了决策效率。

横向结构型组织所隐含的人性假设是"自我实现人"。该假设认为,人除了有社会需求外,还有一种想充分表现自己能力、发挥自己潜力的欲望。基于这样的人性假设,而建立分权的决策参与制度,选择具有挑战性的工作,满足自我实现的需要。横向结构型组织的产生,受学习型组织的影响。信息技术的迅速发展是横向结构型组织产生的直接原因。面对市场环境的瞬息万变,企业组织必须做出快速反应和迅速决策以保持企业的竞争优势。因此,组织结构的横向化无疑增强了组织快速反应的能力。

当企业规模扩大时,原来的有效办法是增加管理层次,而现在的有效办法是增加管理幅度。当管理层次减少而管理幅度增加时,金字塔状的组织形式就被"压缩"成扁平状的组织形式。分权管理的趋势和外部环境的影响使横向化组织结构在世界范围内大行其道,然而,在组织结构的横向化改造过程中,有一些企业忽视了本质性的东西,那就是对人和企业文化的再造。

横向结构型组织跟传统层级制组织结构相比,其优点在于灵活、民主,自我管理、自动纠偏,能减少官僚主义,加强内部沟通,并且有利于调动员工的创造性,能够更加迅速地对包括消费者需求在内的环境变化做出反应。1981年韦尔奇就任通用电气公司CEO后,对通用电气的管理结构进行了大刀阔斧的改革,从1981年到1992年,该公司被裁撤的部门有350余个,管理层级由12层锐减至5层,副总裁由130名缩减至13名。通过这一番改革,通用电气的官僚主义大为减轻,灵活性明显提高。

在实行横向结构型组织之后,企业的管理层级减少,随之而来的是管理幅度增大和管理难度增加。在这种情况下,成功与否主要取决于以下三个因素。

一是决策权的分散。企业必须重新分配决策权,即重新划分权力边界。企业管理者要回答一个问题:哪方面的决策权应保留,哪方面的权力应下放以及应下放到哪个层级。倘若这个问题得不到解决,就可能造成某些层组的管理人员乃至最高管理者权限过于集中,甚至会导致混乱。

二是中下层管理者的管理能力。权力向下转移后,中下层级的管理者不仅会遇到更多的决策问题,而且需要其指导和监督的员工可能也会增加。此时,倘若这些中层管理者的管理能力没有相应提高,就有可能出现强力控制或失控的倾向,这两种情况最终都会将企业引向无序。

三是员工的素质。在实行扁平化组织结构之后,企业会更多地依靠员工的自觉与能动性,一些企业会赋予普通员工特定的决定权。这一方面可以减轻中、下层管理者的压力,另一方面也有利于发挥员工的积极性和创造性。

三、跨国公司组织结构选择的影响因素

跨国公司组织结构的形式多种多样,每一种组织结构形式各有特点,适用于跨国公司发展的不同阶段。跨国公司构建合适的组织结构,要充分考虑自身的跨国经营战略、跨国经营程度、国际市场环境、公司的规模等方面因素。

1. 跨国经营战略

跨国公司的组织结构是保证其跨国经营战略有效实施的前提条件。1962年美国管理学家阿尔弗雷德·钱德勒在《战略与结构》一书中,分析了企业外部环境、企业经营战略与组织结构之间的关系,提出了"结构追随战略"的论点,即公司的组织结构跟随公司战略,公司战略必将决定公司的组织结构。跨国公司选择的组织结构形式,必须与其制定的跨国经营战略相一致。由于跨国公司所处的发展阶段不同,其制定的经营战略也不一样。因此,在构建跨国公司组织结构时,就必须适应经营战略的需要,并随着经营战略的调整而变化。

当今世界技术创新日新月异,高新技术产品层出不穷,国际信息网络广泛应用,现代物流方便快捷,交易成本与运输成本大幅下降。世界呈现出同质化和全球化的趋势。全球趋同趋势对跨国公司提出了新的要求,标准化、规范化、集中化要求跨国公司加强内部协调,需要一个专门负责全球战略的管理中心,如集中控制中心。但与此相对的是,国际多元化和政治障碍制约了无国界世界的形成,不同社会政治制度、文化差异、需求偏好、贸易保护、投资壁垒等将阻碍跨国公司的标准化和集中化,并迫使跨国公司提升环境适应能力、本土化能力和抵御风险能力。跨国公司需要建立一种有效的组织结构——全球性矩阵结构,既能够快速响应本土需求,又能进行跨国和全球的标准化交易,使全球趋同化战略和国别多元化战略有机结合。

2. 跨国经营程度

跨国公司的跨国经营程度在很大程度上决定了跨国公司的组织结构。美国学者斯坦福特(J. Stopford)和威尔斯(L. Wells)在20世纪60年代末,对美国187家跨国公司在1900—1963年的跨国经营情况进行了系列比较和实证研究。他们认为,影响跨国公司组织结构选择的两个最为重要的因素:一是跨国经营的产品品种、系列、数量,跨国公司提供给国际市场的产品种类;二是国外销售额占公司总销售额的比重,即跨国公司的国际业务对公司总业务的重要程度。在此基础上,他们提出了跨国公司组织结构选择与跨国经营程度关系模型,即结构发展阶段模型,如图4-1所示。

根据结构发展阶段模型,对于跨国经营产品品种少、国外销售份额低的跨国公司,选择国际业务部组织结构形式比较合适;对于跨国经营产品品种少,但国外销售份额高的跨国公司,选择全球性地区组织结构形式比较合适;对于跨国经营产品品种多,但国外销售份额相对较低的跨国公司,选择全球性产品组织结构形式比较合适;而对于跨国经营产品品种众多、国外销售份额也很高的跨国公司,则应选择全球性混合组织结构形式或全球性矩阵式组织结构形式。

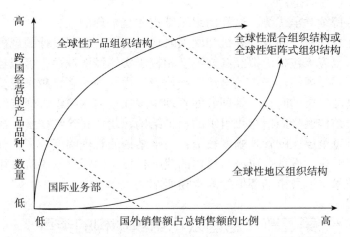

图 4-1　跨国公司组织结构选择与跨国经营程度关系模型

3. 国际市场环境

国际市场的需求结构、市场潜力和竞争程度等因素都对跨国公司的多样化经营产生影响，进而影响跨国公司组织结构的选择。其中，国际市场竞争的激烈程度在很大程度上决定了跨国公司对组织结构变革的程度与速度。跨国公司的组织结构是一个动态变化的过程，要随着跨国公司竞争环境的变化而变化。随着经济全球化的发展，跨国公司传统组织结构的一些要素逐渐丧失支配地位，环境动态变化要求跨国公司组织结构快速响应顾客需求，要求跨国公司员工不断学习，更加关注适应能力的提升。

为了适应外部环境的变化，要连续不断地对原有组织的合理边界、内在结构进行重新设计，实时做出调整和突破，注重规模、结构、职能的全新整合。例如，网络化组织可以通过合并、重组、战略联盟及业务外包等方式实现与价值链中各级伙伴关系的协调发展，并且随着环境的变化不断调整自身的组织结构。

文化环境对跨国公司组织设计也有着十分大的影响。由于文化的差异性，跨国公司员工对组织使命的理解、在组织中的沟通与交流方式、对组织权力分配的态度，以及对组织内部人际关系的看法等都是有差异的。在集体主义价值观占统治地位的国家，组织结构设计考虑较多的是人际关系的协调；而在个人主义占统治地位的国家，任务的明确性、责任的清晰性及经营绩效是组织设计所强调的因素。

4. 跨国公司的规模

跨国公司的规模对组织结构设计起到十分明显的作用。一般而言，大型跨国公司的组织结构要比中小型跨国公司的组织结构复杂得多，这是因为大型跨国公司具有更细的横向和纵向的专业化分工，其信息收集、加工整理和传递反馈过程也更为复杂，即组织结构复杂程度与组织规模呈正相关关系。但是大型跨国公司内部的边际相关度递减，组织规模达到一定程度以后，对组织结构的影响程度开始减弱。

跨国公司组织功能上的演变是由两种要求的冲突产生的。一种是经济生存和取得成功的要求（经济必要性），为此组织结构要求一体化，以实现规模经济效应，降低成本，提高竞争力；另一种是着眼于满足不同东道国的差异性要求，为此组织必须权利分散化，让基层组织享有自主权和灵活性，以提高地方适应性。只有把规模经济性与地方适应性有机结合起来，跨国公司才有持续竞争优势，这样的组织结构才是合理的。

此外，需要注意的是，随着计算机和网络时代的到来，组织设计的规模因素可能不仅仅是实体经济规模，也应该包括虚拟经济规模。相较于实体经济规模，虚拟经济规模会对组织设计产生更大的影响。虚拟经济规模与组织结构设计之间的关系将越来越受重视。

在信息技术高度发展的时代，管理者的管理幅度加宽，而组织管理层级减少。非信息化组织的多层级高耸结构逐步向信息化组织的扁平结构转化。高耸结构指在最高层与作业层之间有较多的层次，每个层次的管理幅度较窄；扁平结构的管理幅度较宽，管理层次较少。总之，跨国公司组织结构的设计，应该与公司的战略目标、国际化发展阶段相适应，与跨国公司的经营规模、技术水平及市场环境等因素相匹配。

第二节 跨国公司组织结构的类型

跨国公司的发展战略和经营模式决定其组织结构，同时，跨国公司的组织结构又直接影响其战略决策的实施与经营绩效。跨国公司在成长和发展的不同阶段，其公司规模、分支机构、产品与服务种类、经营地域等方面有着很大的差异，这就要求跨国公司设计与之相适应的、高效率的组织结构，来充分利用公司资源，提高管理效率，提升全球竞争力，获取公司整体利益最大化。

一般而言，企业的国际化过程通常是从产品的间接出口开始的，然后发展到直接出口，进而发展为在国外寻找合作伙伴，建立合资或合作企业，乃至在国外建立独资子公司，以及在国外建立自己的研发中心、生产基地或营销网络等。根据跨国公司内部各部门的职责范围、生产的产品种类和数量，以及市场空间等要素，跨国公司的管理组织结构通常分为以下类型。

一、出口业务部结构

出口业务部是企业跨国经营初始阶段出现的管理组织结构。由于企业初涉国际市场，其业务重心仍然在国内。但企业已经认识到开拓国际市场的重要性，试图把经营范围扩大到国外，因此，在销售部下设立一个出口业务部，全面负责企业产品的出口业务。出口业务部结构如图4-2所示。

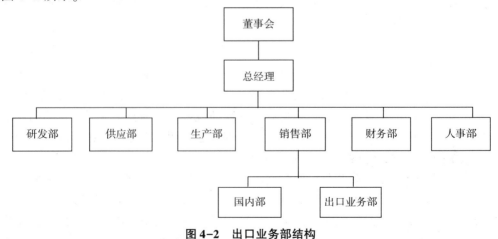

图4-2 出口业务部结构

出口业务部的规模要与出口业务量相适应。在企业国际化的起步阶段，产品出口规模一般较小，同时，企业可能缺乏必要的国际营销经验与人力资源，通常采取间接出口方式，即委托对国外市场较为熟悉、有丰富进出口经验的专业外贸公司进行出口。此时，虽然本企业的产品已经进入国际市场，但其国际业务仅仅是将企业在国内的营销模式简单地"延伸"到国外市场，企业并未真正展开国际化经营。这时的出口业务活动较为简单，业务人员较少，出口业务部规模可以小一些。

如果企业产品出口规模较大，而且出口市场相对集中，企业则可以采取直接出口方式，出口业务部规模可以适当加大，增加营销、调研、运输、单证、广告等方面的业务人员。此时，出口业务部也可以从销售部独立出来，直接隶属于总经理。

出口业务部结构的优点在于组织结构简单，节省管理费用；同时，有一个统一的队伍机构来推动和协调企业的对外经营活动，有利于了解国际市场行情，扩大企业产品和劳务的出口。但其存在明显的缺陷，即单一的产品出口易受到国外相关的关税及非关税壁垒的限制；出口业务部的经营范围有限，简单的出口业务部结构难以适应企业随后发展起来的直接投资等综合业务要求。

二、母子公司结构

当企业的出口业务不断扩大，出口市场日益增加时，企业（母公司）可以在不同地区的国外市场设立若干个国外子公司，形成所谓的母子公司结构。母子公司结构如图4-3所示。

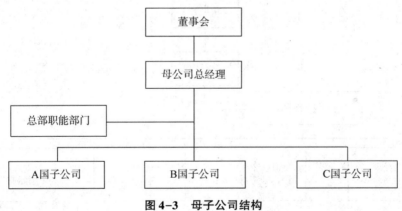

图4-3 母子公司结构

母子公司结构是国内企业在走向跨国公司过程中，在组织结构方面的一种过渡形式。在这种组织结构中，母公司的组织结构同以前的国内企业组织结构区别不大，国外子公司拥有较大的经营自主权，国内母公司与国外子公司之间只存在着松散的联系。由母公司的董事会或总经理直接管理各子公司，各个国外子公司不必通过国际事业部或地区总部等中间环节，而是直接向母公司汇报经营情况，定期向母公司汇缴股利。母公司并不干预子公司的具体业务活动，而是通过派员到各子公司担任职务，避免失去对子公司的控制；也可以通过对子公司进行定期或不定期的考察，或子公司经理回总公司汇报工作等形式来管理。

欧洲早期跨国公司普遍采取母子公司结构，这样可以利用东道国的资源。同时，国外子公司的经营自由度较大，可以根据东道国的市场需求灵活调整经营策略，作为一个独立的经济实体在国外特定环境中开展业务活动。

母子公司结构适用于母公司规模不大、国外子公司数目较少且分布在邻近国家的情形。随着企业业务规模的扩大、目标市场的增多,以及多元化经营的需要,这种组织结构的局限性也愈加明显:仅靠人员往返于母子公司之间的管理不仅是不现实的,同时由于母公司不能深入了解子公司的业务情况,可能出现决策偏差,降低管理效率;国外子公司直接与母公司联系,容易影响母公司最高管理层的工作效率;母公司最高管理者的个人知识、能力和威信也将限制其对子公司的有效指导;子公司的经营自主权往往会导致子公司仅从自身利益出发,从而影响母子公司的整体绩效。

三、国际业务部结构

随着企业国际业务的进一步拓展,业务活动从单一的出口增加为包括出口、分销协议、技术贸易、国外生产在内的综合业务。随着企业国外子公司数目的急剧增加和经营规模的迅猛扩大,各子公司之间难免会产生利益冲突,影响跨国企业整体利润最大化的实现。这时,企业就将原来的出口业务部扩展为国际业务部,系统组织和统筹管理企业的国际业务活动。国际业务部结构是企业初步发展为跨国公司的一种组织形式。这种组织结构是在母公司基本业务部门构成中增设一个"国际业务部",该部是设有与总部各职能部门基本对应的一个重要的业务部门,通常由一名副总经理领导,代表总部管理;由国际经营和管理人员组成的团队构成,协调开展总公司的全部国际业务。国际业务部结构如图4-4所示。

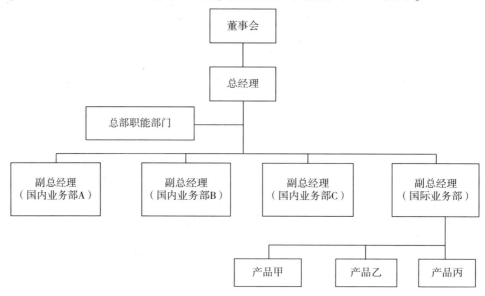

图4-4 国际业务部结构

国际业务部结构的优势在于,有助于实现企业的整体战略,提升员工的国际市场意识;可以有效协调国外子公司的经营活动,国内与国外管理系统权责分明;在母公司与子公司及各子公司之间进行内部交易时可以利用划拨价格,避免子公司之间的恶性竞争;可以降低公司整体的税收负担等。

当然,采用这种组织结构也有诸多弊端,人为地将国内业务与国际业务分割开来,不利于人力资源、专利技术等资源的合理配置和充分利用,导致国内与国外业务部门的矛盾、冲突;国际业务部一般不设研发机构,不得不依赖国内部门的技术支持;可能出现部分管理部门重叠的现象,增加运营成本等。

四、全球性组织结构

跨国公司基于国际机遇和全球威胁,在考虑如何获取和配置资源的过程中,必然调整其组织结构。所谓全球性组织结构,就是把国内业务和国际业务统筹起来,从全球化视角设计公司的发展战略,一体化安排公司的资金、人员、技术、设备等资源,协调公司的研发、采购、生产、销售等活动,统一分配利润。它将企业的国内结构与国外结构融为一体,视世界市场为一个整体,跨国经营企业也成为真正意义上的跨国公司,其组织结构必然根据全球化经营的要求来重新安排。跨国公司的全球性组织结构大体上可分为全球性职能结构、全球性产品结构、全球性地区结构、全球性矩阵结构和全球性混合结构等形式。

(一)全球性职能结构

全球性职能结构是跨国公司从整合职能角度出发形成的一种组织结构。这种结构根据跨国公司各种不同的职能,如技术研发、材料采购、生产制造、市场营销、财务管理和人力资源等,将国内业务和国外业务整合到公司总部的各个职能部门中,某一职能部门管理与本部门相关的一切国内外业务。这是一种决策权高度集中于母公司的组织结构形式,如图4-5所示。

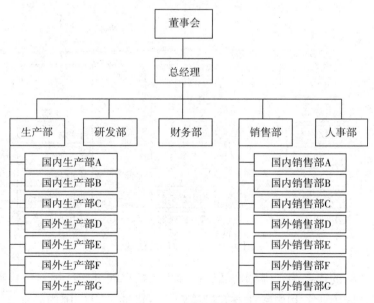

图4-5 全球性职能结构

全球性职能结构的优点是可以发挥跨国公司总部各职能部门的专业化水平,适合专业化管理原则,纵向分工明确,管理效率在现代化信息平台上得到提高;职能部门在设置上较少重复,节约人力资源占用,节省管理成本;有利于资源集中调配,统一进行成本核算、利润分配和经营业绩考核。

全球性职能结构的缺陷表现在：跨国公司总部的管理权限过于集中，而国外分支机构的权力较小，不利于调动子公司的积极性；各职能部门之间的工作目标可能出现分离，导致各种业务活动产生脱节现象；管理层级较多，信息传递不畅，从决策到执行存在时滞。

全球性职能结构比较适合跨国公司规模较小，产品系列简单，市场相对集中，消费者需求相对稳定，经营决策变动不频繁的情况。虽然有一些公司规模较大，但公司生产的技术特点是公司各职能部门的内部依赖程度较高，业务流程整体性强，要求集中管理的倾向较明确，如从事采掘、提炼业务的石油公司、矿业公司，就可采用该种组织结构模式。

（二）全球性产品结构

在跨国公司多元化经营情况下，产品与服务的种类、系列增多，不同的产品、不同的服务业务领域往往要求跨国公司按照专业化的分工和运作方式来组织生产和经营，按照责、权、利匹配对应原则，在全球范围内设立若干个产品部，分管各大类产品和服务的生产与营销业务。这种组织结构是以跨国公司的产品系列为基础的，每一个产品部门都是一个相对独立的业务单位和利润中心，负责本部门该类产品的研发、生产、销售、财务及人事等工作。全球性产品结构如图4-6所示。

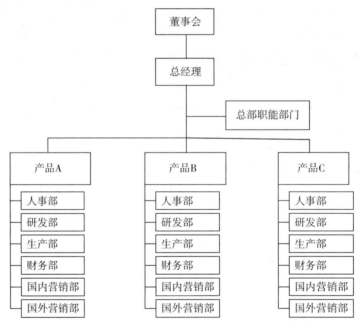

图4-6 全球性产品结构

全球性产品结构的优点为：强调产品生产和市场销售的全球性规划，有利于国际市场细分与产品差异化；国内业务和国际业务有机结合，可以使公司的国内外业务活动相互补充，在世界范围内进行同类产品的标准化生产，实现规模经济效应；公司可以根据产品在不同国家所处的不同生命周期科学安排产品的生产与销售，有利于同一产品的生产技术和管理经验在不同区域的内部转移。

全球性产品结构的缺点在于：不利于公司在全球定位、长期投资、资源整合、利润分配等全局性问题上进行集中统一决策；各产品部都有各自独立的经济利益，相互之间的协调、配合难度较大，不利于协同效应的发挥；削弱了公司的地区性功能，各产品部均有自己的一套职能机构，较易造成机构设置重叠，资源浪费。

相对而言，全球性产品结构适用于技术研发频繁、产品多元化程度高、生产工艺好、销售市场相对分散，且具有全球性生产经营经验的跨国公司。

（三）全球性地区结构

当全世界各地区的收入水平、消费偏好、风俗习惯、市场结构与容量、东道国政策法规差异较大，跨国公司需要充分考虑各地子公司的独立性和灵活性时，全球性地区结构就是一个较为适当的选择。全球性地区结构是指跨国公司在全球战略指导下，按地理差别划分成不同的区域，同时设置不同的子公司，每一子公司负责地区内各种产品的生产经营活动及其他职能工作。这种组织结构一般由母公司副总经理担任区域分部的经理，全面负责本区域内的生产、销售、财务等活动，而母公司负责制定全球性经营战略，并监督各地区分部执行。全球性地区结构如图4-7所示。

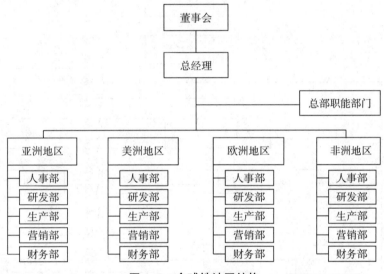

图4-7 全球性地区结构

全球性地区结构的优点是：强化了各地区分部作为独立经营实体和利润中心的地位，可以极大地调动各地区分部的积极性和创造性；各地区分部可以根据当地市场的需求状况，有针对性地制定适应区域内情况的产品生产与营销策略。该组织结构的缺陷表现在：容易产生地区本位主义，过度重视地区分部业绩而忽视总公司的全球战略目标和总体利益；各地子公司专业活动的简单复制会导致经营成本上升；不利于产品多元化与系列化，有碍于跨地区新产品的研发等。

全球性地区结构适合于产品系列较少，产品易于标准化，各系列产品的生产技术相似，同类产品的市场营销环境接近，地区专门知识较为重要的跨国公司，如汽车、食品、饮料等行业的跨国公司。

（四）全球性矩阵结构

全球性矩阵结构是为了适应跨国公司业务规模大、产品系列多、市场区域广、客户差别细化的情况,而采取的一种具有高度适应性、灵活性的组织结构形式。它在明确权责关系的前提下,对跨国公司的职能分工、地理区域和产品组合这三维因素中的两维或三维实施交叉管理或立体有效控制,从而打破了传统的统一指挥管理模式。全球性矩阵结构如图 4-8 所示。处于两维或三维因素结合点即构成一个业务单元(子公司),每一个子公司都要接受双重或多重领导,平衡来自两个或三个方面的压力,处理多重矛盾和问题。所以,全球性矩阵结构是一种十分复杂的组织结构,具有较高的管理成本。

全球性矩阵结构的优点是:有利于综合考虑跨国公司在各地区的生产经营环境与产品的生产销售状况;促进各职能部门之间的合作和协调,发挥公司在职能、产品、地区等方面的优势,增强跨国公司整体的国际竞争力;较好地适应消费需求、市场竞争、客观环境及东道国政策等因素的变化;组织结构的弹性大,市场应变能力强。其缺点是:组织结构过于复杂,可能导致管理成本上升,管理效率下降;每一个业务单元都受多重领导,相互牵制,决策迟缓,可能错失市场机会。

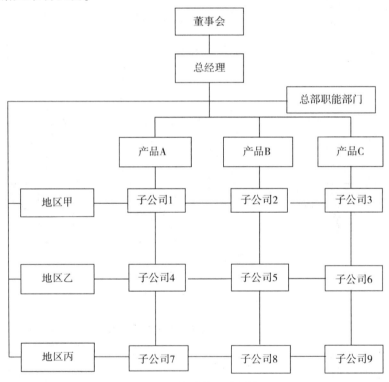

图 4-8 全球性矩阵结构

全球性矩阵结构一般适合于产品多样化、地区分散化的大型跨国公司,特别是那些产品竞争压力与地区适应性压力都巨大的跨国经营企业。在这种双重压力下,公司业务适应本土化要求,则难以保持产品的竞争地位;而只按产品去组织安排,又有可能失去市场。因此,该种组织结构虽有不足,但仍为一些大型跨国公司所采用。

(五)全球性混合结构

随着规模的扩大、产品种类的增多、目标市场多元化,以及跨国并购和组建战略情况的增多,跨国公司经营活动也日益复杂。跨国公司单独采取全球性职能结构、全球性产品结构、全球性地区结构或全球性矩阵结构,都难以适应其繁复的内部管理与外部经营。因此,跨国公司要扬长避短,采取灵活、权变的方针,在兼顾不同职能部门、不同地理区域及不同产品类别的基础上,根据产品营销情况、市场分布结构和资源、风险、管理的现实需要,采用全球性混合结构的跨国公司组织形式,如图4-9所示。

全球性混合结构的优点在于有利于开展组织结构变革、经营管理变革和流程再造,使公司能够适应瞬息万变的内外部环境;组织结构具有更大的自由度和伸缩性,容易在公司内部多方向性地调配资源。该种结构的缺陷是组织结构非规范化,容易造成管理上的脱节甚至冲突;各部门、各环节之间的业务差异较大,合作、协调起来难度较大,公司内部的管理成本相应增加。

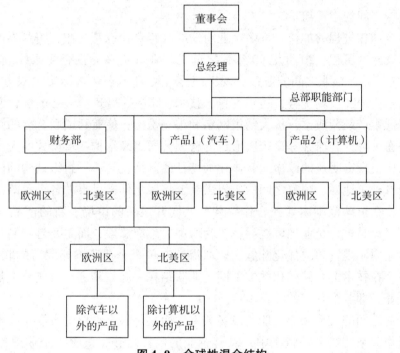

图4-9 全球性混合结构

第三节 跨国公司组织结构的发展趋势

随着现代科技的迅猛发展,经济全球化进程的加快,各国跨国公司在世界范围内展开激烈争夺,速度已经成为跨国公司致胜的关键因素。面对日益多变的动态竞争环境,跨国公司组织结构的灵活性显得更为重要,跨国公司组织结构也随之出现了一些新的变化。

一、网络组织

网络组织是指在特定职能或工作(任务)上实行专门化的几个组织,以一个组织为中心而形成一定网络的组织。网络组织的构造是通过超越并扩大一个组织的范围而完成的。网络组织有如下特征:一是不同的网络成员在完成生产和供销任务上有不同职能;二是由设置和召集成员的经纪人管理网络,这是网络组织的核心;三是通过签订契约进行控制。网络组织实际上是依靠内部市场来维系运作的。

网络组织能够更有效地实现信息的交流和员工才能的发挥，体现了"分散经营，集中控制"的管理原则。网络组织注重以知识型专家为主，通过搭建高效率的信息管理系统来传达指令，以较多的横向协调关系来取代较多的纵向命令，提高了公司管理的民主化程度和组织的灵活性。这样的组织结构，在对下属公司进行有效管理和控制的同时，又最大限度地发挥了下属公司的主观性和创造性。

网络组织由两个部分组成：一是核心层，主要包括战略管理、人力资源管理和财务管理，由总公司进行统一管理和控制；二是组织的立体网络，由产品、地区、研究和经营业务的管理需要形成，这一立体网络是柔性的组织，随着市场、客户、项目的需要不断进行调整，契约关系是机构之间的连接纽带。

随着经济全球化进程的加快，许多企业纷纷寻找跨企业、跨行业、跨国界的组织进行兼并与联合。纵观兼并历程，20世纪90年代之前的企业并购多为强企业兼并或收购弱企业；20世纪90年代之后，企业之间的兼并呈现出"强强联合"态势，即集中双方的资源优势、人才优势、技术优势和市场优势，达到信息、技术、市场、管理、人才的优化配置，取长补短，以此来降低生产经营成本，扩大销售网络和市场份额，使兼并或联合后的企业更具国际竞争力。这种通过联合和兼并等途径所形成的跨国公司组织结构变革模式的大量出现，使跨国公司组织结构呈现出明显的以横向一体化为特征的网络化趋势。组织结构的网络化，使企业与企业之间打破了地区、国家之间的边界限制，将触角伸向世界的各个角落，在自发的市场机制作用下，在全球范围内寻找合作伙伴，共同开发新的市场、新的产品、新的业务项目。其目的不仅仅是扩大企业规模或寻找较为低廉的生产要素，而主要是利用共享的生产要素，在联合企业内实现资源的优化配置，以取得所有单个企业所不能取得的联合经济效益。网络组织将各个在技术上相同或相关的不同企业联结在一起，其基本组成单位是联结在一起的各个不同企业，即各个独立的经营单位。

因此，企业之间的关系并非一般的市场关系，而是一种全方位的市场、技术、人才、研发、生产等合作关系。在网络组织中，没有企业的内外之分，只有距企业战略中心远近之别。例如，日本丰田汽车和日本其他汽车生产商在亚洲组织其生产网络，由核心企业（丰田）负责向网络内其他企业传递先进技术和革新方法，要求非核心企业生产的零部件必须符合核心公司的标准，核心企业协调所有活动，以保证高度的一致性。

★延伸阅读

飞利浦公司的网络组织模式

飞利浦公司是跨国公司网络组织结构的一个典型例证。该公司在全球60多个国家和地区从事经营活动，其生产的产品从国防产品到民用产品等，品种多种多样。公司在根据产品相似性划分60多个产品亚类的基础上，设置了8个产品分部，每个产品分部都拥有世界范围内的子公司，子公司的经营重点可能集中在一种产品或一类产品上，也可能集中于研究、开发与制造，或对世界市场或地区市场的营销，一些子公司高度独立于总部，而其他分支单位却受到总部的严格控制。

在地区方面，飞利浦公司将全球划分为三类：第一类是包括荷兰和美国在内的"关键国家",在这些国家为当地市场和世界市场生产,控制当地销售;第二类是包括墨西哥和比利时在内的"大国",在这些国家拥有一些当地和世界范围的生产基础设施,并进行当地销售;第三类是"当地商业国",包括一些小国,在这些国家设立的主要是销售单位,这些单位通过产品分部从其他国家的世界生产中心进口产品。飞利浦公司所有这些都是为了最大限度地提高效率、提高学习能力和当地反应能力。

(资料来源:毕红毅. 跨国公司经营理论与实务 [M]. 北京:经济科学出版社,2006.)

二、组织结构扁平化

目前,西方许多跨国公司的组织结构已经开始由传统的金字塔型向扁平型发展。所谓组织结构扁平化,是指通过减少管理层次和裁减冗员而建立起来的一种紧凑的扁平型组织结构,它能使组织变得灵活、敏捷,从而提高组织效率和效能。

企业组织结构扁平化是当今组织结构变革的一大趋势。现代信息技术的发展为跨国公司组织结构扁平化提供了物质技术基础和手段。信息技术的进步,通过计算机参与决策的管理,加快了信息的收集、传递和处理,缩短了组织结构的高层与基层之间的信息传递距离,提高了决策的速度,传统的组织结构正在变"扁"变"平"。变"扁"是指形形色色的纵向结构正在被拆除,中间管理阶层被迅速削减。目前,英国已有90%的企业正在进行组织结构精简和扁平化,包括英国石油公司、英国电信电报公司等大企业。这表明,跨国公司正在努力减少管理层次,提高企业内部信息沟通效率。变"平"是指组织部门横向压缩,将原来企业单元中的服务辅助部门抽出来,组成单独的服务公司,使各企业能够从法律事务、文书等后勤服务工作中解脱出来。例如,美国的 GE(通用电气)公司,在 20 世纪 80 年代的改革中,把管理组织的层级从 9 层减少到 4 层,公司总部从 2 100 人减少到 1 000 人,高级经理从 700 人减少到 400 人,为其在 90 年代的变革奠定了良好的基础,保持了持久的活力和世界领先地位。

组织结构的这种变化要求人员素质全面提高,要求职员有多样化的技能和更强的组织、协调和沟通能力。同时,扁平化企业通过对员工充分授权,可激发员工的工作动力,培养员工自主工作与协调能力,由此管理者也不再充当发号施令的角色,而是与基层管理者及基层员工建立起一种新型的服务关系。

三、组织结构柔性化

在传统层级制组织模式中,权力过度集中于中高层管理者,基层管理者及员工几乎没有任何自主决策权,这种刚性化的权力关系使企业越来越不能适应外部环境的变化。这是因为:第一,顾客需求呈现出日益多样化的特点,使得当今一大批跨国公司由以追求规模经济为目的的一元化经营转为向纵深和横向发展的、以追求范围经济或全球化经济为目的的多元化经营,企业生产方式也相应由依靠单一品种的大批量生产变为以多品种中、小批量和按订单组织生产为主的柔性化生产。作为服从战略转变的企业组织结构,其职权关系也不得不加以重新审视和调整,才能适应上述经营思想和生产方式的变化。第二,当今企业基层员工直接面向顾客的机会越来越多,为使他们充分了解和把握市场动态,授予基层员工合理的决策自主权是非常必要的。因此,建立能适应内外部环境变化的柔性化组织结构是现代企业组织结构调整的又一基本方向。

组织结构的柔性化主要是指职权结构的合理化，合理化的标志是其适应内外部环境变化的应变能力，主要体现为集权化和分权化的合理统一，即在进行分权化的同时，要实行必要的权力集中；在实行集权化的同时，要给予最灵活和最大限度的分权。通过权限结构的调整，适当下放中高层管理人员的权力，充分授予基层员工应付突发性事件的自主权，以提高决策的实效性。例如，起源于日本丰田的准时生产制，为确保产品质量，授予一线员工发现质量隐患或问题即自动停机的权力，这种权力的下放能够确保将质量隐患消除在产品制造过程中。

四、地区总部制度

地区总部制度是指在跨国公司母公司制定的全球经营战略的指导下，从区域层面对某些国家和地区内的多家子公司各项活动，包括计划、研发、采购、生产、流通、销售和售后服务等业务进行统筹管理、协调和控制，并负责制定公司区域性经营战略的组织形式。

在公司经营活动向全球化发展过程中，为了更好地利用区域内不同东道国的人力资源、科技研发等资源优势，同时也更接近当地市场，收集和了解东道国市场信息和消费者偏好，综合利用区域内的各种资源，发挥协同优势，跨国公司引入地区总部制度，并在全球经济快速发展地区设立地区总部，逐渐成为跨国公司组织结构变革的趋势。

近年来，全球经济重心逐渐向亚太地区转移，尤其当该地区国家的国内生产总值和消费需求增长率超过其他地区时，亚太地区对许多跨国公司的战略重要性也随之提升。在亚太地区，中国经济增长速度较快，经济规模巨大，人均收入和消费大幅度提高，经营环境的改善尤其明显，中国市场越来越受跨国公司的重视，许多跨国公司纷纷把地区总部设立在中国。中国欧盟商会联合罗兰贝格管理咨询有限公司开展的《2011年亚太地区总部调查》显示，被调查的欧盟跨国公司认为，以下10个方面是选定地区总部所在地的重要标准：与客户和市场的近距离；有利的法律和监管环境；稳定且有力的政治环境；有利的商业环境；有利的税收环境；人力资本的获取；运营成本；透明且宽松的市场准入制度；与生产设施的近距离；分销渠道的建立。被调查的跨国公司在给15个潜在亚太地区总部所在地城市的吸引力排名中，排名前6位的分别是上海、香港、新加坡、北京、广州和深圳。

五、非正式化组织

随着互联网的广泛应用和信息技术的进一步发展，员工无须在固定的时间、固定的场所去完成固定的工作，也无须面对面地去进行工作协商和工作汇报，只要能在上级规定的期限内完成规定的任务即可。上级对执行者任务进度和完成结果的监控完全可通过企业内部的互联网络进行。这种工作方式的变化使跨国公司组织结构呈现出非正式化趋势。

组织为了实现有效的分权，面向作业小组或项目团队的授权方式越来越得到众多企业管理者的赏识。在传统组织中，企业是按照研究、开发、生产制造、销售的顺序进行经营并进行职能部门授权的，不利于部门间的横向协调。

面向作业小组或项目团队的授权方式属于同步经营方式，不仅可以取代传统的职能部门，还可以在团队内部建立一种新型的协作关系。其运作方式是根据产品或项目需要，设立一个或多个作业小组或项目团队，小组或团队内的所有成员均由不同专业的或原来不同部门的专家组成，完成产品或项目所需的全部或大部分工作任务，任务完成后作业小组或团队即告解散。因任务随市场需求而变动，因此团队成员之间没有长期、稳定的协作关系，他们之间的结合是短期的、可变的，结合方式也由层级制组织结构模式中的紧密型转向松散型。

正是这种临时的、短期的、可变的小组或团队，才具有随时适应市场变化的应变能力。为了完成共同的任务，小组内成员可以自主决策，最大限度地发挥自身潜能。这种全新的授权方式使组织结构变动性较大，灵敏性较高，可以做到随时根据新的市场需求，迅速成立作业小组，进行人力资源重组。由此可见，今后跨国公司组织结构的变化趋势，并不一定要有什么"标准"形状，不一定非得要画出组织结构图，组织是可以随时变动的，甚至是没有具体形状的。

六、学习型组织

学习型组织就是组织成员通过不断地共同学习，培养具有创新性、前瞻性和发散性的思维方式，提升组织综合实力，突破组织既定的能力上限，从而获取持续竞争优势，最终实现组织战略目标。从长远角度看，任何一个组织，其可持续竞争优势的来源，就是比竞争对手拥有更好、更快、更强的学习能力。

跨国公司创建学习型组织的目的是通过培养良好的组织整体学习习惯，营造浓厚的组织学习氛围，发挥公司员工的创造性思维能力。因此，学习型组织结构应该是一种有机联系、高度融合、能够持续发展的组织结构。学习型组织不应该是单一、固定的模式，而是关于跨国公司价值观念、经营理念、思维方式的变革。

学习型组织一般具有以下三个特点：一是打破既定思维方式的桎梏，鼓励和奉行创新、变革理念；二是培养持续学习能力，自觉优化学习内容和学习方式；三是将平等作为主要的价值观，能培养集体意识和营造组织成员之间相互促进的文化氛围。因此，学习型组织鼓励的是开放、平等、持续地学习与提高，通过鼓励创新和承担风险来改进跨国公司的运行效率。在学习型组织中，每个人都要参与学习，识别问题、分析问题和解决问题。这意味着跨国公司要以一种独特的方式，提升自身能力，应对不断变化的国际经营环境，从而立于不败之地。

思考题

1. 跨国公司管理组织结构是如何演进的？
2. 跨国公司全球性组织结构有哪些？它们的特征如何？
3. 试述影响跨国公司组织结构的因素。
4. 分析全球性矩阵结构与全球性混合结构的区别和联系。
5. 跨国公司组织结构的发展趋势如何？

第五章

跨国公司人力资源管理

▰ 本章学习重点

- 跨国公司人力资源管理的含义与特点
- 跨国公司的人才选拔机制
- 跨国公司人力资源培训
- 薪酬管理的具体做法
- 外派人员的回国安置

▰ 引导案例

人力资源专家透露跨国公司用人之道

伴随着中国加入世界贸易组织，中国企业将无可选择地面对全球竞争的格局。新技术革命和经济全球化使企业经营环境处于不断变化中，知识的学习成为企业在动态环境下进入机会领域的基本条件。

1. 全球人力资源发展趋势

目前，国际人力资源（Human Resource，简称HR）管理发展具有以下特点。第一，人力资源管理成为企业战略规划及战略管理不可分割的组成部分，而不再只是战略规划的执行过程。战略规划活动所包括的各个过程都包含人力资源因素，因而很多企业请人力资源专家实质性地参与战略研究和制定全过程，从而使战略与人力资源规划在战略规划和战略管理过程的早期就结合为一体。第二，人力资源管理被确认为各级管理人员的共同职责，而不再只是人力资源管理部门的任务。第三，人力资源管理人员必须具备经营管理知识，只掌握人力资源专业知识的人不再是称职的人力资源管理人员。第四，人力资源管理的核心功能被确定为提高生产力和企业的经营绩效，凡是有利于实现这个功能的工作方式都可以采取，包括外包方式。第五，人力资源管理状况成为鉴别企业优劣的重要指标。第六，人力资源经理职位成为通向高级管理职位的重要途径。第七，人力资源管理技能成为顶级管理人员必备的主要技能。第八，人力资源活动的经济责任以及对企业绩效的贡献正在得到普遍承认。第九，迅速发展的信息技术正在彻底改变人力资源活动的决策方式、管理方式和评估方式。人力资源化工具成为跨国企业人力资源管理的重要工具。

2. 知名跨国公司的人力资源策略

(1) IBM的"个人业务承诺计划"。IBM每个员工工资的涨幅，都有一个关键的参考指标，这就是个人业务承诺计划。制订承诺计划是一个互动的过程，员工和他的直属经理共同商讨，立下一纸一年期的军令状。经理非常清楚手下员工一年的工作目标及重点，员工自己自然也要努力执行计划。到了年终，直属经理会在员工立下的军令状上打分。当然，直属经理也有自己的个人业务承诺计划，上一级的经理会给他打分，层层"承包"，谁也不能搞特殊。IBM的每一个经理都掌握了一定范围的打分权力，可以分配他所领导团体的工资增长额度，有权决定如何将额度分给手下的员工。

(2) 思科以业务拉动人。思科的业绩发展不是先找人来开拓市场，而是市场业绩在前跑，然后找人跟进这项业务。以业务拉动人的高速发展模式使思科在40个季度中没有一个季度让股东失望。思科还认为，士气跟工作和家庭生活的平衡关系很大，公司需要帮助员工寻找一个非常好的平衡点。员工在思科工作，既能够胜任挑战，又有许多学习机会，还能对家庭有所照顾，这三个加在一起才能提高满意度。

(3) 摩托罗拉员工必须回答的6个问题。摩托罗拉在招聘员工时有一条标准，那就是员工的发展意识，他既要能发展自己，又要能发展别人。摩托罗拉公司每个员工都有一张IDE卡，上面非常简单地用英文写了6个问题。①您是否有一份对摩托罗拉公司成功有意义的工作？②您是否了解并具备能胜任本职工作的知识？③您的培训是否已经确定并得到适当的安排，以不断提高您的工作技能？④您是否了解您的职业前途，并且它会令您受到鼓舞，切实可行，而且您正在付诸行动？⑤过去的30天来，您是否都获得了中肯的意见反馈，以有助于改进工作绩效或促成您的职业前途的实现？⑥您个人的情况，例如性别、文化背景是否得到正确的对待而不影响您的成功？这是员工每个季度都要问自己、问公司的6个问题。每个季度的IDE问话实际上就是考核，考核自己，也考核主管。到年终会对6个问题做总结，这是绩效管理的一部分。

(4) 新加坡华点通集团的人才自我管理。由三名国际管理资深背景的团队领导人组成的新加坡华点通集团，积极推行人才自我管理，公司内部没有明确的职务和职责划分，大家通过团队和项目进行协作。每人在月初给自己制定绩效目标，月末进行自我分析，总结达成情况并提出改进办法。在此环境下，人才潜能得到很大激发，团队协作非常有效，大量时间和精力完全倾注在如何提高为顾客服务及专业水平上。

3. 中国人力资源面临的挑战

中国人力资源总量多，但人力资源素质相对偏低，且结构配置不合理，人才地域性分布明显。企业用人观念相对陈旧，人力资本投资强度低，培训体系不健全。对比先进的人力资源战略理论，中国企业人力资源管理面临的挑战主要表现在以下方面。

(1) 经济全球化的挑战。经济全球化竞争对企业冲击最大的不是市场，不是产品，而是体制、是人。中国企业只有通过对中外人力资源管理理论的研究和探索，制定出适合新形势和本企业实际情况的人力资源管理战略，才能面对全球化竞争，保持企业的发展。如今，中国已有很多企业走向了国际，并且在国外建立分支机构，如海尔公司在美国设立了生产厂和研究机构。那么国外的人力资源战略与国内有何不同，怎样才能吸引国外的优秀人才，这对企业的人力资源管理工作提出了新的挑战。

（2）市场化的挑战。随着中国经济的进一步开放，人才市场化是大势所趋。中国加入世界贸易组织以后，汹涌而来的跨国公司将更快、更广地进入中国市场，人才的争夺将更加残酷。可以说，谁能吸引到更多人才，谁就将在竞争中处于更加有利的位置。近日，（上海）贝尔公司在上海、南京等几个城市连续举办了专场招聘会，凭借名牌公司、优厚待遇、良好的个人发展机遇等有利条件，吸引了大量的高素质人才。而微软、IBM、惠普等世界知名公司推行的"人才本土化"政策，使中国企业骨干人才的流失现象雪上加霜。

（3）知识化的挑战。在新的形势下，知识的生产、传播、应用程度是一个企业能否健康成长的关键，企业的生存与发展越来越取决于能否建立一支真正高素质的知识团队。

（4）面对激烈挑战，中国企业应该如何应对？最直接和最有效的方式是结合本企业的优势，借鉴成功跨国企业的用人之道，不断完善和提高本企业的人才资本与绩效。具体来说，一是用全球标准和适应国际经济竞争的要求来衡量人力资源管理，讲究科学性和有效性；二是从增强企业竞争力的角度来加强对员工的教育培训工作，增加人力资本投入，重视教育学习与市场需求相结合；三是注重建立人力资源管理与开发的终身化和手段多样化，充分发挥和调动员工的潜能，使企业真正建立人才竞争优势格局。

（资料来源：郭阳道. 跨国公司用人之道［N］. 人民日报，2001-11-23.）

跨国公司的跨国经营就是充分利用世界上不同国家或地区的各类资源，来壮大自身经济实力，获得最大利润。其中，人力资源国际化是跨国公司增强竞争力的重要途径。跨国公司的子公司遍布世界各地，公司员工更是来自四面八方，跨国公司成为没有国界的开放性经济系统。在这种背景下，国家之间以及不同国家的员工之间，在意识形态、法律文化、经济体制、经营理念、管理模式等方面存在的差异，使跨国公司人力资源管理变得更为复杂，也给跨国公司国际化经营带来了巨大风险。因此，跨国公司跨国经营的成功与否，在很大程度上取决于跨国公司人力资源管理水平的高低。

第一节 跨国公司人力资源管理概述

一、跨国公司人力资源管理的含义

目前，不管是国外还是国内的学者，对跨国公司人力资源管理的定义有各自不同的理解。阿德勒（Adler）和加达尔（Ghadar）认为，跨国公司人力资源管理实践，是一种机制构建与运行，重点是帮助企业科学处理内部与外部的控制权，以及实现跨文化整合问题。舒勒尔（Schuler）和道林（Dowling）认为，战略性国际人力资源管理实际上就是在充分考虑企业多国战略活动以及企业国际经验目标之后，有关企业人力资源管理职能、政策、实践等相关问题的有效管理。伊万切维奇（Ivancevich）则把国际人力资源管理看成国际化组织中人员管理的原则、目标和实践。

从跨国公司经营实践方面考察，国际人力资源管理应从以下四个视角进行剖析：一是制度比较视角，从比较管理学角度对国际人力资源管理进行研究，考察不同国家法律法规、经济制度对人力资源管理的制约与影响；二是跨文化管理视角，以文化和价值观为出发点，重点关注文化传统与价值理念的差异所引起的行为价值特征；三是跨国经营视角，着眼于跨国公司跨国经营，以及由此产生的人力资源管理职能特征；四是问题导向的新视角，对国际人力资源管理中存在的问题直接进行分析、研究，强调企业经营活动中的现实需求。

从本质上看，跨国公司人力资源管理是指跨国公司对海外工作人员招聘、选拔、培训开发、业绩评估和激励酬劳等过程的管理。实际上，跨国企业人力资源管理与国内企业人力资源管理的本质没有改变。例如，国内企业人力资源管理与跨国企业人力资源管理的研究对象都是人才招聘、选拔、培训开发、评估激励等。但是，在对这些内容管理的过程中，跨国公司人力资源管理又有其特殊性，只有清楚地认识到这种特殊性，才能在跨国公司人力资源管理过程中使管理更具针对性，从而促进管理的有效性。

二、跨国公司人力资源管理的特点

跨国公司人力资源管理相对于国内企业人力资源管理，主要表现出以下四大特征。

1. 人力资源管理的跨文化性

在跨国公司中，由于来自不同国家的成员的文化背景不同，在行为方式、价值观念和管理理念上都会存在很大的差异，而这些差异的存在常常会使跨国公司中的管理者之间、管理者与员工之间以及员工与员工之间发生矛盾和冲突，从而使工作效率下降。因此，在跨国公司人力资源管理中，应更加关注员工之间的跨文化沟通问题。而对于跨国公司人力资源管理者来说，了解跨国公司母公司及其子公司之间的文化差异，是做好跨国公司人力资源管理工作的必要条件。

2. 管理人员选拔途径的多样性

对于国内企业来说，管理人员选聘的途径主要有两个，即企业内部晋升和企业外部招聘。跨国公司管理人员选聘的途径要更加广泛和复杂，其选聘管理人员通常是跨国界的，管理人员来源主要有三种途径：从本国外派、从东道国公民中选拔和从第三国中聘用国际化专职经理人。从本国外派是指将具有跨国公司母国国籍的管理人员外派到海外工作，该管理人员也称外派人员，例如，德国西门子公司雇用德国管理人员派往在中国的子公司。从东道国公民中选拔是指跨国公司在东道国中选聘当地人作为海外公司的管理人员。例如，美国福特汽车公司在英国的子公司聘用英籍经理。从第三国中聘用国际化专职经理人是指跨国公司选聘具有第三国国籍的专门从事跨国企业经理工作的管理人员。例如，德国汉莎集团在北京的凯宾斯基国际饭店聘用的是奥地利籍经理。由于选择管理人员途径的多样性，跨国企业人力资源的管理者要对跨国企业管理人员选择途径做出正确的决策。为了决策的正确性，必须对跨国企业管理人员选拔的各种途径的利弊有明确的认识。只有掌握了各种选拔途径的利弊，才能对跨国企业管理人员的选择做出正确的决策。

3. 人力资源管理模式的差异性

人力资源管理模式的差异性导致了跨国公司在人员招聘、工资待遇、业绩评估方法等方面的不同。这些差异涉及跨国企业员工能否接受的问题。比如，美国人力资源管理模式的特点是人力资源的市场化配置和人力资源工资价格水平决定机制的市场化。也就是说，企业要用人只要到劳动力市场公布一下需求信息就会有相应的人员供你挑选；员工的工资是通过劳资双方的谈判来确定的。在美国，员工可以接受被解雇的现实，而不能接受工资下调。因为，下调工资意味着能力的下降，再到新的工作单位会被误解。而在日本则不然，日本经常更换工作会被人歧视。因此，在日本，即使企业处于非常时期，员工也很少有提出辞职的；而作为企业，也很少辞退员工。又如，在员工薪酬方面，墨西哥人按全年365天领取薪酬；而在奥地利和巴西，员工工作满1年就会自动具有30天的带薪休假待遇。

三、企业国际化经营阶段与人力资源管理

1966年美国经济学家弗农（Vernon）在其《产品周期中的国际投资与国际贸易》一文中，提出了产品生命周期理论。在此基础上，阿德勒（Adler）和加达（Ghadar）于1990提出了企业国际化经营的阶段划分，即国内生产阶段、国际化阶段、多国经营阶段和全球经营阶段。

随着企业经营规模的扩大和市场边界的突破，企业从原来的仅仅服务于国内市场，到通过对外贸易进军国外市场，再到国外直接投资，跨国公司也随之形成。在此过程中，随着企业国际化经营的阶段不同，其人力资源管理的目的、手段也不尽相同，并呈现出一定的规律性。企业国际化经营阶段与人力资源管理如表5-1所示。

表5-1 企业国际化经营阶段与人力资源管理

发展阶段	国内生产阶段	国际化阶段	多国经营阶段	全球经营阶段
战略导向	产品、服务	市场	价格	战略
企业组织架构	国内	多国中心	多国企业	全球化
全球战略	少量出口	增加国际销售	全球化生产和营销	获得全球战略竞争优势
外派人员	无或很少	较多	较少	较多
外派动机	考察	销售与控制	控制	合作及融合
外派对象	无	销售人员	销售人员和少量中下级管理人员	高级管理人员
外派人员技能	技术性能力	文化适应性	文化差异意识	跨文化管理
外派员工职业影响	负面影响	有利于母国国内职业发展	对全球职业生涯很重要	成为高级管理人员的必备条件
跨文化管理培训	无	比较有限	较多培训	贯穿整个职业生涯
人力资源培训开发对象	无	外派人员	外派人员	全体管理人员
业绩评估	公司绩效	分支机构绩效	公司绩效	全球战略定位

第二节　跨国公司人力资源管理理论与模式

很多跨国公司低估了企业跨国经营的复杂性，事实上跨国投资的失败与国际人力资源管理低效率密切相关。国外学者通过大量案例研究证明，跨国公司经营失败的主要原因，是对国际人力资源管理的重视不够和对在国际环境中人力资源管理的本质认识不足。例如，由于不能适应东道国当地情况而提前回国的外派经理及其家属问题，不仅成为跨国公司的沉重成本负担，也在很大程度上影响了跨国公司的正常运作。据布莱克（Black）（1988）、葛瑞格森（Gregersen）（1990）、哈里斯和莫兰（Harris & Moran）（1991）等学者的估算，有20%~50%的跨国公司外派人员不得不提前回国。因此，跨国公司的人力资源管理必须在理论上认清其本质特征，在实践中打破不同国家与地区、不同文化背景和法律制度的隔阂，实现全球化条件下的国际人力资源管理有效性。

一、跨国公司人力资源管理的相关理论

早在20世纪60年代，费雪（Fisher）、波尔马特（Perlmutter）等人就依据价值取向把跨国公司分为三种类型：种族主义跨国公司、多中心主义跨国公司和全球化跨国公司。根据这种划分，跨国公司的子公司或分支机构可能会更趋于母国（种族主义），或者更趋于东道国（多中心主义），也有可能更趋于一种国际标准（全球化）。在此基础上，费雪、摩根（Morgan）、海德伦德（Hedlund）等人提出了关于跨国人力资源管理模式相关理论。

（一）费雪等人的四模式理论

费雪等人在前人研究的基础上，提出了跨国公司人力资源管理四模式理论，即将跨国公司人力资源管理的类型划分为民族中心主义、多中心主义、地区中心主义和全球中心主义四种。该理论认为，跨国公司随着国际化程度的不断加深，国际人力资源管理一般都经历了从民族中心主义到全球中心主义的转型。

在跨国公司国际化的早期，往往采取民族中心主义，即"母国中心型"人力资源管理。在这种政策下，子公司的管理人员由母公司选派本国员工担任，母公司对子公司员工严格控制。

进入国际化的初期及中期，跨国公司多采取多中心主义，即采取"地理中心型"管理，承认母国与东道国的差异，母公司、子公司相对独立，由母国控制公司总部，子公司拥有较大的自主权，可以根据当地特定环境采取合适的人力资源政策。

随着国际化程度的进一步深入，跨国公司多采取地区中心主义，即采取"多元中心型"管理，在具有相同文化背景的区域范围内招聘最合适的管理人员。在这种模式下，子公司按地区进行分类，子公司的管理人员由本地区任何国家的员工担任。

当跨国公司完全进入全球化时代以后，则采取全球中心主义，即采取"全球中心型"管理，跨国公司人力资源管理既考虑国别因素，更重视全球整合，母公司与子公司的管理人员由最合适的任何国家的职业经理人担任，公司总部与各子公司构成一个全球性的网络。

（二）摩根的跨国人力资源管理三维度模型理论

摩根于1986年提出了一个国际人力资源管理模型，这一模型包含三个维度。一是人力

资源管理活动，包括人力资源的获取、分配和利用，这三大类活动扩展开来就是人力资源管理的六项基本内容，即人力资源规划、员工招募、绩效管理、培训与开发、薪酬计划与福利、劳资关系。二是与跨国人力资源管理相关的三种国家类型，所在国（即东道国），指在海外建立子公司或分公司的国家；母国，指跨国公司总部所在的国家；其他国家，指除母国和东道国以外的第三方劳动力或资金来源国。三是跨国公司的三种员工类型，包括东道国员工、母国员工与其他国家员工。跨国公司是处在人力资源管理活动、跨国经营企业所在国家类型与员工类型这三个维度之间的互动关系。

（三）海德伦德等人关于人力资源管理模式的研究

海德伦德等学者认为，波尔马特（Perlmutter）等人模糊了跨国公司管理活动的内部差异。他们认为，在跨国公司中，人力资源管理理论框架由母国一致性和东道国一致性的对抗压力的相互作用形成，不同的管理受这些对抗压力的程度不同。

此外，波森威格（Philip M. Posenzweig）等人在海德伦德等学者的研究基础上，以人力资源管理理论受到双重压力影响的理论为基点，为我们提供了一个更为全面的关于跨国公司子公司或分支机构的人力资源管理影响力的解释。

二、跨国公司人力资源管理模式

跨国公司人力资源管理模式是跨国公司为了实现其战略目标进行选择、录用人才的基本规范，其核心是优化企业各经营管理岗位需要匹配的具有专业素质和高潜力人才的配置。多元化的国际经营环境使跨国公司的人力资源管理变得异常复杂，这不仅要满足企业全球战略的需要，与自身的国际业务形式相匹配，还要充分考虑东道国的经济制度、法律法规和商业习惯。跨国公司的人力资源选拔模式一般包括以下四种。

（一）母国化人力资源管理模式

母国化人力资源管理模式是指跨国公司海外分支机构重要岗位的管理人员从母公司选派，由来自母国的企业文化与管理手段主宰子公司的运营，只有母国的管理人员才是子公司高级经理人员的首选。母公司对子公司员工严格控制，子公司的关键岗位（如总裁、财务总监）均由母公司直接派遣，聘请的本土管理人员仅限于从事次要或辅助性的工作。员工的评价和晋升也采用母国标准。

母国化人力资源管理模式有利的一面包括：由母国外派管理人员，有利于母公司与海外子公司的沟通与控制；有利于保守商业秘密，保护企业的专有技术；有利于维护母公司的利益，降低经营风险。本国派出的管理人员熟悉母国公司的情况，熟悉母国公司的政策、习惯及人事状况；母国人员一般更能理解整个公司的全球战略。不利的一面包括：母公司的管理人员不熟悉东道国的环境，与东道国有文化、宗教、观念上的差异，与员工的沟通受到影响；母公司的管理方式可能不适应东道国企业，易产生矛盾，需要较长时间的磨合期。另外，由本国外派管理人员，会增加企业的管理成本。因为外派一名管理者携带家属去国外，每年所花费的费用大约是其基本工资的3倍。如果外派人员在任期未完成前就回国，那么不仅会增加公司的费用，还会给其他雇员造成很大的打击。除此之外，由于派给驻外人员的任务没有完成，企业会遭受巨大的经济损失，并且贻误商机。

（二）本土化人力资源管理模式

本土化人力资源管理模式是指通过选拔、聘任等方式让当地本土人员担任跨国公司在东道国子公司的管理者，是一种积极开发和充分利用本土人力资源的做法。

有些跨国企业出于成本考虑，采取了本土化的高管人员设置模式，这些跨国企业的本土化程度比较高。如，联合利华公司在高管人员设置上遵循中国子公司本地的人力资源管理习惯，公司主要雇用或选拔中国人作为高管人员，子公司60%的高管人员是中国人。不过联合利华公司认为，为了更好地贯彻公司的发展战略和管理模式，子公司的总裁应由母国管理者承担，所以中国区的总裁还是由欧洲的本土人员来担任。

从东道国中选拔管理人员有利的一面包括：当地人员熟悉本国商业结构、法律、个人习惯，可避免因文化差异造成的经营管理方面的问题和人际沟通障碍；有利于与东道国政府、商业、银行、税务等部门的沟通；熟悉当地的经营环境，减少决策失误；符合东道国雇员本地化的政策，降低或免除了外派人员培训和驻外津贴等费用，利用东道国较低的工资成本，用高于当地工资标准的办法吸引到高质量的人才。不利的一面是：东道国的管理人员对母公司的全球战略缺乏了解，对公司全球化的战略实施造成困难；不利于同母公司的沟通及母公司对子公司的控制；不利于公司总部的年轻经理人员到国外工作以获得跨国经营所必需的工作经验和知识，一旦当地管理人员在子公司被提拔到最高职位时，他们就不可能再提升了，这种情况往往会影响他们的士气；另外，一些东道国人员把到外国公司工作当成一种培训，一旦获得经验就另谋他职。

★延伸阅读

日本公司如何选择管理人员

日本文化在不同程度上具有集体主义的特征，其公司在经理的选择上与高中和大学的联系密切，日本的大型公司招聘对象集中于著名大学的毕业生，而不是有经验的经理。公司认为，年轻人更容易塑造，以适应特定的公司文化。在这一层次上也存在一种"后门"招聘，主要是通过与原先学校的关系来招聘。公司一般青睐某些特定大学的毕业生。日本的两所公立大学（东京大学和京都大学）的毕业生在日本工商界占主导地位。从著名大学毕业的行政人员利用他们与大学教授之间的私人关系获得公司有关招聘的有价值的信息，并常常注重对应聘者的主观评价，而不太关心应聘者所学的专业。

日本公司更注重管理人员的个人品质而不是其技术能力，这意味着公司管理人员的开发必须有长远观点，大学毕业生进入公司工作的五到八年内，公司一般不会对他们进行筛选，他们被定期分配到不同岗位上工作，这几年主要集中于学习和融入公司的文化，同时接受高强度的培训。公司的人事部门不断对这些新员工进行考核。经历了这一段熟悉公司工作环境的时期后，公司在同批进入的员工中引入竞争机制。这是管理人员职业生涯的一个关键时期，工作业绩和发展潜力被评为最优的管理人员，每四年晋升一次。为了在这种争取更高职位的竞赛中不致败北，管理人员必须保证每隔四到五年晋升一次，否则，就没有希望晋升到高层重要岗位，除非到其他公司工作。那些八年才能获得一次提升的管理人员，通常被安排到不重要的岗位。

日本公司对管理人员除进行诸如营销技巧等技术因素的培训外，还进行人类学家托马斯·罗伦所称的"精神"教育。精神教育强调性格开发,如困难时刻的忍耐力、勇于承担社会责任的能力,以及合作的习惯。因为经理是在完成本科学业之后直接加入公司的,所以,公司内部的技术管理培训主要强调公司特有的技能。工商管理硕士(MBA)等普通管理教育对日本经理几乎没有什么个人价值,也就是说,在同龄的经理中,拥有 MBA 学位并不会更具优势。

(资料来源:应届毕业生网,《跨国公司人力资源开发与管理模式的国际比较》)

(三) 区域化人力资源管理模式

采取母公司外派即母国化人力资源管理模式有利于跨国公司海外初期业务的顺利开展,但大量长期使用外派人员会阻碍子公司业务的进一步发展,也会导致经营成本的飙升;完全采取本土化人力资源管理模式常常受制于东道国专业管理人才的匮乏。为了规避上述弊端,随着跨国公司国际业务的进一步发展,跨国公司的人力资源管理模式也越来越多地转向基于地区整合的区域化人力资源管理模式。

区域化人力资源管理模式是指跨国公司根据其业务在全球范围内的分布,将国际市场划分为若干个区域,以地区为单元对人力资源配置进行调整,区域内的各个子公司实施的人力资源政策大体上一致,而区域间及各个区域同母公司之间在人力资源管理上关联性弱化。之所以采取区域化人力资源管理模式,是因为跨国公司认识到各区域之间客观上存在的各种差异。所以,跨国公司要采取积极措施主动适应各区域在经济、文化、法律等方面的不同。

区域化人力资源管理模式在跨国公司并购中得到广泛应用。并购企业管理人员沿用母公司原来的设置模式,中下级管理人员在一定区域内选聘。例如,2000 年 3 月法国的达能集团收购了乐百氏公司 54.2% 的股份。新的乐百氏公司在中国设置的管理职位按照区域化人力资源管理模式配备,从整个东南亚地区选聘。中国子公司的高管人员也可以在整个东南亚地区进行选拔。各子公司的经理人员在本地区的选拔及流动,可以加强地区内部各子公司的合作,而且有利于逐渐向全球中心的人力资源管理模式过渡。

在区域化人力资源管理模式中,跨国公司在海外子公司的关键职位一般由母国人员担任,其他的高级管理职位可以由东道国的人员担任,对人力资源的调整既要考虑当地相关因素,也要与母公司评聘人员的标准进行适当的平衡。这样既降低了人员成本,又避免了文化短视。同时,区域内选聘的管理者与本土员工及当地的业务伙伴之间较少存在语言、文化、商业习惯方面的障碍,便于更深入地进行沟通与交流。

区域化人力资源管理模式的弊端在于,东道国的人员有被歧视的感觉;最重要的问题是,如果母国公司的经理和本区域的经理之间发生了矛盾,而在跨国公司当中人员交流比较缓慢,则会造成信息传递不畅,甚至是信息扭曲失真。

(四) 全球化人力资源管理模式

全球化人力资源管理模式是指跨国公司在全球范围内选拔、聘用最佳人选来担任公司的各级管理者,较少甚至不考虑管理人员的国际问题,并在人力资源的其他方面,如聘任条件、绩效评价、薪酬福利等方面努力寻求国际标准,在全球范围内优化配置人力资源,进而实现跨国公司总体利益最大化。

可口可乐公司的全球化人力资源管理模式是在世界范围内招聘和选拔雇员,满足当地对高管人员的需求，同时在全球范围内培养和储备人才。可口可乐公司将人力资源管理的重点放在协调全球目标与当地反应能力上，将文化差异转化为企业经营的机会，使用不同国家的高管人员来提高企业的创造力和灵活性，并为有潜力的管理人员提供成长的机会。

全球化人力资源管理模式有利的一面是：国际职业化的经理人一般具有良好的专业业务素质和国际化经营管理经验；比较中立，不易卷入东道国的民族、宗教矛盾之中。不利的一面是：母公司招聘的第三国经理人选，在一定程度上减少了海外子公司人事管理的自主权；若东道国有本地雇员，则易引起排斥态度。另外，选用的第三国管理人员，其工资都很高，这会使本国与东道国的管理人员产生不满情绪。再者，管理人员及其家属在不同国家之间的调动也造成费用的增加。

以上四种选择跨国企业海外子公司管理人员的途径各有利弊，因此，跨国企业人力资源管理面临着如何选择选拔途径的问题。西方国家的学者认为，跨国企业选聘海外子公司的管理人员应根据企业国际化经营的不同发展阶段来制定人事政策。

（1）国内生产、国外销售阶段。这时企业以产品出口为主，了解和掌握东道国的市场信息、营销方式极为重要，聘用东道国人员有利于市场营销。

（2）国外生产、就地销售阶段。国际企业开始把生产转向海外，由于东道国企业缺乏专门的管理人才与经验，一般会选聘母公司人员或第三国公民担任子公司的管理人员。

（3）全面国际化经营阶段。跨国公司往往选择全球化人力资源管理模式，使人力资源管理与全球研究开发、原材料采购、生产营销、售后服务相适应，这样更有利于建立具有包容性和适应性的跨国经营组织，从而获得更强的国际竞争力。

第三节 跨国公司人力资源管理职能

跨国公司人力资源管理的主要职能包括人力资源规划、人才选聘、人力资源的培训与开发、薪酬管理、外派回国安置等方面的内容。

一、人力资源规划

跨国公司要根据发展战略需要，明确经营绩效目标，科学设置工作岗位，并落实各类岗位的职责，进而通过业务活动质量和数量要求来核定各岗位的任职者数量，在跨国公司人力资源需求分析的基础上，从人力资源的结构、数量和质量三个方面做好人力资源规划。

（1）建立完善、科学、规范的人力资源体系。跨国公司的长远发展和战略实现依赖于科学完整的人力资源管理体系，包括人才的选拔、培养、任用、激励机制，以及建立畅通完善的沟通渠道等，从而形成具有凝聚力的企业文化和核心价值观。由于每个企业所处的环境、行业和面临的问题都是不同的，因而其企业战略、管理制度和企业文化各不相同，员工的素质也有很大差异，企业要从这些实际出发，以战略和发展的眼光，以统筹全局的思想，建立完善的企业管理制度和政策，形成符合企业发展理念的企业文化和价值观，提高员工的综合素质，实现人力资本的增值，并以此来增强企业内部的凝聚力，提高企业在国际舞台的地位，使企业保持长远发展的优势，这也是建立科学完整的人力资源管理体系的最终目标。

（2）制定科学的人力资源规划。人力资源规划是根据企业的战略目标，科学地预测在未来环境中人力资源的供给与需求，制定出符合企业未来发展的对人力资源数量和质量的需求情况。科学的人力资源规划不仅有助于企业规划未来一段时间的发展目标和方向，而且有助于企业对现阶段的各种情况做出分析和调整。企业制定人力资源规划时，必须对企业内部当下的环境有十分清楚的认识，了解员工的需求与职业规划，并且要对外部时刻变化着的环境有充分认识，了解人力资源需求与供给的市场变化。企业必须在科学分析和总结的情况下，结合多方信息，才能制定出科学的人力资源规划。同时，企业的人力资源规划并不是一成不变的，它需要企业根据实际变化的情况及时进行修正，使其与企业目标和企业战略相适应，为企业在未来创造更大的价值奠定基础。

（3）确定人力资源需求结构。人力资源需求的结构不仅要考虑跨国公司发展目标，还要考察所在行业特征和市场竞争态势，以确定人力资源的分布结构。同时，各类岗位和职位的设置以及人员数量配备与东道国企业文化、管理风格、集权分权程度、管理层级、管理幅度等都具有相关性。

跨国公司人力资源管理与国内企业相比具有明显的差异，不仅要求质量更高、适应能力更强，人才结构也更复杂。跨国公司对多元化的国际人才要求不仅仅局限于业务活动所需的专业知识和技能，还在人际沟通能力、多种语言使用能力、跨文化适应能力、国际商务惯例熟悉程度等方面有所体现。需要注意的是，跨国公司的人力资源需求较国内企业而言，机动性更高，流动性更大，其家属要随员工共赴海外，因此，需要得到其家属的支持与配合。此外，为了应对国际经济动荡和经济周期运动，要求跨国公司在人力资源规划时，要在科学预测基础上，对关键岗位管理人才和核心技术人员进行前期储备。

二、人才选聘

从跨国公司人员的类型来看，一线员工和中低层级管理人员基本上是从东道国当地招聘的，这类员工的选聘标准与程序、岗位培训、绩效考核、薪酬福利等按照东道国人力资源管理政策执行即可。所以，跨国公司的人力资源管理主要是针对中高级管理人员和核心技术人员，即所谓的外派人员而言的。外派人员是指由母公司任命的在东道国工作的母国公民或第三国公民，也包括在母公司工作的外国公民，不过主要是指在东道国工作的母国公民。

外派人员甄选机制一般涉及三方面的内容：一是外派人员范围界定；二是甄选标准设计；三是甄选方法选择。

1. 界定外派人员的岗位需要

跨国公司选择外派人员，一方面要有利于母公司对国外分支机构的控制，降低经营管理风险；另一方面也要考虑外派人员可能产生的高昂成本和对本土人才的压制。跨国公司应在外派人员与当地人员之间实现平衡。

一般而言，对于任何新建、并购、重组的公司，总经理、财务总监、人力资源总监是必须外派的核心人员。这些人是一个公司的核心团队，派出这些人能够真正在新的公司中形成有利于母公司的价值观和具有竞争力的管理体系。子公司由初创阶段过渡到正常运营阶段以后，可以逐渐实行人力资源本土化策略，陆续把中级，甚至部分高级管理职位让渡给本土人士，调动当地人才参与公司管理的积极性和主动性，发挥他们熟悉当地环境与市场的优势。

2. 建立科学的甄选标准

构建科学合理的外派人才选拔标准，有助于识别最合适的外派人员。实践表明，东道国政策把控能力、管理能力、沟通能力、跨文化适应能力等，都是甄选标准的内容。

（1）要有实施母公司制定的经营战略及适应东道国国家方针政策的能力。母公司的高层管理人员是国际战略和全球战略的制定者，而子公司的经理则是战略的实施者。实施战略对子公司的经理来说要求更高。战略只是一种中长期发展规划，在制定战略时，许多因素并没有考虑，而且也不可能准确预测到各种因素的变化。这就需要子公司经理在实施战略时能够对各种突发事件或事先没有考虑到的变化做出准确判断和及时反应。

（2）要有跨文化管理的能力。文化差异引起的冲突已成为驻外子公司经理必须面对的问题。因此，驻外子公司经理的跨文化管理能力成为考核驻外子公司经理能否胜任的重要指标。

（3）语言与交际能力。海外子公司的经理与某些工程技术人员不同，他们为了与来自不同文化背景的人建立起良好的关系，发现经营中的问题，开发和利用当地的人力资源，开拓公司在东道国的业务活动，占领当地市场，就必须具备学习并掌握当地语言的愿意及能力。同时，还必须善于与东道国的各种组织和人打交道，必须懂得如何向东道国的工商界人士、政府官员宣传本公司的宗旨和观念，其目的是取得东道国各方的理解、信任和支持。他们必须精于谈判，尤其是与东道国政府有关部门的谈判，以使子公司在东道国获得优待。

（4）较强的适应能力。外派经理人的适应能力，不但包括本人对新岗位、东道国政策等的适应能力，也包括其家属在东道国的适应能力。

3. 优化的选聘方法

优化的选聘方法有助于体现备选人员的真正实力和公平竞争的原则。简历与面试、技能与情景模拟、智力与心理测试、评价中心考核等都是当今较为普遍采用的方法，只是因为各企业特征和所甄选外派的职位、管理幅度、经营规模、地理位置有所不同，所以各企业应选择不同的组合方法。

三、人力资源的培训与开发

人力资源培训是外派人员必经的门槛，目的在于使外派人员获得系统的经营管理知识和法律法规常识，注重提升外派人员对不同文化、不同市场环境的观察力和敏感性，使外派人员尽快适应未来工作和生活的需要，促进不同文化、政治背景人员趋向协调合作。对于不同来源的人员培训，其培训目的、培训内容和培训方式等是不尽相同的。

（一）对外派的管理人员的培训

外派人员包括从第三国选派和从跨国公司母国选派两种途径。从第三国选派的范围更广，这些管理人才普遍具有国际视野，跨国管理经验丰富，沟通协调能力较强；不足之处在于对东道国各个方面缺乏详细具体的了解。而从跨国公司母国挑选的海外管理人员一般在国内工作较为出色，选用他们也具备相当的优势。例如，他们有忠于本企业的精神。在发生冲突时，其民族主义倾向能促使他们将本国利益放在第一位，亦有利于加强母公司对公司的控制等。但在海外任职往往要求他们具备更全面、更特殊的知识和技能。因此，不管是从第三国选派还是从母国选派,都必须对这类外派人员进行有针对性的培训。

1. 培训目的

对外派的管理人员的培训,除了要让来自母国的外派管理人员获得国际经营管理的相关知识和经验外,主要是进行文化敏感性培训。文化敏感性是跨文化管理能力的一项主要内容,对此进行培训的目的是使母公司的管理人员了解将赴任国家的文化氛围,充分理解东道国国民的价值观与行为观,迅速增强对东道国工作和生活环境的适应能力,充当两种不同文化的桥梁。

2. 培训内容

对于这种外派人员的培训通常在两个阶段展开,第一个阶段是派出前的准备培训,包括岗位职责培训、语言培训、东道国法律法规培训、东道国商业惯例介绍等内容。第二个阶段是现场指导,即外派管理人员在海外上任后,企业总部及当地的辅导者要对他们给予支持。在海外子公司,前任者通常要对接任者进行几个月的指导,使之全面了解接下来的各项工作。

3. 培训形式

跨国公司针对外派管理人员制订的培训计划主要包括外部培训、内部培训和在职培训三种形式。

外部培训计划不是由某个跨国公司制定的,而是由独立的培训机构针对跨国公司的某一类管理人员设计的,例如工商管理学院开设的国际管理课程、专业化培训公司提供的沟通技能和人际关系技能培训等。这类培训计划往往邀请有经验的或在某个领域著名的专家授课,让学员从别人的经验中得到借鉴,或了解某些领域的最新发展。许多跨国公司喜欢把管理人员送到东道国接受培训,这样可以使管理人员在展开工作之前,就了解文化差异。

内部培训计划一般是根据跨国公司自己的需要制定的。这种培训的效果通常较为直接和明显。培训计划的内容可以根据公司遇到的不同问题灵活地进行改变。许多知名的跨国公司设立的公司大学,就是一种典型的内部培训方式,公司大学的主要任务是培训公司内部的管理人员等骨干力量。因此,这些外派的管理人员可以去公司大学进行培训,培训计划也可以根据受训人员需要灵活设计,如在出国前准备阶段,可邀请一位熟悉两国文化的人担任培训人员,讲授所在区域的环境因素,并对当地特有的管理问题进行探讨,为受训人员到任后有效地建立工作关系打好基础。

在职培训也是跨国公司内部设置的一种培训,培训对象是具有特殊工作需要的个别管理者。在职培训强调实践性,由有经验的上级监督受训者在实际工作中的表现。由于在职培训可以在工作中进行,时间约束性小,更适合于文化差异的调节。

(二) 对来自东道国的管理人员的培训

传统上,跨国公司培训的重点是母公司派往国外工作的管理人员。随着跨国经营规模的扩大和对高素质人力资源需求的增加,加之管理人员当地化策略体现出的一些优势,如熟悉当地文化、有助于发现存在的商业机会,便于因地制宜地开展工作等,越来越多的大型跨国公司开始重视对东道国当地管理人员的培训,以使他们在生产经营各环节的管理上达到母公司的要求。

1. 培训目的

由于来自东道国的管理人员对母公司的跨国经营战略、管理风格和管理程序缺乏深入了解，这种培训主要针对管理方法、管理技能、技术和公司文化，目的是使东道国当地管理人员的管理水平尽快达到公司的要求，以提高母公司对子公司生产经营活动的协调和控制程度。

2. 培训内容

跨国公司对东道国管理人员的培训侧重于生产技术和管理技术方面。虽然有时也会设计有关公司文化的培训，但文化培训通常不是重点。

有关管理技能的培训，通常按管理的职能进行分类。对营销部门管理人员的培训，侧重于营销、分销、广告和市场调查等方面的管理技能；对财会部门管理人员的培训，侧重于母国和东道国会计准则的差异、会计电算化方法、财务报表分析和外汇风险分析等。

有关生产技术的培训，一般侧重于从母国转移到东道国的生产技术，培训对象多数是生产部门和质量控制部门的管理人员。在多数大型跨国公司中，培训与管理人员的晋升是联系在一起的，不同等级的管理人员接受不同类型的培训。所以管理人员晋升到相关的岗位时，往往要通过新的培训计划增加所需技能。

此外，考虑到东道国管理人员自小所接受的教育、经历和文化熏陶，在管理活动中容易偏向民族利益，因此，在培训东道国管理人员时，必须加强对他们的忠诚培训，使他们提高思想境界，站在较公正的立场去考虑与决策公司事务，使公司能实现跨国经营活动整体利益最大化的目标。

3. 培训形式

由于东道国管理人员缺乏公司经营业务和技术方面的知识，对他们除了进行一般性的培训以外，还需要一些特别的培训，主要有以下两种形式。

第一，东道国人员受雇于母国工作。许多跨国公司为了解决东道国人员缺乏业务技术的问题，就雇用一些母国商业院校毕业的东道国学生。这些人员通常被送到跨国公司总部接受政策灌输，学习公司特殊的经营方法、管理程序，并在一些特别的职能部门如财务、营销或生产部门里进行在职培训。

第二，东道国人员受雇于东道国工作。由于毕业于母国大学的东道国人员终究有限，跨国公司必须选聘当地人担任管理职务。为弥补他们的知识缺陷，公司要做许多工作，如让他们在东道国子公司参加培训计划，或者送他们到东道国的大学里学习管理和业务课程；也可能送他们到母国商业院校学习，或者参加母公司的培训计划。此外，受训者还会被送到母公司总部、分部门和其他子公司，单独会见其他管理人员，并同他们交流经验，以熟悉企业各种经营业务。

虽然对东道国管理人员不需要进行昂贵的外语培训，也不需要着重解决文化适应方面的问题，但在培训时，他们也应认真制订培训计划，调整自身文化心态，积极参与各种社交活动，尽快融入公司的文化氛围。

跨国企业对海外管理人员的培训，不但内容繁多，而且所使用的方法、手段也千差万别。国际企业在开展这类培训时，必须根据不同的工作任务、工作环境和候选人的具体情况决定培训的类型和培训的时间,并按照对症下药的原则来选择培训内容和方法,以使培训取得尽可能好的效果。

★延伸阅读

德国公司的职业教育与培训形式

德国存在两种主要的职业教育与培训形式:一种形式包括一般的和专业化的职业技术学校及学院;另一种形式称为双重体系,即将在职学徒培训和颁发熟练工人证书的业余职业学校培训相结合。双重体系是德国职业培训中最重要的部分,其中的培训和资格证书是全国标准化的,由此产生了一支训练有素的全国性劳动大军。但其具备的技能,并不是针对特定公司的。在德国传统中,学徒是技术雇员和蓝领工人必须经历的阶段。学徒制度并不限于年轻人,年长者也常寻求做学徒的机会,并取得证书,以促进他们的发展,德国大约有近四百种全国承认的职业培训证书。双重体系来自雇主、工会和国家合作,费用由公司和国家分摊,其中公司支付费用的大约三分之二。雇主有特定义务让年轻人离岗参加职业培训。

(资料来源:应届毕业生网《跨国公司人力资源开发与管理模式的国际比较》)

四、薪酬管理

薪酬管理是指跨国公司管理者对本公司员工报酬的支付标准、发放水平和要素结构进行确定、分配和调整的过程。跨国公司的薪酬政策对于能否充分发挥人力资源的管理效率、调动雇员的积极性起重要作用,也是跨国公司在国际市场上提升竞争力的关键因素。合理而有效的薪酬管理有助于提高员工的工作满意度和工作绩效。

(一) 薪酬管理的特点

1. 为跨国公司总体战略服务

对于一个跨国公司来说,来自不同国家和地区的雇员众多,且时刻面对来自全球市场的激烈竞争和挑战,要想在全球范围内协调经营,准确贯彻公司经营战略,对人力资源的有效管理是至关重要的。跨国公司薪酬管理的战略性体现在两方面,一是薪酬体系必须能促进合理战略规划的制定,二是薪酬管理体系必须能推动公司整体战略目标的实现。

2. 薪酬政策和标准的多重性

在经营管理中,一个企业内部的薪酬政策和标准应当保持在同一水平。但对于跨国公司来说,这点是很难做到的。一是由于地域的区别,决定薪酬制度的因素产生了众多的差别。二是即使在同一个区域内从事相同性质工作的员工,跨国公司也可以制定不同的薪酬标准。薪酬政策和标准的多重性是其重要特点。

3. 难以兼顾多方面的公平性

对于东道国本土员工,国际企业一般采用本土化的薪酬体系,以当地工资水准、文化习惯及法律规定来确定其薪酬标准和薪酬结构。而对于外派人员,则有母国基准法、派出国基准法、东道国基准法和折中法等多种计算薪酬的方法。显而易见,这种区别对待将会使薪酬制度的内部公平性受到破坏。另外,即使是在外派员工群体内部,也面临着薪酬公平性遭到破坏的问题。

（二）薪酬管理的目的与原则

合理的薪酬与福利水平，可以起到很好的激励与约束作用，使员工心甘情愿为公司服务，从而实现跨国公司经营管理目标。同时，科学合理的薪酬制度设计必须遵循一定的原则。

1. 薪酬管理的目的

（1）调动员工的工作积极性和主动性，激励员工提升业务水平和专业能力，强化员工的责任心与敬业精神。奖优罚劣，促使优质资源向优秀人才倾斜，鼓励工作能力突出的员工为公司发展付出更多的努力，创造更好效益；营造出良好的竞争环境，迫使绩效低下的员工改变工作态度、提高业务能力。

（2）让员工有基本的生活保障，实现员工心理上的安全需求。当员工为一个企业工作时，员工希望企业能与其签订合同，能给其买保险，能及时发放工资，这些都是源于安全的保障需求，所以企业管理者必须重视这种需求，从而消除员工的这种担忧。

（3）价值肯定。薪酬体现了员工的价值，他们为企业付出了努力（为企业做出了贡献），才能得到相应的报酬。薪酬管理可以保证员工的工作效率。

2. 薪酬管理的原则

（1）公平性原则。薪酬应该本着同工同酬的原则，以个人公平为导向。同工同酬，就是相似的工作应该得到相对一致的回报，不能以员工在性别、年龄、相貌等因素上的差别而受到不公平的待遇。管理层对每个员工的付酬要依据制度进行，而不应该更多地掺杂个人感情因素。

（2）经济性原则。经济性是指用人单位设计的薪酬体系应该经济可行，充分考虑薪酬成本、人工成本与总体收益的关系，使员工的薪酬和组织的经营状况挂钩，进行成本分析与控制，以保证组织具备理性成长的空间。

（3）激励性原则。激励性原则直接说明了薪酬的作用——激励员工。一旦有了激励性原则，企业就需要制定激励方案。绩效考核是激励方案的重要内容，并依据绩效考核的结果来实现激励方案。

（三）薪酬管理的内容

薪酬管理的具体内容一般包括以下几个方面。

（1）基础工资管理。基础工资是企业在一定的时间周期内定期向员工发放的固定报酬。基础工资以职位为基础或以能力为基础，主要反映员工所承担的职位的价值或本身具有的能力的价值。基础工资的标准要综合考虑东道国的消费水平、社会平均工资水平、通货膨胀程度、基本生活成本等因素。

（2）绩效工资管理。绩效工资是根据绩效考核标准，在对员工或团队完成工作的数量和质量进行绩效评价的基础上确定的薪酬增加部分，是对员工或团队过去的优良业绩的一种奖励。绩效工资管理的核心是考核标准确定与绩效水平评估。

（3）奖金管理。奖金管理是跨国公司激励机制的主要手段，是激励员工努力工作的一种有效工具。它可以提高员工的工作热情与工作效率，使其为公司创造更大的经济利益。对跨国公司来说，奖金标准的制定与发放是薪酬管理体系中的重要组成部分，它依据员工或团队的工作绩效进行浮动及发放。奖金体现了跨国公司对员工或团队工作的承认和肯定。

(4) 福利管理。福利是指跨国公司向员工提供的除工资、奖金以外的各种保障、补贴、服务及实物报酬，也是薪酬体系的一个重要组成部分。福利属于间接报酬，它不是按照工作时间给付的，只要是企业员工都有权利享有福利。福利管理也是企业为了提高员工的工作效率、吸引和留住人才、传递企业文化、培养员工忠诚度的重要手段。福利还可以提高员工的积极性，提升员工的凝聚力。

此外，跨国公司由于其特殊的地位和知识型人力资源的发展，薪酬管理具有复杂性，表现出众多特点。但有一点是特别明显的，那就是外在薪酬的平均水平比较高，具有很强的竞争力；而内在薪酬的重要性越来越大。

(四) 薪酬管理的实施

跨国公司薪酬管理依据薪酬体系设计与实施的基础，可以分为以下两种类型。

1. 以职位为基础的薪酬体系设计与实施

(1) 进行职位分析，形成职位说明书。职位分析就是获取与工作职位相关的信息，并加以分析和研究，形成相应文件的过程。职位分析是职位说明书的基础，只有通过它，职位说明书才能形成。职位说明书包括员工工作岗位的职责、绩效标准、工作条件等基础性信息。

(2) 在职位分析的基础上进行职位评价。职位评价是跨国企业用来对企业内部各个职位进行价值评价的一套标准化和系统化的评价体系。它是薪酬级别设计的基础。

(3) 准确界定相关劳动力市场，进行外部劳动力市场薪酬调查。职位分析和职位评价只是解决薪酬设计的内部一致性的基础，而薪酬设计的外部竞争性是由劳动力市场薪酬调查解决的。

(4) 确定公司的竞争性薪酬政策。薪酬政策主要有三种类型：领先型，即企业制定的薪酬高于劳动力市场的薪酬；匹配型，即企业制定的薪酬与劳动力市场的薪酬几乎一致；拖后型，即企业制定的薪酬低于劳动力市场的薪酬。

(5) 建立薪酬结构。能力差异、资历差异和绩效差异是企业制定薪酬结构的依据，所以企业要以这些依据对从事相同工作的不同人员进行薪酬制定，确定每个职位等级的中点工资、最高工资和最低工资。在国际上通行的工资结构为宽带薪酬结构。宽带薪酬是企业整体人力资源管理体系中薪酬管理的方法之一，是对传统的带有大量等级层次的垂直型薪酬结构的改进或替代。在进行宽带薪酬结构设计时要注意几个关键点：宽带薪酬的数量、宽带薪酬的定价和员工在宽带薪酬中的特定位置。

(6) 建立薪酬结构的管理机制。跨国企业如何建立薪酬结构的管理机制，是薪酬结构建立后首要考虑的问题。它主要包括两个方面：一是新的薪酬框架建立后，企业的现有人员和新员工如何进入；二是当员工的业绩、能力和资历都发生变化时，如何对薪酬进行调整。

2. 以能力为基础的薪酬体系设计

(1) 开发分层分类的素质模型。首先，界定出企业各个阶层的人员通用核心素质；然后，在每个职位族中，通过每个职位族的工作内容和成功关键，提炼出适用于其的个性化素质；最后，通用素质和个性化素质两者结合，形成企业分层分类的素质模型。

（2）进行素质定价。对素质进行定价，就是确定员工根据其素质能获得多少的报酬。市场定价和绩效相关法定价是两种最基本的定价方法。市场定价，就是调查每项素质在劳动力市场上所获得的报酬，根据这种薪酬调查的结果来确定每项素质在本企业应该获得的报酬；绩效相关法定价，就是每项素质的价格是由每项素质与企业绩效的相关性来确定的。

（3）建立基于素质的薪酬结构。基于素质薪酬的结构，也大多采用宽带薪酬结构。

总之，薪酬管理在跨国企业人力资源管理中十分重要，它关系每个员工的切身利益，同时又是员工价值的重要体现。跨国公司的薪酬设计需要充分考虑各种影响因素，因此跨国公司在不同国家的薪酬设计应该具有差异性，体现当地经济文化特点，以达到吸引、保留和激励人才的目的。

五、外派回国安置

外派回国安置，是指跨国公司母公司对外派回国人员提供的归国政策、就职程序、岗位安排、工资薪酬、安置搬迁等一系列岗位再安排及财政支持活动。

实践表明，恰当的职务安排和职业生涯规划，可以缓解外派回国就职人员所面临的不确定性压力，从而提高外派回国就职人员的适应能力。外派回国就职人员所遇到的问题多数与工作本身有关，包括回任后失去工作上的地位、工作自主权，甚至被降职，这些严重影响到外派回国就职人员的适应性。因此，解决时要把重点放在跨国公司外派回国就职人员的工作岗位安排上。跨国公司在回国就职后提供适当的财务支持，也会对外派人员回国就职的适应性产生积极影响。外派人员驻外期间享受额外的外派补贴、奖金、休假及其他相关福利，一旦外派结束，这些财务支持将被取消，所以回国人员的薪资会低于外派期间的水平，但会高于外派前的薪资，这样的调整往往会导致回国人员在工作适应和组织承诺方面的表现不佳，因而薪资与福利也是外派回国就职人员极其关注的问题。克莱默（Kraimer）等将组织支持分为母公司支持和子公司支持，并指出母公司对外派人员提供的福利支持与回国就职适应性呈显著正相关。

1. 制定完整的回国安置政策和计划

许多外派人员回国后对自己的职位安排并不满意，感觉公司对其所拥有的国际管理经验并不重视，继而萌生离职之意。回国安置问题在外派人员回国之前，甚至是在外派之前就应做好规划，并纳入外派人员职业规划。要么事先确定好，要么依据外派过程中的实际表现为其安排合适的职位，并与外派人员充分沟通，帮助其调整自身期望与现实之间的差距，达到企业与外派人员二者期望的一致性。总之，要做到外派人员的平稳过渡，给予外派人员足够的重视，将其拥有的国际化管理才能与经验视为企业一笔宝贵的财富，避免外派人员产生失落和不满心理，甚至导致离职行为。

职业发展规划和管理是组织从战略高度进行的制度安排，而在人力资源管理执行层面，则需要制定具体的、完整的回国安置政策和计划。

首先，跨国公司需要制定明确的外派政策和回任政策。这包括外派的目标、外派的周期、外派期间的岗位、外派期间的薪酬福利待遇，以及外派回任的条件、外派回任后的岗位和福利待遇安排，等等。企业的外派政策明晰，有助于外派人员提前了解和适应外派工作，以及外派回国就职后的工作预期。

其次，企业要制定明确的外派回国就职程序。外派回国就职程序是一个清晰的流程，定义了外派人员从准备回国就职到就任新岗位的关键步骤，这些步骤包括回国就职前的各项信息收集、外派绩效评估、回国岗位预安排、归国搬迁和安置、就职培训、就任新岗位等。企业要安排专人与外派人员进行外派回国就职程序的沟通，并协助外派人员完成回任程序的每一个步骤。整个回国过程应当清晰、透明，从而最大限度地减少外派人员在回国就职过程中遇到的生活和工作上的麻烦，消除外派人员对回国后的不确定性担忧，促进外派人员的回任适应。

最后，在具体的回国岗位和薪酬制定上，企业应当合理安排，做到双赢。大部分外派人员回任后对岗位和薪酬都存在较高的预期，这要求企业在回任安置程序中做好充分的信息沟通，以理解和管理企业与员工双方的预期，从而做到合理安置。总之，整个回任安置过程应当贯彻外派人才管理的战略目标，体现企业对外派人员价值的重视。

2. 提供完整的回国咨询与培训服务

外派人员回任后面临工作、生活等方面的再适应，跨国公司提供一定的回任培训，可以促进外派人员的回任适应。跨国公司要制定一个详细的外派回国人员培训计划，明确培训的课程和方式。这种培训和外派国外前期的培训相似，但在培训内容上更侧重于对母公司组织结构和文化的重新认识和理解，以及对母国的政治、经济、社会、文化等环境的认识和了解。除此之外，还要对外派回国人员进行新岗位的知识和技能培训。另外，外派回国人员的生活适应问题也不容忽视。企业要安排专员对外派人员回任后可能面临的生活问题提供咨询和协助支持，比如回国后的住房信息、交通、医疗、子女教育等。企业对外派回国人员提供的这些培训和咨询服务，将在情感上给予回任人员极大的安抚，使回国人员从心理上感受到企业的强烈支持，将极大降低外派回国人员因不适应环境而产生的离职意愿。

3. 妥善化解"逆文化"冲突

归国安置虽然只是外派管理的后续阶段，但其有效程度直接关系外派人员对企业绩效的贡献水平及忠诚度。

目前外派人员归国后普遍遭遇的一个尴尬问题，就是对国内状况的不适应。这种不适应主要源于国内经济的发展、人们生活习惯及观念的转变等。外派人员由于长年在外，对国内状况已不甚熟悉，脑海中仍是出国前的印象，而在外派期间内又缺乏与国内的及时沟通，使得这种印象无形中固化，形成思维定式。一旦回国，短时间内就难以调整过来。人们将这种现象称为"逆文化"冲突。这也从侧面反映出跨国公司外派管理上的疏忽，即缺乏与外派人员就国内状况进行的动态沟通。

业绩导向的考核使企业只关注外派人员的工作成效，忽视对员工生活方面的关心。这种忽视在外派人员归国后会立刻显现出来。因此，跨国公司在对外派人员进行管理时，除了出国前的培训外，还必须对外派完成后的归国安置问题进行有效管理，形成一个系统管理的过程。为了有效克服"逆文化"带来的冲突，跨国公司在外派人员外派期间就要做好其与国内的动态交流，让外派人员及时了解国内发展情况。同时还需加强外派人员与家庭的定期沟通，以缓解家庭矛盾。跨国公司也可以允许外派人员定期回国探亲，这样一方面可以促进家庭和睦，另一方面也可以让外派人员亲身感受国内状况。

思考题

1. 跨国公司人力资源管理的特点是什么？
2. 跨国公司人力资源选拔模式有哪些？
3. 试述跨国公司人才选拔机制。
4. 对来自母国外派的管理人员的培训内容包括哪些方面？
5. 简述跨国公司薪酬管理的重要性。

第六章

跨国公司内部贸易与转移价格

本章学习重点

- 跨国公司内部贸易的含义
- 跨国公司内部贸易的动因
- 跨国公司内部贸易的效应分析
- 跨国公司转移价格的制定原则
- 跨国公司转移价格的制定方法

引导案例

跨国公司内部贸易

正因为跨国公司可以很容易地从内部交易中获取超额利润，各国政府也在为了防止企业的这种行为给东道国带来损失，而对转移定价有严格的监管措施，税务当局更是对跨国企业转移定价有严格的审查程序并对逃税行为予以惩处。

2010年，多家法国媒体向政府反映，谷歌通过它们的产品获取利润，却没有支付任何费用，法国文化部出台报告称，法国应该向互联网公司征收广告收入税以补贴本国的文化产业。这项税被形象地称为"谷歌税"。

从2006年到2011年，谷歌在英国获得了180亿美元的广告收入。但是，谷歌在英国的纳税总额仅为160万美元，不到0.09‰。2014年12月，英国财政大臣宣布准备征收25%的"谷歌税"，以此来填补跨国公司将利润转移到低税率地区的纳税漏洞。

有统计数据显示，成功将电子产品销售到世界各地的苹果公司在爱尔兰的员工只占其全球员工总数的4%，但2013年那里创造了苹果公司总收入的2/3 (65%)。而相中爱尔兰的原因之一是，作为欧盟国家，爱尔兰与欧盟其他成员国之间的交易免缴所得税。与此同时，爱尔兰的企业所得税非常低，只有12.5%，远低于美国和其他欧盟国家。据统计，2011年，苹果国际销售为220亿美元，仅支付了1 000万美元的所得税。在我国国内也存在严重的跨国公司通过转移定价偷税漏税的现象。2011年，税务部门在进行例行税务检查时发现谷歌在华企业存在涉税违法行为。

　　跨国公司的内部交易虽然给跨国公司带来了诸多便利和利益,但其在一定程度上打乱了传统的贸易格局,使得国际贸易关系更趋复杂化。虽然跨国公司的规模庞大、组织结构复杂,决定了其自身必须要有一定的制度约束,也要有自身的经营管理约束,而不能在内部交易的转移定价上任意行事。但转移价格的手段,确实便于达到跨国公司的特定目标,如将资金利润转出东道国、逃避东道国的税收、绕过东道国的关税壁垒等,使东道国的利益受损。

（资料来源：豆丁网,《跨国公司内部交易转移定价分析》）

　　跨国公司是当今世界开展全球化经营最重要的企业组织形式。跨国公司母公司及其分支机构作为一个整体在世界市场开展各项经营活动,极大地推动了国际范围内产品交换、技术扩散、资金流动和人员往来。跨国公司通过全球化资源优化配置,利用其内部贸易和转移价格手段,可以降低生产成本,减轻税负,从而实现跨国公司总体利益最大化。因此,跨国公司的内部贸易与转移价格就成为跨国公司经营管理的重要课题。

第一节　跨国公司内部贸易

一、跨国公司内部贸易的含义与分类

（一）跨国公司内部贸易的含义

　　跨国公司内部贸易是指在跨国公司内部开展的有关原材料、中间产品、技术专利和服务的国际流动,包括跨国公司母公司与国外子公司之间以及子公司与子公司之间的跨国交易活动。随着国际分工的深化和垂直一体化的发展,在跨国公司全球战略统筹规划下,分布于不同东道国的子公司通过合理布局,发挥各自优势,相互协同作业,从而降低交易成本,提高产品质量,为跨国公司提升竞争力打下良好的基础。

　　近年来,随着跨国公司总体经济实力的扩张,跨国公司增加值及出口贸易额迅速上升,跨国公司内部贸易比重也越来越高。根据联合国贸发会议发布的数据,2010年全球商品和服务贸易出口总额约为19万亿美元,而由跨国公司在全球价值链内从事的国际贸易出口总额约为15万亿美元,占世界贸易总额的80%左右；其中,约有6.3万亿美元为跨国公司的内部贸易,占世界出口贸易总额的1/3左右。

（二）跨国公司内部贸易的分类

　　从广义的范畴上看,跨国公司内部贸易涵盖了构成国际化生产体系的内部市场中涉及的两个方面,即跨国流通的所有商品和生产要素交易,以及与此相关联的知识、技术和商标等无形资产的交易。具体来说,跨国公司内部贸易的货物交易是指生产中的原材料、零部件、中间产品、产成品等有形物品的内部贸易；广义的跨国公司内部贸易也包括专有技术、技术诀窍、专利和商标等无形资产的交易。

　　从跨国公司内部贸易的方式考察,除了跨国公司内部贸易标的物的直接买卖以外,还包括补偿贸易、生产合作、加工装配、国际分包等,甚至涵盖母公司与子公司之间或各子公司之间在技术指导、员工培训、公共关系、法律和会计咨询服务等各个方面的相互交流。

从跨国公司内部贸易的方向划分，跨国公司内部贸易分为母公司向子公司出口、子公司向母公司出口、不同东道国子公司之间的出口。

二、跨国公司内部贸易与传统国际贸易的比较

跨国公司内部贸易从形式上看，是不同国家经济实体之间针对商品、服务及技术的跨国交易，仍然具有国际贸易的基本特征，即跨国公司内部贸易是一种跨越国界的商品或服务的流通，是分属不同国家的母公司与子公司以及子公司与子公司之间的交易，这种内部贸易属于国际贸易范畴；买卖双方同样需要经过交易洽商、合同签订与履行的过程，卖方要按质按量提交货物，买方按时支付货物价款。跨国公司内部贸易结果不仅反映在双方的财务报告上，还会影响两国的国际收支。但是，跨国公司内部贸易毕竟是一种特殊形式的国际贸易，有着经济主体内部商品调拨的特殊性，与传统国际贸易方式有本质的差别。

1. 交易动机不同

跨国公司内部贸易是在同一所有权经济主体内部进行的，它创造的是一个内部化市场。在这个内部化市场中，交易动机主要是实现跨国公司内部经营管理的协调与顺畅，使生产经营的各个环节有序衔接，保证经营管理活动正常运行；节约外部市场的交易时间，降低交易成本；采取转移价格、交叉补贴等手段，合理避税，从而增加跨国公司整体的经济利润等。

2. 贸易价格形成机制不同

跨国公司内部贸易价格是由跨国公司内部管理部门根据跨国公司战略需要人为确定的，与生产成本和管理费用没有直接关系，目的是确保跨国公司利润最大化。传统的国际贸易中商品与服务的价格是由国际市场供求关系决定的，供给大于需求则价格下降，需求大于供给则价格上升。价格变动直接影响贸易双方的经济利益。

从这个意义上讲，跨国公司内部贸易是跨国公司内部经营管理的一种形式，是把世界市场通过跨国化的组织机构内部化。对于跨国公司而言，其内部市场是一种理想的国际市场。

3. 内部贸易标的物的所有权或使用权转移不同

在交易标的物所有权转移方面，跨国公司内部贸易是在同一个所有权主体内部的不同分支机构之间进行转移，交易标的物的所有权或使用权并没有流转到跨国公司之外，所以，并没有发生所有权的变更。传统国际贸易中商品和服务的跨国交易，买方支付价款并获得商品所有权与服务使用权；而卖方得到销售收入的同时，必须把交易标的物所有权转移到买方手中。

三、跨国公司内部贸易的动因分析

1. 确保跨国公司经营战略与规划的实施

跨国公司在国际生产体系中，涉及大量的原材料采购，中间产品、专利技术、品牌商标交易，资金与人员流动等活动，在生产经营职能方面分工更细，如研究开发、产品设计、物资供应、零部件和产成品生产、仓储运输、营销服务等业务。跨国公司必须进行战略规划和统筹部署，包括商品种类、商品数量、商品结构及地理流向等。跨国公司内部贸易有利于跨国公司对长期发展战略、生产投资规划、市场营销规划和利润分配规划的控制和调节，从而

实现资源优化配置，并不断适应外部环境变化。

日本丰田汽车公司在东南亚地区的内部贸易就是很好的例证。丰田汽车新加坡公司负责丰田汽车在东南亚地区的管理与协调服务，丰田汽车菲律宾公司负责模压零件、变速器的生产，丰田汽车马来西亚公司负责减震器、音响设备的生产，丰田汽车泰国公司负责仪表盘、灯具的生产，丰田汽车印尼公司负责发动机的生产。通过发挥各个子公司专业化分工优势，形成了汽车零部件跨国生产与内部贸易网络，提升了丰田汽车的整体效益，是丰田公司长盛不衰的重要原因。

2. 内部贸易是实行转移价格的基础

实行转移价格有助于克服公司内部分工的统一性与各部门利益不一致的矛盾。海外子公司采取多样化股权形式，使母公司与各子公司之间形成多样化、多层次的经济关系。这种经济利益的差异性，必然导致跨国公司的总体利益与各子公司的局部利益之间的矛盾和冲突。跨国公司实行转移价格是克服这一矛盾的有效方法。转移价格使整个公司的经营活动在全球战略目标指导下实现内部交换，并在协调的基础上使各自的利益得到满足。

实际上，转移价格策略只是跨国公司内部的一种会计手段，其目的在于使整个公司的长期利益最大化。一个跨国公司由其在世界范围内的子公司和附属机构构成内部交易体系，将公开市场上的交易转化为公司内部交易，就可以避免由各国环境差异造成的企业面临不完全竞争或有缺陷公开市场、难以通过公开市场交易实现其全球利益最大化的情况。内部交易和转移定价为跨国公司克服贸易障碍、减轻税收负担、降低交易风险、提高经济效益提供了合法的有效手段，使跨国公司在市场中获得竞争优势。

3. 消除市场不确定性

外部市场的不完全性，包括政府对贸易的干预和限制，市场信息交流的不完全，缺乏合理的资产和技术定价机制等，都会导致市场联系的时滞、中间产品供应不稳定等一系列问题。内部贸易可以降低外部市场造成的经营不确定风险。由于完全受市场自发力量的支配，企业经营活动面临着诸多风险，即投入供应数量不确定，投入供应质量不确定，投入供应价格不确定，不同生产工序和零部件分别由独立企业承担，这在协调上又有可能产生问题，跨国公司内部贸易可以大大降低上述的各种经营不确定性，科学地安排经营活动。

在跨国公司的生产过程中，有些中间投入是高度特定的。这些中间产品在质量、性能或规格上都有特殊的要求，外部市场一般难以提供，而且在价格和供应量方面存在不确定性，只有把这类产品的生产纳入整个跨国公司的生产体系，才能确保中间产品的供应，直接利用生产技术和销售技术上的优势，保证产品质量的稳定和生产过程的持续。

4. 降低交易成本

绕过高成本的外部市场在公司内部进行交易，可以降低交易成本。但如果外部市场是完全竞争的，就没有必要采取公司内部贸易形式，因为公司内部贸易并无任何优势可言。

跨国公司内部贸易可以大幅度减少通过外部市场交易所付的费用，节约交易成本，增加利润。使用外部市场是必须付出成本代价的，构成外部市场交易成本的重要内容之一就是买卖双方为寻求和达成有利的价格所花费的时间和费用，其次还包括由国际政治风险、经济风险及交易行为本身的履约风险所构成的风险成本。

在内部贸易过程中，由于交易双方同为一个统一经济利益主体，即跨国企业整体中的内部成员，因而上述外部市场交易所特有的成本和支出就得以避免，而节省成本和支出是实现经济利益最大化的一种方式。因此，通过传统的外部市场进行交易会引致许多附加成本，在知识、技术等无形资产市场上，一般来说，卖方比买方拥有更多的信息，买方在持有和使用诸如专利技术等知识资产之前，无法对知识产品的性质、特点和先进程度作全面了解，也无法确定判断它的价值。此外，知识技术产品对垄断经营具有决定意义，卖方为防止买方购买知识资产之后发展为自己的竞争对手，往往有控制技术优势的想法，通过内部贸易，跨国公司可防止公司技术和知识优势的流失。

5. 内部贸易是适应技术进步和深化国际分工的有效途径

技术进步和国际分工的发展，使传统的公司间分工相当大的部分转化为公司内部分工，在公司的内部分工中，传统的水平分工也逐步让位于垂直分工，其结果必然是公司内部的贸易量大大增长。在跨国经营企业的国际生产过程中，通过前向一体化的分支企业的生产或通过水平一体化的分支企业的调剂，企业跨国经营的稳定性有了坚实的内部保障。贸易内部化可以防止技术优势的扩散，有助于公司增强其在国际市场上的垄断地位和竞争力，实现全球利益的最大化。

对技术的垄断是跨国公司的特有优势，也是其存在和发展的关键。如果公司的技术产品在公司外部交易中有可能被竞争对手摹仿而蒙受损失，那么内部贸易就可避免此类事情的发生。约翰逊（H. G. Johnson）在其1968年的《比较成本与发展中的世界经济之商业政策理论》、1970年的《国际公司的效率与福利含义》、1975年的《技术与经济独立》等论文中指出，制造简单的产品只需要简单的技术和知识，且易于袭用仿制；制造复杂的产品需要复杂的技术和高深的知识，且难以摹仿与复制。跨国公司的优势在于始终把握新知识，并在其公司内部转让，以确保跨国经营的优势。

6. 平衡跨国公司内部各利益中心之间的矛盾

内部贸易和转移价格为跨国公司调节内部经济关系，弥补公开市场缺陷，扩大企业总体利益，追求利润最大化的手段。跨国公司母公司与子公司之间的关系一般由股权份额决定，包括完全控股的关系、多数股权控股的关系、对等股权的关系、少数股权控股的关系。由于母公司对子公司控股程度有所不同，它们经济利益统一程度往往就不一致。因此在跨国公司的内部交易过程中，不能以利益的完全一致性为基础进行无偿调拨，而必须采取贸易的形式，通过内部市场机制满足各方的经济利益，以解决内部经济利益不平衡的矛盾。

四、跨国公司内部贸易的效应分析

（一）内部贸易的积极影响

1. 促进了国际分工和技术进步

跨国公司内部贸易的发展开辟了全球范围内一体化生产的可能性，促进和健全了公司内部网络的形成，即把生产加工的不同阶段分设在不同国家，或者由各子公司专门生产整个生产线的某种特定部件，提高了公司的生产效率，并获得规模经济效益。同时，内部技术贸易还促进了跨国公司根据不同东道国在人才、科技实力及科研基础设施上的比较优势，在全球范围内有组织地安排科研机构,推动技术创新,保持跨国公司的竞争力。据估计,跨国公司垄断了世界上70%的技术转让和80%的新技术工艺。

2. 利用转移定价攫取高额利润

内部贸易的产品和服务的价格是由公司管理阶层根据跨国公司的全球战略目标制定的,通过转移高价和转移低价可使整个公司的经营活动在全球战略目标指导下实现内部交换,在协调的基础上使各自的利益得到满足,并可减轻税负,实现内部资金配置,避免外汇汇率风险和东道国的外汇管制。例如,当跨国公司子公司所在国的外汇管制和利润汇出限制严、营业利润抽税高时,母公司就抬高供应给子公司的机器设备、原材料和劳务的价格,使子公司生产成本增加,盈利减少,从而少纳税;当子公司产品面临当地产品竞争时,母公司可以大幅度降低转移价格,从而降低子公司产品的生产成本,增强其竞争能力,以价格打垮竞争对手;当所在国货币将要贬值时,母公司就可以利用转移价格将子公司的利润和现金尽快汇出去;当子公司所在国货币坚挺时,母公司就利用转移价格使子公司扩资,从汇率中牟利。由此可见,转移价格已成为跨公司弥补外部市场结构性和交易性缺陷的重要措施,它既是跨国公司建立内部市场的重要手段,也是跨国公司内部贸易的强大支撑点,为其最终获取高额利润起了重大作用。

3. 保持跨国公司的技术优势

对技术的垄断是跨国公司的特有优势,也是其存在和发展的关键。如果公司的技术产品在公司外部交易,就有可能被竞争对手摹仿而受损失。内部贸易有助于公司增强在国际市场上的垄断地位和竞争能力,实现全球利益的最大化。实践证明,实行内部贸易与公司拥有的技术水平有关,其技术水平越高,内部贸易的比重就越大。据邓宁教授研究,母公司内部出口贸易在总出口中的比重,计算机工业为91.3%,石油工业为51%,汽车工业为62.4%,电子工业为36.5%,纺织业为12.8%,食品业为9.8%。

4. 有利于平衡跨国公司内部各方利益关系

内部贸易解决了跨国公司内部相对利益中心之间的矛盾,有利于公司高层人才的稳定。跨国公司的各个子公司虽然隶属于同一母公司,但各子公司又是独立的利益主体,即使是从母公司全球战略的大局出发,也应考虑到各个主体的利益要求,以保证工作人员的稳定,维持整个公司的凝聚力。因此,在内部交换过程中,跨国公司不能以利益的完全一致性为基础进行无偿调拨,而必须采取贸易形式,通过内部市场机制满足各方的经济利益,以解决内部经济利益的矛盾。

5. 规避经营风险

内部贸易降低了外部市场造成的经营不确定风险,有利于跨国公司实行计划管理。完全受市场自发力量支配的企业经营活动面临诸多风险,如投入供应数量、质量、价格等不确定,以及不同生产工序和零部件由独立企业承担,不易协调等。公司内部贸易可以大大降低各种经营的不确定性,使公司的商品数量、商品结构及地理流向都服从于公司长期发展战略计划、生产投资计划、市场营销计划和利润分配计划,优化公司内部的资源配置,使之不断适应公司发展战略的外部环境要求,在激烈竞争的环境中立于不败之地。

（二）跨国公司内部贸易的负面影响

从前面的分析可知，内部贸易在跨国公司资本运营中的作用功不可没，但也带来了一系列的负面影响。

1. 扭曲价格形成机制

转移价格的定价机制改变了价格作为市场信号的贸易秩序。母公司与子公司在转移产品、服务、资金时，人为地调高或调低价格与收费，在一定程度上削弱了市场自由竞争赖以存在的价格机制，破坏了国际市场价格与供求关系之间的联系。因此，内部贸易减弱了价格作为市场信号的作用，在一定程度上干扰了原本以市场价格为基础的贸易秩序，使世界市场上通过传统的"自由市场"按照公平条件进行的交易所占比重不断减少，而通过"封闭"市场进行的交易则日益扩大。

2. 损害东道国利益

转移价格往往损害了东道国的利益。由于内部贸易采用转移价格手段，达到跨国公司的特定目标，如将资金调出东道国，规避东道国的税收，绕过东道国的关税壁垒等。跨国公司通过转移价格侵吞了东道国合资方的利润，减少了东道国的税收收入。

内部贸易降低了东道国引进外资的关联效应。很多东道国，特别是发展中国家，大力引进外资的目的之一就是希望通过跨国公司的投资带动上游产业或下游产业的发展。然而跨国公司从全球战略出发，有时宁可高价进口国外关联公司的原材料、半成品，降低了跨国公司在东道国直接投资的关联效应。例如，某合资企业生产用的主要原材料阿苯达唑，国内许多厂家能生产，而且产品质量很好，但该企业的合资外方却拒绝使用高质价廉的国产原料，而高价从其他国家的子公司进口。

3. 跨国公司的内部贸易使国际关系复杂化

跨国公司的内部贸易在一定程度上扰乱了传统的国际贸易格局和秩序。一方面，跨国公司通过内部贸易侵占了东道国的利益，破坏了东道国的投资声誉，而且使东道国在制定经贸政策时左右为难；另一方面，内部贸易中的返销活动使得进口国、出口国的地位改变，改变了双方的贸易差额，不利于改善东道国的国际收支。这些矛盾显然会造成国际经贸关系复杂化。

由此可见，跨国公司的内部贸易是国际贸易发展的一把"双刃剑"。如何运用好这把"双刃剑"已引起世界各国普遍关注。美国、法国、日本等拥有大量对外直接投资的发达国家，都已制定专门法规，限制跨国公司转移价格的作用。而发展中国家与跨国公司打交道的时间短，缺乏经验，要管制转移价格就比较困难。发展中国家应该从完善法令、法规入手，加强对外资企业财务报表的审核，并及时了解国际市场价格的变动情况及有关国家的税率差别，了解国际市场同行业利率水平，及时发现问题，以对跨国公司转移价格进行限制，扬长避短。

第二节　跨国公司转移价格

一、跨国公司转移价格的含义

跨国公司转移价格又称跨国公司划拨价格，是跨国公司根据全球战略目标，在母公司与子公司、子公司与子公司之间销售原材料、零部件、最终商品和劳务、无形资产（如专有技术、商标、专利等）时采用的一种内部价格。

转移价格是跨国公司根据内部交易各方所在国的政治经济环境、税收制度、外汇管制程度、汇率水平及跨国公司全球营销需要而人为制定的，不完全受市场供求关系的影响，也不直接受生产经营成本的制约。

随着经济全球化的发展，跨国公司的规模越来越大，分支机构遍布世界各地。这就难免要在跨国公司内部，也就是母公司与子公司、子公司与子公司之间进行商品、劳务及技术的交易，这些交易不以市场供求关系为基础的国际市场价格进行，而是通过跨国公司转移价格完成。

二、跨国公司转移价格的制定原则

当一种产品的最终完成需要在企业内部的多个责任中心（经营实体）之间进行转移，且由多个责任中心共同努力才能实现销售时，仅有最终的产品才能为企业带来货币效益，实现的收益还是应该由这些责任中心共同分享。这时，转移价格的制定就成为跨国公司内部的利益分配机制。为了促使跨国公司财务目标的实现，制定转移价格应遵循下列原则。

1. 目标一致原则

跨国公司在制定转移价格的过程中，应整体考虑跨国公司全局利益和各责任中心的局部利益，并使之协调一致。如果转移价格制定不合理，可能损害跨国公司的全局利益或挫伤各责任中心的积极性。在跨国公司全局利益与各责任中心的局部利益发生冲突时，跨国公司应从整体利益出发制定转移价格，以保证整体目标的实现。

采用转移价格的各部门同属一个经济实体，总体利益是一致的。制定转移价格只是为了分清各部门的责任，有效地考核、评价各部门的业绩，根本目的仍是维护跨国公司的整体利益。

2. 各方利益平衡原则

跨国公司制定出的转移价格，必须确保提供产品的责任中心和接受产品的责任中心双方均感到公平、合理，而不能使某些责任中心因转移价格上的缺陷而获得额外的收益或损失，以致不能正确考评各责任中心的工作绩效。也就是说，根据转移价格确定的各责任中心的绩效，应能够准确反映该中心对跨国公司总体绩效所做的贡献。

3. 科学性原则

科学性原则要求转移价格必须在较大程度上反映产品或劳务的实际劳动消耗水平，跨国公司制定转移价格应该在广泛收集和认真整理相关资料的基础上，对各有关责任中心的成本、费用开支状况进行科学的预计和分析,保证转移价格制定的科学性。同时,转移价格的制定,还应该有利于各责任中心的科学决策。

4. 激励约束相结合原则

没有任何一个部门经理可以以牺牲其他部门的利益为代价而获利。转移价格的制定应避免主观随意性,客观公正地反映各部门的业绩,进行准确的考核和相应的激励,来调动各部门的工作积极性,促使各部门服从整体利益,并以最大努力来完成目标。制定转移价格的目标,就是通过建立有效的激励机制,使部门经理做出有利于组织整体目标的决策。

在有效激励的同时,应合理界定各分支机构的经济责任。转移价格作为一种计量手段,可以确定转移产品或劳务的价值量。这些价值量既标志着提供产品或劳务的分支机构经济责任的完成,也标志着接受产品或劳务的下游公司应负经济责任的开始。

三、跨国公司转移价格的制定基础与制定方法

从跨国企业的角度来说,利用转移价格主要是为了通过策略性地调整利润,达到全球范围内降低税负、规避东道国外汇管制、控制市场,以及为其他需要而掩盖真实获利能力等目的。转移价格的实现是由于不同国家的所得税率、关税及有关国家鼓励出口的税款抵免和补贴不同,跨国公司可以制定较高的投入转让价格或较低的产出转让价格,将处于较高所得税率国家内的子公司利润转出,而用较低的投入转让价格或较高的产出转让价格,把利润保留在所得税率较低国家的子公司中。

(一) 转移价格的制定基础

转移价格根据不同的计价基础,大致上可以分为三大类。

1. 以市场为基础的转移价格

在存在完全竞争的市场条件下,跨国公司的转移价格一般采用市场价格。市场价格,即将产品或劳务的现行市场价格作为计价基础。市场价格具有客观真实的特点,能够同时满足跨国公司的整体利益和分支机构的局部利益。但是,它要求产品或劳务有完全竞争的外部市场,以取得市场定价依据。以市场为基础制定转移价格可以解决各部门间的冲突,生产部门有权选择其产品是内部转移还是卖给外部市场,而采购部门也有权自主决定。

如果与市场价格偏离,将会使整个跨国公司的利润核算失准。市场价格比较客观,能够体现责任会计的基本要求。但是,如果市场价格波动剧烈,信息处理能力较低,市场价格的准确性与可靠性受影响,甚至有些产品没有市场价格作为参考,市场价格作为转移价格制定基础就有很大的限制。

2. 以协商为基础的转移价格

跨国企业内部责任中心之间以正常的市场价格为基础,参考独立企业之间或企业与无关联的第三方之间发生类似交易时的价格,并建立定期协商机制,共同协商确定出双方都愿意接受的价格作为内部转移价格。以协商为基础的转移价格在各部门中心独立自主制定价格的基础上,充分考虑了跨国公司的整体利益和供需双方的利益。

采用该价格的前提是中间产品存在非完全竞争的外部市场,在该市场内双方有权决定是否买卖这种产品。该转移价格的上限是市场价格,下限则是单位变动成本。这种方法运用恰

当,会发挥很大的作用。以协商为基础的转移价格可以使部门经理如同独立公司的经理那样从事管理,从而保留了部门经理的自主权。

但在实际操作中,由于存在质量、数量、商标、品牌甚至市场经济水平的差别,协商的价格与市场价格直接对比很困难。在协商过程中可能会浪费经理人员的大量精力,而衡量业绩的最终价格也许取决于经理的协商能力,而不是从对公司最有利的角度考虑,从而达不到目标的一致性。采用以协商为基础的转移价格可能导致公司的最高管理当局直接干预转移价格的定价,这将使部门经理丧失自主权,削弱分权管理的优势。

3. 以成本为基础的转移价格

以成本为基础的转移价格是指所有的内部交易均以某种形式的成本价格进行结算。它适用于内部转移的产品或劳务没有市场价格的情况,具体包括完全成本、完全成本加成、变动成本及变动成本加固定制造费用等形式。以成本为基础的转移价格具有简便、客观的特点,但存在信息和激励方面的问题。比如,将完全成本作为计价基础,对于中间产品的买方有利,而卖方得不到任何利润,虽然采用完全成本加成可以解决这个问题,但加成比例的确定又容易产生问题。同样,变动成本和变动成本加固定制造费用的计价方法也存在类似的问题。

(二) 转移价格的制定方法

1. 可比非控制价格法

可比非控制价格法是指同一跨国集团内部各公司之间转移商品或服务时所使用的价格,与独立非受控交易中所使用的正常价格进行对比。非受控交易是非关联公司之间或非关联公司与关联公司中的一方的交易。要找到完全相同或是十分相近的交易是十分困难的,因此只要比较双方的交易在商品本身、合同条款、交易数量、市场情况、转售利润预期等方面的差别可以被确定或调整,甚至是存在一些无法被确定的细小差别,只要没有其他现有的转移定价法比可比非控制价格法更可靠,可比非控制价格法仍是可以使用的。与其他方法比较,可比非控制价格法最为直截了当,能提供大量的数据证明准确性,因此最受税务当局欢迎。

2. 转售价格法

转售价格法主要通过参考独立公司在可比非控制交易中所获得的毛利,来判断某一受控交易的价格制定是否符合公平独立核算原则。转售价格法主要使用一个受控的市场销售公司(分销商)在进货时(这些货物将进而转售给无关联客户)所支付的转移价格。采用转售价格法,转移价格的简要计算公式为:

$$转移价格 = 转售价格 - 销售利润$$

转移价格是分销商从关联企业中进货所支付的价格;转售价格是分销商卖给无关联客户的价格;销售利润是分销商的收入。从公式中可以发现,确定分销商的合理销售利润是使用转售价格法的关键。

3. 成本加成法

成本加成法是指制造商及服务供应商的生产成本是被加数,加上一个符合公平独立核算原则的利润,得出供应商提供产品或服务的合理价格。采用成本加减法,转移价格的简要计算公式为：
$$转移价格 = 生产成本 + 成本加成$$
转移价格是制造商相关联企业出售产品时的价格；生产成本是制造商所承担的价格；成本加成即制造商的毛利。成本加成法是最常用来确定制造商及跨国公司内部服务供应商应得的正常利润的一种转移定价制定方法。

4. 交易净利润法

交易净利润法是为特定的一个或一组交易确定净利润水平的方法。这种方法是将跨国公司内部关联公司各交易所创造的净利润水平与从事大致可比交易的独立公司净利润水平进行比较。因为产品本身的差别对净利润的影响比对价格的影响小得多，在实践中，交易净利润法常常被当作没有可比商品交易时的最后一招，或是用来对其他转移定价方法结果进行复查。

5. 利润分割法

利润分割法是完全依赖跨国公司内部数据的转移定价方法，重点考察跨国公司如何通过一种或一类特定产品去实现总利润。对于一个生产、销售一体化的跨国公司来说，它赚取的是其产品从头到尾的全部利润或差价。这种经过集体努力、通过受控交易实现的经营利润或亏损，应该按照一定的比例分配给跨国公司内部有关的各方。

6. 双重价格法

双重价格法即是由内部责任中心的交易双方采用不同的内部转移价格作为计价基础。采用双重价格，买卖双方可以选择不同的市场价格或协商价格，能够较好地满足企业内部交易双方在不同方面的管理需要。

以上方法各有利弊，例如，可比非控制法不需要计算，方法简便，但是要找到符合条件的可比交易却较困难；而交易净利润法虽然对可比交易的要求很低，但是它所提供的证据却很难让税务部门信服，容易引起税务部门的注意，引发转移定价额外的审计。

（三）基于成本转移定价方法的进一步探讨

对基于成本方法的使用比基于市场方法使用得多一些，因为适用成本加成方法的跨国公司为数最多。

基于成本的完全成本加成法等是当前跨国公司制定转移定价的首选。随着当前成本核算与管理方法的进一步改进与细化，基于成本方法的转移定价制定也应相应做出调整。

1. 完全成本加成法

完全成本加成法又称吸收成本加成法，这种方法将完全（吸收）制造成本或者总成本作为产品或服务的转移定价基础。在这种方法下，
$$转移价格 = 完全制造成本 + （加成率 \times 成本）$$
这是一种较为传统的成本加成定价方法，为大多数跨国公司所使用。

完全成本定价法定价公式提供了一个所有利益相关方认为公正的价格。制造商及其分销商都认同，一个公司必须从它的产品服务中获取利润，以维持正常和稳定的经营。对它们而言，将价格界定为全部生产成本、销售成本和管理成本加上合理的边际利润是一种比较可行的办法，有利于解决跨国公司在考核各地经营业绩时由转移价格引起的争端。

当公司的竞争者具有相同的经营和成本结构时，以全部成本为基础的成本加成定价给管理层提供了一个分析竞争者如何制定价格的框架。完全成本信息由公司的会计体系产生，在一般公认会计原则的要求下，对外报送财务报告对此有特定的要求。绝大多数跨国公司是上市公司，其财务报告必然经过较为严格的审计，使用财务报告中已存在的完全成本信息具有较强的说服力，不会引起税务部门的特殊注意。

同时，在制定转移定价时使用这种方法较为简便。而其他方法制定转移定价时，需要特殊的制造成本数据，在具有数百种产品的公司中，这类数据对生产而言，无疑是成本过于高昂了。使用完全成本加成法需要承担决策失灵的风险，它最主要的缺点是混淆了公司的成本行为模式。完全成本加成法包括了分摊的固定成本，但是这部分固定成本不能清楚地表明当数量变动时，公司的总成本是如何变动的。同时，分摊的固定成本的存在，容易导致购买部门把对整个跨国公司而言的固定性成本，视为对本部门而言的变动性成本。例如，在跨国公司的制造部门有剩余制造能力时，产品或服务的转移价格为完全成本加成，就可能高于分销商出售给非关联客户的价格，使得分销商不会接受非关联客户的订单继续生产。但是，此时该产品或服务的变动成本加成价格却是低于分销商专售价格的，由此将导致跨国公司的整体利益受损，不能有效实现全球经营利益最大化的目标。

2. 变动成本加成法

在完全成本加成法存在上述缺陷的情况下，一些管理人员开始倾向于使用以变动制造成本或全部变动成本为基础的变动成本加成方法。财务管理人员可以经常使用本方法了解价格和数量变动的收益内涵。尤其是对分权结构的跨国公司而言，在制定转移价格时，更有利于与非关联公司的价格进行比较，提高本公司的竞争力。

变动成本数据并不需要将普通固定成本分摊至个别的生产线上。当面对某一具体决策，例如要求确定是否接受一宗特别订货时，变动成本数据恰恰成为管理人员需要的信息类型。该决策一般需要对固定成本和变动成本分别进行分析。

变动成本加成法的最大缺陷在于从长期角度出发，不能弥补所有的成本和正常的边际利润。如果要弥补全部成本，那么必须采取更高的加成率，管理人员就不会采取这种方法了。同时，由于存在业绩考核，制造商未必乐于制定一个较低的转移价格。一旦采取变动成本加成法，获取较低利润一方的税务部门很可能去关注，使得跨国公司被认为涉嫌转移利润，从而付出额外的精力及费用，影响公司形象。因而尽管变动成本加成法要比完全成本加成法准确，但在实际工作中应用得并不比完全成本加成法广泛。

3. 作业成本加成法

作业成本加成法是为适应现代跨国公司进行适时制生产方式而形成的成本核算和管理方法。在作业成本下，产品成本是完全成本。就一个制造中心而言，该制造中心所有的费用支出只要是合理的、有效的，都是对最终产出有益的支出，都应计入产品成本。作业成本加成法将制造商的生产过程看作一系列作业的组合，建立作业成本库，并分析每个作业的成本形成原因，以此来分配费用，是一种较为细致、准确的核算成本的方法。

虽然作业成本加成法下产品成本比完全成本加成法的范围要广，其计入产品成本的是与生产该产品相关的费用，这些都是要弥补的。将那些不合理的费用计入期间费用，比传统的完全成本加成法准确、合理。用作业成本加成法制定的转移价格易为关联双方的管理层接受，更加体现了公平原则。

在应用作业成本加成法的企业中，以作业成本为基础制定转移价格。由于企业已经建立作业成本库，以及相关的成本动因分析资料，在此基础上制定转移价格，不需要额外的成本数据，因而可以节约时间及精力，比其他方法相对简便。应用作业成本加成法要求及时监督和控制各个作业的成本，在面临税务部门的审查时要有足够的证据；而其他成本加成法还要另外准备相关文件，付出额外的精力和费用，不符合成本效益原则。

作业成本加成法既可以克服变动成本加成法的短期行为，又比完全成本加成法准确、合理，在应用作业成本法进行核算和管理的跨国公司中，应是最为适合的方法。

四、跨国公司转移价格的作用

1. 实现跨国公司全球战略目标

转移价格是跨国公司实现全球战略目标的重要手段。转移价格的制定直接影响跨国公司对外直接投资的经营战略，并决定整个跨国公司的利润水平。跨国公司可以利用转移价格的灵活性和有效性，享受商品、劳务带来的好处，有效地调动一切资源实现利润的最大化。所以说，转移价格是跨国公司实现全球战略目标的重要策略。

2. 获得最大利润

转移价格是跨国公司实现全球范围利润最大化的一种措施，因此跨国公司利用各种方式操纵转移价格，实现全球利润最大化。并且在一定程度上，转移价格不用顾忌国际市场供求关系的影响，具有较强的自由性，交易双方也是为了共同的利益，有利于降低成本，提高利润。

3. 逃避税收

跨国公司全球化经营的核心目标是税后利润最大化。跨国公司的子公司遍布世界各地，由于各国的发展水平不同，开放程度存在一定的差异，各国政府在征收所得税及关税的税率方面存在差异。跨国公司正是利用各国不同税率实施价格转移。所得税方面，高税率国家的子公司向低税率国家的子公司出口商品或劳务时压低价格，进口时抬高价格，以便把利润从高税率国家转移到低税率国家，从总体上降低公司的纳税额；关税方面，跨国公司同样利用转移价格减少高税率国家的利润，增加低税率国家的利润，减轻自己的纳税义务。另外，跨国公司还可以利用一些国家或地区设立的避税港、避税区进行价格转移，达到少纳税或不纳税的目的。

★延伸阅读

美国会计总署的研究表明，67%的外国公司每年在美国进行数千亿美元的生产和交易活动，却没有交纳一分钱的所得税。据某个经营于美国的外国公司透露，1998年，它们曾经以171美元一支的价格，从本企业内部进口牙刷，而以13美元一支的价格，向属于同一企业系统的其他分支企业出口，以此成功地逃避了应交所得税。为了加强对滥用转移定价的防范，近年来美国国内收入局增加了100名审计师，每年大约花费1 600万美元聘请外部专家加强审计。但即使如此,针对一些巨人公司如日立、三菱电器、东海银行和大宇等大公司的转移定价调查仍是悬而未决。

(资料来源:豆丁网,《试论跨国公司内部贸易中的转移定价问题》)

4. 转移资金

当子公司在东道国融资出现困难,需要大量资金支持时,跨国公司的母公司就会在各个子公司之间筹措资金。但有些东道国对资金外流有一定的限制,这时跨国公司就会以转移价格的形式,用较高的价格向这类东道国子公司输出商品或劳务;或者以高利息的形式向限制国子公司提供贷款,将限制国子公司的资金或利润转移出来,向缺乏资金的子公司提供资金支持。由货币的逐利性可知,跨国公司通过转移价格把资金从低利率国家转移到高利率国家,获取更多的利润。

5. 拓展市场

在市场竞争比较激烈的国家或地区,跨国公司利用转移价格帮助子公司参与竞争。母公司以极低的价格向子公司提供原料、中间品等,大幅降低子公司的生产成本,提高利润率,增强竞争力,使子公司在竞争中击败竞争对手,保持市场份额。灵活的转移价格可以以低价格的进攻策略渗入市场,挤占市场的占有率,这对跨国公司新组建的子公司极为重要;通过转移价格高价买进子公司的产品,对子公司给予价格支持,对子公司迅速打开东道国的市场大门、树立信誉、开拓市场也极为重要。

6. 规避风险

跨国公司在进行全球化经营时,子公司在东道国会遇到各种风险,如外汇管制、通货膨胀、政局不稳等。这时母公司从公司的整体利益出发,协调各个子公司之间的利益关系,规避风险、降低损失。

一是规避外汇管制风险。当子公司所在东道国外汇管制较为严格,使得子公司的利润难以汇出时,母公司就利用转移价格,提高对子公司供给物的价格或压低对子公司采购物的价格等,间接地将利润抽回。

二是规避通货膨胀风险。东道国发生通货膨胀会使该国的货币贬值,导致金融资产的购买力下降。在这种情况下,跨国公司便利用转移价格,让其在该国的子公司增加当地债务,同时提前向母公司或位于币值坚挺的国家的子公司支付货款,提高对子公司供给物的价格,尽可能多地把子公司的现金转移出来,使其保持最低限度净货币资产,降低通货膨胀带来的损失,抵御通货膨胀的风险。

三是规避政局不稳风险。如果东道国的政治局势不稳定,那么子公司就有可能被征用或国有化。此时,跨国公司就以高转移价格向该子公司提供商品或劳务,使其陷入财政危机,进而达到抽回资金的目的。

五、运用转移价格需要注意的问题

1. 因地制宜地运用转移价格

跨国公司转移价格的定价方式易引起他国的排斥和歧视。因此,当国内母公司向国外子公司输出商品或劳务时，最好采用外部市场价格的定价办法，以避免不必要的争议。但在转移无形资产时，由于世界无形资产（特别是技术）市场不完全，相对来说，很难通过公开渠道得到无形资产价格的信息，而且无形资产成本具有很大的不确定性，其自身特点也导致难以找到可比性强的参照物，所以跨国公司可以较为灵活地制定无形资产转让方面的转移价格，从而有效地为实现全球战略目标服务。

2. 转移价格要考虑避税的综合收益

当跨国公司应用转移价格合理避税时，不仅可以通过母公司和单一子公司之间的转移定价避税，还可以通过商品在多个国家子公司之间多次转移以达到整体税负最少的目的，或在公司的连接链条中设立中介贸易公司，将其设在所得税很低的国家，使公司能以较低税率对自己的所谓全部所得缴纳所得税。但是规避关税和规避所得税两者之间往往存在矛盾：母公司给海外子公司供货，如将转移价格定低可以减少关税，却会因此增加所得税，这种情况在海外工程承包项目中最为常见。因此，跨国公司在制定转移价格时，要综合计算对应于各转移价格所引起的关税和所得税的降低值，再经比较以选取综合收益最大的转移价格方案，否则转移价格的运用可能会带来负面的结果。

3. 转移价格应为东道国政府接受

转移价格的制定必须看重长远目标，而不局限于眼前利益，因为如果跨国公司滥用转移价格，人为转移海外子公司或分公司的资金和利润，会侵害子公司东道国的利益，引发利益冲突，甚至可能被东道国税务部门控诉，不利于其在海外的长期经营和发展。例如，外国企业的转移价格问题已成为我国政府打击的重点之一。许多子公司的东道国是有丰富转移价格审查经验的发达国家，一些国家已将出于避税目的的转移价格作为反避税的首要目标，且制定了专门的反避税法规，针对转移定价的避税行为采取了严厉的防范限制措施。

4. 认真对待转移价格的文件准备工作

合理制定转移价格后，要做的最后一项工作是准备送审文件。转移价格要实施，必须通过子公司东道国的审查，所以能否提供充分、恰当的文件资料，对定价的公允性进行证明，尤为关键。由于各个国家对转移价格审查的要求和适用的法规不同，跨国公司要满足各相关国家要求的工作量繁重，所需费用十分巨大。如美国要求的主要文件有 10 大类，并要求对文件提供大量的数据和定量分析报告，以说明其集团内部交易的定价符合公平独立核算原则，这对于一贯缺乏系统数据资料的跨国公司而言难度很大，所以应提早进行合理的筹划，借鉴其他跨国公司的先进经验，设立专门的管理委员会进行文件准备工作，运用软件来帮助构建和整理材料，通过互联网搜索可比公司信息，运用科学方法进行统计分析和经济分析等。

第三节　东道国应对跨国公司转移价格的对策

一、跨国公司转移价格对东道国的损害

1. 侵蚀东道国的经济利益

（1）有形资产的转移价格。一是实物交易中的转移价格。它是转移价格中最重要、使

用最频繁的一种方式，包括产品、设备及原材料购销和投入资产估价等，其手段是采取"高进低出"或"低进高出"的方式来转移利润。二是货币、证券交易中的转移价格。跨国公司关联企业间货币、证券等借贷业务中采用的转移价格，通过提高或降低利率，在跨国公司内部重新分配利润。三是劳务、租赁中的转移价格。跨国公司关联企业间在相互提供劳务和租赁服务时，高报或少报服务费用，甚至将境外企业发生的较多管理费用摊销到境内公司，以此逃避税收。四是经营风险中的转移价格。为规避跨国经营风险，跨国公司采取转移价格，将有关收益或资金汇出所在国。

（2）无形资产的转移价格。无形资产的转移价格主要指在获得专有技术、商标和专利等无形资产过程中的转移价格。跨国公司企业间通过签订许可证合同、技术援助或咨询合同等，提高约定的支付价格，转移利润。无形资产转移价格确定的核心是技术的内部转让和使用费的确定，国际技术贸易交易的80%在发达国家之间进行，而其总额的50%~75%是在跨国公司之间进行。目前，很少有公开的技术转让国际市场价格，也缺乏相应的外部价格，跨国公司可以灵活地制定技术转让方面的转移价格，从而有效地为实现全球战略目标服务。

由于对产品性能、技术含量等方面的信息不对称，外商很容易以高于市场的价格从外国子公司手中购进原材料，并以低于市场价格的价格向外国子公司销售产成品，实现转移利润的目的。跨国公司偏好在公司内部之间进行技术转让，投资者向国内关联企业转移技术现象很普遍，我国65%的外资企业向国外投资者支付技术转让费和商标使用费，由于技术价格确定不合理，而导致跨国公司利润的转移。

2. 遏制技术在东道国的扩散

对先进技术的垄断使东道国技术引进难以达到预期目标。当今，技术作为跨国公司的核心资源，是决定竞争力的首要因素。东道国引进跨国公司的主要原因是期望在引进外资的同时，获取跨国公司先进技术及管理经验。为实现这一目标，东道国政府可能采取给予跨国公司税收优惠安排、融通资金便利、降低市场准入门槛等政策。但是，跨国公司控制着国际技术转让的大部分份额和对发展中国家技术贸易绝大多数的份额，为防止所拥有的专利技术被东道国的竞争者掌握、仿制，会选择内部转让或对外直接投资的方式，绝少通过国际技术市场进行专利技术贸易，这样既以较低的交易成本得到更大租金，又把技术牢牢控制在自己的手中，避免先进技术外溢，继续巩固技术垄断地位，从而获得更多的超额利润。因此，跨国公司在技术转让中不会因为东道国让出市场而无偿出让专利技术，从而使东道国的技术引进难以达到预期目标。

3. 减少东道国政府的税收

跨国公司是分散在不同国家但存在某种控制关系的公司群体，而各有关国家的税收制度在税率高低、费用列支、征免范围及幅度等方面存在很大差异。因此，跨国公司在内部贸易中可能人为地抬高或压低价格，不合理地进行费用分配，轻而易举地将利润由税负较高的国家转移到税负较低的国家，从而减轻集团的整体税收负担。

如果母公司处在高税率国家，子公司处在低税率国家，母公司在向处在低税率国家的子公司出售商品和劳务时，则采用低的转移价格；反之，该子公司向母公司出售商品和劳务时，则采用高的转移价格，以提高母公司的成本，降低母公司的利润。这样，利润就会从高税率国家转移到低税率国家纳税,减轻了整个公司的所得税负担。

★ 延伸阅读

我国反避税措施

在我国国内存在严重的跨国公司通过转移定价偷漏税的现象。2011 年,税务部门在进行例行税务检查时发现,谷歌等 3 家跨国公司在华企业存在涉税违法行为,后依法对这 3 家公司予以查处。

我国也充分认识到跨国公司内部贸易中转移价格的运用给我国造成的重大的利益损害,并积极采取措施加以避免。我国于 2008 年出台的企业所得税法,前瞻性地建立起比较先进的反避税法律框架,加强反避税。近些年,税务总局初步构建了反避税防控体系,研究开发跨国公司利润指标监控体系,全面跟踪和监控在华跨国公司利润水平变化情况,为保护中国税基安全提供技术保障。

中国反避税的一些法律规章的操作性、监控水平等方面尚面临诸多挑战。2014 年 11 月,G20 峰会上中国加入 G20 框架下国际反避税行动,这意味着中国通过加强国际税收合作,提升反避税水平,力堵跨国公司的避税通道。

(资料来源:豆丁网,《跨国公司内部交易的转移定价分析》)

4. 不利于发展中国家东道国产业结构的优化调整

目前,全球跨国公司主要为西方发达国家所拥有,跨国公司到发展中国家投资也是因为这些东道国便宜的原材料和廉价的劳动力供给、较低的环境保护标准和极具潜力的市场空间。跨国公司投资初级产品的开发,不利于东道国经济增长的长远目标和对外贸易可持续发展战略的实现。即使是对东道国直接投资用以建立制成品工业,跨国公司也常将耗能大、污染重、效益差的传统工业部门从母国转移到东道国,致使东道国的产业结构很难向高级化发展。

5. 降低东道国引进外资的关联效应

东道国引进外资的目的之一就是希望通过跨国公司的投资带动相关产业之上下游产业的发展。然而,跨国公司有时宁愿高价进口国外关联企业的原材料或零部件,从而降低跨国公司在东道国投资的关联效应。

6. 扭曲东道国市场价格

大多数发展中国家以初级产品和中低端制造业生产为主。在许多初级产品国际贸易中,发达国家的跨国公司既是国内市场上的垄断买主,又通过对外直接投资在东道国建立子公司,从而成为发展中国家市场上的垄断卖主。跨国公司利用在市场上的有利地位,根据自己的需要人为地确定相关产品的价格,扭曲了市场供求信息,干扰了原本以市场为基础的经济秩序。在中低端工业制成品市场,制成品工业生产和出口被跨国公司所控制,大多数跨国公司具有技术优势、规模优势和差别优势,不仅对产品价格和销量拥有垄断能力,还控制着东道国的生产和出口贸易。

7. 致使东道国国际收支恶化

一方面,跨国公司利用"高进低出"的转移价格带来外方整体利润的增长,从而驱动东道国的跨国公司子公司进口大量跨国公司母国生产的中间投入品，导致东道国零部件、半成品进口的增长；至于高新技术产品、先进设备，特别是专利技术等，原本就是跨国公司的垄断优势，对于这类商品跨国公司会向东道国索取垄断高价。另一方面，跨国公司以低于正常市场价格，甚至低于成本的价格向母国出口劳动密集型、资源密集型产成品，从而形成经常项目逆差，外汇大量流出。

此外，许多在东道国的跨国公司通过转移价格转移利润，账面亏损严重，损害东道国投资声誉，进而导致跨国公司在东道国的员工工资和福利难以提高等。

二、东道国对跨国公司转移价格的应对措施

研究跨国公司的转移价格，从而制定出有效的防范与应对措施，减少他国跨国企业运用转移价格给东道国造成损失。另外也可学习和运用转移价格，提高本国对外的跨国公司在其他东道国的利润。

1. 构建国际范围内的转移价格形成机制

现在世界上已有 70 多个国家实行转移价格税制，其中最具规范性的当推美国规则。美国倡导的"正常交易准则"（Basic Arms Length Standard，简称 BALS）被各国广泛接受。依据此原则，在确认跨国公司某一项转移价格是否合理时，美国税务局将参照同类产品在相似的销售条件下，以相互独立的买卖双方交易时形成的价格为标准价，将二者进行比较，得出结论。美国税法规定：如果转移价格超越了"正常交易准则"确定的标准，税务局有权实施"转移价格审计"，调整并重新分配该公司的利润扣除额及其他收入项目，按照调整后的数额确定纳税人的真实应税所得额，强制其交纳税款及罚款。

为了评价跨国公司的转移定价是否符合"正常交易准则"，美国税法中规定了三种计算交易价格的方法，即可比不受控制定价法（Comparable Uncontrollable Pricing Method）、转售定价法（Resale Pricing Method）、成本加成定价法（Cost Plus Method）。事实上，确定转移价格困难重重。显而易见的是，许多转移对象不存在或缺乏可比产品或可比交易，如垄断性很强的无形资产，就很难确定转移价格的合理标准。

近年来，美国对转移定价规则进行了一系列的补充修订，增加了更加科学有效的约束机制。

2. 参考国际惯例，完善东道国法制建设

各个跨国公司东道国应制定完善的、内容齐全的法律法规，如《转移价格税制实施细则》，可包括关联企业的认定、业务范围、调整方法和原则、可比数据资料的获取、详细的分类调整、纳税人报告义务和举证责任、税务机关权力、文件准备要求、相应调整、处罚规定、时间限制和预约定价等。借鉴国际反避税法规的经验，单独制定一套比较系统和完整的反避税法规，内容可包括避税行为的认定、适用范围、进行避税活动可能采取的方法及手段、纳税人有提供税收情报的义务和对国际避税案件有事后提供证明的义务，以及对违规的处罚规则等。

3. 加强执法力度，提高治理效率

东道国在转让价格的实践方面与主要发达国家的差距甚大。我国从 1980 年开始引进外

商直接投资，也实行了各种优惠政策鼓励外商来华投资，但各级政府对外商投资企业转移价格问题不够重视。治理转移价格需要加大处罚力度。对未按规定期限向税务机关报送的企业，应按照税收征管法的规定，坚决予以处罚。转移价格治理是一项复杂而艰巨的工作，需要一支懂法律、财务、贸易、行业知识和具备外语基础的稳定人才队伍。

4. 搞好软环境建设，实行全面的国民待遇

（1）加强信息化建设。治理转移价格，信息必不可少。要高度重视价格信息系统的建设，建立健全税务部门与海关、商务部、商检局及统计局等部门信息交换制度，逐步实现政府各部门的信息共享。税务部门应加强对国内外上市公司的价格和利润信息资料的收集，建立价格信息和利润信息库，充分发挥海关对关联企业之间进出口货物的监管作用。

（2）积极开展国际税务合作。一国转移价格调整往往会导致另一国税务部门进行相应的调整，否则就使跨国公司遭受双重征税的风险。为了维护国际资本流动的正常秩序，国家之间必须进行税务合作，加强税收情报收集与交流。除了转移价格调整的合作之外，还应进行利润与税收等有关情报的互换，如跨国公司背景资料、各种商品的价格资料的互换等。

（3）继续改善宏观经济环境。治理转移价格问题需要从根本上削弱转移利润的动机。在国际经济持续下滑的背景中，我国政治稳定开明，经济一枝独秀，外资大量涌入，人民币汇率稳定，外汇汇率风险相对较低，吸引外商投资的软环境大大改善。外商投资企业转移价格问题也会得到有效的规范和治理，竞争环境将日趋公平。

（4）实行全面的国民待遇。涉外税收政策调整的合理取向是税收等同国民待遇。内外资企业税负水平的差异，不符合市场经济条件下各企业间公平竞争原则。统一内外资企业所得税可行的办法是将内外资企业所得税税率统一，与发达国家的税率也大致相当。这符合减税的国际潮流，既可以保证财政收入不下降，又可以减少国际税收摩擦，是经济发展的必然趋势。

随着东道国对跨国公司转移价格的不断规范，会有更多的新问题暴露出来，为了保证东道国社会经济能够健康、稳定、持久、快速地发展，须不断完善税收法制。转移价格是跨国公司在东道国避税的主要形式，制定有关转移价格的管理办法并有效地予以实施，是涉外税收管理中反避税的重点。从持续发展的角度来看，化解跨国公司转移价格和东道国经济收入的矛盾，将成为一个永恒的课题。

★ 延伸阅读

跨国公司利润中心模式对内部贸易转移定价的影响

利润中心是指拥有产品或劳务的生产经营决策权，既对成本负责又对收入和利润负责的责任中心。它有独立或相对独立的收入和生产经营决策权，其独立性和获利性的特征使其拥有更加合理灵活的决策流程、更加快速及敏感的反应机制。

规模经济和追求利益最大化产生了跨国公司，进而通过纵向一体化避开了国外市场的不完善性，进而出现了公司内部贸易，但问题是：作为公司内部贸易的基石，利润中心模式的独立性和获利性却导致跨国公司内部一个看似不可调和的矛盾。ABB 公司作为全球电力和自动化技术领域的领导厂商，也不可避免遇到了类似的问题。

ABB 投资了线性菲涅尔太阳能发电技术领先供应商 Novatec Solar 公司，还投资了美国

Green Volts 公司，后者主要提供包括专利光学技术和追踪技术在内的交钥匙光伏系统。这两项投资巩固了 ABB 在太阳能发电领域的实力。凭借强大的业务能力，ABB 在 2010 年 12 月至 2011 年 8 月的短短 9 个月内，仅在意大利就成功交付了 14 座交钥匙光伏电站解决方案，其中有 12 座提前竣工，一座 24 兆瓦太阳能电站在不到 5 个月的时间内就建成并投产。然而，ABB 在中国的太阳能市场的应用，却因 ABB 集团位于西班牙的太阳能能力中心和 ABB 中国子公司在供货部件价格问题上未能达成一致，即采购权、定价权在谈判中始终由占技术优势的西班牙太阳能能力中心掌握，本可以低价从公司外采购的部件必须改为公司内部采购，且公司内部采购部分也必须以高于成本若干倍的价格直接从西班牙方采购，最终导致 ABB 与中国长江三峡集团公司首个发电项目失之交臂，影响了世界最先进的太阳能光伏技术在中国市场上的应用，进而影响了集团的整体利益。

（资料来源：越默雅．跨国公司利润中心模式对内部贸易转移定价的影响［J］．经济研究导刊，2012（7）：155-156．）

思考题

1. 跨国公司开展内部贸易的动机是什么？
2. 跨国公司内部贸易与传统国际贸易的差异表现在哪些方面？
3. 试分析跨国公司内部贸易的经济效应。
4. 简述跨国公司转移价格的制定原则。
5. 跨国公司转移价格的制定方法有哪些？

第七章

跨国公司营销管理

本章学习重点

- 跨国公司国际市场细分及其标准
- 跨国公司目标市场选择
- 跨国公司产品的定价方法
- 跨国公司产品创新策略
- 跨国公司营销策略
- 跨国公司促销方式
- 跨国公司国际品牌策略

引导案例

苹果公司跨国经营战略

苹果公司是美国的一家跨国公司,2007年由苹果电脑公司更名而来,其主要业务是制造消费电子产品、个人计算机、计算机软件、商用服务器和媒体内容的数字分发。苹果公司总部位于加利福尼亚州的库比蒂诺,核心产品线是iPhone、iPad、iPod、iMac。但Apple一直把产业链放在中国,是因为中国最合适,成本低,良品率高。代工厂以富士康最为出名。

一、产品策略(以iPhone系列产品为例)

iPhone SE是2016年苹果公司推出的一款新的4英寸(1英寸≈2.45厘米)iPhone智能手机,是iPhone 5S的升级版。iPhone SE 16G和64G的售价分别为399美元和499美元。iPhone SE凭借完善的功能及相对低廉的价格,吸引了一批安卓用户,而且从价位方面来说,是很多手机用户第一次购买智能手机的选择,吸引了更多的中低档用户加入苹果手机使用者阵营。

为了迎合中国消费者的喜好,苹果公司特地推出拥有绚丽红色外观的特别版iPhone 8和iPhone 8 Plus。iPhone 8和iPhone 8 Plus都采用了精美的玻璃背板设计,提供全新红色外观,配以同色系的铝金属边框及精致的黑色前机身。苹果公司同时推出全新的iPhone X红色皮革保护夹,采用经过特殊鞣制和涂饰工艺的欧洲皮革精制而成。全新红色特别版iPhone

和保护夹在中国接受在线订购，也可到店购买。

iPhone XR 于 2018 年 9 月 13 日凌晨在 2018 苹果秋季新品发布会上正式发布，起售价为 749 美元。为了迎合中国消费者的需求，苹果公司为 iPhone XR 国行版和港版用户定制了双卡双待功能，且 iPhone XR 也拥有红色配色。

二、促销策略

1. 广告

苹果公司广告里宣传的不仅仅只是产品，还有价值观。苹果公司的广告让人看了不仅不反感，反而备感亲切，因为苹果不会直接在广告里说产品多好，而是从用户的角度去讲述产品的魅力。iPhone 5 的广告里没有说 iTunes 里有多少万首音乐，没有说 iPhone 的音质有多好，前面一大段都是各式各样的人戴着白色的耳机，背景音乐简单自然。最后只有一句话：越来越多的人，用 iPhone 欣赏音乐。

而且苹果公司的广告会选择一些并不出众的人来代言，有利于产品的大众化。如果用明星来代言，可能会让一部分消费者感觉只有光鲜亮丽的人才能用。

2. 苹果体验店

Apple Store（苹果零售体验店）以其独特的建筑和旺盛的人气成为城市新地标，是很多年轻朋友约会、逛街、购物爱去的场所，在那里体验各种最新款的 iMac、iPhone、Watch 等产品，别有一番乐趣。苹果公司开店的时候就已经定调：消费者不是来买产品，而是来购买问题的解决方案。消费者想知道手机能做些什么，员工会向他们展示用途。员工会向消费者提出问题，这样可以增进交流，帮助客户解决特定问题的功能和好处。

广告与苹果体验店是相辅相成的存在，苹果公司在广告方面做得令很多人赞不绝口的同时，也没有忘记人们想要的真实体验。

三、注重细节

苹果公司的一些小细节体现了苹果公司重视中国消费者，如，iOS 11 为中国用户带来新功能，包括但不限于：中国地区的 Apple 地图在使用导航功能时，可显示交通摄像头的距离；相机新增了二维码支持，可快速启动 App 或共享联系信息；中国用户可将电话号码设置成 Apple ID，密码规则更易于遵守，双重认证也将自动打开以提高安全性；防垃圾信息扩展功能支持使用腾讯手机管家等第三方 App 来侦测可能的垃圾信息，并将此类信息移至独立的文件夹；控制中心提供更多的自定义选项，支持在单页上快速访问各种常用控制选项，比如打开或关闭蜂窝移动数据；听写功能新增了对上海话的支持；走银联通道的 Apple Pay；费用极低的 Apple Music 订阅；Apple ID 可以绑定支付宝；官网支持页面详尽的"确保 Apple ID 账户安全的提示"；官网支持页面的"留心假冒部件"；在技术规格中使用"存储容量"这样用户友好的表述，而不是在国内经常滥用的"ROM"（只读存储器）或完全错误的"内存"（随机存取存储器）。还有，iPad 和 iPhone 中的 VoiceOver 功能是一个针对残障人士的屏幕朗读功能，比如盲人，当开启这个功能以后，系统可以阅读屏幕上的内容及收到的消息，如短信、通知等。

（资料来源：知乎，《哪些事件或细节能体现苹果公司重视中国消费者》）

跨国公司营销管理是跨越国界的市场营销管理活动，与国内营销管理的最大差别在于营销的外部环境发生了显著变化，会面临完全不同于国内的政治法律、经济发展、风俗习惯、语言文化与价值观念等方面的客观环境,从而使营销管理更加复杂,不确定性增大、不可控性更强。因此,跨国公司在市场定位、产品策略、价格制定、销售渠道、促销方式等方面的选择与实施,就成为跨国公司经营与管理的重要任务。

第一节　跨国公司营销管理概述

跨国公司的国际市场营销(International Marketing)是指跨国公司为满足国际市场需求并获得最大利润而进行的与市场交换有关的经营活动。跨国公司营销管理是跨国公司在了解国际营销环境与特点的基础上,通过市场营销调研、市场细分与定位,生产适销对路产品,科学合理定价,使用各种促销手段,从而创造并实现产品价值的跨国界的管理过程。其功能表现在低成本实现产品在国际市场上的快速交换,高效率满足各国消费者的物质与精神需求,优化配置经济资源,跨国公司获取最大利润。

一、跨国公司营销环境与特点

(一)跨国公司营销环境分析

跨国公司在国际市场上高效运作,提高营销水平,增强国际竞争力,必须对国际市场营销环境进行系统分析,一般包括以下几个方面。

1. 社会文化环境

文化是一个复合的整体,包括人类的知识、信仰、艺术、道德、法律、风俗及作为社会成员而获得的其他方面的能力和习惯。它不仅体现出自己的行为,也体现出自己对他人行为的要求,包括文化的个性、文化的共性、文化的成分(物质文化、社会机构、宗教、审美学、语言)三个方面。文化渗透于营销活动的各个方面,跨国公司的国际市场营销又构成文化的一个组成部分,市场营销成果的好坏深受文化的影响。

2. 经济环境

(1)经济发展阶段。一个国家所处的经济阶段不同,居民收入高低不同,消费者对产品的需求不同,从而直接或间接地影响到国际市场营销。以消费品市场来说,经济发展水平较高的国家,在市场营销方面强调产品款式、性能及特色,大量进行广告及销售推广活动,品质竞争高于价格竞争;在经济发展水平较低的国家,则偏重于产品的功能及实用性,其推广主要靠口头传播和介绍,价格因素比产品品质更重要。

(2)市场规模。企业在进入某国市场时,首先关心的是该国的市场规模,即可接受的商品及服务总量,或者市场拥有的购买力总量。一般来说,大多数产品及服务的市场规模与人口和收入密切相关,甚至可以认为是由人口和收入决定的。

(3)消费结构。开展国际市场营销,必须了解影响消费者储蓄的多种因素,以便分析、判断消费者需求、支出和消费水平,包括收入水平、通货膨胀和物价上涨因素、市场商品供给状况和消费偏好、储蓄动机差异等。

3. 政治法律环境

有时政治环境能够对营销活动产生直接影响,法律和规章则起到鼓励或限制企业营销活动的作用。企业首先是一个经济组织而非政治组织,但企业进行国际市场营销时,经常要受到政治因素的影响。国际营销法律主要由国内法律、国际经济法律、东道国法律等构成。从事国际营销的企业要与不同的国家和地区打交道,采取适当方式公平合理地解决争端,也是国际市场营销顺利进行的重要保证。

4. 技术环境

在知识经济时代,工业和农业增长并不是由资本投入和劳动力增长引起的,更主要的是由生产率提高、劳动者知识水平和素质提高,以及新的科学技术应用和推广引起的。

(二) 当前国际营销市场的特点

1. 消费市场规模不断扩大并且逐渐趋于个性化

随着生活质量的日益提升,人们已经不再以温饱问题得到解决作为其工作目标,而是致力于通过消费获得更高水平、更高层次的心理满足。一方面,人们对各种新兴的领域提出了新的消费观念,开创了新的消费模式,并且在很大程度上实现了消费市场的扩大化;另一方面,人们对服务有了更高层次的要求,有时候服务甚至会成为人们消费或不消费的决定性因素。在这种背景下,对跨国公司的经营活动也提出了新的要求。

2. 虚拟网络市场与线上交易的兴起

科学技术水平的不断提高,对经济领域也产生了深刻影响。在计算机网络的影响下,越来越多的人选择利用这一平台,开展经济贸易活动。究其原因,则在于互联网可以实现快速、准确交易,避免了不必要的中间环节,既为企业降低了运营成本,也为消费者提供了便利,实现了企业与消费者的双赢。虚拟网络市场的建立以及线上交易规模的迅速扩大,无疑是为跨国公司创造了更大的发展空间,提供了更为广阔的发展平台。随着时间的推移,虚拟网络将发挥更重要的作用。所以必须重视这一交易形式,更好地顺应时代发展变化的潮流。

3. 企业的无形价值越来越成为企业竞争的关键性因素

在过去的企业发展过程中,企业只需重视产品质量的提升,就一定可以在市场竞争中脱颖而出,获得更多消费者的青睐与支持,实现自身竞争力的提升。但是随着国际市场竞争的激化及人们需求的多样化发展,一个企业仅仅依靠提高产品质量来获得自身竞争力的提升是远远不够的,企业的品牌、商标、商誉、顾客忠诚度等无形资产也会发挥关键性作用,服务于全球市场的跨国公司更是如此。只有树立了良好的品牌形象,具有良好的商业信誉,才能获得消费者的认可,才有可能在竞争激烈的国际市场站稳脚跟。

二、跨国公司国际营销调研

跨国公司营销调研是指跨国公司营销人员及其组织为解决国际市场营销问题,有计划地、系统地对国际市场上的营销信息进行搜集、记录、整理、分析、说明,为跨国公司国际市场营销决策提供可靠依据的活动。跨国公司国际市场调研具有信息传递跨文化疆界、调研范围更大等特点。

跨国公司国际营销调研是跨国公司国际市场营销决策科学化的前提和基础,既是跨国公司全球营销活动的起始环节,又是贯穿营销全过程和渗透于各种营销职能的一项基础工作。

1. 国际营销调研的方式

国际营销调研可以采取先易后难、先近后远、先内后外原则，具体的调研方式包括以下两种。

(1) 间接调研。间接调研又称案头调研，是对国际范围内已有的由他人搜集、记录、整理、积累的资料，即间接资料、第二手资料，进行再搜集、整理和分析，从而间接地获得对自己有用的信息。搜集第二手资料的方法有查找（检索）、摘录、复制、下载、接收、索取、交换、购买等。

(2) 直接调研。直接调研又称实地调研，是到各个国际市场直接搜集原始资料、直接资料、第一手资料。搜集第一手资料的方法可分为以下三类：①询问法，如面谈调查、邮寄调查、留卷调查、日记调查、电话调查、计算机调查；②观察法，如柜台观察、客流量记录、街头写真等；③实验法，如实验室实验、计算机模拟实验、心理实验、市场实验。

2. 国际营销调研技术

国际营销调研技术是国际营销调研的具体的、专业性做法。国际营销调研技术合适与否，直接关系营销调研的效果好坏。

(1) 调查对象选择技术。从选择范围看，调查可分为普查和非全面调查两大类。其中非全面调查又分为三大类，即重点调查、典型调查、抽样调查。

(2) 调查表设计技术。调查问卷的内容包括调查介绍、被调查者的基本情况、调查项目、调查者的情况、填写说明与注释随机抽样和非随机抽样的类型。抽样类型包括随机抽样与非随机抽样。随机抽样技术包括简单随机抽样、分层随机抽样、系统随机抽样、整群随机抽样四种，非随机抽样技术有方便抽样等。

(3) 配额抽样方法。总体中的每一个成员都有被了解和被选中的机会，把总体分解成各个互斥的组别，以小组为单位进行简单抽样，选择人口中最容易接触的成员以获取信息，依据调研人员自己的判断来选择能提供信息的理想成员；或者按类型分类，对每一类型规定一定数量进行抽样调查。

3. 国际营销调研的内容

(1) 了解国际市场。只有掌握了国际市场的脉搏，才能找出跨国公司进入国际市场的切入点。跨国公司的国际营销调研需要大量详细且涉及面广的信息，如目标市场的文化，经济，教育水平，目标消费人群接受新事物、新品牌的能力等。

(2) 分析跨国公司自身的竞争优势和劣势。制定企业的营销目标，做出相应的国际营销战略规划，找出与原计划的差异，制定相应的规章，组织监督部门，以保证预定的国际营销目标顺利实现。

(3) 分析目标市场消费者。了解当地的消费观念，对目标市场的消费习惯、消费群体的特征等影响因素进行分析，从而细分市场，找到适合跨国公司进入的市场，并分析这一细分市场的潜力及培养空间。

(4) 分析目标市场国的经济、政治、法律政策。分析当地的经济状况，以分析企业在当地销售产品的可能性；着力疏通与当地政府、社会团体及新闻媒体的关系，防止企业因为外力因素而终止现行计划。

(5) 充分熟悉竞争对手、供应商及分销渠道。熟悉当地的环境,分析来自各方面的压力及动力,营造良好的竞争环境,这有利于企业降低成本。

(6) 建立以跨国公司为中心的企业文化氛围。培养当地市场,让更多消费者了解、信任跨国公司的产品,并树立良好的合作形象,为进一步拓展目标市场,进入其他国家市场铺路。

跨国公司应在国际营销调查的基础上,通过对国际市场营销有关信息的分析研究,探索、揭示其中发展变化的规律性,然后根据规律,应用一定的预测技术,科学地推断未来一定时期内的产品销售状况和发展趋势,得出符合逻辑的结论。

三、国际市场细分

国际市场细分有利于跨国公司发现市场机会,寻找未被满足的潜在需要,把握市场良机,实现补缺营销。跨国公司通过国际市场细分,能创造出针对目标受众的产品和服务。跨国公司面临较少的竞争对手,有利于提高公司的竞争能力,取得投入少、产出高的经济效益。国际市场细分也可以使跨国公司更好地为消费者服务,贯彻以消费者为中心的现代市场营销观念,有利于企业发现市场机会,开拓新市场;有利于企业合理使用资源,增强竞争力,提高营销效益。

(一) 国际市场细分的含义

1956年,美国市场学家温德尔·史密斯(Wendell Smith)提出了市场细分的概念。国际市场细分是指跨国企业在国际营销调研的基础上,根据消费者需求偏好、购买行为及购买习惯等方面明显的差异性,按一定标准将某一种产品或服务的整体国际市场(母市场)划分为若干个具有共同特征的子市场的过程。任何一个子市场中的消费者都具有相同或相似的需求特征,跨国公司可以在这些子市场中选择一个或多个作为其国际目标市场。

国际市场细分是增强跨国公司营销精确性的一种有效做法,是根据各国消费者的需求差异,把某一产品的整体市场划分为若干个消费者群的市场分类过程。市场细分是一种存大异求小同的市场分类方法,不是针对产品分类,而是针对同种产品需求各异的消费者进行分类。

★延伸阅读

欧莱雅的化妆品营销

欧莱雅公司是由法国化学家舒莱尔于1907年创立的。经过一个多世纪对美的执着追求,凭借不断创新、对质量的追求及迅速的业务扩展,欧莱雅由一个普通的小型企业跃居世界化妆品行业首位。在最新的世界化妆品公司排行榜中,欧莱雅仍高居榜首。如今,欧莱雅集团的业务遍及世界150多个国家和地区,年销售额高达120亿美元,在全球共拥有43 000名员工、500多个高品质的著名品牌,生产包括美发护发产品、护肤品、彩妆、香水及浴室用品等数万种产品,把整个化妆品高、中、低档市场都铺盖得严严实实。欧莱雅的专业染发发廊遍布大中城市的每个角落。

(二) 国际市场细分的原则

对于竞争激烈的国际市场,以为只要进行国际市场细分就能在营销上获得成功是片面的。因为尽管国际市场细分是识别机会、发现机会的有效手段，但并不是所有的国际市场细分都是有效的，过于细分可能会影响企业的销售面，细分不当也可能招致营销上的失败。有效的国际市场细分必须符合以下原则。

1. 差异性

差异性是指在某种产品的整体国际市场中，必须确实存在消费与购买上的明显差异，即同一产品的消费者需求具有一定的差异性，但市场细分后的子市场消费者需求特征很相似。这是国际市场细分的基础。如果不同细分市场的顾客对商品需求差异不大，购买方式及消费方式上的同质性远大于其异质性，跨国公司就没有必要对市场进行细分，否则将得不偿失。

2. 可进入性

可进入性是指跨国公司的人力、物力及营销组合因素必须足以达到和占领所选择的细分市场，如果细分后的市场消费者不能有效地了解商品的特点，不能在一定的销售渠道买到这些商品，则说明跨国公司没能达到和占领该细分市场，跨国公司就应放弃该细分市场。也就是说，对于不能进入或难以进入的市场，进行市场细分是没有意义的。

3. 足量性

所谓足量性，即细分后所形成的市场规模必须足以使企业有利可图，并有一定的发展潜力。因为每进行一次市场细分，就需要制定与实施一套独立的营销组合方案，要付出相当的代价。只有足够大的市场与发展潜力，才值得企业尽心尽力开发一个相对独立的市场。反之，若市场容量有限，或者潜在消费者很少，就不值得去细分出该市场。例如，发达国家人口增长缓慢，年龄结构老化问题日趋突出，对企业来说，老年市场具有相当潜力。老人保健、老人医院、老人娱乐、老人休闲等行业都将发展成具有足量性的市场。

4. 可实施性

可实施性是指跨国公司能够有效地吸引并服务于子市场的可行程度。例如，一家计算机公司根据某国的顾客对计算机的不同使用与服务要求，将顾客分为数个子市场，但公司资源有限，缺乏必须的技术与营销力量，不能为每个子市场制定切实可行的营销策略，因此该跨国公司的市场细分就没有意义。

5. 可衡量性

可衡量性是指细分后形成的市场，其规模及购买力程度必须能够进行衡量，否则某些特性就不能成为细分市场的依据。例如，较大婴儿奶粉所形成的市场就比较好衡量，其中 6~12 个月的婴儿为主要市场，1~3 岁的幼儿则是次要市场。有时，如以消费者的心理变数细分市场，就可能出现衡量不易的情况。事实上，许多消费者的特性是不容易衡量的。比如，用生活方式作为细分标准，就很难确定一国中有多少人属于某一种生活方式。

（三）国际市场细分的标准

国际市场细分包括宏观和微观两个层次。国际市场宏观细分是整个国际市场细分过程中的第一步，因为只有在宏观细分的基础之上，才能进行一国之内的微观细分。进行国际市场宏观细分主要有两方面的问题：一是确定宏观细分的过程或基本步骤；二是确定以何种标准来对国际市场进行细分。

1. 国际市场宏观细分

世界上有众多的国家和地区，跨国公司为确定进入哪个或哪些市场最有利，就需要根据某种标准（如经济、文化、地理等）把整个市场分为若干子市场，每一个子市场具有基本相同的营销环境。跨国公司可以选择某一组或某几个国家作为目标市场。这种含义的国际市场细分称为宏观细分。宏观细分是微观细分的基础，因为企业首先需要确定进入哪个或哪些国家，然后才能进一步进行一国之内的细分。

国际市场宏观细分的标准有地理标准、经济标准、文化标准等。

（1）地理标准。可以将在地理上接近的国家和地区分为同一市场。处于同一地理区域的国家往往具有相同或相近的自然环境和气候条件，人们的消费心理、消费需求、消费偏好、消费行为等也较为接近。按照地理标准划分的国际同一市场，便于跨国公司进行组织产品、统一运输、分销商品等营销管理，可采用相同的营销策略。值得注意的是，地理区位相近的国家或地区也可能在经济、政治、文化方面存在较大的差异，财务风险、业务风险（如消费者偏好的转移）及各种影响利润、资金流动和其他经营结果的风险因素可能加大，这时需要同时参考其他划分标准。

（2）经济标准。按照经济发展各项指标，如人口规模、人口分布、人口结构、经济增长率、人均国民收入、消费规模、消费结构、消费模式、市场结构等将各个国家和地区进行分类。利用经济因素细分国际市场，其优点在于相同经济发展阶段的国家或地区经济发展水平、市场环境相近，消费水平与消费层次相似，有利于跨国公司根据市场情况来选择目标市场和制定相应的营销策略。但处于同一经济发展水平的国家或地区可能分布在世界各地，目标市场可能相对分散，商品调配和运输成本较高，因而增加了跨国公司提高营销效率和加强营销管理的难度。

（3）文化标准。国际市场营销受到文化因素的影响，所以按照文化细分国际市场对营销决策是非常有益的。文化对国际营销决策的重要影响之一，就是文化的诸因素（语言、教育、宗教、民族、美学、风俗习惯、价值观等）都能构成国际市场的细分标准。跨国公司对不同的国家和地区按照文化因素进行分类，使国际营销更加适应本土化特点，满足不同人群、不同种族的个性化需求，更能体现国际营销的针对性。然而，由于世界上文化类型很多，要把世界上所有不同国家的文化类型进行分类，并为所有文化类型各制定一个策略是十分困难的；同时，也可能出现市场分布相对分散，不同国家和地区经济差距较大，市场潜力不易测定等问题。

在进行国际市场宏观细分过程中，需要抓住主要影响因素，结合不同国家和地区的具体情况，综合考察以上3个方面，科学划分国际目标市场，从而为跨国公司顺利开展市场微观细分、促进营销创造条件。

2. 国际市场微观细分

跨国公司进入某一国外市场后，由于该国的顾客需求也是千差万别的，跨国公司不可能满足该国所有顾客的需求，而只能将其细分为若干个子市场，满足一个或几个子市场的需求，这种含义上的国际市场细分叫作微观细分。微观细分类似于国内市场细分。国际市场微观细分的标准主要考虑地理因素、人口因素、心理因素、消费行为因素等。

(1) 地理因素。由于受环境、气候、交通、文化、风俗、经济、传统、生活方式的影响，同一地区（或区域）的消费者，其消费需求和消费习性会有一定的相似性；而不同地区的消费者，其消费需求和消费习惯则往往存在很大的差异。例如，我国南方和北方由于气候条件、生活方式明显不同，消费者的消费需求、消费能力和消费习性也有明显的差异；而即使在同一城市内，市区和城郊由于经济收入、价值观念、生活习惯不同，消费者的消费需求、消费能力和消费习性也会有所差别。

(2) 人口因素。在国际市场细分过程中，人口因素涉及的内容最多，对市场细分影响最大，具体包括以下方面。①性别。男性消费者和女性消费者在商品需求、服务需求、购买行为等方面会有较明显的差异，如在服饰、化妆品、生活必需品等方面，男性和女性的需求是不同的。性别是零售企业市场细分最常用、最重要的因素之一。②年龄。不同年龄层次的消费者，其商品需求、服务需求、消费能力、购买行为会有很大的不同。按年龄细分市场，一般可以分为儿童市场、青少年市场、成人市场和老年市场四种类型的子市场，每个子市场的需求和习性都会有很大的差异。年龄也是零售企业市场细分最常用、最重要的因素之一。③收入。消费者的收入情况往往直接影响消费者的消费能力和消费观念，进而决定市场的消费能力、消费档次。高收入消费者往往注重商品的质量、款式、品牌、服务，低收入消费者往往注重商品的价格、实用性能。收入也是零售企业市场细分最常用、最重要的因素之一。④职业和文化。职业和文化是零售企业市场细分常用的因素之一。消费者由于职业、文化不同，其消费能力、消费需求、消费观念、消费品位也会有所不同，从而影响整个市场的消费情况。⑤家庭规模。家庭是社会的细胞，是商品购买的单位。一个地区家庭数（户数）以及家庭平均人口的多少，对市场的影响很大；家庭人口的多少，对许多家庭用品的消费形态有直接影响。

(3) 心理因素。心理因素受生活方式、人格特征、社会阶层等因素的影响。根据具体心理因素，可以把市场细分为知识型或大众型、外向型或内向型、理智型或冲动型、时髦型或保守型、独立型或依赖型等。

(4) 消费行为因素。消费行为细分指企业依据消费者的购买动机或使用某种商品所追求的利益、使用者状况及使用频率、对品牌的忠诚状况及对各种营销因素的敏感程度等变数来细分国外消费者市场。消费行为因素包括消费者所追求的利益、对品牌的偏爱程度、购买频率、消费模式、对企业营销组合的敏感程度等。

★延伸阅读

中国粮油食品进出口公司对日本冻鸡市场的细分

中粮公司一直向日本出口冻鸡，并根据日本市场特点，对冻鸡市场进行了细分。一是从消费习惯上区分，日本市场有三种需求，即净膛全鸡、分割鸡、鸡肉串。二是从购买者区分，有三种不同的买主，即饮食业用户、团体用户、家庭主妇，以上三种用户对冻鸡的品质、规格、包装、价格要求都不同。

(四) 国际市场细分的程序

国际市场细分的程序一般包括以下几个环节：一是确定划分国际市场的方法，即确定细分标准；二是按照市场细分标准，将所有具有共同特点的国家划为一组，即构成一个子市场；三是了解满足每个子市场需求对企业资源条件有哪些要求；四是根据企业的特点，考察最适当、最具优势的子市场；五是分析要满足的目标市场的需求和应采取的措施；六是把这种理论上的策略和方法根据实际情况加以修正和调整。

假设一个生产计算机的企业计划顺利进入国际市场。应用上述细分程序，该企业可以分六个步骤细分国际市场。

第一步，根据各国经济技术的发展水平和对计算机的需求来划分世界市场。

第二步，按照上述细分标准，将世界计算机市场分成两个子市场。一是需要简单、小型计算机的市场。二是需要复杂、大型计算机的市场。

第三步，要满足第一个子市场，企业只要具备生产简单计算机的技术能力和生产能力即可；要满足第二个子市场，需要企业拥有生产现代大型计算机的尖端技术，有能力与计算机领域一流企业相抗衡。

第四步，根据企业的资源条件，确定服务于哪一个子市场最有利。

第五步，根据企业的自身条件，确定服务于第二个子市场。假设下述国家属于第二个子市场：韩国、印度、新加坡、埃及、墨西哥、巴西、尼日利亚。为满足这些目标市场国家的需求，公司可以在尼日利亚、巴西和韩国分别建立一个组装厂，其他国家的需求可以通过从这三个国家进口而得到满足。

第六步，假设经过进一步调研，发现尼日利亚比较缺乏科技人才，在尼日利亚建厂难免出现效率低的现象，而埃及的科技人才较多，故决定把组装厂建在埃及，再从埃及向整个非洲地区出口。

四、国际目标市场选择

任何一个企业，包括跨国公司在内，其资源总是有限的，不可能占领所有的市场。国际目标市场选择就是在国际市场细分的基础上，跨国公司通过分析自身的业务能力和营销优势，评估各种市场机会，最终决定进入哪些细分市场的过程。国际目标市场选择得当，有助于跨国公司迅速在市场上占领一席之地，进而扩大市场占有率，提升销售业绩，获取持续竞争力。

（一）国际目标市场的选择程序

在全世界诸多国家中，国与国之间的市场存在巨大差异，选择进入某一国际市场的决策要比选择国内市场复杂得多，科学的国际目标市场选择应按一定的程序来进行。国际目标市场的选择程序一般包括以下几个步骤。

1. 对国外市场进行初步筛选

首先分析各个可能的进入国之间有何差异，分析各国在政治、经济、文化等宏观环境上的优劣势，选择较少政治风险、较少文化障碍、较好经济政策的国家为备选进入国。然后，对各备选进入国的具体市场特点进行分析、排序，最终确定进入国。初步筛选的目的是确认选取哪些国家的市场，筛选工作应从总体性国家细分市场开始，应注意两方面问题。

（1）应慎重对待市场容量大的国家或地区市场，以避免遗漏能为企业产品提供良好前景的国家。一般来讲，大企业非常重视销售量大的细分市场，常常忽视销售量小的细分市场；而小企业则不愿进入规模较大的细分市场，因为需要太多的资源投入。市场容量对企业顺利开展国际市场营销活动有着重要影响，一旦对一个有着较好需求前景的国家或地区做出了错误决策，就等于失去了一个有着很好市场支持能力的国际营销领域。

（2）初步筛选的工作范围虽然要广，但应避免在发展前景不佳的国家上花费大量时间，以尽可能减少评估的资源消耗和筛选成本。企业可从第二手资料和现存的统计资料入手，通过必要的调查研究，快速删除一些劣等的国家市场，缩小选择范围。经过迅速、经济、有效的初步筛选而形成相对集中的细分国家，有助于对市场潜力进行精确分析。

2. 评估产品的市场潜力

经过初步筛选后的国家或地区的市场数目已较少，对这些国家或地区市场，企业要进一步对其市场潜力进行较深入的评估，即要对某产品在该国和该地区较长时期内的最大销售量做出判断。在评估产品的市场潜力时，要从两方面着手，一方面要考察现实市场，即现有市场的实际规模；另一方面要对市场销量的年增长率做出预测。这两方面内容的发展是不一致的，两种因素可以有多种组合，不同形式的组合将影响产品的总体销售量。

市场潜量和销售潜量的分析应与企业产品特点挂钩，一方面要寻找有助于发挥企业现存产品优势的目标市场，另一方面又要注意从市场机会的分析中发现企业产品的缺陷，为改进产品、设计出针对特定目标市场的特殊产品做准备。市场销售量的预测应考虑现有市场的绝对容量和年市场销售量的增长率。在很多情况下，这两方面内容的发展是不一致的，有多种可能：有的目标市场年销售增长率高，市场容量也大；有的目标市场年销售增长率高，但市场容量并不大；有的目标市场年销售增长率低，市场容量大；有的目标市场则两者都低。

3. 评估企业的进入能力

经过前面两个步骤的分析，企业已大大缩小可作为目标市场选择的国家和地区的范围，接下来就要对有可能成为目标市场的国家和地区，结合企业自身的市场进入能力进行再评估。可围绕以下几方面来考虑。

（1）企业拥有的产品情况。市场竞争的主要表现之一是产品竞争，如果企业拥有了某种适销对路的优良产品，也就拥有了进入某一国家或地区市场的基本条件。这就要求企业所研制、开发、生产和推销的产品与所选择的目标市场国家的发展阶段相一致，从而保证该产品在该国市场的销售潜力，保证企业的盈利能力。

（2）企业具备的竞争实力。企业要在目标市场上获得成功，就必须拥有与竞争对手相抗衡的实力。除了产品因素外，竞争实力还包括营销组合的其他因素，如价格、分销渠道和促销能力等。国际市场营销活动是企业总体竞争实力的相互较量。

（3）企业相应的财力资源。相对充裕的资金供应是企业开展国际营销活动的保证。资金运用范围包括将产品从本国运至国际市场的运输费及其他开支、延期付款的风险、保险费用和新的投资追加等，但在不同国家开展营销活动时，所需要的财力支持的力度是不同的，资金应用范围也有差异。

（4）企业特有的生产能力。企业在选择目标市场时，需考虑本企业是否具有目标市场所需产品的生产能力，所生产的产品是否符合国际目标市场所要求的技术标准，对不同目标市场的生产活动能否给予有效的协调等。

(5) 企业可选择的分销渠道。在影响企业的国际市场营销活动各因素中,各国不同的分销渠道模式的作用是显著的。美国、日本及一些发展中国家的渠道结构,都表现出很大的差异。而企业能否用好这些国家的分销渠道,也是企业在选择目标市场时必须顾及的一个重要方面。

通过以上几个方面的综合分析与评估,企业可进行目标市场的选择,最终确定一个或若干个目标市场来开展其国际营销活动。

(二)国际目标市场的选择模式

在对不同子市场进行评估后,跨国公司必须决定进入哪些市场和为多少子市场服务。一般有如下几种选择模式。

1. 选择单一子市场

选择一个子市场,提供一种非常有特色的产品和服务。很多中小型企业选择这种策略可以避免激烈的竞争,同时可以集中力量在很小的范围内或市场上专注经营,以形成竞争优势,如北大方正的中文电子排版系统和金利来的男士职业服装。公司通过专注单一市场,深入了解子市场的需要,并树立特别的声誉,可以在子市场建立稳固的市场地位。另外,公司通过生产、销售和促销的专业化分工,可以使生产成本降低。

选择一个单一子市场的风险较大,因为单一子市场可能出现不景气的情况。在20世纪50年代,索尼公司最初的产品——磁带录音机曾经在日本的九州地区非常畅销。该地区煤炭业的蓬勃发展使得当地的经济异常景气,人们都很富有。然而索尼公司的产品又突然因煤矿公司的纷纷破产、整个地区经济情况恶化而滞销。九州地区销售的突然滑坡使公司一片大乱,后来才通过提高其他地区的销售渡过这个难关。

2. 有选择的专门化

选择几个子市场,提供不同的产品和服务。各个子市场之间联系很少或没有任何联系,然而每个子市场都可能盈利。选择多个子市场可以分散公司的风险,即使在某个子市场失败了,公司仍可在其他子市场获取利润。放弃一些市场,侧重一些市场,以便向主要的目标市场提供有特色的产品和服务,能够避免正面冲突和恶性竞争。对于大型跨国公司来说,则可分成若干相对独立的实体,分别服务于不同的客户群,如香格里拉集团在北京国贸中心拥有中国大饭店和国贸饭店两个不同档次的饭店。

3. 产品专门化

公司集中生产一种产品,向几个子市场提供这种产品。例如,公司向各类顾客销售传统相机,而不去提供其他产品。公司通过这种战略,在某个产品方面树立起很高的声誉。但如果传统相机被数码相机代替,那么公司就会发生危机。

4. 市场专门化

选择一个子市场,提供这个子市场的顾客群体所需要的各种产品。例如,公司可以为大学实验室提供一系列产品,包括显微镜、化学烧瓶及试管等,可专门为这个顾客群体服务而获得良好声誉,并成为这个顾客群体所需各种新产品的代理商。但如果大学实验室突然经费预算削减,公司就会产生危机。

所以，跨国公司必须重视市场细分，要在子市场中选出用户需求最强烈、购买动力最大、有明显回报和影响的子市场，并分辨出目标用户群的优先次序，同时辨识出相应的竞争对手，从而更有效地制定市场战略与战术，达成企业的经营目标。

（三）目标市场进入的条件

1. 有一定的规模和发展潜力

跨国公司进入某一市场是因为有利可图，规模较大或未来发展潜力巨大的市场无疑是跨国公司的首选。如果市场规模狭小或者趋于萎缩状态，跨国公司进入后难以获得发展，就应审慎考虑，不宜轻易进入。当然，跨国公司也不宜以市场吸引力作为唯一取舍，特别是应力求避免多数谬误。多数谬误即与竞争企业遵循同一思维逻辑，将规模最大、吸引力最大的市场作为目标市场。大家共同争夺同一个顾客群，会造成过度竞争和社会资源的无端浪费，同时使消费者一些本应得到满足的需求遭到冷落和忽视。

2. 符合跨国公司的目标和能力

某些细分市场虽然有较大吸引力，但不能推动跨国公司实现发展目标，甚至分散跨国公司的精力，使之无法完成其主要目标，这样的市场应考虑放弃。此外，跨国公司的资源条件和生产经营能力是否适合在某一细分市场经营，也是应考虑的。只有选择那些跨国公司有条件进入、能充分发挥资源优势和业务能力的市场作为目标市场，跨国公司才会立于不败之地。

五、跨国公司的国际市场定位

（一）国际市场定位的含义

市场定位是企业通过差异化的商品战略，为自己的商品塑造独特的市场形象，在产品内在功能和外观造型等方面强化其优势，从而得到市场的认可。"市场定位"一词首次正式出现在阿尔·里斯（Al Ries）和杰克·特劳特（Jack Trout）于1969年发表于《工业品营销》（*Industrial Marketing*）杂志的一篇文章中，它描述了本企业商品在目标消费者心目中的独特地位。

国际市场定位就是跨国公司依据目标市场上同类产品的竞争状态，针对消费者对同类商品所具有的某些属性或特征的偏好程度，为本企业商品塑造的不同的、鲜明的个性，并通过品牌、商标、商誉等形式把这些特质传递给消费者，以期获得消费者的认同，促成购买的过程。

（二）国际市场定位的步骤

国际市场定位，一般需要经过以下几个步骤。

1. 掌握目标顾客群的收入水平和消费偏好

跨国公司在对本公司进行国际市场定位时，首先要掌握目标顾客群平均收入水平及消费偏好，因为消费者消费的最终目标是在收入及消费支出约束下的效用最大化。企业生产是以消费为导向的，而消费者的需求特征、消费层次和消费规模与其收入水平和消费偏好直接相关。

2. 了解目标顾客群所需商品的情况

不同顾客群的收入水平和消费偏好不同，其需要的商品的性能、价格、种类、数量、档次等特征当然就不同。因此，跨国公司在国际市场定位时要与消费者需要的商品相匹配。

3. 知道本公司的核心能力和竞争优势

跨国公司在世界范围内的竞争优势是通过整合自身各种要素、优化配置各类资源逐渐形成的。与竞争对手相比，本企业在技术创新、生产成本、管理效率、无形资产、销售渠道、产品推广等方面具有哪些优势与劣势，跨国公司必须心中有数。只有这样，才能扬长避短，基于本企业的核心能力和竞争优势确定市场定位。

4. 密切关注竞争对手的营销行为

跨国公司在国际市场上要获取独特的竞争优势，必须分析竞争对手在同类产品上的市场定位、产品特征、技术水平、成本高低、价格策略、营销手段等，做到知己知彼，沉着应战，从而在市场竞争中立于不败之地。

（三）国际市场定位的策略

市场定位是否成功，关键在于与竞争者的区别是否明显、产品等方面是否具有优势。跨国公司在开展国际营销活动时，通常采用以下几种定位策略。

1. 产品特色定位

产品特色定位适用于目标市场上已经存在生产同类产品的竞争对手的情况。跨国公司生产的产品独具特色，这就使公司具有了竞争优势。产品特色定位应指明自己产品与众多同类产品的不同之处。

2. 消费者需求定位

消费者在对某些产品进行选择时，不但注重产品本身的功能，更注重其所带来的利益和使用过程中满足的程度。因此，跨国公司的市场定位必须建立在消费者满足程度提高及效用最大化的基础之上，从而实现商品的经济价值和社会价值。

3. 产品创新定位

跨国公司的商品生产虽然依赖于消费者需求，但是跨国公司也可以在科学预测基础上，进行技术创新与产品创新，生产出竞争对手没有的新产品，从而引领市场需求。在激烈的竞争环境中，谁先发现并抢先占据市场空档，谁就获得先机，从而最大限度地发挥领先者优势，掌握争夺消费者的主动权。

4. 价格定位

价格定位即跨国公司通过研发新技术、提升管理效率、扩大规模经济等方式，生产与竞争对手产品质量与性能大体相当但价格更低的产品，通常也称低价定位。该策略适用于一些价格敏感的产品，可使企业提高市场份额，扩大销售，增加收益，迅速占领目标市场，获得竞争优势。

5. 情感定位

跨国公司在国际市场上，可以依托特定人群在民族情感、种族宗亲、宗教信仰、风俗习惯、语言文字、法律文化等方面的认同感，强化情感依赖，使这部分人具有共同的价值观念和消费习惯。如，遍布全球的华人华侨具有强烈的中华民族情感，跨国公司可以根据这一特征对某些产品进行市场定位。

六、跨国公司营销组合

市场营销组合指的是企业在选定的目标市场上，综合考虑环境、能力、竞争状况，对企业自身可以控制的因素加以最佳组合和运用，以完成企业的目的与任务。1953年，美国营销学者鲍顿就提出了"市场营销组（Marketing Mix）"概念。1960年密歇根大学的教授杰罗姆·麦卡锡博士在其《营销学（第1版）》中第一次提出了营销组合的4P战略。4P战略是指产品（Product）、价格（Price）、渠道（Place）、促销（Promotion）4大营销组合策略。

跨国公司营销组合是指跨国公司在国际化营销过程中，向特定的国际目标市场，以合适的商品价格、营销渠道和促销手段，销售特定的产品，是各种营销因素综合运用的总称。跨国公司对为一个以上国家的消费者或用户提供商品和服务的过程进行分析、定位，并开展产品开发、生产、定价、分销、促销、服务等相关活动，以满足用户需求，实现自己的利润目标。

1. 产品（Product）

从市场营销的角度来看，产品是指能够提供给市场、被人们使用和消费并满足人们某种需要的任何事物，包括有形产品、服务、人员、观念或它们的组合。跨国公司提供优良的产品，是跨国营销的前提条件。

2. 价格（Price）

价格是指国际市场客户购买产品时的定价，包括支付货币、佣金折扣、支付期限等。价格或价格决策，关系到企业的利润、成本补偿，以及是否有利于产品销售、促销等。影响定价的主要因素有三个：需求、成本、竞争。最高价格取决于市场需求，最低价格取决于该产品的成本费用；在最高价格和最低价格的幅度内，企业能把这种产品价格定多高则取决于竞争对手同种产品的价格。

3. 渠道（Place）

渠道是指在商品从生产企业流转到消费者手上所经历的各个环节，主要包括分销渠道、储存设施、运输方式、存货控制等。它代表企业为使其产品进入和达到目标市场所组织实施的各种活动，包括途径、环节、场所、仓储和运输等。营销渠道畅通，才能方便快捷地把产品提供给消费者。

4. 促销（Promotion）

促销是跨国公司或机构用以向目标市场宣传介绍自己的产品、服务、形象和理念，促成消费者注意信任和支持公司产品和机构本身的任何沟通形式。广告、销售促进、人员推销、公共关系是一个机构促销组合的四大要素。促销组合是指企业利用各种信息载体与目标市场进行沟通的传播活动，包括广告、销售促进、人员推销、公共关系等。

市场营销组合是企业市场营销战略的一个重要组成部分，是指将企业可控的基本营销措施组成一个整体性活动。市场营销的主要目的是满足消费者的需要，而消费者的需要很多，所应采取的措施也就很多。因此，企业在开展市场营销活动时，必须把握那些基本性措施，合理组合，并充分发挥整体优势和效果。

市场营销组合是制定企业营销战略的基础，做好市场营销组合工作可以保证企业从整体上满足消费者的需求。市场营销组合是企业应对竞争者强有力的手段，是合理分配企业经济资源的重要依据。

在跨越国界进行经营时，跨国公司会受各种情况的影响而对营销组合进行调整。跨国公司营销组合的标准化与差异化问题是与跨国公司营销活动全球化相互矛盾又相互统一的问题。在国际营销中，营销组合因素的调整与组合，必须体现跨国公司考虑国际经营环境方面的内容，在跨国公司营销组合标准化与差异化问题研究的基础上，提出各个要素之间的相互关系及各自对跨国公司国际营销的影响与作用。

第二节　跨国公司产品策略

跨国公司产品策略是确定和选择产品在国际市场上的投放方向，对新产品研发和产品结构进行安排和规划。目的是更好地开拓国际市场，提高市场占有率，增强企业竞争力。跨国公司产品策略是跨国公司营销组合中最基本、最重要的要素，直接影响和决定其他组合要素的配置和管理。产品战略是否正确，直接关系企业的胜败兴衰和生死存亡。

跨国公司在国际市场上的竞争，主要体现在产品质量、性能、品牌、效用上的竞争。跨国公司产品策略包括国际产品创新策略、国际产品标准化策略、国际产品差异化策略、国际产品品牌策略等多方面内容。

一、国际产品创新策略

跨国公司可持续发展是一个长期的过程，产品创新在其中起关键性作用。同时，在国际市场上消费者需求的不断升级也迫使跨国公司进行新产品的研发。而国际产品创新是一个系统工程，对这个系统工程的全方位战略部署包括选择创新产品、确定创新模式，以及协调与技术创新的其他方面等。

（一）国际产品创新的含义

迈克尔·波特说过，创新是企业存在和发展的源泉。创新的营销理念，一方面要求企业的生产必须符合消费者的需求变化，符合国际市场消费规律，更好地满足消费者的需求；另一方面要求企业的生产走在消费者前面，引领消费需求，创造消费需求。也就是说，企业的国际市场营销理念必须由"适应消费"走向"创造消费"，由"分享市场"走向"创造市场"。在国际市场上，富有创新精神、快速发展的新公司大量涌现，不断取代那些缺乏创新和效率的公司。

国际产品创新是相对于原来已存在的产品而言的，即研发一种原来没有的全新产品，或在已有产品基础上，在功用、性能、质量、材料、工艺等方面加以改进和完善。

(二) 国际产品创新的分类

1. 自主创新与合作创新

在产品创新的具体实践中,主要有自主创新、合作创新两种方式。自主创新是指企业不对外有技术被动依赖与购买,而通过自身的努力和探索突破现有技术,攻破技术难关,达到预期的目标。合作创新是指企业间或企业、科研机构、高等学院之间的联合创新行为。当今全球性的技术竞争不断加剧,企业技术创新活动中面对的技术问题越来越复杂,技术的综合性和集群性越来越强,即使是技术实力雄厚的大企业也会面临技术资源短缺的问题,单个企业依靠自身能力取得技术创新越来越困难。合作创新通过外部资源内部化,实现资源共享和优势互补,有助于攻克技术难关,缩短创新时间,增强企业的竞争力。企业可以根据自身的经济实力、技术实力选择适合的产品创新方式。

2. 全新产品创新与改进产品创新

产品创新可分为全新产品创新和改进产品创新两个层次。全新产品创新是指跨国公司开发、研制出一种市场上没有的新产品,其原理及用途与市场上已有的产品相比有显著差异。改进产品创新是指在技术原理没有重大变化的情况下,基于市场需要对现有产品所做的功能上的扩展、工艺上的改进和技术上的完善。

跨国公司的产品创新是市场需要与企业优势的有效结合,并以能否取得最大的预期投资回报为最终选择标准。其关键在于正确确定目标市场的需求,并且比竞争者更有利、更有效地传递目标市场所期望满足的产品。当然,目标市场的需求并不只是现在的需求,也包括消费者将来可能产生的需求,甚至包括企业通过营销新创造的需求。产品创新以现实或潜在的市场需求为出发点,以技术应用为支撑,开发出差异性的产品或全新的产品,满足现实的市场需求,或将潜在的市场激活为一个现实的市场,实现产品的价值,获得利润。

全新产品创新既有技术推进因素,也有需求牵引因素。产品创新从根本上看源于市场需求,市场需求引起对企业生产新产品的技术需求,也就是技术创新活动以市场需求为出发点。应明确产品技术的研究方向,通过技术创新活动,创造出适合这一需求的适销产品,使市场需求得以满足。在现实的企业中,产品创新总是在技术、需求两维之中,根据本行业、本企业的特点,将市场需求和本企业的技术能力相匹配,寻求风险收益的最佳结合点。全新产品创新的动力从根本上说是技术推进和需求拉动共同作用的结果。

改进产品创新一般是更好以满足市场需求与降低成本要求所引发的。即在现有产品的基础上,为了更好地满足消费者需求,降低生产成本,提升市场竞争力,跨国公司对原有的产品在质量性能、生产工艺等方面,进一步加以改进与完善。

(三) 国际产品创新的动力机制

与企业产品创新密切相关的因素主要是消费者的需求、市场竞争态势及科学技术发展水平。据此,现代企业的产品创新的主要模式包括消费者驱动模式、技术驱动模式和竞争驱动模式。

1. 消费者驱动模式

市场需求是产品创新之母。企业在开发新产品之前,应该以市场需求为基础,确定创新的课题，发掘新产品。这体现了企业经营观念是否以市场为导向。产品创新的消费者驱动模式是指新产品设想来源于市场的需求，所形成的概念、样品等，再经过消费者鉴别和筛选，最终开发出受市场欢迎的新产品的模式。这是一种最普遍的产品创新模式。在这种模式中，市场既是起点又是终点，技术开发和工艺开发都围绕着满足消费者需求而展开。这种创新的目标明确，创新的过程清晰，风险较小，应用面极广。当然，来自市场的创意一般只是改进型和完善型创意，原创性创新较为少见。消费者驱动模式所创造出来的新产品是需求拉动型新产品。

2. 技术驱动模式

技术创新是产品创新的基础，即使新产品设想来源于市场需求，要把设想变为现实，把概念转化为新产品，必须以技术的某种形式的创新为支撑。如果产品创新过程起源于某种技术变革，那么，这种创新就属于技术驱动模式。产品创新的技术驱动模式是指创新设想来源于新技术、实验室，然后通过筛选评价，尤其是商业前景的分析，进而开发出具有先驱性的新产品的创新模式。由这种模式创造出来的新产品一般是首创，投放市场的时机总是选择率先进入。

技术进步是人类社会发展的基本动力，技术驱动模式也是产品创新最基础的模式。由该模式创造出来的新产品属于技术推动型新产品，其所冒的风险较大，开发中可能碰到的困难最多，但一旦成功，能够获取的收益也最大。这里所说的技术主要指科学技术，同时也包括生产技术、营销技术等。不同技术的开发难度不同，如果是科学技术驱动，必然涉及产品原理、结构的改变，开发困难不仅出现在企业内部，不仅仅是技术和生产方面的问题，而且涉及创造市场需求的问题。因此，运用技术驱动模式的关键，是要在技术进步与市场需求之间建立起沟通的桥梁，要让新产品去发掘潜在的市场需求，甚至去创造新的市场需求。

3. 竞争驱动模式

产品创新是企业进行市场竞争的主要手段之一。运用产品创新参与竞争有两种思路，一是主动出击，即通过主动创造新产品来夺取市场份额，取得期望的发展水平。从这个意义上讲，动用产品开发的消费者驱动模式和技术驱动模式都属于主动出击模式。二是被动适应，即为了不被竞争对手挤出现有市场而开发新产品。产品创新的竞争驱动模式就是一种被动适应模式，但有时也是极为奏效的创新模式。产品创新的竞争驱动模式是指创新设想来源于竞争对手，通过对竞争对手的新产品进行模仿或改进而开发出有竞争力的新产品的模式。这也是常见的一种新产品开发模式，从内容上看，竞争驱动模式并无特殊之处，无非是创意来源不同。它要求把竞争对手作为学习的楷模，强调"知己知彼，百战不殆"。日本人在运用这一模式方面堪称绝妙，电视机、照相机、电冰箱等许多现代科技产品都起源于美国和欧洲，但完善于日本，并为日本的经济腾飞做出了巨大贡献。

（四）国际产品创新途径

跨国公司主要依靠企业自身力量进行研发创新，开发新产品，跨国公司的科技创新能力是通过加大研究开发投入并经过长期积累形成的。当然，跨国公司也可以直接从企业外部获取某种新技术、新工艺的使用权或某种新产品的生产权和销售权。总之，跨国公司技术进步与产品创新反映了跨国公司内外部资源的有效整合和科学配置，其途径有如下方面。

1. 自主研发

自主研发是指由跨国公司自己的研究与开发部门发明新产品或对老产品进行改良。跨国公司一般有自己的科研部门，从事有关产品的基础研究和应用开发，能够积极参与市场的新潮流。在全世界各类日用品生产企业中，宝洁公司在产品研究与开发方面的投入首屈一指，其每年投入资金17亿美元，有8 300多名科学家，其中有2 000名具备博士学位的研究员，在全球范围内18个大型研究中心专门从事基础研究、产品开发、工艺设计、工程与设备研制等工作，平均每年申请专利达20 000余项。诺基亚一贯认为，要在高科技领域，在激烈的市场竞争中生存下去，唯一途径就是永远走在别人的前面，为此，其第一个打破了每两年发布一个新产品的业界规律，平均一个多月就有一个新品种问世。

2. 引进创新

引进创新是指跨国公司直接购买新技术或者购买新产品的生产和销售权。在引进技术方面提倡"一学、二用、三改、四创"的原则，即在学习和运用的基础上，对引进的技术进行改造，使之更适应本国的生产和市场条件，在积累了足够的技术经验之后，实现技术和产品创新，创造独立自主的知识产权。例如，鉴于现代人讲求个性、追新求变的心理，欧典企业集团在2003年春天决定将业已在德国、西班牙以及丹麦、瑞典等西欧、北欧流行的彩色强化地板引进国内市场。第一，这类地板有多达十几种的时尚色彩，消费者既可以选其中一种颜色，也可用多种颜色"拼盘"；第二，这类产品可以通过锁扣强化其稳定性，降低噪声分贝；第三，这类地板基材密度高，可以有效地适应地热采暖系统，既保证热量散发，同时在高温下不开裂、不变形，吸水膨胀率仅为2%，甲醛释放量极低。这类新产品的引进立即赢得了市场的欢迎。

3. 联合创新

联合创新是指跨国公司与其他企业将资金、技术力量等资源联合起来，共同攻克技术难关，共同分享研发成果。对于大型的研发项目，联合创新可以解决单一企业无法实现的技术突破。为了提高信息应用产品的研发能力，应对国际竞争，中国的信息产业，包括研究院所及计算机、信息服务、通信、网络、家电、微电子及软件企业联合起来，于2003年6月份共同组建了中国信息产业商会数字化（3C产品）产业联盟，该联盟按照不同的产品将硬件、软件等相关厂商联系在一起，组成不同的开发群体，这样可以避免国内厂商单枪匹马地在市场上竞争，做到"产学研"优势互补。

4. 委托创新

委托创新是指企业把开发新产品的工作通过契约的形式交由企业外部的人员或机构去完成。产学研相结合，是国家大力提倡的科技创新方式。许多企业将某一新产品项目或课题委托给高校或专门的科研机构进行研究开发。黑龙江省近年来涌现了大批富有实力的中医药企业，这与该省企业积极委托高校和科研机构创新有直接关系。对于那些内部科研人员不足、研究基础薄弱或资源能力较差的中小企业，委托创新是最佳的新产品开发途径。

5. 跨国购并

跨国购并是指跨国公司收购或兼并其他公司的股权，从而顺理成章地取得对该公司新技术和新产品的占有权、使用权或控制权。宝洁公司进入其他国家市场时，除在少数国家采取新建企业外，大部分采取收购与兼并的方法。20 世纪 90 年代，收购捷克斯洛伐克的 RAKONA 公司，并迅速推广到匈牙利、波兰和俄罗斯。在多元化经营方面，宝洁公司在 20 世纪 80 年代至 90 年代，不断通过收购、兼并等方式进入非处方和处方药、健康护理、化妆品等市场。

二、国际产品标准化策略

国际产品标准化策略是指企业向全世界不同国家和地区的所有市场提供相同的产品。实施产品标准化策略的前提是市场全球化。国际产品标准化策略是从服务于全球的产品设计、生产，到满足最终客户群消费，从不同利益组合角度来考察标准化产品投入市场所实施的策略。

（一）国际产品标准化策略的优点

（1）产品标准化策略可使企业实行规模经济，大幅降低产品研究、开发、生产、销售等各个环节的成本而提高利润。

（2）在全球范围内销售标准化产品有利于树立产品在世界上的统一形象，强化企业的声誉，有助于消费者对企业产品的识别，从而使企业产品在全球范围内享有较高的知名度。

（3）产品标准化可使企业对全球营销进行有效的控制。国际市场营销的地理范围较国内营销扩大了，如果产品种类较多，则每个产品所能获得的营销资源相对较少，难以进行有效的控制。产品标准化一方面降低了营销管理的难度，另一方面集中了营销资源，企业可以在销售数量较多的产品上投入相对丰裕的资源，对营销活动的控制力更强。

（二）产品标准化与生产全球化

1. 标准化产品是跨国公司主导的生产全球化的产物

生产全球化的本质是生产的国际化，其生产组织的方式是某一成品的全部生产过程不在一国或一家公司内完成，而是根据各国、各地、各企业的优势和成本，在全球范围内安排和组织生产。生产全球化也是一种建立在专业化和协作基础上的生产分工，通常表现为发达国家之间的水平分工，如互相提供同类不同规格的产品，以及发达国家与发展中国家之间的垂直分工，如发达国家生产某种设备的主机，发展中国家生产某些零部件，在其他的国家组装。生产全球化是建立在这种越来越发达的国际分工的基础之上的。

2. 推动产品标准化的动力是经济利益

推动这种国际分工迅速发展的主要动力来自跨国公司，这些公司为生产出具有全球竞争力的产品，将产品生产过程进行分解，并在全球范围内选择各个生产环节的最佳生产者，以求最大限度地降低生产成本。

3. 国际产品标准化依赖国际标准

全球产品的生产需要全球标准的支持，保证这种国际分工得以实施的前提条件是具有统一的标准。"标准是一种世界各地各种业务用以开发产品、服务和相关体系的技术语言。因各种业务都理解这种语言，在这种语言基础上所生产的产品或所产生的服务，无论在何地都应具有相同的质量。"标准的这个特殊作用,不仅使全球生产成为可能,而且能保证全球生产更经济、更有效率,从而获得持续的竞争优势。

(1) 支持全球产品生产和经营的标准,首推国际标准。国际标准是世界范围内受到普遍承认和广泛接受的标准。世界贸易组织技术贸易壁垒协议建议,各成员方应以国际标准或其相应部分作为制定本国或本地区技术法规的基础,从而进一步强化了国际标准在协调各个国家和地区技术法规方面的作用,巩固了国际标准在实现全球化生产中作为"全球标准"的地位。

(2) 最能体会全球标准在全球化生产中的重要作用,并充分运用这些标准为其创造效益的,还是跨国公司。如果参与全球生产的各个国家所执行的标准不是全球标准,由多个国家分工协作共同生产一种产品以及在全球各地寻找供应商,都是空想。正是由于有一个完善的国际标准体系,才使全球化生产得心应手。福特汽车公司估计,由于推行全球化生产和经营,每年至少可节省30亿美元。

(3) 国际标准基础上的专业化生产,为跨国公司的全球化生产创造了条件,而跨国公司的全球化生产,又进一步促进了标准件和标准产品专业化生产的发展。因为只有这种生产组织形式才是最经济合理和最有效的。这是一个互相推动的良性经济循环,也是跨国公司及其全球化生产得以迅猛发展并占据垄断地位的一个重要原因。在这个循环链中起纽带作用的是标准,但只能是全球标准或等同于全球标准的其他标准。

(4) 当前起全球标准作用的主要是国际标准,但由于经济全球化发展极为迅速,加之跨国公司经营的全球产品多为新技术领域的新产品,开发周期短,投放市场快,在国际标准难以满足的情况下,出现了各式各样的"事实上的全球标准"。之所以称为"事实上的全球标准",是因为这种标准已经在发挥全球标准的作用,但它还不是国际标准。美国试验与材料协会(ASTM)、美国石油学会(API)、美国食品与药物管理局(FDA)、英国劳氏船级社(LR)、德国电气工程师协会(VDE)等制定的标准以及美国三大汽车公司、国际商用机械公司(IBM)、微软(Microsoft)的标准都具有这样的作用。此外,OSHMS(职业安全健康管理体系)、HACCP(食品安全控制体系)、SA 8000社会责任管理体系、IAS(国际会计标准)等,都已成为"事实上的全球标准"。

全球标准的百花齐放,一方面反映出经济全球化对全球标准的迫切需求,另一方面也反映出传统的标准化已不能满足世界经济发展的要求。全球范围的经济革命,必将推动标准化发生深刻变革。

4. 国际标准是商品全球通用的基础

商品在全球范围的大流通,强烈地冲击着长期封闭所形成的价值观和固有习俗。全球范围的人员大流动,使不同肤色、不同民族、不同文化背景的人同住一个城市、同在一个公司、使用同一种语言协同工作,甚至穿着同一风格的服装在餐厅里吃同样的饮食,到同一家商店采购商品等。一句话,世界确实变成了地球村。

按照"国际标准"生产的产品便成了"全球通用"商品。例如,麦当劳快餐、可口可乐饮料、牛仔裤、旅游鞋、柯达胶卷及卡通片、迪斯克等,可以说,凡有人群居住的地方均被其征服和占领,成为事实上的"全球通用商品。"

★ 延伸阅读

一对"欢喜冤家"

无差异营销中的竞争者麦当劳和肯德基是一对"欢喜冤家",有麦当劳的店铺,相隔不远便会看到肯德基。这种亦步亦趋、短兵相接,就是无差异产品销售的必然手法。肯德基和麦当劳在中国是多年的老对手,肯德基之所以占上风,是因为中国人爱吃鸡,而麦当劳在全世界最畅销的是牛肉巨无霸。面对这种形势,麦当劳推出了麦香鸡、麦辣鸡腿汉堡,一场"鸡战"便揭开序幕。

这件事突出了两个问题。第一,产品的市场深度和广度,是决胜的前提。同样是快餐食品,如果鸡肉的市场广度和深度比牛肉大,在竞争中自然占据上风。第二,在某种程度上(从快餐食物的宏观角度看),对消费者来说,几乎是"同类"的选择,如果不对竞争对手亦步亦趋,很快便会落在下风,最终失利。

商品的全球化生产和销售,促使所有的生产者把目光转向广阔的国际市场,力图开发能在全球流行的产品。服装业就是最典型的例子,名牌服装是没有国籍的,中国人穿外国名牌,外国人穿中国制造的西装,在许多场合仅凭服装已无法区分一个人的国籍。服装的趋同化和全球化,是经济全球化推动的最显著变化。

价值观支配着人们的消费行为,而跨国公司所创造的消费时尚又不断地向消费者的价值观挑战,强有力地引导着消费时尚。每当具有全球通用特色的时尚商品出台,都会掀起强烈的消费潮流。

总之,跨越国界的产品标准化可降低成本,如研发、产品设计与包装之类的重复成本。而且,标准化可以在处理顾客与产品设计上达成一致性。产品风格的一致性——特色、设计、品牌名称、包装均应建立产品全球一致的共同印象,以协助整体销售量的增加。例如,熟悉某种品牌的顾客可能会在海外购买同样的品牌。近年来,许多产品因为各地旅游便利及大众传播而在全球曝光,而这更需要由标准化达成一致性。最后,标准化可能要求在一个国家成功的产品在其他类似的国家与竞争条件下有良好的表现。

具有独特的世界性品牌、规模化生产能力和强大销售网络的全球企业,往往会采用国际产品标准化策略。现在,此种策略已经为越来越多的希望创造全球品牌的企业所采纳,其适应范围已经突破制造业,进入零售业和服务业。

国际产品标准化策略的缺陷主要表现在,它不能适应国外顾客的多样化需求。由于世界市场千差万别,各地的政治经济环境、社会文化环境、技术法律环境等不尽相同,标准化的营销组合很难适应千变万化的市场要求。

(三) 国际产品标准化策略的选择

跨国公司应根据以下几个方面,来决定是否选择产品标准化策略。

1. 产品的需求特点

从全球消费者的角度来看,需求可分为两大类,一类是全球消费者共同的、与国别无关的共性需求,另一类则是与各国环境相关的各国消费者的个性需求。在全球范围内销售的标准化产品一定是在全球具有相似需求的产品。消费者对任何一种国际产品的需求,都包括共性需求和个性需求两部分。企业营销人员应当正确识别消费者究竟是共性需求占主导地位还是个性需求占主导地位。对于共性需求占主导地位的产品，宜采取产品标准化策略。下列产品共性需求成分偏大：大量的工业品，如各种原材料、生产设备、零部件等；某些日用消费品，如饮料、胶卷、洗涤用品、化妆品、保健品、体育用品等；具有地方和民族特色的产品，如中国的丝绸、法国的香水、古巴的雪茄等。

2. 产品的生产特点

从产品生产的角度来看，适宜于产品标准化的产品类别为在研究与开发、采购、制造和分销等方面获得较大规模经济效益的产品。具体表现为：技术标准化的产品，如电视机、录像机、音响等产品；研究与开发成本高的技术密集型产品，这类产品必须采取全球标准化策略以补偿产品研究与开发的巨额投资。

3. 竞争条件

如果在国际目标市场上没有竞争对手出现，或市场竞争不激烈，企业可以采用标准化策略。或者市场竞争虽然很激烈，但本公司拥有独特的生产技能，且其他公司无法效仿，则可采用标准化产品策略。

4. 成本—收入分析

跨国公司应严格根据成本收益情况来进行决策。产品、包装、品牌名称和促销宣传的标准化无疑能大幅降低成本，但这只有对大量需求的标准化产品才有意义。

此外，还应考虑各国的技术标准、法律要求及各国的营销支持系统，即各国为企业从事营销活动提供服务与帮助的机构和职能。如有的国家零售商没有保鲜设施，新鲜食品就很难在该国销售。尽管产品标准化策略对从事国际营销的企业有诸多有利的一面，但缺陷也是非常明显的，即难以满足不同市场消费者的不同需求。

★延伸阅读

实施标准化战略　抢占高新技术产业的制高点

1946 年 10 月 14 日至 26 日，中、英、美、法、苏等 25 国的 64 名代表在伦敦集会，表决通过建立国际标准化组织（ISO）。1969 年，ISO 理事会决定把每年的 10 月 14 日定为世界标准日。从 1970 年开始，每年的这一天，世界各国都要举行盛大的纪念活动，宣扬标准化在现代社会发展进程中的重要作用。

虽然我国加入 ISO、IEC（国际电工委员会）、ITU（国际电信联盟）等国际标准化组织的时间并不短，但由于加入世界贸易组织的时间较晚，高新技术产业发展相对滞后等，我们对高技术标准化的认识还不够深刻。

加入世贸组织以前，我们可以通过关税、行政干预等手段对国内弱势产业、市场和企业实施干预保护，但一旦签署了 WTO/TBT 协议（《世界贸易组织贸易技术壁垒协议》），这种干预和保护的作用就被明显削弱，而标准和技术法规则成为本国市场及企业的守护神和消除他国壁垒、走入国际市场的急先锋。

发达国家和跨国垄断企业正是通过国家标准战略、企业标准战略、国际标准组织和规则，将知识产权和标准体系糅合在一起，制定有利于自己的标准体系，维护有利于自己的标准秩序，迫使发展中国家及其企业遵从自己建立的标准体系和秩序。

近年来，一连串反倾销、技术壁垒和知识产权诉讼给"中国制造"带来了很多"麻烦"，WAPI（无线局域网加密标准）等技术标准事件也为中国高新技术产业发展敲响了警钟。事实表明，缺少核心技术，没有标准制定的话语权，我国在国际分工中只能处于高新技术产业链的低端，我们的企业只能是国外跨国公司的"加工车间"，中国就难以实现从产业大国到产业强国的转变。

在各级政府主管部门及高校、企业的共同推动下，近些年来，我国高新技术产业标准化工作取得了长足的进步。2005 年年底，由浙江大学、浙大中控联合清华大学、中科院等研究机构主持制定的现场总线技术标准（EPA 实时以太网技术标准），正式通过 IEC 的审查，成为我国工业自动化领域制定的第一个国际标准；TD-SCDMA、闪联、WAPI 等一系列高科技标准的制定工作也已启动或完成。标准化工作中，重采标参标，轻自主制定；重政府领导，轻企业主导；重标准制定，轻产业推广；重标准文本，轻知识产权等倾向正逐步得到扭转。

开展高新技术标准化，可以缩短新产品的研制周期、节省经费，还可以改进产品质量，提高产品的安全性、通用性和可靠性，从而获得巨大的社会效益和经济效益。这是把高新技术科研成果转化为生产力、做大做强高新技术产业的必由之路。

然而，高新技术领域绝大多数标准和核心技术仍然牢牢地掌控在发达国家和跨国巨头的手中。实施标准化战略，抢占高新技术产业的制高点，"发展高科技，实现产业化"，我们任重而道远。

（资料来源：陈礼达. 实施标准化战略 抢占高新技术产业的制高点 [J]. 中国高校科技与产业化，2007（10）.）

三、国际产品差异化策略

（一）国际产品差异化的含义

国际产品差异化（Product Differentiation）是指跨国公司以某种方式，在花色品种、产品性能、外观造型、色彩款式、销售包装、品牌商标、售后服务等方面改变原本基本相同的产品，向世界上不同国家和地区的消费者销售，以适应国际不同市场的消费者偏好和差别化需求。

从需求方面看，不同国家和地区的消费者由于自然地理、经济水平、文化传统、法律法规、宗教信仰、消费习惯等的差异，必然形成对同类商品千差万别的个性化需求。消费是人的天性，是纯粹个性化的心理满足。在个性化消费过程中，人们普遍选择符合自己消费能力、审美标准的物美价廉的商品，这是人的智慧和经验结晶。

从供给方面考察，产业组织理论认为，产品差异是市场结构的一个重要因素，企业控制市场的程度取决于它们产品的差异化程度。除了完全竞争市场（产品同质）和寡头垄断市场（产品单一）以外，通常产品差异是普遍存在的。企业对于那些与其他产品存在差异的产品拥有绝对的垄断权，这种垄断权构筑了其他企业进入该市场或行业的壁垒，形成竞争优势。同时，企业在形成产品实体的要素上或在提供产品过程中，造成足以区别于其他同类产品并吸引购买者的特殊性，从而导致消费者的偏好和忠诚度。

这样，产品差异化不仅迫使外部进入者耗费巨资去征服现有客户的忠实性而由此造成某种障碍，而且又在同一市场上使本企业与其他企业区别开来，以产品差异为基础争夺市场竞争的有利地位。因此，产品差异化对企业的营销活动具有重要意义。

（二）国际产品差异化策略的具体内容

产品差异化的本质含义是相对于标准化而言的一种竞争手段或者产品定位。与产品标准化策略相对应，产品差异化策略通过产品差异实现消费个体差异，具体有几种不同表现。

（1）产品定位差异化。产品定位差异化通俗来讲就是高、中、低档定位不同，例如一次性打火机和ZIPPO就档次不同，消费个体因此而不同。

（2）生产技术差异化。比如，尚朋堂电磁炉坚持双圈加热路线，提升加热均匀程度，而其他品牌是单圈加热的。

（3）产品功能差异化。产品功能差异化是指在不改变基本使用价值的前提下，通过延伸或附加功能而提高竞争力的办法。

（4）消费文化差异化。世界各国的消费文化各异，有崇尚节俭，有迷恋奢侈；有固守传统，有追求时尚；有重廉价实用，有非名牌不买。不同消费文化深刻影响着跨国公司产品的价值取向。例如，商务人士的皮鞋、运动健身人士的运动鞋、旅游者的旅游鞋、户外工作岗位的胶鞋与老北京布鞋都是鞋，但其背后有着不同意义的消费文化内涵。

国际产品差异化策略是以不同的产品满足世界不同地区、不同行业、不同需求的产品策略。例如，日本丰田汽车公司对美国市场和欧洲市场提供的轿车是针对不同需求而专门设计制造的，两者不尽相同。采用这种策略的全球公司必须有强大的技术开发能力和卓越的信息管理系统，否则难以及时组织适销对路的营销活动。

（三）国际产品差异化策略的优势

国际产品差异化策略的优势主要表现在以下方面。

1. 更好地满足消费者不同的消费偏好

跨国公司服务于全球市场，由于世界各国或地区政治、经济、文化、法律、科技、自然等环境各不相同，其消费需求存在明显的差异。即使在同一个国家或地区，不同阶层消费者的消费偏好也有较大的区别，标准化的产品难以满足消费者差异化的需要。

2. 提高市场占有率

经济全球化背景下的国际市场竞争越来越激烈，科技的发展使现代制成品同质化现象十分普遍。国际标准化是商品全球通用的基础，某种新产品面市后，各国的同类企业会在短时间学习、模仿，相继推出本企业的同类产品，以参与国际市场竞争。比如家用电器，各国企业生产的产品在品质、性能等各个方面难分优劣。如果能根据各国消费者的需求偏好，对产品进行相应的改良，使本企业的产品具有鲜明的地域特征，从而吸引当地消费者，得到消费者的认同，必然增加销售，提高市场占有率。

3. 有利于技术创新

跨国公司根据不同国家或地区的需求偏好，实施产品差异化策略，突出产品特色，必须投入人力、资本、技术等资源对原有产品进行技术改造和产品升级，甚至创造出全新的产品。在此过程中,可能产生新技术、专利等,从而推动跨国公司的技术进步。

4. 有利于跨国公司提升国际竞争力

产品差异化使本企业产品具有明显区别于其他企业产品的特征,从而在一定程度上构成某种垄断优势,并可以通过品牌、商标、商誉等形式固化这种优势,创造国际名牌产品,提升跨国公司的国际竞争力。

全球公司为了适应客观存在的国别差异,需要开发差别化产品;但是考虑到成本与品牌,又得实行标准化策略。因此,差别化与标准化结合策略应运而生,主要体现在对标准化产品做少许差别化修改。例如,可口可乐公司对销往不同地区的可乐产品的口味做了微调,以适合不同地区消费者的口味偏好。

此外,全球公司的多角化经营趋势,也体现了差别化和标准化相结合的策略。仍以可口可乐公司为例,它除了推行可乐饮料之外,先后在全球市场上另外开发了 160 种不同品牌的产品,如雪碧、芬达等。现在,可口可乐总公司的利润来源已不再是单一的可乐产品销售。

四、国际产品品牌策略

(一) 品牌与国际品牌

广义的品牌是指具有经济价值的无形资产,用抽象化的、特有的、能识别的心理概念来表现其差异性,从而在消费者的意识中占据一定位置的综合反映。狭义的品牌是一种拥有对内对外两面性的标准或规则,通过对理念、行为、视觉、听觉四方面进行标准化、规则化,使之具备特有性、价值性、长期性、认知性的一种识别系统。

品牌是给拥有者带来产品溢价、价值增值的一种无形资产,它的载体是用于和其他同类产品或劳务加以区分的名称、术语、图像、记号或者设计及其组合,价值增值的源泉来自消费者心中形成的关于其载体的印象。品牌承载更多的是一部分消费者对其产品及服务的认可,是一种品牌商与顾客购买行为间相互磨合衍生的产物。

国际品牌是指在国际市场上知名度、美誉度、诚信度较高,产品辐射范围广,市场影响力巨大的品牌,例如可口可乐、麦当劳、万宝路、奔驰、苹果、微软、劳力士、皮尔·卡丹等。

(二) 创建国际品牌的意义

就品牌而言,大多数国际企业喜欢采用统一的国际牌号,这样可实现促销上的规模经济。跨国公司的一个国际知名品牌必然具有强烈的市场识别度和消费号召力,能实现促销上的规模经济和强大影响力,本身就是一笔巨大的财富,更是跨国公司获取竞争优势的有力武器。

(1) 增加跨国公司的凝聚力。这种凝聚力,不仅能使团队成员产生自豪感,增强员工对企业的认同感和归属感,使之愿意留在企业里,还有利于提高员工素质,以适应企业发展的需要,使全体员工以主人翁的态度工作,产生同舟共济、荣辱与共的思想,使员工关注跨国公司的发展,为提升企业竞争力而奋斗。

(2) 增强跨国公司的吸引力与辐射力,有利于跨国公司美誉度与知名度的提高。好的国际品牌使消费者羡慕、向往,不仅使投资环境价值提升,还能吸引人才,从而使资源得到有效集聚和合理配置。国际品牌的吸引力是一种向心力，辐射力则是一种扩散力。

（3）国际品牌是提高跨国公司知名度和强化竞争力的一种文化力，这种文化力是一种无形的、巨大的推动企业发展的力量。企业实力、活力、潜力及可持续发展的能力，集中体现在竞争力上，而提高企业竞争力又同提高企业知名度密不可分。一个好的国际品牌将有利于企业提高知名度和竞争力。

（4）国际品牌是推动跨国公司发展和社会进步的一个积极因素。国际品牌不再停留在美化跨国公司形象的层面，而应成为吸引投资、促进企业发展的巨大动力，进而促进企业到国际市场上"推销"自己。在经济全球化的背景下，市场经济的全方位社会渗透，逐步清除了企业的国外消费者对跨国公司产品的认知障碍，催化了跨国公司品牌的定位与形成。

（三）跨国公司的品牌策略

1. 单一品牌策略

单一品牌又称统一品牌，是指企业所生产的所有产品同时使用一个品牌的情形。这样在企业不同的产品之间形成了很强的品牌结构协同，使品牌资产在完整意义上得到最充分的共享。单一品牌策略的优势不言而喻，商家可以集中力量塑造一个品牌形象，让一个成功的品牌附带若干种产品，使每一个产品都能共享品牌的优势。比如海尔就是单一品牌策略的代表。海尔集团从1984年开始推进自己的品牌战略，从产品名牌到企业名牌，发展到社会名牌，成功地树立了"海尔"的知名形象。海尔白色家电、黑色家电、米色家电在内的96大门类、15 100多个规格的产品群，使用的全部是单一的"海尔"品牌。不仅如此，海尔也作为企业名称和域名来使用，做到了"三位一体"。成功的海尔品牌，使海尔的上万种商品成为名牌商品，单一品牌战略的优势尽显其中。

单一品牌策略的另一个优势是品牌宣传的成本低，这里的成本不仅指市场宣传、广告费用，还包括品牌管理的成本，以及消费者认知的清晰程度。单一品牌更能集中体现企业的意志，容易形成市场竞争的核心要素，避免消费者在认识上发生混淆。

当然，单一品牌策略也存在一定的风险。它有"一荣共荣"的优势，同样也有"一损俱损"的危险。如果某一品牌名下的某种商品出现了问题，那么在该品牌下附带的其他商品也会受到牵连，甚至整个产品体系可能面临重大灾难。作为单一品牌，缺少区分度，差异性差，往往不能区分不同产品的特征，不利于商家开发不同类型的产品，也不便于消费者有针对性地选择，因而在单一品牌中往往出现"副品牌"。

2. 副品牌策略

副品牌策略的具体做法是，以一个成功品牌作为主品牌，涵盖企业的系列产品，同时又给不同产品起一个富有魅力的名字作为副品牌，以突出产品的个性形象。依然以海尔为例，海尔虽然所有的产品都使用同一个商标，但是为了区分彼此的特点，仅就冰箱来说就分为变频对开门的"领航系列"，变频冰箱"白马王子系列""彩晶系列"，机械冰箱"超节能系列""金统帅系列"等。在家电行业，使用副品牌已经成为通行做法，这样有效地划分了不同产品的功能和特点，突显了每种商品的特点，也弥补了单一品牌过于简单、不生动的缺点。

3. 多品牌策略

一个企业同时经营两个以上相互独立、彼此没有联系的品牌的情形，就是多品牌策略。众所周知，商标的作用是就同一种的商品或服务，区分不同的商品生产者或服务提供者。一个企业使用多种品牌，具有的功能不仅仅是区分其他的商品生产者，也包括区分自己的不同商品。多品牌策略为每一个品牌营造了独立的成长空间。

多品牌策略的优点很明显，它可以根据功能或者价格的差异进行产品划分，有利于企业占领更多的市场份额，面对更多需求的消费者；彼此之间看似存在竞争的关系，但是实际上很可能壮大整体的竞争实力，增加市场的总体占有率；避免产品性能之间的影响，比如把卫生用品的品牌扩展到食品上，消费者从心理上来说就很难接受。而且，多品牌可以分散风险，某种商品出现问题，不会殃及其他商品。

其缺点则在于宣传费用高昂。企业打造一个知名的品牌需要财力、人力等多方面的配合，如果想成功打造多个品牌，自然要以高昂的投入为代价。多个品牌之间易产生自我竞争，且品牌管理成本过高，也容易在消费者中产生混淆。

★ 延伸阅读

宝洁公司多品牌战略

采用多品牌战略的代表非宝洁公司莫属。宝洁公司的原则是：如果某一个种类的市场还有空间，最好那些"其他品牌"也是宝洁公司的产品。宝洁公司的多品牌策略让它在各产业中拥有极高的市场占有率。举例来说，在美国市场上，宝洁公司有8种洗衣粉品牌、6种肥皂品牌、4种洗发水品牌和3种牙膏品牌，每种品牌的特征都不一样。以洗发水为例，飘柔以柔顺为特长，潘婷以全面营养吸引公众，海飞丝则具有良好的去屑功效，沙宣强调的是亮泽。不同的消费者在洗发水的货架上可以自由选择，然而都没有脱离开宝洁公司的产品。

宝洁公司的策略是不仅仅在不同种类的商品上使用不同的商标，即使是在相同的商品上，由于功能的不同也使用不同的商标。当然它为此也付出了高昂的市场成本和管理成本。然而我们不能不说宝洁公司是成功的，近170年的辉煌历史，旗下约300个品牌，使它在品牌战略中创造了一个奇迹。

在多品牌战略中，也有些企业使用的并非功能划分，而是等级划分，也就是说，不同的品牌用于相同的商品，但是品质、级别不尽相同。比如说，欧莱雅就选择了以档次为标准进行产品区分。兰蔻、碧欧泉是它的高端产品，而羽西、美宝莲则是它相对低端的产品。也许即使是热衷化妆的女士们，也不一定清楚以上所提及的四个品牌都归属于欧莱雅公司。它们都各自占领着自己的市场份额，拥有不同层次的消费人群。有人不禁会问，为什么我们可以知道飘柔、潘婷和海飞丝都是宝洁的产品，而鲜有人知悉兰蔻、碧欧泉、羽西和美宝莲的关系呢？原因在于宝洁使用了"背书品牌"。

4. 背书品牌策略

背书品牌依附于产品，贯穿整个公司品牌和项目品牌，背书品牌的管理在价值链的各环节实施，确保开发项目能够成为公司区别于其他品牌的鲜明特征体现。

为什么宝洁使用背书品牌而欧莱雅却不使用？其实仔细分析可以看到，宝洁公司也并非所有的品牌都使用背书品牌。在美容化妆品领域中,SK-Ⅱ及玉兰油也同样是宝洁的产品,但是没有使用背书品牌。因为宝洁在人们心目中已经成为大众消费品的代表,大量出现在洗涤、卫生用品的领域,如果在把它使用在高档化妆品上,很可能会影响这些产品的身价。再如,品客薯片也是宝洁的产品,它也不会使用宝洁的背书商标,因为这样会使消费者在购买薯片的时候联想到洗发水、洗衣粉等大家熟知的宝洁产品,从而影响到它在公众中的形象。欧莱雅在化妆品领域中只能算上一个中档品牌,如果让它背书在兰蔻等高档产品之上显然是不合适的,所以在这种情况下,采用的是淡化总品牌的策略,让这些高端品牌树立更优越的形象,打造自己的领地。通过这样的战略,提升了整体的竞争实力,也关照了不同档次的消费人群。

5. 国际品牌更新策略

国际品牌更新是指随着企业经营环境的变化和消费者需求的变化,品牌的内涵和表现形式也不断变化发展,以适应社会经济发展的需要。品牌更新是社会经济发展的必然。只要社会经济环境在发展、变化,人们需求特征在趋向多样化,社会时尚在变,就不会存在一劳永逸的品牌。只有不断设计符合时代需求的品牌,品牌才有生命力。品牌创新是品牌自我发展的必然要求,是克服品牌老化的仅有途径。由于内部和外部原因,企业品牌在市场竞争中出现知名度、美誉度下降,及销量、市场占有率降低等品牌失落的现象,称为品牌老化。在现代社会,技术进步越来越快,一些行业内的产品生命周期越来越短,同时社会消费意识、消费观念的变化频率也逐渐加快,这都会影响到产品的市场寿命。如英雄牌打字机曾以电子式英文打字机盛销一时,但后来随着个人计算机技术及多任务系统的推出,机械式及电子式英文打字机由于缺乏通信端口而被市场淘汰,该品牌也就因此而被IBM等电脑公司的品牌取代。当然在不同国家和地区,对同一种产品采用不同品牌,有时也是为了细分市场和研究市场需求状况的需要,如日本松下有三个英文品牌National、Panasonic和Technic。

★延伸阅读

跨国公司带来隐性财富:市场培育和品牌建设

关于跨国公司的争论从没有停止过,其中比较普遍的评价是:跨国公司总体来说有利于产业链的发展、促进民族产业的提升,可能在短期内会由于明显的竞争优势而使部分民族产业的发展面对压力或停滞,但从长远来看,跨国企业所带来的先进管理理念和技术能带动和提升民族产业。其实,谁都无法回避的一个事实是,正是跨国公司的进入和存在,在客观上促进了本土企业的快速成长,从而对我国的经济发展起到了积极的作用。

著名经济学专家李令德教授认为,跨国公司在税收、人力等方面对中国经济带来的财富效应是有目共睹,非但如此,它们在市场培育、品牌建设等方面所带来的示范效应其实具有更大的价值。如果一味地以保护民族工业为由担心甚至限制跨国公司的发展,其结果就是"过度保护落后"。

美国南卡莱罗那大学和北京大学、清华大学的学者在1998年对可口可乐公司进行的调查报告显示,当年中国的41.4万个就业机会同可口可乐有直接或间接的关系。可口可乐公司直接注入资金80亿元人民币,间接创造了220亿元人民币的增加值,直接或间接地提供了16亿人民币的利税。北京大学教授林毅夫指出,可口可乐通过其在全国的装瓶厂网络,实现了对效率低下的国有企业向高效、成功合资企业的转型，引进了先进的管理和营销经验，提高了企业的生产技术，同时还带动了玻璃、塑料、铝罐和制糖等相关产业的发展。

我国经济发展的根本在于我国国内企业的高速发展，但是由于起步较晚，国内企业在市场的培育、品牌形象的建立及长期客户关系的维护上都缺乏实际经验。而跨国公司非常重视建立与客户的长期、良好的关系，将生产设备和生产材料送达客户处，对它们来说只是合作的开始。跨国公司往往把工作的重心放在为客户提供包括市场咨询服务和共同承担运营风险等方面，并且针对不同的客户提出不同的整体解决方案，使之能适应不同层次的客户群。相较于国内企业"放下设备，以后不管"的办法，确实具有非常大的优势。与此同时，跨国公司的研发工作也更贴近实际，更具有针对性。

这是一种双赢的好办法，在其客户逐步壮大后，跨国公司的周围也形成了一个庞大的客户群，双方在互相合作、互相促进的良性循环中合作成长。无论是生产商还是供应商，都不光需要单纯的产品或者设备，它们还希望有更多的帮助，跨国公司正是提供了一种产业链式的、全程的服务，来帮助客户体现其市场价值。而国内公司在这方面还做得很不够。

还有重要的一点在于，跨国公司把其品牌形象视若生命。市场竞争的历史教训是：放弃了品牌就是放弃了在市场中的竞争能力。对于正处在成长时期的国内企业来说，一方面要做到创造可视的经济利润来生存和发展，同时还要负担起让不可视的品牌升值的重任，这并不是容易做到的。李全德教授在就如何创造利润这个问题时谈到，创造价值无非两种办法，一种是降低成本，另一种是产生差异化价值。降低成本终归是有限度的，但是差异化价值会随着品牌的深入人心而不断增大。目前，在我国的市场上，降低成本仍然是占主导地位的竞争手段。在媒体上经常可见各种形式的降价、让利和促销，过度的价格竞争已经成为我国企业发展的一个严重阻碍。但是，在大多数消费者和生产厂家甚至一部分媒体的观念中，依旧认为只有价格竞争才是正统的市场手段。跨国公司的进入带给我们全新的观念，一件没有品牌的衬衫的价格和一件著名品牌的衬衫的价格可能会相差五六倍，甚至几十倍，这就是差异化带来的价值。我们需要改变光打价格战的思路，现在的市场竞争已经不单纯地比较谁的价格便宜，而是朝着越来越注重品牌化的方向发展。

与国内企业相比，跨国公司无论是市场运作的经验还是处理与客户的关系，都有许多值得学习的地方。俗话说，十年磨一剑，国内企业需要耐心，练好内功。

(资料来源：全球品牌网，《跨国公司带来隐性财富：市场培育和品牌建设》)

(四) 跨国公司国际品牌建设阶段

跨国公司的国际品牌建设具有长期性和艰巨性，要建设一个成功的国际品牌，必须经过以下三个阶段。

1. 规划阶段

一个好的国际品牌规划，等于完成了一半国际品牌建设；一个坏的品牌规划，可以毁掉一个事业。跨国公司制定国际品牌规划时，要根据国际市场的竞争态势、消费者需求偏好，以及本公司的产品特征、市场定位，明确本公司改进品牌建设的目标，然后制定实现目标的具体措施。对于一个已经发展很多年的跨国公司，还要先对这个跨国公司的国际品牌进行诊断，找出品牌建设中的问题，总结优势和缺陷。这是国际品牌建设的前期阶段，也是国际品牌建设的第一步。

2. 全面建设国际品牌阶段

这个阶段很重要。在这一阶段，最重要的一点是确立国际品牌的价值观。确立什么样的价值观，决定企业能够走多远。有相当多的企业根本没有明确、清晰而又积极的品牌价值观取向；更有一些企业，在国际品牌价值观取向上急功近利、唯利是图，抛弃企业对人类的关怀和对社会的责任。跨国公司制定的国际品牌价值观取向应该非常明晰，首先是为消费者创造价值，满足社会需求；国际品牌的建设，要以诚信为基础，以产品质量和产品特色为核心，才能培育出消费者的认知度、美誉度和忠诚度，跨国公司的产品才有市场占有率和经济效益；最后才是为股东创造经济利益、为公司增加利润服务。

3. 形成国际品牌影响力的阶段

跨国公司要根据市场和公司自身发展的要求，对国际品牌不断地进行自我维护和提升，使之达到一个新的高度，从而产生更大的影响力，直到能够进行品牌授权，真正形成公司的一种高附加值的资产，成为跨国公司获取国际竞争力的重要手段。

这三个阶段，都不是靠投机和侥幸获得的，也不能一蹴而就，必须经过长期的积累和精心的维护。

（五）跨国公司国际品牌建设应注意的问题

1. 国际品牌的准确定位

准确的国际品牌定位是国际品牌成功的一半，国际品牌定位是为了让国际市场上的消费者清晰地识别、记住该品牌的特征及品牌的核心价值。在产品研发、包装设计、广告宣传等方面，都要围绕国际品牌定位而展开。如舒肤佳的品牌定位就是"除菌"，多年来舒肤佳广告始终突出"除菌"，通过一次次加深消费者的记忆，最终达到消费者想"除菌"就选舒肤佳的目的。

2. 战略规划

跨国公司要通过国际品牌策划和实施来提升品牌形象，提高消费者对产品的认知度、忠诚度，树立公司良好的品牌形象。首先，质量战略是实施国际品牌策略的关键、核心，质量是产品的生命，严格的质量管理是开拓、保持、发展国际品牌的首要条件。其次，市场战略是实施国际品牌策略的根本，实施市场战略一定要树立市场导向观念，从产品的开发到营销，必须牢牢扣住市场需求这一主题，最大限度地满足客户需要。

3. 大力宣传

对跨国公司来说，通过多元化宣传，在短时间内让消费者认同其品牌很重要。在宣传过程中，要突出国际品牌的定位和核心价值，找准产品与消费者之间的情感交汇点，让消费者在极短的时间内对该产品产生认同感。

总之，跨国公司在选择国际品牌策略的过程中，要充分考虑自身的优势和特点，选择最适合本公司发展的品牌策略，只有这样才能走上成功的品牌经营之路。

第三节 跨国公司价格策略

跨国公司价格策略是指跨国公司在国际营销活动中，根据所处的国际市场环境及自身条件，运用各种价格手段获取竞争优势的行为，是通过价格的制定和安排来占领国际市场并赢得国际竞争的策略。由于国际营销环境复杂多变，影响因素较多，其价格的构成更加复杂，具体的定价方法也更多。

一、影响跨国公司国际营销产品定价的因素

1. 市场定价目标

跨国公司的全球战略不同，对东道国市场的需求不同，定价目标也不同。如果跨国公司追求利润最大化目标，期望企业在较长的时间内谋求整体利润最大化，而不是公司短期内在某个产品上可能获得最大利润，则跨国公司需要全球统筹安排，考察不同国家、不同市场的需求强度和税收政策等情况，采取划拨价格、交叉补贴等手段。如果跨国公司要实现预定的投资利润率目标，跨国公司应根据自己的发展目标制定利润与投资总额的比率，按计划收回投资成本，因此要进行准确的成本与收益核算，提高投资效率，加强运营管理，降低投入成本，一般采用撇脂定价法。跨国公司若希望扩大市场占有率，就要建立公司的产品信誉，促进适销产品的销售，从而稳定和扩大市场份额，应综合考虑公司与竞争者的实力来确定市场定价。如果跨国公司的生产能力过剩，为了维持企业的正常运营，将国际市场作为消化库存的主要手段，则可以采取低价策略。

2. 成本因素

价格不仅是营销组合中的要素之一，也是影响跨国公司成本与利润核算的关键变量，特别是对产品价格的形成起决定性作用。跨国公司在全球范围内生产、销售产品，其国家或地域不同，成本构成也存在较大的差异。首先，在产品市场环节，不同市场的原材料采购价格就不同，劳动力工资水平差别更大，不同国家的税收水平、贷款利率也不一样；其次，在流通环节会发生大量的流通费用，即产品进入国际市场过程中，产品的运输费用、包装整理费用、保险费用、交易费用、代理商佣金、国际广告费用等都会发生相应变化。因此，跨国公司在制定价格时，必须充分考虑不同市场在成本方面的差异。

3. 市场因素

价格是市场机制作用的产物。市场供求关系、市场竞争程度、国际市场环境和市场结构是市场机制不可或缺的四个因素。

（1）市场供求关系。市场供求关系包括市场需求状况和市场供给状况两个方面，市场价格就是市场供求力量相互作用的结果。国际市场上的需求一般是指国际上所需要的生产资料和消费资料的总和，取决于世界各国的生产采购和个人消费需求；国际市场上的供给是指国际市场所提供的商品和劳务总量。国际市场价格就是供求活动相互作用、相互影响的矛盾运动，如果供给小于需求，则价格上涨；反之，则价格下跌；供求相等，则价格平衡，市场相对稳定。国际市场上的价格随着供求关系的变化而变化和调整。

(2) 市场竞争程度。经济全球化使世界各国经济连成一体，也使国际市场竞争变得更加广泛、复杂和激烈。在生产领域方面，由于新技术革命成果的应用，产业结构大规模开始调整，对商品的需求向多层次化发展。一方面是传统产业利用新技术进行改造，另一方面是新兴产业，尤其是高技术产业的产生与发展促进国际范围内的产业结构升级。在销售领域方面，由于各国国内产业结构的调整、高科技的运用，劳动生产率大大提高，国内市场饱和，竞争激烈，企业必须拓展国际市场。国内市场这些竞争特点延伸到国际市场的竞争。

(3) 国际市场环境。当今世界，市场竞争不仅仅表现在经济领域，还延伸至国际关系、地缘政治、宗教文化、法律制度等多个层面。市场竞争主体多元化，国际生产力水平提高，促使国际买方市场的形成，同一产品的供应商遍布世界各地，大多数产品的市场集中度显著下降，行业内部的竞争愈加激烈。单一的价格竞争优势逐渐消失，各跨国企业综合利用国际广告、品牌推广、网络营销、绿色营销、信用消费等竞争手段。各国政府利用公共资源，为本国企业及产品在国际竞争中获得优势提供便利，包括出口产品补贴、外汇倾销、商品倾销、歧视性政府采购等，各国政府在国际竞争中的作用增强。

(4) 市场结构因素。市场结构一般包括完全竞争、垄断竞争、寡头垄断和完全垄断四种类型，不同的市场结构在企业数量、经济规模、定价方式等方面各不相同。

在完全竞争市场条件下，产品的市场价格是由整个行业的供求关系自发决定的，单个厂商只是价格的接受者（Pricetakers），而不是价格的决定者（Pricemakers）。因此，国际经营企业如果随意抬高产品价格，必然导致国际市场上自身产品需求的减少；国际经营企业如果随意降低产品价格，则意味着国际市场利润不必要地流失。一般来说，这种完全竞争市场格局现实中是不存在的，国际农产品市场、轻纺产品市场等接近于完全竞争市场。垄断竞争市场有许多厂商生产和销售有差别的同种产品，这些企业之间又存在竞争。它们的产品相互替代的程度越高，竞争程度越高。在垄断竞争市场条件下，厂商通过改进产品品质、精心设计商标和包装、改善售后服务及广告宣传等手段，来区别本企业与竞争对手的产品，因此，本企业对产品价格有一定的自由定价空间，但受竞争对手产品价格的影响。在寡头竞争市场条件下，寡头的定价具有很大的自由度，如果寡头相互勾结，则市场价格可能被寡头组织完全操纵。完全垄断市场是指整个行业的市场完全处于一家厂商所控制的状态，也就是一家厂商控制某种产品的市场。在完全垄断的条件下，某些国际产品完全被一个企业所垄断，这个跨国公司在这些国际产品的定价上享有较大的自由度，可以定出较高的价格，但这种高价也必须以东道国消费者可以接受的程度和各国政府允许的范畴为限，否则跨国企业可能会受到制裁而蒙受不必要的损失。

二、跨国公司国际市场定价方法

国际市场定价方法是跨国公司在特定的定价目标指导下，依据对成本、需求及竞争等状况的研究，运用价格决策理论，对产品价格进行计算的具体方法。跨国公司国际市场定价方法主要包括成本导向定价法、竞争导向定价法和需求导向定价法等三种类型。随着社会的发展、经济全球化的加速，也出现了一些新产品定价法。

（一）成本导向定价法

成本导向定价法是指跨国公司在定价时以企业具体成本为基本依据，再加上预期利润来确定产品价格的定价方法。

在成本加成定价法下,产品价格=平均成本×(1+成本利润率)。

成本导向定价法是中外企业最常用、最基本的定价方法。成本导向定价法又衍生出总成本加成定价法、目标收益定价法、边际成本定价法、盈亏平衡定价法等几种具体的定价方法。

(1) 总成本加成定价法。在这种定价方法下,所有为生产某种产品而发生的耗费都被计入成本,从而计算出单位产品的变动成本,合理分摊相应的固定成本,再按一定的目标利润率来确定价格。

(2) 目标收益定价法。目标收益定价法又称投资收益率定价法,是根据企业的投资总额、预期销量和投资回收期等因素来确定价格的方法。

(3) 边际成本定价法。边际成本是指每增加或减少单位产品所引起的总成本变化量。由于边际成本与变动成本比较接近,而变动成本更容易计算,所以在定价实务中多用变动成本替代边际成本,而将边际成本定价法称为变动成本定价法。

(4) 盈亏平衡定价法。在销量既定的条件下,企业产品的价格必须达到一定的水平才能做到盈亏平衡、收支相抵,既定的销量就称为盈亏平衡点,这种制定价格的方法就称为盈亏平衡定价法。科学地预测销量和已知固定成本、变动成本是使用盈亏平衡定价法的前提。

(二) 竞争导向定价法

在竞争十分激烈的市场上,企业通过研究竞争对手的生产条件、服务状况、价格水平等因素,依据自身的竞争实力,参考成本和供求状况来确定商品价格,这种定价方法就是通常所说的竞争导向定价法。竞争导向定价法主要包括以下几种。

(1) 随行就市定价法。在垄断竞争和完全竞争的市场结构条件下,任何一家企业都无法凭借自己的实力而在市场上取得绝对的优势。为了避免竞争特别是价格竞争带来的损失,大多数企业采用随行就市定价法,即将本企业某产品价格保持在市场平均价格水平上,利用这样的价格来获得平均报酬。采用随行就市定价法,企业就不必去全面了解消费者对不同价差的反应,也不会引起价格波动。

(2) 产品差别定价法。产品差别定价法是指企业通过不同营销努力,使同种同质的产品在消费者心目中树立起不同的产品形象,进而根据自身特点,选取低于或高于竞争者的价格作为本企业产品价格的定价方法。产品差别定价法是一种进攻性的定价方法。

(3) 密封投标定价法。在国内外,许多大宗商品、原材料、成套设备和建筑工程项目的买卖和承包,以及出售小型企业等,往往采用发包人招标、承包人投标的方式来选择承包者,确定最终承包价格。一般来说,招标方只有一个,处于相对垄断地位;而投标方有多个,处于相互竞争地位;标的物的价格由参与投标的各个企业在相互独立的条件下来确定。在买方招标的所有投标者中,报价最低的投标者通常中标,它的报价就是承包价格。这样一种竞争性的定价方法就称为密封投标定价法。

(三) 需求导向定价法

现代市场营销观念要求企业的一切生产经营必须以消费者需求为中心,并在产品、价格、分销和促销等方面予以充分体现。根据市场需求状况和消费者对产品的感觉差异来确定价格的方法叫作需求导向定价法，又称"市场导向定价法""顾客导向定价法"。需求导向定价法主要包括理解价值定价法、需求差异定价法和逆向定价法。

（1）理解价值定价法。理解价值是指消费者对某种商品价值的主观评判。理解价值定价法是指企业以消费者对商品价值的理解度为定价依据，运用各种营销策略和手段，影响消费者对商品价值的认知，形成对企业有利的价值观念，再根据商品在消费者心目中的价值来制定价格。

（2）需求差异定价法。需求差异定价法是指产品价格的确定以需求为依据，首先强调适应消费者需求的不同特性，而将成本补偿放在次要的地位。这种定价方法，对同一商品在同一市场上制定两个或两个以上的价格，或使不同商品价格之间的差额大于其成本之间的差额，其好处是可以使企业定价最大限度地符合市场需求，促进商品销售，有利于企业获取最佳的经济效益。

（3）逆向定价法。逆向定价法不主要考虑产品成本，而重点考虑需求状况。依据消费者能够接受的最终销售价格，逆向推算出中间商的批发价和生产企业的出厂价格。逆向定价法的特点是：价格能反映市场需求情况，有利于加强与中间商的良好关系；保证中间商的正常利润，使产品迅速向市场渗透；可根据市场供求情况及时调整，定价比较灵活。

（四）新产品定价法

1. 撇脂定价法

（1）撇脂定价法的定义。撇脂定价法是指把新产品价格定得很高，远远高于成本，以求短期内攫取最大利润，尽早收回投资的定价方法。撇脂定价法主要针对缺少弹性的产品，例如，现代专利药品、高档化妆品、手表等。

（2）采用撇脂定价法的条件。一是市场有足够的购买者，需求缺乏弹性，即使把价格定得很高，市场需求也不会大量减少；二是存在较高的行业进入壁垒，即使定价高，企业在一定时间内仍能独家经营，其他竞争者难以进入。

（3）撇脂定价法的优势与劣势。撇脂定价法的优势在于可以快速收回投资，便于价格调整，易于控制需求。跨国公司的生产能力有限，垄断高价可以限制消费者需求量，并通过高价树立高档产品的形象。撇脂定价法的劣势也十分明显，高价产品的需求规模毕竟有限，过高的价格不利于开拓市场、增加销量，也不利于占领和稳定市场，容易导致新产品开发失败。高价暴利会导致竞争者大量涌入，仿制品、替代品迅速出现，从而迫使价格急剧下降，此时若无其他有效策略相配合，公司苦心营造的高价优质形象可能会受到损害，失去一部分消费者。撇脂价格远远高于其价值，在某种程度上损害消费者利益，容易招致公众的反对和消费者的抵制，易于诱发公共关系问题。

2. 渗透定价法

渗透定价法是指针对富有弹性的新产品，在初始投放市场时，定以较低价格，以获得最高销售量和最大市场占有率的定价方法。

跨国公司在把新产品投入国际市场时将价格定得相对较低，可吸引大量顾客及迅速打开市场，短期内获得比较高的市场占有率；同时，通过接近成本的定价，也可阻吓其他打算进入该领域的竞争者。

采取渗透定价应具备的条件有：市场需求大，顾客对价格比较敏感；生产该产品的规模经济效应明显；低价不致于引起竞争者的报复和倾销的指控。

广汽本田曾经多次成功运用渗透定价法提高市场占有率，逼退其他竞争者。广汽本田的汽车产品定价一直与世界接轨，比较符合消费者的感知价格，曾让本田雅阁的销售一度逆市而升，甚至在国内不少地区出现断货的情况。

三、各种定价方法的比较与运用

跨国公司的定价方法很多，不同的定价方法适应跨国公司不同的经营战略、不同市场环境。

1. 各种定价方法的比较

从本质上说，成本导向定价法是一种卖方定价导向。它忽视了市场需求、竞争和价格水平的变化，有时会与定价目标相脱节。此外，运用这一方法制定的价格均是建立在对销量主观预测的基础上，降低了价格制定的科学性。因此，在采用成本导向定价法时，还需要充分考虑需求和竞争状况，以确定最终的市场价格水平。

竞争导向定价法是以竞争者的价格为导向的，它的特点是：价格与商品成本和需求不发生直接关系；商品成本或市场需求变化了，但竞争者的价格未变，就应维持原价，反之，虽然成本或需求没有变动，但竞争者的价格变动了，则应调整其商品价格。当然，为实现企业的定价目标和总体经营战略目标，谋求企业的生存和发展，企业可以在其他营销手段的配合下，将价格定得高于或低于竞争者的价格，并不一定要求和竞争者的产品价格完全保持一致。

需求导向定价法是以市场需求为导向的定价方法，价格随市场需求的变化而变化，不与成本因素发生直接关系，符合现代市场营销观念的要求，企业的一切生产经营以消费者需求为中心。

2. 各种定价方法的运用

跨国公司应根据产品市场的不同阶段，选择合适的定价策略。在产品市场的增长阶段跨国公司主要根据市场上的竞争情况来决定自己的产品定价，以便保持并扩大市场份额，降低成本，实现规模效益；在已形成寡头垄断的市场条件下，少数几家跨国公司垄断了市场，占据大部分市场份额，其定价策略一般是按照需求曲线来进行的。

在产品市场的标准化阶段，产品的新颖性下降，市场上出现替代品，跨国公司仍可按照边际成本与边际收益相等的原则定价，但同时应谨慎行事，若定价过高会造成市场份额减少；若定价过低，又可能引发价格战，导致两败俱伤或多败俱伤。在此阶段，为了争取消费者，保持市场份额，跨国公司对产品的定价应尽可能低，有时为了等待新产品，产品的价格甚至会低于产品的成本。

在产品市场衰退阶段，为了争取消费者，避免产品积压、过时，保持市场销售份额，跨国公司对产品的定价应尽可能低；如新产品即将生产、很快就会投放市场，原有的老旧产品价格甚至会低于产品的成本。

★ 延伸阅读

雅阁汽车

广汽本田汽车有限公司（简称"广汽丰田"）成立于1998年7月1日，注册资本为11.6亿元人民币，由广州汽车集团有限公司和本田技研工业株式会社以及本田技研工业（中国）投资有限公司共同出资建设而成。广汽本田生产和销售的车型有雅阁、奥德赛、飞度等。

对于中国市场来说，广汽本田雅阁的价格策略也显得高人一筹，在产品长期供不应求的情况下施放"价格炸弹"，反映了厂家的长远眼光。

2002年被称作中国汽车年。在这一年里，中国汽车实现了一个历史性的飞跃——实现了6 465亿元的销售收入和431亿元的利润总额（同比增长30.8%和60.94%），使汽车产业首次超过电子产业，成为拉动我国工业增长的第一动力。原国家计委产业司2003年1月公布的数据表明，2002年全国汽车产销量超过300万辆，其中轿车产量为109万辆，销量为112.6万辆。中国汽车业的暴利早已成了汽车行业内公开的秘密，尤其是中高档汽车，利润率高得惊人。根据德国一家行业内权威统计机构公布的数字，2002年中国主流整车制造商的效益好得惊人，平均利润超过22%，部分公司甚至达到了30%。

2002年1月1日起，轿车关税大幅度降低，排量在3.0升以下的轿车整车进口关税从70%降低到43.8%，3.0升以上的从80%降到50.7%。关税下调后，进口车的价格由于种种原因并没有下降到预想的价格区间，广汽本田总经理似乎早有预测。他说："关税从70%降低到43.8%，最终降至25%，这是一个过程。虽然也有部分人因考虑到进口车将要变得便宜而暂时推迟购车计划，但由于政府实际上决定了进口车的数量，短时间内进口车并不会增加许多。"广汽本田宣布了一个令所有人都感到吃惊的决定：2002年广汽本田的所有产品价格将不会下调。

1998年广汽本田成立，就确定要将第六代新雅阁引进中国生产；1999年3月26日，第六代新雅阁在广汽本田下线，当年就销售了1万辆。新雅阁推出的当年，最高时价格在6万元以上，成为当年最畅销的中高档车。继2000年成为全国第一家年产销中高档轿车超3万辆的企业后，2001年广汽本田产销量超过5万辆，比计划提前了4年。2002年，广汽本田产销量为59 000辆，销售收入137.32亿元，利税50亿元。2002年3月1日，第10万辆广汽本田雅阁下线，标志着广汽本田完全跻身国内中高档汽车名牌企业行列。

雅阁刚上市时国产化率是40%，经过几年经营，国产化率上升到60%，2003北美版新雅阁上市时提升到了70%，降低了进口件成本。建厂时广汽本田的生产规模是3万辆，2001年达到5万辆生产规模，到了2002年提升为11万辆，规模带来了平均成本的降低，同年完成12万辆产能改造。

2003年，北美版新雅阁（第七代雅阁）的上市终结了中国中档轿车市场高价惜售的默契，它的定价几乎给当年所有国产新车的定价建立了新标准，使我国车市的价格呈现出整体下挫的趋势，随之而来的是持续至今的价格不断向下碾压与市场持续井喷。

广汽本田借推出换代车型之机，全面升级车辆配置，同时大幅压低价格。2003年1月，广汽本田新雅阁下线，在下线仪式上广汽本田公布了新雅阁的定价，并且宣布2003年广汽本田将不降价。其全新公布的价格体系让整个汽车界为之震动：排量为2.4升的新雅阁轿车售价仅为 25.98 万元（含运费），而在此前，供不应求的排量为 2.3 升老款雅阁轿车的售价也要 29.8 万元，还不包含运费。这意味着广汽本田实际上把雅阁的价格压低了 4 万多元，而且新雅阁的发动机、变速箱和车身等都经过全新设计，整车操作性、舒适性、安全性等方面都有所提高。其总经理的解释是："一方面，广汽本田致力于提高国产化率来降低成本，有可能考虑将这部分利润返还给消费者；另一方面，这也是中国汽车业与国际接轨的必然要求。"业内人士认为，这正是广汽本田在新的竞争形势下调整盈利模式的结果。

老雅阁 2.3 售价 29.8 万元仍供不应求，新雅阁价格下调 4 万元，而排量、功率、扭力、科技含量均有增加，性价比提升应在 5 万元左右。广汽本田新雅阁的售价与旧款相比相差比较大，旧雅阁 2.3VT1-E（豪华型）售价 30.30 万元，相差近 4 万元，算上新雅阁的内饰、发动机和底盘等新技术升级的价值，差价估计在 6 万元。旧雅阁 2.0 的售价也比新雅阁高两三千元。广汽本田此次新雅阁的低价格是在旧雅阁依然十分畅销的前提下做出的。尽管事先业内已经预计广汽本田新雅阁定价将大幅降低，但新雅阁的定价还是引起了"地震"。

新雅阁一步到位的定价影响了整个中高档轿车市场的价位，广汽本田的这种定价策略一直贯穿之后下线的飞度车型营销之中，广汽本田车型的价格体系也因此成为整个国内汽车行业价格体系的标杆，促使国产中高档轿车价格向"价值"回归，推动了我国轿车逐渐向国际市场看齐。广汽本田生产的车型近年来在市场上一直供不应求。

（资料来源：道客巴巴，《案例 1　雅阁汽车：一步到位的价格策略》）

第四节　跨国公司营销渠道策略

营销渠道是跨国公司营销组合中不可缺少的要素，对它的选择至关重要。渠道选择得好，业务发展就顺利，就能提高企业产品的市场占有率，增加企业收益；反之，就可能错失良机，使企业蒙受经济和信誉损失。同时，渠道的选择也将直接影响营销组合中其他诸要素的决策，产品印象如何与所选择的零售商店有密切关系，同样的产品在专业商店出售和在地推上出售，将给人留下截然不同的形象。不同的中间商，不同的实体分配渠道，将直接影响产品成本，从而影响产品的价格水平。生产者在制定其推销计划时，必须考虑中间商的推销能力和推销成本等。

一、国际营销渠道的含义

国际营销渠道是指商品从一个国家的生产企业向国外最终消费者或用户转移所经过的流通渠道、流通环节和流通方式。国际营销渠道是商品所有权转移必须经过的通道以及相应的中间环节。

营销渠道系统是一项关键性的外部资源，它的建立不是一朝一夕就能完成的，通常需要若干年。而且它不像价格、促销方式那样，可以作为战术性进攻手段，能经常加以调整，营销渠道一经建立，就具有相对的稳定性，不能轻易改变。在国际市场上，营销渠道系统代表企业对一系列政策和实践活动的承诺，这些政策和实践编织成一个巨大的、长期的关系网。跨国公司若要改变营销网络，不仅要耗费大量的财力，有时还有丧失原有市场的风险。因此，跨国公司在选择营销渠道时，要全面考虑营销环境的现状及未来变动趋势，使被选择的渠道能灵活地适应不断变化的市场环境。跨国公司往往根据不同的市场条件，结合自己的战略意图，分别采用委托中间商和自行建立销售机构的策略，或两者兼而有之。

二、跨国公司国际营销渠道模式

在国际市场营销过程中，生产者和最终用户分属不同的国家或地区，商品的流通一般需要通过中间商来完成。商品通过不同的营销渠道在国际市场上销售，由于各国、各地区的营销环境差异很大，各个营销渠道的层次水平和中间环节也不相同。从事国际市场营销的跨国公司有多种营销渠道可供选择，而到底采取哪种营销模式，取决于跨国公司进入国际市场的策略及目标市场的具体情况。

（一）直接出口模式

除了委托当地中间商销售外，跨国公司使用比较多的另一种渠道策略是自行建立分销网。跨国公司为了更有效地争夺国际市场，并不愿意把一部分利润分割给中间商，一些实力雄厚的大型公司，为了扩大销售量和加强对分销渠道的控制，以便使公司业务和利润稳定，往往建立自己的海外销售机构。尤其是当其产品生产技术复杂、有特殊的专利权，或其产品为名牌的情况下，跨国公司出于对营销效力、企业形象维护的考虑，加上对国外分销商的服务水平、营销能力不放心，因而建立自己的分销渠道系统。如，美国道氏公司一贯坚持的原则是：宁愿多花力气，建立自己的分销组织，决不贪图方便，依赖当地中间商。跨国公司认为，在国外市场建立自己的分销网，自行承担营销功能，同委托中间商相比，有许多好处。

1. 便于企业及时了解市场

跨国公司要在竞争激烈的国际市场站住脚，只有随时掌握市场动态，深入了解市场竞争情况，才能有效地进行营销活动。如果仅依靠中间商承担这一职能，则不利于跨国公司获得市场情报，也不利于跨国公司国际营销经验的积累；相反，如果跨国公司建立自己的海外销售机构，则便于就近进行市场调研，营销活动也更具针对性。

2. 能向顾客提供更为完善的服务，易建立市场知名度

目前在国际市场上，非价格竞争日趋重要，特别是分期付款、迅速交货、接受小额订单、加强售后服务等策略的实施，使得自行建立分销机构更为重要。尤其是耐用消费品，顾客在决定是否购买这一商品时，往往将其售后服务列为重要的考虑因素。而中间商由于承销的商品项目繁多，很难对每一项产品都提供完备的服务，致使市场无法顺利发展。因此，在当地建立自己的分销机构，是跨国公司扩展市场的必要途径。

3. 可加强产品价格管理

一般来说，外国产品要打入当地市场，往往需要通过一系列中间商，方能到达消费者手中，显而易见，多一个中间环节，就多增加一些销售费用，价格也就随之上升，而相对的产品竞争力就随之减弱。同时，由于中间环节增多，跨国公司很难控制产品的最终售价。在这种情况下，跨国公司可在当地设立销售分支机构，虽然在短期内分销成本较高，但是从长期来看是有利的。

4. 有利于新产品的推介

中间商出于利润目的，往往倾向于只推销几个热门产品，因此市场一般较为狭窄。如果

跨国公司能直接在国外建立自己的分销机构，便可销售其生产的所有品种，市场涉及面就较为广阔。

委托中间商和建立自己的营销渠道是跨国公司的两种基本策略选择。但在实际运用过程中，随着细分市场和潜在渠道的增加，跨国公司越来越倾向于放弃单一渠道策略，转而将两种策略混合在一起使用，实行复式渠道策略。跨国公司作为国际性企业，对市场营销理论的理解和对策略的运用，有其独到之处。它们认为，将本企业的产品委托给中间商以后，并不是就万事大吉，公司的产品销售任务仍然没有完成。它们并不把中间商看作终极消费者，任凭中间商处理自己的产品，因为若是这样，公司将逐渐与市场隔绝，对市场趋势、消费者需求茫然不知，这无疑是自行淘汰行为。所以跨国公司在抓好中间商的同时，往往还亲自组织力量开展市场调查和预测，进行地毯式的广告宣传、促销攻势，极力在最终消费者市场上塑造公司的良好形象。只要在消费者心目中建立起商标信誉，中间商也乐于销售本企业产品。采用复式渠道策略，比通过单一渠道营销，市场攻击点更多，市场促销效果能相互呼应，从而更能实现市场渗透，提高市场覆盖率。在市场竞争日趋激烈时，采用这种策略往往能收到较好的效果。

在具体运用时，主要有两种情况。一是设立国外分支机构但实际利用中间商营销的策略。例如，IBM公司在国外一般有自己的分支机构，但是仍寻求当地中间商负责销售工作，而分支机构本身仅承担监督指导和协调功能。二是自设分销机构但部分利用中间商的策略。例如，许多在日本销售高技术产品而获得成功的外国厂商，很少将销售工作交给日本中间商，因为厂商认为如果不从事销售工作，就无法掌握市场动态，不能控制产品线，但是它们依然委托当地的经销商从事实体分配工作，以减少在当地租用仓库的成本。

（二）间接出口模式

在国际市场上，由于资金有限及其他一些原因，跨国公司首先会考虑使用进入国现成的营销系统，委托当地中间商销售商品，这样可以利用中间商的业务关系、经验和专业化优势，消除语言和社会风俗的隔阂，迅速了解和开拓市场；而且相对于建立自己的销售机构，这样既不需要投入大量人力、物力、财力，减少风险，又能赢得市场时效。跨国公司都是一些世界上知名的大企业，非常注重塑造自己的形象，在选择中间商的时候，要求也非常严格。具体来说，要考虑以下条件。

（1）经营能力。中间商所拥有的销售网络是否能有效地把企业的产品送到潜在的消费者面前，是否有较强的销售能力和服务能力。

（2）财务实力。中间商应该有良好的财务情况，有一定的资金实力和承担风险的能力，能按时付款。

（3）企业的声誉。中间商是否有良好的经营作风和经营态度，主要包括中间商的历史、顾客的反映、合同执行情况、结算情况等。

（4）中间商在运输、仓储方面的辅助功能是否齐备。

跨国公司在选择中间商时，不仅重视中间商的现实能力，也重视它的潜在能力。一旦找到了理想的中间商，就会与该中间商签订协议，明确规定双方各自的责任、义务。协议中一般包括最低销售量的规定，这是评价中间商工作成效的基本指标。将产品托付给中间商后，跨国公司往往会进行适当的跟踪监测和评估，因为中间商作为一个独立的商业机构，常常销售大批商品,对它们来说,最感兴趣的自然是利润高、周转快的商品,它们完全有可能因对某企业的产品没有进行认真推销而丧失市场机会。所以跨国公司会时刻注意中间商对本企业产品有没有进行市场宣传、报导,在市场开拓方面是不是尽心尽力。评估的标准主要有平均存货水平、市场覆盖、付款情况、促销上的合作程度、为顾客提供服务的质量等。对于达不到规定标准的中间商,会督促其找出原因,并提出口头警告;对于那些销售业绩不佳、促销工作又不积极主动的中间商,则进行淘汰。

跨国公司同时也将中间商视为自己的重要财富,选择好中间商以后,就致力于与中间商建立长期友好的合作关系,时常对中间商进行指导与激励,对与中间商的关系经常加以维护和修补,使中间商真诚合作,尽职尽责。中间商是一个独立的市场营销机构,它已形成以实现自己目标为最高职能的一套行之有效的方法。而且中间商主要执行顾客购买代理商的职能,其次才执行供货商销售代理商的职能,它卖得最努力的都是顾客愿意购买的产品,而不一定是生产者叫它卖的产品。跨国公司经过努力,支付了开发成本,当然希望能够较长期的与中间商保持良好关系。要持续保持这种良好关系,就要求跨国公司了解中间商的基本情况,从实际出发,做好对中间商的指导和激励工作。激励可采取两条措施:第一,提高中间商可得的毛利率,放宽信用条件,或改变交易关系组合,使之更有利于中间商;第二,采取各种人为的方法来刺激中间商,如为中间商培训销售和维修人员,举办中间商销售竞赛,与中间商共同进行广告宣传活动,充分调动中间商销售本企业产品的积极性。

在营销渠道上,跨国公司树立的是整体渠道观念,即将产品自生产者到达最终消费者所经历的过程视为一个有机整体,每个环节都应合乎要求。产品能否有效送达最终市场,取决于全体渠道成员的协调与努力。如果其中某一个中介机构无能,那么无论其他机构如何努力,也很难保证渠道整体效能不受影响。所以跨国公司鼓励、倡导不同利益主体的渠道成员合作与竞争,避免发生冲突,使它们明白合作带来的利益更大,如果只顾自己一方的利益,互不相让,就会破坏渠道内部的凝聚力和渠道形象,最后是两败俱伤。

另外,当消费者的购买方式发生变化、市场扩大、产品进入不同的生命周期、新的竞争者兴起和新的营销方式出现时,跨国公司会根据市场形势的变化,对整个渠道系统的组织加以修正、改进,增加或剔除一些中间商,始终保持渠道动态的最佳组合。

三、跨国公司营销渠道的建立

跨国公司建立营销渠道要以提高销售效率和增强对销售渠道的控制力为根本,涉及确定国际营销渠道的长度与宽度两个维度。

(一)跨国公司营销渠道的长度

渠道长度是指跨国公司国际市场营销所需要的中间环节的多少。营销的中间环节越多,则渠道越长,企业产品市场的扩展可能性就越大,但企业对产品销售的控制能力和信息反馈的清晰度就越差;相反,营销的中间环节越少,则营销渠道越短,企业对产品销售的控制能力和信息反馈的清晰度就越好,但是市场的扩展能力则会相应下降。影响跨国公司国际营销渠道长度的因素有四个方面:跨国公司自身因素、目标市场因素、商品因素和消费者需求因素。各影响因素与销售渠道长度的关系如表7-1所示。

表 7-1 营销渠道的影响因素

影响因素	特征表现	渠道长度选择
跨国公司自身	利润最大化	短渠道
	对营销渠道控制力强	短渠道
	管理效率高	短渠道
目标市场	市场地理分布分散	长渠道
	市场规模大	长渠道
	竞争对手多	长渠道
商品	标准化长度高	长渠道
	技术水平高	短渠道
	时尚性强	短渠道
	销售量大	短渠道
	创新性产品	短渠道
	运输成本高	短渠道
消费者需求	购买的选择性强	短渠道
	购买的频率低	短渠道
	购买的时效性强	短渠道

（二）跨国公司营销渠道的宽度

为了保证营销渠道的商品流量能够实现跨国公司销售目标，根据跨国公司在同一层次上并列运用的同类中间商的数量，跨国公司应科学确定营销渠道的宽度。跨国公司营销渠道的宽度可以分为宽渠道和窄渠道。使用的同类中间商越多，跨国公司的商品在市场上的分销面就越广、销售机会就越大，故称为宽渠道。而使用的同类中间商越少，分销渠道就越窄。

在确定营销渠道宽度时，跨国公司可采取以下策略。广泛分销策略，指生产者在同一地区选择尽可能多的中间商销售本企业产品的策略；选择分销策略，指生产者在同一地区仅选择部分中间商销售本企业产品的策略；独家经营分销策略，指生产者在一定时间、一定地区内只选择一个中间商销售本企业产品的策略。

四、跨国公司营销渠道的分类

对国际市场上营销渠道的决策，首先应选择如何进入某国外市场，其次确定在该国外市场上选择何种渠道模式。

（一）传统渠道与新兴渠道模式

目前世界上流行的渠道模式大体上可分为两类：传统渠道模式和新兴渠道模式。

1. 传统渠道模式

传统渠道模式是指产品由生产企业经批发商或代理商至零售商，最后到达最终消费者手中的模式。在这种模式下，每个成员都完全独立，相互缺乏紧密合作与支持。

2. 新兴渠道模式

新兴渠道模式是指渠道成员采取不同程度的联合经营策略，具体有纵向联合和横向联合两种。纵向联合有三种系统：一是公司垂直一体化系统，主要为大制造商或大零售商牵头建立的控制批发、零售各个层次，直至控制整个销售渠道的系统，它往往集生产、批发、零售业务于一体；二是合同垂直一体化系统，它是由不同层次、相互关联的生产单位和销售单位，以契约形式联合起来的系统，可分为特许经营系统、批发商自愿连锁系统和零售商合作社三种形式；三是管理一体化系统，制造企业通过与中间商协议，以控制其产品在销售中的供应、促销、定价等工作。横向联合是指由中小批发商组成的自愿连锁，它较少涉及渠道结构中的其他层次，主要是中小批发商相互合作以抗衡大批发商的一种方式。

（二）国际营销模式的标准化与多样化

营销模式标准化是指在海外市场上采用与母国相同的分销模式；与之相对应，多样化则是指跨国公司根据各个国家或地区的不同情况，分别采用不同的分销模式。

采用标准化的分销模式可以使营销人员易以经验为基础提高营销效率，实现规模经济。然而事实上，即使产品想采用标准化策略，在分销模式下要采用标准化策略却更加困难，难以可行。这主要是因为各国分销结构由于历史原因而相异殊多，且各国消费者的特点不同，如购买数量、购买习惯、消费偏好、顾客地理分布等方面不可能完全相同；同时国际企业还要考虑自身实力、竞争对手的渠道策略及其他营销组合因素。所以，选择海外市场分销模式绝非国际企业一厢所愿而可为。国外企业在进入日本市场时，普遍对其高度集中与封闭的渠道结构感到无从入手，非得与综合商社、大的制造商或批发商合作，方可将产品推入其渠道系统。

五、跨国公司国际营销渠道管理

1. 以零售终端作为营销工作的起点和导向

销售途径一般是指产品从生产商出发，通过代理商、经销商、批发商等中间环节，向各个零售店铺开，最终到达广大消费者。销售业务的责任范围是从生产商的仓库一直管理到零售商的产品陈列的持续过程。跨国公司认为，作为销售途径的零售终端，由于直接面对消费者，是销售途径与消费者的接口，通过零售终端，可以掌握准确而持续的销售定单和数量。因此，销售工作以零售为起点进行切入。围绕零售终端展开的一系列工作，包括掌握零售商类型和数量及其预计发生的订单数量、上市铺底量以至产品陈列，成为跨国公司销售部门的工作重心。

在策划实施一项产品的上市推广时，跨国公司除了对市场规模容量进行调查和研究之外，最实际的工作是预测销售途径的终端零售商可以接受的最大上市量。零售商按照规模与性质可以分为不同的类型，首先确定与其类型相对应的第一次订单数量，然后把整个城市或地区所有类型零售商的第一次预计订单数量加总而得出该产品的上市铺底量。一般而言，这些数量通常会因产品特性与消费者购买渠道的不同而不同，高价值、购买计划性强的产品通常集中在大商场，而低价值、购买冲动性强的产品，通常分销到数目庞大的连锁店。

只有当上市铺底量、分销商场数量、重点分销商场类型等数据确定之后，跨国公司才考虑如何实施产品的上市推广。跨国公司下一步所考虑的问题包括以下几个。一是以何种形式去完成销售任务，如直营、代理、经销、批发及其他形式。二是在达到产品推广目标时，外在客户如经销商、批发商如何选择；应具备何种条件与推广计划相配合。三是在市场上根据类似产品的分销结果，筛选能够与自身合作得最好的分销客户。四是在实施运作过程中根据公司对该产品销售途径的要求，对客户进行培训、支持及监督。

从始至终，对零售商服务的客户一直都扮演着跨国公司销售业务追随者与支持者的角色，而不可能代替跨国公司销售部门成为销售业务的主导，这是跨国公司销售工作的一个鲜明特征。客户的主要职能就是服务零售商，承担信用风险，实现低成本运作，以及担负起烦琐的行政工作等。如果不能很好地履行以上职能，客户随时都有可能被撤换。

2. 选择合适的国外中间商

在一国外市场销售产品，可采用最短的销售渠道，即由国际企业直接将产品卖给最终消费者，而不经过任何中间商。也可借助于中间商来实施分销。通常情况下，由于海外市场环境与国际企业母国环境各异，大多数产品的分销需要当地中间商的帮助，这就需要了解国外中间商的种类。

国外中间商主要包括代理商、经销商、批发商、零售商四大类。代理商对产品无所有权，与所有者只是委托与被委托关系，它主要有经纪人、独家代理商、一般代理商三种形式。经销商对产品拥有所有权，自行负责售后服务工作，对顾客索赔需承担责任，最常见的有独家经销商、进口商和工业品经销商三种。批发商是指靠大批量进货、小批量出货，以赚取差价的中间商，它也有综合批发商、专业批发商、单一种类商品批发商三种类型。零售商是向最终消费者提供产品的中间商，依据其经营的品种，可分为专业商店、百货商店、超级市场等种类；依据其经营特色，有便利商店、折扣商店、连锁商店、样本售货商店、仓库商店、无店铺零售等形式。

当今一些发达国家零售业出现了新的特点：在大城市的中央商业区，零售商店规模越来越大，许多大型零售商店不仅在本国各地开设分店，形成连锁集团，而且将其业务拓展至海外，零售业国际化趋势日益明显。与此同时，在居民区，便利商店、无店铺零售形式相当流行，仓库商店、折扣商店也颇为流行。因此，产品进入这些国家的零售渠道时，必须充分考虑这些商店的不同特点与优势，以获取最有效的零售渠道。

3. 销售人员的配置与运用

跨国公司销售部门的组织结构与岗位职责设计完全是为途径模式服务的，销售部门的每个人都有相应的工作职责和规定的标准工作量。为使途径模式得到迅速、准确、有效的实施，销售人员的配置和运用达到了非常细节化的程度，通常是根据经理人员的实地勘察和经验数据，确定每人每天可能的访问客户或零售店的最大数量，每个零售点和客户的访问与服务应该控制在多少分钟，每天应完成多少工作量，每天具体的工作内容和项目，每人应负责多少零售店和客户等。

根据上述数据，跨国公司可以精确地确定销售人员配置的数量和质量要求，包括人员学历背景、工作经验、素质技能等，再根据这些标准进行有针对性的招聘。招聘既可在当地高等院校进行，又可在人才市场进行，并无定式，在特定情况下，跨国公司甚至可以不惜重金通过"猎头"公司物色人才。

由于跨国公司销售部门在整个公司中处于举足轻重的地位，销售人员一般较其他部门的工作人员享有更高的薪酬与待遇，但同时也将承担更为艰巨的任务，在工作性质与工作量等方面都承受更大的压力。身为销售机构中的一员，必须按岗位设置的要求完成满负荷的工作量。而身为跨国公司销售机构的主管和经理，每天上班想到的第一件事就是检查所有工作人员前一天的工作结果。这种对人员满负荷的工作设置，使得跨国公司销售机构的所有申请中最为困难的不是花多少钱，而是多加一个销售人员。

4. 营销工作流程标准化

在具体实施之前，销售途径模式只是一个概念性的东西。为了将模式贯彻到销售部门工作人员的日常工作当中，达到与国际整体市场策略的统一与步调一致，跨国公司将生产企业流水线的概念引入销售管理，建立工作流程标准化，形成了一整套销售标准化作业体系。其内容大到销售策略的制定，小到产品在某类零售商的货架陈列，主要包括以下内容。

(1) 从销售策略到计划与目标实施手段的制定。
(2) 销售途径模式的内容、进程与控制的标准化。
(3) 客户选择的标准与方式。
(4) 零售商分类型的服务体系、产品陈列规范及其他合作要求。
(5) 各级人员的岗位职责、招聘、培训与监控。
(6) 其他支持性工作（如财务、人事）标准。
(7) 各种报告、报表的标准化体系。

在预先建立好上述较为完整的标准化作业体系后，无论是在大方向上还是在细节方面都能被预先设想到，并始终指向销售策略的最终目标，而各地域的不同工作人员也能够按照这种标准较为轻松地予以实施。这种从预见结果再开始实施的方式，有别于有的企业"边走边学"的做法，显示出目标明确、实施便捷、监控容易、行为规范、标准统一的特点。

不仅如此，跨国公司还会花费很大的人力和财力，按照已设计好的系统对销售人员进行封闭式的集中培训，以确保每位工作人员所学到的思路、方法和行动都能保持高度的一致性，排除个人因素对营销体系的影响和干扰。此外，为了保证各个地域市场都能达到预设的统一效果，在推广过程中，各级经理与主管将会亲自督战，而其他相关职能部门也会紧密跟进，并提供相应的支持、服务与监控。同时，各地区市场也必须在第一时间将当地工作进展情况以报告、报表等形式反馈给公司总部。在这种密切配合、及时沟通反馈、紧密跟进和监控的过程中，在这种出现问题即行解决的良好环境中，销售途径模式顺利地得到贯彻实施。跨国公司在销售途径拓展中的具体体现是抓住销售终端，集中人力、财力、物力，以规范的标准化模式予以实施。

第五节　跨国公司促销策略

跨国公司促销是指跨国公司把商品和服务向消费者进行介绍和宣传，激发消费者购买行为，从而扩大商品与服务销售的活动。

一、跨国公司促销方式

商品促销的主要任务是在销售者与购买者之间进行沟通，使购买者充分了解商品的种类、性能、价格等信息，并完成购买行为，最终顺利实现销售商品的目的。跨国公司的国际促销也不例外，它是通过国际广告、人员推销、营业推广和公共关系活动来完成其销售任务的。

1. 国际广告

跨国公司的产品进入国际市场初期，通常选用国际广告来宣传其产品。国际广告的内容及广告媒体可灵活选择，沟通面广，传播速度快。它可以帮助产品实现其预期定位，树立跨国公司的国际企业形象。国际广告能激发和诱导消费者，介绍产品和指导消费，促进新技术和新产品的发展。广告媒体包括报纸、杂志、广播、电视、电影、包装、邮寄、招贴和传单、售点、网络等。

国际广告要受多方面因素制约。首先是语言问题，一国制作的广告要在另一国宣传，语言障碍较难逾越，因为广告语言本身简洁明快，喻义较深，同样的含义要用另外一种语言准确表达实在是一件困难的事。其次是广告媒介的限制，有些国家政府限制使用某种媒介，如规定电视台每天播放广告的时间；而有些国家大众传媒的普及率太低，如许多非洲国家没有日报。再次是政府限制，除限制媒介外，有的政府还会限制一些产品，如香烟，也有的会对广告信息内容与广告开支进行限制。然后是社会文化方面的限制，由于价值观与风俗习惯方面的差异，一些广告内容或形式不易在东道国传播。最后是广告代理商的限制，即可能在当地缺乏有资格的广告商的帮助。这些问题需要国际企业进行多方面考虑，而后才能做出国际广告是采用标准化策略还是当地化策略的选择。

一般来讲，广告标准化可以降低成本，使国际企业总部专业人员得以充分利用，也有助于国际企业及其产品在各国市场上建立统一形象，且有利于整体促销目标的制定和实施、控制。

然而由于各种因素的种种限制，特别是当地顾客的需求同母国顾客会有显著差异，采用当地化策略可以增强宣传的针对性；而且在当地广告成本虽高，但若能有效促进销售量增长，则亦可望获得更多利润。

2. 人员推销

人员推销是指进行国际营销的企业派出或委托推销人员向消费者或用户介绍产品，达到直接销售目的的促销手段。人员推销的具体任务有：运送产品，在营业场所接受订单，上门征订，建立信誉并培养现有或潜在客户，充当技术顾问，推销有形产品或无形产品等。

人员推销的优点包括：可以与潜在消费者面对面交流，灵活运用交谈、演示手段；培养良好的人际关系，建立长期的购销伙伴联系；不仅能传递复杂的商品信息，还能收集市场信号，实现"双向信息沟通"；人员推销选择性强、灵活性高，能有效激发顾客购买欲望，集宣传说服、商务谈判与签订合同甚至销售服务等于一体。人员推销是国际营销中不可或缺的促销手段，然而国际营销中使用人员推销往往面临费用高、覆盖面小，对推销人员素质依赖性强等问题，所以要有效利用这一促销方式，还需能招募到富有潜力的优秀人才，并严格加以培训。

推销人员不仅可以从母国企业中选拔，也可从第三国招聘。海外推销人员在东道国应表现出很强的文化适应能力，包括语言能力、较强的市场调研能力和果断决策的能力。若面对一个潜力可观、意欲长期占领的市场，国际企业应以招募、培养东道国人才作为主要手段。

3. 营业推广

营业推广也称销售促进，美国市场营销学会对销售促进的定义是："人员推销、广告和公共关系以外的，用以增进消费者购买和交易效益的那些促销活动，诸如陈列、展览会、展示会等不规则的、非周期性发生的销售努力。"销售促进包括多数属于短期性的刺激工具，用以刺激消费者和贸易商较迅速或较大量地购买某一特定产品或服务。

营业推广有利于加速市场进入；说服消费者重复购买，形成购买习惯；增加产品消费；销售关联产品等。营业推广的具体形式包括免费样品、优惠券、现金折款、特价品、赠品、奖品（竞赛、抽奖、游戏）、联合促销、交叉促销、价格折扣、免费商品、广告津贴、陈列津贴、销售竞赛等。

营业推广手段非常丰富，在不同的国家运用有时会受到法律或文化习俗方面的限制。如，法国的法律规定，禁止抽奖，免费提供给顾客的商品价值不得高于其购买总价值的5%。当新产品准备上市时，向消费者免费赠送样品的做法在欧美各国非常流行，这一做法在中国实施之初，却使不少消费者感到"受之有愧"而予以拒绝。

在国际营销中，还有几种重要的营业推广形式，往往对一些企业产品进入海外某个市场颇多助益，如博览会、交易会、巡回展览、贸易代表团等。这些活动往往因为有政府的参与而增加其促销力量，事实上，许多国家政府或半官方机构往往以此作为推动本国产品出口、开拓国际市场的重要方式。营业推广包括针对消费者的营业推广，针对出口商、进口商和其他中间商的营业推广，针对国际推销人员的营业推广等。

4. 公共关系

公共关系是跨国公司在做好经营管理和生产优质产品的基础上，为增进社会各界的信任与支持，树立良好的声誉和形象而采取的一系列决策与行动。

公共关系是一项长期性的促销活动，其效果也只有在很长的时期后才能实际反映，但在国际营销中，它仍是一个不可轻视的促销方式。由于在国际营销中，国际企业面临的海外市场环境非常陌生，不仅要与当地的顾客、供应商、中间商、竞争者打交道，还要与当地政府协调关系，如果在当地设有子公司，则还需积累如何团结文化背景截然不同的母国员工的经验。试想，一个国际企业如果不能被东道国的公众接受，其产品怎么可能让这些公众所接受。

在与东道国的所有公众关系中，与东道国政府的关系可能是最首要的，因为没有东道国政府不同程度的支持，国际企业很难进入该国市场。东道国政府对海外投资、进口产品的态度，特别是对某一特定企业、特定产品的态度，往往直接决定着国际企业在该国市场的前途。

所以，国际企业要加强与东道国政府的联系与合作，利用各种媒介加强对企业有利的信息传播，扩大社会交往、不断调整企业行为，以获得当地政府和社会公众的信任与好感，如此国际企业才有可能在当地市场站稳脚跟并不断壮大。

二、跨国公司促销管理

1. 国际市场促销人员的招聘与选拔

国际市场促销人员应树立推销意识,掌握推销技能;具有独立工作的能力、稳定的情绪、处理人际关系的技巧;具备很强的适应能力,精力充沛,熟悉一门或几门外语。

2. 国际市场促销人员的培训

针对当地人员,培训内容主要侧重于产品知识、企业情况、市场知识和推销技巧等方面;针对本国外派人员,培训内容主要侧重于派驻国市场营销环境、当地风俗习惯和海外销售遇到的特殊问题等。

3. 国际市场促销人员的激励

激励可分为物质奖励与精神鼓励两个方面。物质奖励通常指薪金、佣金或者奖金等直接报酬。精神鼓励可有进修培训、晋级提升或特权授予等多种方式。企业对推销人员的激励,应综合运用物质奖励和精神鼓励等手段,调动海外推销人员的积极性,提高他们的推销业绩。

4. 国际市场促销人员的业绩评估

国际市场促销人员推销效果的考核评估指标可分为两个方面:一是直接计算的推销效果,如所推销产品的数量与价值、推销的成本、新客户销量比率等;二是间接考察的推销效果,如访问的顾客人数与频率、产品与企业知名度的增加程度、顾客服务与市场调研任务的完成情况等。

思考题

1. 比较跨国公司生产的标准化与差异化。
2. 国际市场如何定位与细分?
3. 跨国公司产品定价方法有哪些?
4. 跨国公司的营销策略包括哪些?
5. 简要介绍跨国公司的促销手段。
6. 跨国公司如何实施产品创新策略?

第八章

跨国公司财务管理

本章学习重点

- 跨国公司财务管理的主要特征
- 跨国公司财务管理目标
- 跨国公司的融资方式
- 跨国公司投资收益分析
- 国际双重征税及避免
- 跨国公司逃税及其治理

引导案例

海尔公司的财务管理

（一）公司简介

青岛海尔股份有限公司（简称"海尔公司"）成立于1984年，于1989年批准募股，1993年上市。海尔公司主流产品为电视机、电冰箱、冷柜、空调、热水器、洗衣机等，同时还兼营金融投资、信息产品、生物工程、房地产等项目，便于产品多元化经营，其经营规模越来越大，公司发展得也越来越好。该公司下有很多家企业，且在菲律宾、美国、马来西亚、印度等国家均建立了生产基地，在里昂、洛杉矶、阿姆斯特丹、东京等也设立了海外分部，专门制造与海外消费特征相适应的产品。海尔品牌家电市场占有率持续走高，从2010年家电消费情况上看，冰箱所占的市场份额最大，其次为洗衣机。从海尔集团的资产总体质量上看，总体表现良好，公司资金周转正常；从其资产上看，资产安全性与流动性非常高；从其所有者权益与负债情况上看，大部分表现为流动负债，营业是其主要资金来源。

（二）海尔公司财务管理的原因

（1）世界经济发展的影响。现阶段，世界经济主体为跨国公司，跨国公司对世界经济的增长有较大的促进作用，从生产领域上看，跨国公司在世界生产中所占的控制比例约为40%；从投资领域上看，跨国公司在对外直接投资中所占控制比例高达90%；从产品贸易上看，跨国公司所占比例为1/3。跨国公司掌握了很多先进的技术。目前，我国跨国公司规模越来越大，发展十分迅速。海尔公司也一样，其直接投资也变得更加多元化，对外活动方式也进行了相应调整。海尔公司充分利用自身优势，实现资金与技术的合理利用，并科学分配人力资源，逐渐达到国际化经营的目的，取得了良好的经济效益。海尔公司必须应用合理的财务管理模式，才能够使资金应用变得更加规范化。

（2）市场发展的需求。随着国际经济市场的不断变化，金融工具也产生了很多创新，为跨国公司的发展提供了很多机遇，同时也带来了较多的挑战。海尔集团在这一过程中获得了很多发展机遇，但也面临着更多风险，公司管理者必须利用有效的财务管理政策，筹措资金，同时控制融资成本。

（3）跨国公司在发展过程中具有较多的不稳定性。跨国公司发展环境十分复杂，因汇率变化具有不确定性，导致其在发展过程中面临很多问题和挑战，汇率变化对跨国公司金融活动有较大影响。跨国公司在发展的同时，需要面临外汇风险，这关系企业能否获得较大的经济利润。汇率产生波动后，企业需要面临更大压力，其中包括会计风险、经济风险、交易风险。现阶段，跨国公司生产环境也产生了较大变化，为了规避政治风险与汇率风险，必须实现财务管理规范化。

（三）海尔公司面临的风险问题

（1）受国家政治的影响。在所有企业的财务决策中，必须考虑收益与风险问题。跨国公司与普通公司在发展过程中所面临的环境存在很大差异，其在财务决策过程中需要将其他国家的政治风险纳入考虑范围，其所包含的风险主要有领土、主权等是否处于完整状态，还需考虑他国的经济体制、政治体制等。海尔公司在发展过程中必须了解这些相关信息。跨国公司的主要目的在于实现经济效益最大化，为了实现这一目标，管理者在发展的同时必须考虑国家的发展环境，并以此为依据，制定有效的决策，如此才有可能取得更好的发展。

（2）汇率变动。汇率风险是跨国公司在发展过程中较为常见的一种风险，它主要包含经济风险、财务风险、交易风险。在进行贸易交易的同时，一旦汇率产生变化，便会影响其企业的财务管理情况。

（3）资金控制难度大。企业内部环境的资金流量管理与资金管理对于跨国公司而言非常重要。资金管理表现出来的问题有三点，分别为存货、应收账款、现金。海尔公司属于跨国公司，其性质比较特殊，在生产的同时，其原材料运输与产品销售极有可能发生中断现象，因此，海尔公司必须考虑怎样才能将占用资金节约起来，并优化存货数量，确保公司的正常运行。内部资金流量最主要的是资金转移，在不同国家之间，其子公司在原材料、产品等方面存在较大差异，这导致跨国公司的存货政策非常难以制定。国际贸易和国际分工也要求跨国公司必须在控制企业成本的条件下，实现企业利润最大化，同时，企业还需考虑降低税收，同时控制外汇风险，实现整体利益最大化。

（4）财务控制不合理。海尔公司属于跨国公司，属于利润整体，尽管每个国家的子公司都属于独立企业法人，不过整体利益永远大于个体利益。企业管理者必须合理控制财务状况，考虑其中存在的各种风险，便于实现最大化经济效益。在必要时，子公司应为了整体利益做出牺牲，这样才可将企业损失降至最低，使企业生产变得更为合理，促进企业的长远发展。若管理者未能利用合理财务手段控制企业财务状况，必定会阻碍企业的发展。

(四) 海尔公司财务管理措施

海尔公司在财务管理上遵循集中管理模式,公司内部资金必须集中配置,对资金存储、流出进行统一管理,以支付报酬模式,对资金余缺合理配置,优化集团资金,同时充分利用闲散资金。除此之外,企业还需摆脱集团外融资规模,使企业资金利用率提升。海尔公司以其自身发展的具体情况为依据,建立了有效的财务管理制度,主要目的在于优化资本结构,同时实现最大化资产效益。

(1) 资金调度措施。海尔公司在资金管理上遵循资金管理与调度统一的原则,便于充分发挥优势。海尔管理者对现金流管理十分重视。海尔公司经现款现货政策再造业务流程,集中管理公司财务,控制资金流动,确保资金正常流动,使企业经济效益大大提升。海尔公司的融资能力非常强,这与集团信誉与公司规模存在很大差异,对于海尔公司而言,金融结构借贷是其最主要的融资渠道,同时,管理者也会控制融资成本。海尔公司将自身优势充分发挥,有利于为企业发展提供条件,确保企业财务状况良好。海尔公司在资金使用上有很多优势,公司已经朝多元化方向发展,海尔品牌主要有电脑、冰箱、手机、洗衣机、空调等,除此之外,还涉及金融、医药、物流等多个行业。在集团内部,如果部门需要借用资金,企业便会对闲置资金进行拆分,这有利于提升资金利用率,同时也可以使集团经济效益大大提升。

(2) 投资方式。海尔公司对投资控制与投资管理十分重视,这有利于使集团投资决策职能强化,同时还可以提高企业经济效益,使其回收资本提升。管理者注重投资方式的引导,坚持将财务管理作为企业管理的核心部分,使财务诊断充分发挥作用,在企业发展中始终将财务管理作为主导。企业管理者定期对政府所提出的经济政策进行研究,并在符合政府规定的情况下,使集团优势充分发挥。海尔公司善于了解市场与行业的发展情况,做出正确决策。能通过调整企业发展结构,引导资金流向,使集团在激烈的市场竞争中处于优势地位。企业还要对投资规模进行控制,集团投资规模会受到投资回收期、资产负债率、企业管理能力的影响,海尔公司作为跨国公司,其子公司不能盲目扩张,而应做好投资规划。

(3) 控制集团预算。任何企业要想控制企业生产成本,必须做好预算工作。预算管理对于企业而言至关重要,它可使市场变化加速,便于达到预算管理的主要目的。财务管理是企业管理的核心。在海尔公司财务管理中,管理者建立了一个有效的预算控制系统,预算制度具有科学性与有效性。当预算管理工作执行之后,要将其作为重点进行控制,强化对集团预算的管理。

(4) 建立有效的监督管理体系。在跨国公司的财务管理中,要注重法律,不能做与法律相违背的事。海尔公司的财务检查、财务监督在遵循法律规范的情况下进行,注重合法性原则的重要性。合法性主要从三个角度理解,其一为企业主体所参与的经济活动符合法律规定,其二为企业的金融监督与管理活动遵循法律程序,其三为企业行政监督活动与法律途径相符。海尔公司的监督者需要了解各个国家的相关法律,管理者也要使员工的法律意识得到增强,并遵循有法必依的原则,禁止从事违反法律的活动。此外,还要遵循公正的原则。财政监督者要对其集团的财务活动进行监督,以客观的角度,将各种不利因素排除,坚持实事求是,客观地对经济活动中存在的风险做出判断、分析与检查,了解其中存在的问题,做出正确的决策。持久性原则也是海尔公司在经济活动中必须遵循的一大原则,财务活动过程具有持续性特征，其存在于整个财务管理过程。通过定期对集团经济活动进行监督与管理，了解经济活动中存在的问题，明确财务管理过程中的缺陷，将隐患消除。另外，海尔集团还坚持将灵活性与原则性相结合，在遵循国家政策、法规、方针的情况下，将企业在参与经济活动中的缺点暴露出来，同时也将企业真实情况反映出来。

（5）实现企业资本结构的优化。跨国公司要想获得发展，就必须实现企业资本结构的优化，要经各种渠道，对资金进行筹集。不过在不同的国家间，企业资本结构也会存在很大差异，因此需要面临不同的风险。为了符合跨国公司在发展过程中的需求，必须使资本结构不断优化，规避其中的风险。企业还需建立资金回收制度，并制定有效的信用政策与信用标准，实现资金的回笼，控制企业发展的时间成本与机会成本。海尔公司的客户分散在世界很多地方，就更需要对客户信用度进行管理，确保企业在发展过程中实现正常的资金周转。

（6）将整体利益置于第一位。海尔公司坚持实现整体利益最大化，将整体利益置于第一位，并对纳税方案进行筹划，控制税费支出，使纳税风险得以规避。为了使集团整体利益不受损害，在必要情况下，子公司利益可能会被牺牲。

（资料来源：应樱. 跨国公司财务管理分析——以海尔集团为例 [J]. 财会通讯，2014 (17)：81-83.）

第一节 跨国公司财务管理系统

跨国公司财务管理就是以跨国公司为主体，对其资金的筹集、运用、税收等资本运营活动所进行的预测、决策、计划、控制、核算、分析和考核等一系列组织和管理工作的总称。

一、跨国公司财务管理的基本内容

跨国公司财务管理包括筹资管理、投资管理和税收管理等内容。

（1）跨国公司的筹资管理。筹资是财务管理的一项重要活动。跨国公司需要考虑如何从不同的筹资渠道运用不同筹资方式筹得资金，并如何将这些资金合理分配到各个子公司，满足各个公司的资金需求，最大限度降低资金成本，充分发挥跨国公司资金使用的整体效率。

（2）跨国公司的投资管理。投资既有内部投资，也有对外投资。跨国公司的资金，不仅要满足正常生产经营活动，还必须投资到其他实体或项目。跨国公司在对外投资前，必须对所投公司所在国家或地区的政策和投资环境进行全面了解，将投资风险控制在可接受的范围内。

（3）跨国公司的税收管理。各个国家和地区的税收政策和有关制度都不相同，因此，跨国公司财务部门需要了解和分析各个国家和地区的税收政策，从而有效降低税费，努力实现利润最大化。

二、跨国公司财务管理的主要特征

1. 目标战略性

一个企业存在的目的是使企业利润最大化，而跨国公司之所以选择到其他国家进行设厂投资，也是为了提高利润。因此，跨国公司的财务管理不会只局限于一个国家或一个地区，而是从公司整体的利益考虑，制定出带有整体性和全局性的财务管理计划，必要时为了实现公司整体利润最大化，还会牺牲一些子公司或分公司的个体利益。因此，跨国公司的财务管理目标带有全球战略性，财务管理必须涵盖所有子公司。

2. 管理复杂性

跨国公司之所以成为跨国公司，就是因为它存在于两个或两个以上的国家。而不同国家有不同的企业生存环境，所处环境的复杂性决定了其自身财务管理也带有一定的复杂性。不同国家有不同的政策法规，对于同样的一笔经济交易有可能出现税前税后截然不同的结果。跨国公司要想在一个国家里更好地生存、发展，在考虑自身发展条件的基础上，还要考虑国际形势和其公司所在国家的具体形势，包括一个国家的政治、经济、文化环境，以及一个国家的政治稳定性、国际汇率变化、通货膨胀、外资吸引政策、税收政策等，这些因素直接或间接地影响着一个跨国公司财务管理政策的制定与实施。因此，跨国公司所处环境的复杂性，决定了其自身财务管理的复杂性。财务管理人员必须对各种因素进行细致的调查、分析、比较，在此基础上制定比较适合自身全球企业发展的财务管理措施，以实现财务管理的优化。

3. 风险多样性

一般说来，跨国公司在经营、政治两方面承受着比国内公司更大、更多的风险。在这两种风险中，经营风险包括一定的汇率、通货膨胀、利率及经济管理风险，甚至一些其他的风险；而政治风险，则包括一定的政策变动、法律变动风险及战争风险等多种变动因素。当前全部的财务分析都必须认真考虑汇率和货币价值的变化情况，因为当前跨国公司的各个子公司之间可能使用不同的货币。许多风险对跨国公司来说，既是一种获利的机会，又是一种潜在损失，这样一来，就使得当前跨国公司将以最小风险来获取最大化利益作为其财务管理的主要内容与目标。

4. 环境多变性

针对跨国公司的发展情况，需要将本国的实际情况与当前的国际形势进行认真思考与分析。要清楚地认识到，不同的国家具有不同的文化背景、文化差异，跨国公司在处理员工矛盾、制定发展战略等方面要尊重当地的实际情况。由此可见，财务的分析与其处理手段也不能一成不变，需要根据各个国家的不同经济发展状况来制定相应策略。

5. 财务模式创新性

跨国公司组织管理形式多样，业务领域广泛，交易方式多变，加之技术手段飞速发展，如想参与国际贸易竞争，使财务管理模式符合多层次需求，就必须综合各方政治因素、经济因素和技术因素，创造出适应公司发展需要的财务管理新模式。

三、跨国公司财务管理的目标

财务管理是为跨国公司总体目标服务的，不同的跨国公司在不同的时间节点、面对不同的市场竞争态势和营销环境时，财务管理目标不尽相同。一般有以下几种。

1. 追求利润最大化

从长远角度而言，利润最大化是任何企业追求的终极目标，当然也是跨国公司财务管理的目标。以利润最大化为目标，要求企业尽可能增加销售收益，降低成本，提高管理效率，创造最大的企业价值。其缺点是没有考虑货币的时间价值，容易使财务决策带有短期行为，没有考虑投入与产出的关系，可能忽视其他利益相关者的利益。

2. 追求净现值最大化

以净现值最大化为目标，充分考虑了货币时间价值对资本增值的影响，但不能充分反映利润与投入资本之间的关系。

3. 资本成本最小化

跨国公司的经营活动和运行体系分布在全球各地，而不同的国家和地区，其财务环境有很大的差异。跨国公司可以充分利用在不同国家从事经营活动这一有利条件，多渠道融通资金，在扩大资金来源的同时，尽可能使用成本低、期限长的资金，从而获得额外的财务利益，实现降低资金成本，提高资金利用效率，达到财务上的规模经济。

4. 实现股东财富最大化

股东是企业的所有者，股东投资的目的是获得高的投资回报，所以股东财富最大化应该是跨国公司财务管理的应有之义。股东财富主要通过股价来体现，而股价又与企业的管理水平、经营绩效密切相关，股价还能充分反映资本增值、投资风险和货币时间价值。以股东财富最大化为财务管理目标，可以引导资本要素的优化配置，客观上要求跨国公司提升经营管理水平。

四、跨国公司财务管理的职能

跨国公司的财务管理职能，一直都是跨国公司财务管理工作的重要内容。如果说财务管理在跨国公司各项管理中处于核心地位，那么财务管理职能就是财务管理的关键环节。科学履行财务管理职能是促进跨国公司健康发展的根本保证。跨国公司财务管理职能包括以下方面。

1. 强化跨国公司内部的财务控制

跨国公司需要根据分公司、子公司的经营管理特点，建立起不同于一般企业的财务控制体系和独特的财务组织架构。应主要从以下几个方面着手：协调公司（分公司、子公司）财务联系，合理分配资金资源，坚决贯彻总部的财务决策。通过上述方法，可以使分布于各国的分公司、子公司和母公司的财务信息透明和畅通，达到有效控制；又可以根据各个公司的经营特点和对资金的使用效率进行年终的业绩考核；更可以方便集团内子公司、分公司的财务审计，系统评估所属公司的经营效益，从而提供相应的整改建议。

2. 降低融资资本，增加融资渠道

由于国际资本市场的不完整性及国家行政干预，国际资本市场被切割成众多差异市场，增加了融资渠道，减轻了纳税负担。跨国公司可利用各地区不同的优惠信息吸引外来投资，以获取长期贷款优惠或利息补贴；也可绕过信贷管制，尽可能地争取到当地的信贷配额。公司通过上市进行融资是未来发展的大趋势，它可以很好地完善公司结构，是现代公司制度转变的里程碑。在股票市场，可以通过多方面的战略资金注入形成新的法人代表，统筹公司优质资源，优化产业结构。

3. 加强成本管理与协调

跨国企业力求在不违反所在国家有关政策法规的前提下，统一核算与分配跨国公司的成本。必须统筹兼顾，综合利用各公司之间的差异谋求共同点，以转移成本获取最大利润。统一使用作业成本管理和表征成本体系，统一的成本核算法有利于跨国公司对经营业绩的横向、纵向比较。也可构建成本策划部门，对公司价值链进行重组，优化生产流程；或设立成本协调组，负责公司成本的协调，在对成本调研的基础上制定合理的转移价格。

4. 加强国际税收策划的管理

以跨国公司整体利益最大化为出发点，根据当前跨国公司运行的财务管理模式、整体的组织构架制定一套科学合理的纳税方案，来协调国内外税收筹划工作，可以在极大程度上对纳税风险产生规避作用，同时也能降低税费方面的支出。

五、跨国公司财务管理的主要模式

跨国公司实现财务管理目标、履行财务管理职能及提高财务管理效率，必须借助于相应的财务管理模式。依据财务管理决策权的集中程度，跨国公司财务管理模式可分为三种类型。

（一）母公司与子公司的分权模式

母公司与子公司的分权模式，是指跨国公司母公司对公司总的发展战略和财务管理进行宏观调控，而将具体财务管理计划的制定与实施等权力下放到子公司的管理层。母公司将权力下放，使子公司独立负责自己的财务管理计划与实施；母公司加强对财务管理最终结果的监督与考核，使子公司能够在发展的过程中因具体情况的变化及时调整经营策略，而且相对较独立的财务管理也可以加大对公司业绩考核的客观性、公平性。母公司与子公司的分权模式如图8-1所示。

在分权模式下，跨国公司对具有一定财务决策权的子公司实行任期目标责任制，只对重大财务活动实施监控。这种模式有利于调动子公司的经营积极性，自觉强化内部管理，有利于经济效益的提高。在复杂、多变的经济环境下，分权模式有利于子公司及时、准确地做出对自己有利的决策。但是子公司的利益和跨国公司整体利益不一定完全一致，因此不能保证整体利益的最大化。为实现跨国公司整体利益的最大化，一方面需要良好的法人治理结构，以规范子公司经营者的行为；另一方面，母公司需要花费大量的协调成本。

分权模式加大了子公司在财务管理上的自主权，促进其主观能动性的发挥，也可以避免母公司因不了解子公司具体情况而制定不符合实际情况的计划,损害公司整体利益。

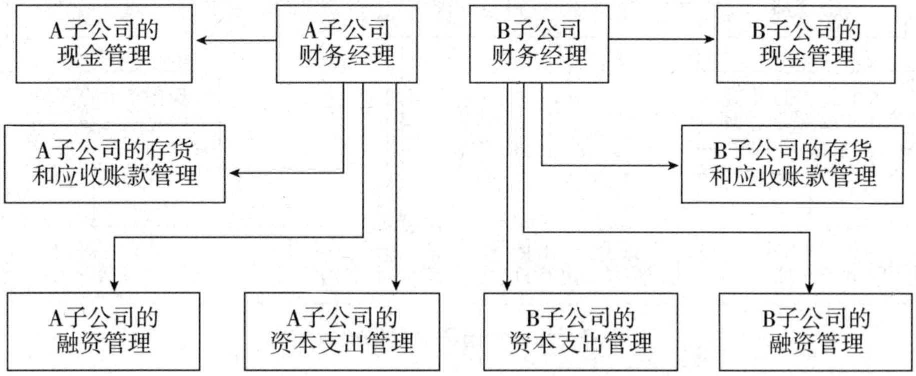

图 8-1 母公司与子公司的分权模式

分权模式也有其不足之处,各子公司手中握有的权力相对较大且比较独立,就会导致子公司领导层的专横、独裁,并且子公司自主权力的加大也会导致各子公司财务管理各自为政,对于整个公司而言缺少整体性、全局性,母公司对子公司的信息获取相对较少。且信息的不对称性及子公司部分领导缺乏大局观念,可能导致各个子公司为了各自利益而忽略公司整体利益。

(二) 母公司与子公司的集权模式

母公司与子公司的集权模式,是指母公司对子公司的财务管理工作进行全面掌控,包括财务管理总的规划及相关资金的筹集、使用和利润的分配等。各子公司只是按照母公司的各项计划方案进行实施,会计体系为母公司统一规定,对各个子公司的业绩进行考核时,一律用其母国货币进行,子公司并没有太大的财务管理自主权。在该种财务管理模式之下,母公司可以全面掌控子公司的财务管理活动,并对其进行全面、有效的监督,确保总公司制定的各项财务管理措施能够更好地执行,从而实现跨国公司的战略目标。

在集权模式下,跨国公司所有子公司财会人员由集团统一管理,按照跨国公司的统一要求从事子公司的会计核算工作,对子公司的资金筹集与运用以及利润分配等实行集中管理,各子公司自身在财务上无自主权。这种方式管理层次少,整体控制和协调较为方便,日常资金调度较灵活,工作效率较高。但这种模式不利于激发各子公司经营管理的积极性。跨国公司所处的宏观经济环境和微观经济环境都是复杂的、多变的,一方面,由于信息传递的路线长、节点多,必然会影响到决策的及时性;另一方面,由于分别处于不同国家的子公司都有其独特的社会、经济和文化环境,作为母公司的决策者难以对其都非常熟悉,必然会影响决策的正确性;而子公司的管理人员由于熟悉当地情况,在及时、正确地做出决策方面无疑更有优势。因此,对于跨国公司而言,除非能保证正确及时地针对子公司的具体情况做出决策,一般不宜采取完全集权模式。母公司与子公司的集权模式如图 8-2 所示。

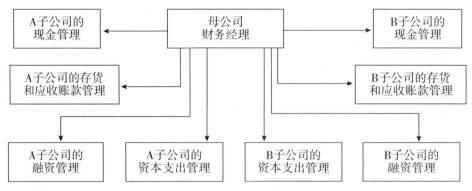

图 8-2 母公司与子公司的集权模式

集权模式下的财务管理，可以使母公司全面掌握全球业务，从整体的利益出发对各个子公司的财务管理规划进行统筹安排，使整个公司的资金运转能够在最小的成本损耗下实现利益的最大化，充分利用公司优势资本，优化资金使用效率。同时，跨国公司可以利用自身在信息收集和资本实力上的优势，在全球范围内选择最优市场进行筹资或投资，尽可能降低自身的投资风险和投资成本。

科技的发展对跨国公司在集权模式下对全球子公司进行财务管理起到了极大的促进作用，实现了母公司对子公司信息收集的相对全面化，相对减少了跨国公司因信息不对称性而遭受的损失，同时也实现了跨国公司在财务管理上对全球各项资源、资金的统筹、优化配置与管理，最大可能地实现跨国公司整体利益的最大化。

(三) 分权与集权综合模式

分权与集权综合模式是分权模式和集权模式两者相结合的产物，跨国公司母公司在掌握跨国公司总体财务管理权力的同时，各个子公司享有公司部分财务管理权力，如一些小的项目决策和日常的财务管理。多数情况下，母公司会派专门的财务管理人员为子公司提供相应的指导和服务。

这种管理模式在一定程度上融合了分权与集权模式的优点，规避了单一模式下的一些相对比较明显的财务管理弊端，既保证了母公司对各个子公司在财务管理上的监督与控制，也促进了子公司主观能动性的发挥。该种模式在适度分权的基础上保证了母公司与子公司的相对协调性，是未来财务管理的主流方向。

以上三种财务管理模式间有不可忽视的联系，各自都有优点和缺点。跨国公司要根据自己的实际发展需要，选用最适合自己的财务管理模式，并且根据公司不同发展阶段进行必要的调整，确保公司在最优的财务管理模式下实现最好的发展。

总而言之，在处理集权与分权的问题上应当采取辩证的观点，完全的集权和完全的分权对于跨国公司而言，都是不可取的。鉴于跨国公司所处经济环境的复杂性和多变性，应当更倾向于分权，但是应当有适度的集权，至于分权和集权的度如何确定，则应根据各跨国公司自身的实际情况来灵活把握。

第二节　跨国公司融资管理

跨国公司融资是指跨国公司为了实现自身的经营管理目标，运用各种融资手段，在全球范围内筹集所需资金的财务管理活动，即跨国公司为了满足自身业务发展的需要，在公司内部或者国际金融市场上通过举债、发行股票、发行债券等方式融通资金的行为。

跨国公司在进行国际融资时要以开阔的视野来面对经济全球化的提高，要具有高度的全局观，应不断提升自身的融资水平，加强自身防范融资风险的能力。

一、跨国公司的融资目标与融资原则

（一）跨国公司的融资目标

融资战略是跨国公司总体战略的一个组成部分，跨国公司融资活动的总体目标是促进企业的最优长期发展。跨国公司的融资活动又有具体的目标，包括两大方面，一个是有效融资成本最小化，就是使跨国公司为一项融资活动最终所付出的全部代价最小；另一个是通过积极有效的风险管理，将各种风险控制在可接受的水平上，即尽量避免并积极利用各种风险，从而使各种风险所带来的不利影响不超过预期。宏观、微观融资目标结合起来，共同构成了跨国企业的融资战略目标。

（二）跨国公司的融资原则

跨国公司融资活动所应掌握的原则有三项，即多样性、灵活性和时间性。

（1）多样性是指资金来源的多元化与分散化。这既是跨国企业全球经营的需要，又是跨国公司降低有效融资成本和保证资金可得性的前提。多样性原则是跨国公司全球融资战略的一项关键原则，掌握好这一原则，一是可以减少对特定金融市场的依赖；二是可以扩大资金的来源途径，并增加各种信息渠道；三是可以提高与扩大企业在金融界的知名度。

（2）灵活性是指跨国公司当前的融资活动不应减少跨国公司未来的融资可选择范围，即跨国公司对未来的融资选择应有尽可能充分的灵活性，否则在未来可能就只有在高成本的融资方式中进行选择，甚至根本筹集不到资金。灵活性原则要求跨国公司对自己的融资活动进行长远整体规划。

（3）时间性是指跨国公司的融资时机及不同期限债务比例结构的选择。应通过优化的相机抉择来降低有效融资成本。

二、跨国公司的融资决策及其制约因素

（一）跨国公司的融资决策

跨国公司从事全球性经营活动，不仅需要的资金数量巨大，而且涉及众多的国家和地区，以及不同的货币种类。跨国公司的融资决策主要需要解决以下几个方面的问题。

（1）采取何种融资方式。跨国公司一般有三种融资方式，一是利用自有资金，二是举债（包括长期银行贷款和发行债券），三是发行股票。跨国公司在进行融资决策时，首先要确定融资方式。

（2）在何地进行融资。确定了融资方式后，跨国公司就要考虑在哪个国家或地区进行融资。跨国公司的融资地点可以有以下选择：跨国公司母公司所在国；跨国公司子公司所在国，即东道国；第三国，即在资本市场发达的国家或免税港；欧洲货币市场。

（3）以何种货币进行融资。与融资地点选择相适应，跨国公司可以选择的融资货币有：跨国公司母公司所在国货币；跨国公司子公司所在国货币；第三国货币；欧洲货币。

（二）制约跨国公司融资方式选择的因素

制约跨国公司融资方式选择的因素，可分为融资成本及东道国环境两大类。

1. 融资成本

不同融资方式相对成本的大小，影响了融资方式的选择。影响举债成本的因素主要有利息率、各项银行费用、债券发行费用、税率和债务的偿还方式等。

一般来说，举债成本低于股本成本，主要原因是税务待遇不同。在多数国家，企业的债息支出是免税或低税的，企业的股息支出则要交纳所得税。

企业债权人的投资风险低于企业股东，因为债权人的收益是确定的、有担保的，股东收益则是不确定的、没有担保的，随企业经营状况波动，在企业破产时，企业债权人的求偿地位也优于股东。一般说来，若风险高则要求的收益率也高，企业付给股东的报酬（从企业角度看即为股本成本）就要高于付给债权人的报酬（即企业的举债成本）。举债和发行股票的成本分析说明，举债优于发行股票，因为前者的成本低于后者。

2. 东道国环境

东道国环境是影响跨国公司子公司融资方式选择的一个极为重要甚至是决定性的因素。跨国公司尤其是子公司在进行融资方式的选择时，要考虑的东道国环境有以下几个方面。

（1）制约跨国公司融资方式选择的东道国环境因素。东道国政府是否有征用或没收外国企业财产的倾向，东道国是否实行或将要实行外汇管制，东道国是否限制外国企业汇出利润，东道国征税水平的高低。

如果东道国政府鼓励外国企业在本国进行直接投资，并采取一系列保证外国企业利益的优惠措施，跨国公司可以股本投入它在该国的子公司。但绝对安全的海外投资场所是不存在的，跨国公司的任何海外投资活动（不论是在发达国家还是发展中国家投资）都有风险。东道国环境越不利，跨国公司的海外投资风险越大，跨国公司越应减少对子公司的股本投入，而多采用债务融资，因为一些具体的债务融资方式可以降低或避开不利的东道国环境对海外投资安全性的影响。比如，子公司在东道国举债，可以降低东道国征用或没收外国企业财产的影响；跨国公司之间贷款、国际金融机构及各种政府贷款，则使跨国公司避免受东道国外汇管制的影响。另外，债息支出是企业的一项成本，是免税或抵税的，同时也不受东道国限制利润汇出的影响。

以上分析说明，举债不仅成本低而且可以避免东道国不利环境的影响，由此看来，跨国企业应尽量多地利用债务融资。但由于控制权考虑和法定债股率的要求，跨国公司必须有一定的股本融资。股本代表所有权和控制权，股本投入是跨国企业对子公司进行控制的唯一手段，法定债股率规定了股本融资的下限。

（2）制约跨国公司融资地点和融资货币选择的东道国环境因素。融资地点选择和融资货币选择密切相连,二者在大多数时候是一致的,只是在欧洲金融市场上进行融资时,二者才会出现不一致。制约因素具体包括通货膨胀率的国别差异、汇率变动。

①通货膨胀率的国别差异。通货膨胀率的国别差异会影响跨国公司的融资成本,它既影响国家间的利率水平,又影响货币间的汇率,从而影响跨国公司对融资地点的选择。一般说来,一国通货膨胀率高,则其利率水平也会较高,而其汇率则会下降。高利率水平会增加融资成本,而汇率下降则可以降低融资成本。高通货膨胀率对融资成本的最终影响,取决于通货膨胀率—利率—融资成本及通货膨胀率—汇率—融资成本两种作用机制何者运行顺利及何者的传递阻抗小。若前一机制比后一机制运行顺利,则高通货膨胀率对融资成本所产生的增加作用会大于降低作用,总的作用会增加融资成本。在二者都运行顺利时,若前者的传递阻抗小于后者,即对通货膨胀率变动的反应更为敏感,也会增加融资成本。反之,则会降低融资成本。而一般说来,跨国公司愿意选择融资成本低的地方进行融资。

通货膨胀率的国别差异也会影响跨国公司对融资货币的选择。一般来说,选择融资货币的原则是选用利率低的货币和软货进行融资,这样可以降低融资成本。但在实际中,这两个条件是难以兼得的,因为软货一般利率较高,而利率低的货币通常是硬币。所以,跨国公司通常要对二者进行权衡。在跨国公司有两种货币(子公司所在东道国的货币及跨国公司的母国货币)可供选择的情况下,如果东道国货币对母国货币的实际贬(升)值率大(小)于该公司算出的标准贬(升)值率,则以东道国货币融资有利,反之,则以母国货币融资有利。如果东道国货币对母国货币的实际升贬值率等于标准贬(升)值率,则以两种货币融资是无差异的。

②汇率变动。

一笔借还款的净现值应相等,用公式表示就是:

$$B = \sum_{i=1}^{n} (I_i + R_i + L_i)/(1+r)^i$$

式中,B 为借款额,I_i 为 i 期的利息支出额,R_i 为 i 期的还本额,L_i 为 i 期的外汇损益额,r 为有效利率。

式中的有效利率 r 是唯一的未知数,可由此公式求出。从此公式可以看出外汇损益如何影响有效利率 r。由于公式右边的分母每期按幂级数增加,说明外汇损益产生得越早,其值越大,对 r 值的影响越大;反之则越小。

通过上述分析可以确定汇率走向相同的两种货币的选择标准。如果可供选择的两种融资货币的汇率走向相同,就要看两种货币对本币汇率变动的幅度差和两种货币对本币汇率变动的时间差。如果两种货币同时对跨国企业的母国货币升值,则选择升值幅度小、升值时间晚的货币;如果两种货币同时对跨国企业的母国货币贬值,则选择贬值幅度大、贬值时间早的货币。

三、跨国公司的融资方式

跨国公司融资方式大体上可分为内源融资和外源融资两类。不同融资方式的选择,是跨国公司在一定的融资环境下理性选择的结果。市场经济下,跨国公司融资主要是选择适宜的资本结构,又称融资结构。

跨国公司融资结构是指跨国公司的不同资金来源渠道之间，以及通过不同来源渠道筹集的资金之间的相互联系和比率关系，包括总资产与负债的比率、不同股东持有的股本的比率、不同债务之间的比率等。

（一）内源融资

内源融资是指从跨国公司母公司及各个子公司内部筹措的资金，具体包括三个方面：一是跨国公司母公司与子公司因自身经营活动产生的盈利，主要由留存利润和折旧构成；二是母公司与子公司以及子公司与子公司之间相互提供的贷款；三是跨国公司母公司与分支机构之间通过转移价格、交叉补贴、利润再投资等形式进行的资金划拨。

内源融资对跨国公司而言是极为重要的融资渠道，为跨国公司母公司控制其分支机构创造了条件，同时有利于节约融资成本，降低融资风险，是跨国公司经营与发展不可或缺的融资方式。事实上，在当今国际资本市场上，内源融资是跨国公司首选的融资方式，是跨国公司资金的重要来源。

1. 内源融资的优点

（1）自主性。内源融资源于自有资金，上市公司在使用时具有很大的自主性，只要股东大会或董事会批准即可，基本不受外界的制约和影响。

（2）融资成本较低。公司采用外源融资，无论采用股票、债券还是其他方式都需要支付大量的费用，如券商费用、会计师费用、律师费用等。而利用未分配利润则无须支付这些费用。因此，在融资费用相对较高的今天，利用未分配利润融资对公司非常有益。

（3）不会稀释原有股东的每股收益和控制权。利用内源融资而增加的权益资本不会稀释原有股东的每股收益和控制权，同时还可以增加公司的净资产，支持公司扩大其他方式的融资。

（4）使股东获得税收上的好处。如果公司将税后利润全部分配给股东，则需要缴纳个人所得税；相反，少发股利可能引发公司股价上涨，股东可出售部分股票来代替其股利收入，而所缴纳的资本利得税一般远远低于个人所得税。

2. 内源融资的缺点

（1）内源融资受公司盈利能力及积累的影响，融资规模受到较大的制约，不可能进行大规模的融资。

（2）分配股利的比例会受到某些股东的限制，他们可能从自身利益考虑，要求股利支付比率维持在一定水平。

（3）股利支付过少不利于吸引股利偏好型的机构投资者，会减少公司投资的吸引力。

（4）股利过少，可能影响到今后的外源融资。股利支付很少，可能说明公司盈利能力较差，公司现金较为紧张，不符合外源融资的条件。

（二）外源融资

外源融资是指吸收其他经济主体的资金，以转化为自己投资的过程。随着技术的进步和生产规模的扩大，单纯依靠内源融资已很难满足企业的资金需求，外源融资逐渐成为跨国公司获得资金的重要方式。只有当内源融资仍无法满足企业资金需要时，跨国公司才会转向外源融资。跨国公司外源融资除了受自身财务状况的影响外，还受东道国和资金来源国融资体制和政策的制约。外源融资主要包括以下方式。

1. 发行国际债券

国际债券即跨国公司在国外发行债券。跨国公司为了筹集资金，可在国际债券市场上发行债券，可以在不同的国家发行不同币种的债券。国际债券主要分为欧洲债券和外国债券两种。国际债券具有发行手续简便、筹集资金量大、币种灵活多样、资金调拨方便等特点。

2. 在国外发行股票

在国外发行股票指跨国公司符合国外股票市场的上市条件，通过上市后向国际投资者募集资金，发行股票，同时遵守所在国股市的各项规章制度。在国外发行股票进行融资可以大量吸引外资，无形中提高了公司的国际知名度和美誉度，不仅可以募集到更多的国际资金，同时有利于企业开拓国际市场，提升国际化资本运营水平。

★ 延伸阅读

蓝色光标在美国

蓝色光标与美国纽交所上市公司 Legacy Acquisition Corp（股票代码：LGC）签订最终协定，拟将蓝色光标集团旗下四家全资控股公司 Vision 7、We Are Social、Fuse Project 和 Metta 的全部股权以及蓝色光标所持有控股公司 MadhouseInc 81.91% 的股权注入 Legacy。此次交易完成后，Legacy 将更名为 Blue Impact 并继续在纽交所交易，蓝色光标将获得美国上市公司定向增发的 3 000 万股股票，合计 3 亿美元，约 44.4% 的股权，成为 Blue Impact 的单一最大股东。

交易完成后的新美国上市公司 Blue Impact 总部位于美国加州硅谷，将由蓝色光标集团旗下全球化社交媒体集团 We Are Social（含 Socialize）、享有盛誉的工业设计公司 Fuse Project 等多个子公司组成。Blue Impact 在全球拥有超过 2 500 名员工，在全球 12 个国家为客户提供数字营销、公共关系、整合传播和数字广告等服务。而作为 Blue Impact 的单一最大股东，蓝色光标将有权提名董事会 9 席中的 6 席，蓝标国际现有管理团队将负责运营该公司。其中，蓝色光标旗下最大子公司 Vision 7 CEO 将出任 Blue Impact CEO，蓝色光标 CEO 将出任执行董事长，从而对美国上市公司形成实质控制，并在财务报表上对美国上市公司进行合并。

作为蓝色光标推进全球化战略中的重要"一子"，此次交易完成后蓝色光标虽然减少了相应子公司的股权占比，但也减少了未来潜在的商誉减值风险对公司的影响。业内人士评价，通过此次交易，蓝色光标将拥有一个海外融资平台，将获得更多发展资金和美国投资者的关注，同时将快速提升蓝色光标在全球营销行业的影响力，为进一步实现全球化发展奠定更加坚实的基础。而蓝色光标这一创新的交易方式，也为我国企业实现国际化提供了借鉴。

（资料来源：搜狐网，《蓝色光标全球化战略再落一子 将迅速提升全球影响力》）

3. 设立海外投资基金

设立海外投资基金是指跨国公司在国外成立一个投资基金公司或者基金项目，向海外的投资者募集资金。该资金专款专用，用于跨国公司的某个具体工程项目或者产品研发。海外投资基金以开放型为主，可以公开发行、销售。海外投资基金融资有利于跨国公司快速融资，并且成本较低，容易募集。

4. 外国政府贷款

外国政府贷款是指跨国公司向外国政府进行贷款。贷款国政府为了促进本国的经济发展，通过跨国公司带动本国的劳动就业和经济增长，往往采用较低利息，具有一定的优惠条件。但是由于是政府项目，往往也会出现限制性条件多、贷款数额不大等情况。

5. 国际金融组织贷款

有些跨国公司和某些商业组织、金融机构、商业银行有较好的合作关系，往往也会向这些国际金融组织进行贷款、融资，这些国际金融组织通过发放贷款来获取利息等收入。为了规避风险，这些金融组织会提出苛刻的贷款条件，普遍具有利率高、周期短、风控严格等特点，跨国公司必须具有良好的信誉才能获得贷款。

6. 国际项目融资

国际项目融资是一种特殊的融资方式，是指以境内建设项目的名义在境外筹措资金，并以项目自身的收入资金流量、自身的资产与权益承担债务偿还责任的融资方式。国际项目融资是无追索或有限追索的融资方式。

（三）国际融资方式的创新

20世纪90年代以来，随着国际金融市场全球化、资产证券化，以及投资自由化程度的进一步加深，国际金融领域的创新业务日新月异。国际融资这一业务领域也不例外，融资方式和融资工具发生了新变化，出现了一些新型融资工具，例如，项目融资中的BOT融资、ABS融资，国际股权融资中的存托凭证，债券融资中的可转换债券、中期债券、"龙债券"、欧洲票据，以及风险基金、战略结盟式融资、结构融资等。

融资方式的创新扩大了跨国公司资金来源，不仅给投资者带来较高且稳定的收益，提高了投资者资产的流动性，同时也推动了金融管制方式的调整，进而刺激金融机构进一步进行创新活动。

四、跨国公司的融资策略

跨国公司为了扩大经营规模，抓住国际市场投资机会，必须进行资金的筹措。跨国公司在融通资金过程中应采取以下策略。

1. 建立最佳财务结构

最佳财务结构即各种财务指标之间的最佳比例关系，如负债结构、股权结构等。对公司而言，最重要的财务结构为债务/股本（或负债/总资本）比率。债务/股本比率过高或者过低都不合适。比例过高说明负债过多，虽然公司的资金利用效率较高，但公司的财务风险也比较高；比例过低说明负债过少，虽然财务稳健，但公司对资金的利用效率不高，公司的发展也较慢。对跨国公司而言，其财务结构除总体的债务/股本比率（总体财务结构）外，还应关注子公司的财务结构。一般说来，子公司财务结构的确定方法有三种：成本最低化（按照子公司融资成本最低的原则确定自己的财务结构），与母公司一致，与当地企业一致。

合理化、最优化的财务结构是一个跨国公司国际融资最重要的方面，如果跨国公司本身的财务制度不规范，负债比例过高，国际融资较少，就很难达到国际融资结构的最优化。在国际资本市场，跨国公司应该选择适合的融资方式，既要做到融资成本低，又要实现利润最大化，形成负债少、利润高的财务水平。跨国公司到底采用国际债券融资、股票融资、外国银行融资还是外国政府融资，各种融资方式的比例是多少，都需要公司认真制定计划和策略。公司的融资结构影响着公司的市场价值，融资结构的优化能更有效地降低融资成本，避免和减少各种风险，合理地利用国内外各种融资渠道，提高企业的整体融资能力和国际竞争力。

2. 融资成本最小化

由于国际资本市场的不完全（市场分割、不能任意进入、政府管制），不同市场的融资成本可能不同。这使跨国公司可以利用不同市场的融资成本差异获得更低的融资成本。同时，不同融资形式的成本不同，譬如股权的成本高于债务融资，普通股高于优先股，债务融资中银行贷款与债券融资的成本不同；不同类型债券的融资成本也不同。这又使跨国公司可以通过融资形式的选择获得更低的融资成本。

降低融资成本的途径通常有三条：一是减少纳税负担，如，在融资形式上，通过债务融资的利息支付减少利息所得税负担；在融资地点上，各国税率不同，特别是预提税不同，可减少负担；二是尽可能利用东道国提供的优惠补贴贷款；三是争取绕开信贷管制，争取当地信贷配额，争取进入当地资本市场，争取更多的信贷资源。

3. 降低或避免各种融资风险

主要是降低或避免以下风险。①避免外汇风险。跨国公司融资中有很多涉及外汇融资，应考虑外汇风险。②避免或降低政治风险。正确选择融资地，避开政治风险大的地区。③保护和扩大现有融资渠道。融资渠道越畅通，跨国公司融资来源越丰富，融资受限制的风险越小。保护和扩大现有投资渠道具体包括：保持与全球各金融市场的联系，融资地不可过分单一。此外，可以采用一些方法维持融资渠道的畅通，如超量借款，即为使自己在银行贷款余额达到一定规模而保持自己的银行信贷配额，借入超出自己需要的资金，再转存其他银行。

国际资本市场固然有许多的好处，但是各种风险也显而易见。对于尚处于起步阶段的我国跨国公司，在国际融资的同时，也要保持足够的清醒，随时发现和重视融资过程中可能出现的每一个风险因素。以下几种风险较为常见。

第一，汇率波动引发的还款成本提高风险。由于国际汇率市场随时在变动，因此，跨国公司在签署贷款合同时，要对未来可能出现的汇率提高或降低做好充足的应急预案准备，或者提前签订风险防范的外汇互换等对冲措施。

第二，贷款国政治不稳定引发的贷款不到位风险。世界上许多国家依然面临着战争、自然灾害、政局动荡等风险，一旦贷款国家出现大的系统性风险，贷款企业很可能出现无米下锅、资金不到位的情况。因此，跨国公司要提前做好应对措施，提前做好风险控制。

我国跨国公司国际化人才缺乏，国际融资经验不足，不熟悉国际融资规则，在进行国际融资的时候，很容易被一些骗子公司利用，如果防范不当，将会白白蒙受损失，所以我国的跨国公司要建立足够的风险防范机制，规避各种融资过程中可能出现的风险。

4. 利用内部转移机制

内部转移机制的使用可以降低跨国公司的融资成本，减轻各种融资风险的影响。与此有关的是跨国公司的资金内部转移机制。跨国公司主要通过企业间贷款和调整子公司股息汇回政策，实现资金的内部转移。

企业间贷款的主要做法有直接贷款、背对背贷款和平行贷款等。直接贷款是企业间贷款的最简单方法，由母公司直接将款项贷给子公司，或子公司相互提供贷款，没有任何金融机构介入。背对背贷款的做法是，母公司将一笔资金存入一家 A 国银行，该银行再将这笔资金贷给跨国企业的子公司。背对背贷款实际上是由银行疏通的企业间贷款，A 国银行对跨国企业子公司贷款没有任何风险，因为有母公司的金融存款作担保。平行贷款也是一种企业间贷款，其做法是，A 国跨国企业的母公司对在本国的 B 国跨国企业的子公司提供一笔本币贷款，B 国跨国企业的母公司则对在 B 国的 A 国跨国企业子公司提供一笔等额的 B 国货币贷款，两笔贷款的提款与还本付息同时进行，贷款利率由两国的相对货币成本和预期汇率变动决定。平行货款可以有效地汇回被冻结资金，绕过东道国的外汇管制，避免汇率上升的风险。

跨国公司在制定子公司股息汇回政策时要考虑的因素主要有东道国的征税水平、股息汇回产生的财务报表效果、外汇风险、各子公司所在东道国的外汇管制情况、跨国企业的融资要求、资金的可得性与相对成本、跨国企业各公司的收益情况等。其中，降低跨国企业的纳税总额和避免外汇管制的影响是两个最重要的考虑。跨国企业降低纳税总额的做法是：将营业利润从高税国转移到低税国，从盈利公司转移到亏损或低利公司。避免为外汇管制影响子公司汇回股息，跨国企业子公司通常采取股息连续汇回的做法（哪怕因此支付较高的税），如果在外汇管制时不能汇回股息，母公司也要宣布应得的股息，以等东道国消除外汇管制后进行支付。

第三节　跨国公司投资管理

跨国公司经营绩效最终必然体现在财务管理指标上。即使融资成本较低，但投资效率不高，跨国公司的经营成果也不会太好。所以，跨国公司必须重视投资管理。

一、跨国公司投资的含义及类型

跨国公司投资是指跨国公司作为投资主体，将其拥有的货币资本或产业资本，通过跨国界流动和营运，实现资产价值增值的经济行为。参与投资活动的资本形式是多样化的，既有以实物资本形式表现的资本，如机器设备、商品等；也有以无形资产形式表现的资本，如商标、专利、管理技术、情报信息、生产诀窍等；还有以金融资产形式表现的资本，如债券、股票、衍生证券等。

从不同视角考察，跨国公司投资可以分为不同的类型。

1. 长期投资与短期投资

以时间长短为依据，跨国公司投资可分为长期投资（Long-term Investment）和短期投资（Short-term Investment）。

（1）短期投资是指能够随时变现、持有时间不超过一年的有价证券投资，以及不超过一年的其他投资。短期投资主要利用债券和股票等有价证券进行投资，具有投资风险小、变现能力强、收益率低等特点。

（2）长期投资是指不准备随时变现、持有时间超过一年的有价证券投资，以及超过一年的其他投资。长期投资可以利用现金、实物、无形资产、有价证券等形式进行，具有投资风险大、变现能力差、收益率高等特点。

对外长期投资与短期投资的划分并不完全取决于投资期限的长短，主要取决于投资的目的。在一年内不能随时变现的证券和其他资产通常用于长期投资，但可以随时变现的有价证券则可根据需要用于短期投资。

2. 直接投资与间接投资

以有无投资经营权为依据，国际投资可分为直接投资（International Direct Investment）和间接投资（International Indirect Investment）。

（1）直接投资是指一国企业或个人在另一国企业中拥有全部或一部分经营管理权的投资，这种投资的形式包括在国外创办独资企业或合资企业、收购国外企业一定比例以上的股权（一般为10%以上），以及用国外附属企业的利润进行再投资。

（2）间接投资又称跨国公司证券投资，它有两种方式，一是跨国公司购买其他企业发行的有价债券；二是购买国外企业一定比例以下的股权，该比例一般为10%。

（3）直接投资与间接投资的区别，关键在于一笔投资是否带来对国外企业的经营管理权。能带来经营管理权的属于直接投资，否则就属于间接投资。由于购买国外企业的债券只能对其拥有债权，而凭借这种债权并不能参与国外企业的经营管理，因此跨国债券投资属于间接投资。股票是对发行企业拥有一定所有权的凭证，在国际金融市场上购买国外企业少量的股票，没有足够的股权来参与国外企业的经营管理，只能取得一些股息、红利，这种股票投资也属于间接投资。当然，如果购买国外企业的股票导致了对该企业拥有较大比重的股权，凭借这些股权可以参与国外企业的经营管理活动，则这种股票投资就属于直接投资。此外，以资本来源及用途为依据，国际投资可分为公共投资和私人投资。

二、影响跨国公司在国际上投资的因素分析

在投资环境与文化与本国差异的地方开展国际投资活动，其风险与困难远高于国内。因此，跨国公司向国际投资必须具有一些理由。

（一）促使跨国公司对外投资的影响因素

1. 获取全球协同效应

跨国公司的全球协同指的是公司的协同行为跨越国界进行。跨国投资扩展了公司的市场范围，使公司可以在全球范围内销售其产品和服务，从而为市场协同创造了条件。跨国投资可以利用别国的人力资源，可以利用技术的时间周期形成不间断的科研开发体系，从而为技术协同创造了条件。汇率差异为跨国公司合理安排设于不同国家的企业的产量以及实行转移定价提供了手段。国际金融市场的存在更可使跨国公司在财务上获得协同效应。因此，跨国公司跨越国界经营既对跨国协同提出了挑战，也同时提供了机遇。

跨国公司进行全球协同的作用是通过跨国协同活动创造协同效益。跨国公司使其分处不同国家的企业共享公司资源特别是隐形资产，是跨国公司形成可持续的核心竞争力的实质性

手段，也是协同创造价值的主要形式。因此，通过协同手段创造协同效益的方式有：第一，对资源或业务行为的共享，如相互协调的国际化生产体系、跨国界合作的研发活动、全球采购系统、全球销售渠道、统一管理的销售队伍和全球性的市场营销计划；第二，技术和营销的扩散效益，即企业群中的企业可以通过兄弟企业在技术和营销方面取得的竞争优势获得间接利益；第三，跨国公司的相似性使隐形资产可以以零边际成本在更多的企业中应用；第四，对企业形象的共享，大型跨国公司一般具有良好的企业形象，作为这种跨国公司下属单位的企业可以通过共享这种良好形象增强竞争力。

2. 开拓新的市场

寻求新的市场和市场力量是跨国公司长期关注的目标，特别是在市场饱和的情况下，跨国公司发展有赖于开拓外国市场。通过对外投资，跨国公司可以迅速获得新的市场机会，在不增加行业生产能力的情况下达到临界规模。通过接管一家公司可以立即利用现成的当地供应商与顾客网络，并获得相应的技能。这种动机对于跨国并购具有特别重要的意义，因为进行并购的公司离开母国市场后，增加了对当地市场状况信息的需求。除此之外，在具有寡头垄断特征的市场，追求市场力量和市场支配地位也是进行并购的推动力量。特别是在横向并购的情况下，其动机很可能就是获取寡占地位；此外，合并后所获得的市场控制为反竞争行为提供了机会，并加强了进入壁垒。

3. 扩张市场势力

市场势力理论认为，企业并购的收益是企业集中度提高的结果，它还会导致共谋和垄断。所以并购的动因可用企业试图提高市场占有率，减少竞争对手，并获得某种市场力量来解释。

一般而言，跨国公司可以通过跨国投资，在以下几方面增强市场竞争力：跨国公司通过在东道国直接投资，绕开东道国贸易壁垒，迅速获得新的市场机会；通过组建合资、合作企业，特别是跨国并购方式，接管一家公司并利用现成的供应商、顾客网络及相应的技能。这种动机对于跨国公司具有特别重要的意义，因为跨国公司在离开母国市场后，对当地市场状况知识的需求会有所增加。跨国投资能给跨国公司带来市场权力效应。在寡头垄断特征的市场，追求市场力量和市场支配地位也是进行并购的推动力量。跨国公司增加国外投资，可提高市场占有率、减少竞争对手，从而增加对国际市场的控制力；加大对关键原料和销售渠道的控制，有力地控制竞争对手的活动，可提高跨国公司所在领域的进入壁垒和企业的差异化优势。

4. 节约交易成本

交易成本是指市场交易的代价，即获取信息、谈判、签约等交易活动所产生的费用。交易成本理论最早由科斯（Coase）提出，后来由威廉姆森（Williamsion）等学者发展。

根据科斯（1960）的观点，市场和企业是两种可以相互替代的配置资源机制。市场交易发生在企业之间，由市场来调节、控制。企业边界是指某一生产环节是否应保留在企业内部。企业并购就是确定企业边界的过程。跨国公司通过对外投资使市场交易内部化，同时将较高的交易成本转化为较低的内部管理成本。在竞争市场条件下，实现产业链前后关联的对外投资，能促使跨国公司生产和分配的有效组织和资源的有效配置。

威廉姆森（1975）进一步发展了科斯的理论，他深入研究了企业"纵向一体化"问题。他认为，人的有限理性和机会主义以及市场环境的不确定性，导致了跨国经营时交易活动的复杂性，从而引起交易成本增加。更高的交易成本成为跨国公司将外部交易转移到公司内部的动力，即跨国公司对外国企业进行投资。

5. 利用战略性资源

跨国公司一方面可以利用技术诀窍、专利、商标、分销网络等战略资源，充分发挥这些方面的优势，对外直接投资，获得超额利润。另一方面，跨国公司通过投资，在东道国建立的子公司可以向当地企业学习、交流，发挥逆向技术溢出效应，这对希望进入国际市场的企业来说是十分重要的。这些资源如果仅靠企业独自开发，需要大量的时间、财力的投入，因此，通过跨国公司直接投资方式，公司可以较少的投入快速学习、利用世界各国的先进技术。

6. 规模经济效应与多元化经营

跨国公司通过对外直接投资，在国际范围内形成巨大的生产能力，获得规模经济的利益。在经济全球化的形势下，较大的规模可以成为一个关键因素，特别是在需要规模经济、巨额研发开支和扩大分销网络的经营活动中，更是这样。大的规模还能进一步创造财务、管理和经营协同效应，并减少企业经营的脆弱性。由于在投融资中存在规模经济，大的规模通常能获得低成本的投资资金。规模经济还使在各个地区和领域从事多种经营的大公司拥有获得使用信息和创新机会方面的优势。多元化经营理论认为，市场具有不确定性，为了降低和分散风险，跨国公司应该进行混合投资，实现多元化经营。跨国公司通过广泛投资，可以在不同领域进行多元化经营，当某个领域经营失败时，整个公司由于获得其他领域内的经营收益而保证整体较平稳的利润率。另外，基于延长产品生命周期的考虑，也应进行跨国投资。

此外，跨国公司通过对外直接投资可以在国外市场获得便宜的劳动力和廉价的原料，或者外国政府的投资奖励，节省运费等有利条件，进而获得经济效益。跨国公司也可以积累更多的国际市场营销经验。由于直接投资给东道国带来就业机会，跨国公司可以在该国树立良好的形象。跨国公司独立地进行生产和市场营销决策，不存在由于各方利害冲突等而导致经营效率降低的问题。跨国公司易于同当地政府、顾客及供应商、经销商建立密切的联系，且距离市场较近，易于搜集信息和改进产品，较快地适应市场环境，等等。

（二）跨国公司对外投资的不利因素

跨国公司在国际市场上投资，也会面临一些额外的困难。

（1）对于东道国而言，跨国公司为外来者，会引起消费者团体、国内竞争者及政府官员的不满情绪。时常，有些利害关系的人士不相信他们的外国母公司，本地利益团体也会视这些公司为不忠诚。

（2）跨国公司在各国的子公司、分公司一般与总部距离很远，较难搜集资讯，也难以及时传达指令，使得管理上的控制更加困难。

（3）在决定组织设计及人事政策时，须考虑不同文化的存在。必须学习新税法及法令，并且将之列入财务计划及公司政策。

（4）以外国货币进行交易会增加现金流量的不确定性，成为风险的显著新因素。

（5）公司必须在不同政治环境下进行作业。不了解该地环境及法律，会遭致严重的惩罚，包括使公司处于与祖国法律相冲突的处境中。

此外，如果东道国政治情况不稳定，跨国公司必须应付快速变化的环境，以跟上最新发生的事件。公司必须在资讯搜集中投注资源。

（三）国外投资现金流量的评估

现金流量预测的缺点是，它无法指出关于国外投资的所有潜在利益与问题。如果在估计现金流量时，能够不忘国外投资计划出现的动机，可能就会减少错误。

评估国外投资现金流量的主要困难是，由独立的本地投资计划产生的现金流量，与应计给母公司的现金流量产生差异。有数项因素导致此分歧，一些受制于投资者，其他则取决于公司的作业环境，包括政府。现金流量评估可分为三个阶段：第一阶段是预测所有的计划或独立计划；第二阶段是公司估计整个系统的利益与成本；第三阶段是考虑税法与汇率的影响。这三个阶段必须指出使两种现金流量产生分歧的因素，以及转国外现金流量估计值为投资者母国现金的方法。

三、跨国投资的国别选择

跨国公司投资的国别选择可追溯到韦伯等人区位论的基本思想。企业之所以要向它国跨国投资，主要是受利益驱动。具体来讲，成本、市场和要素投入在决定其跨国投资国别选择时起重要作用。

根据区位论成本学派的观点，生产成本最低的区位便是企业所追求的最佳区位。最小成本可在一国之内找到，也可发生于多国之间。公司在国家间进行成本比较，当它国生产成本明显低于本国时，便会倾向于向这些国家投资。同样，根据最大利润区位论的思路，企业在综合考虑生产成本、运输费用和市场价格基础上，如投向它国比在本国可以获取更大收益，自然会选择后者。由此可以得出，生产成本最低或预期利润较高的国别，易于成为跨国投资地。

根据区位论市场学派观点，市场区是企业是否盈利，甚至是否存在的关键。可以服务较大市场的区位，成为企业追求的最佳区位。这一原则，也可用于国际尺度。当一国具有较大的潜在市场，而公司在国内生产出口这一国家受交通运输成本影响，或者受国家关税和其他贸易壁垒影响时，公司便会自然地选择在这一国家直接投资。

韦伯的工业区位论，将生产原料分为地方性原料和国际性原料。地方性原料对区位具有一定的影响。地理学家对经济现象的研究，十分强调各地经济发展环境、生产要素的差异性。由于资源的区位差异，以及不同工业（企业）不同的要素需求，为了充分利用它国的资源优势，公司必然会在相应国家跨国投资。国际性原料来源广泛，其供给的约束性很小。

从公司地理角度，跨国公司本身是一个生产组织系统。为了公司整体利益，从战略上考虑，有时公司会在战略重点区位投资建立相应的生产或经营机构，而这些战略重点区位，并不一定符合以上区位选择原则，故综合而论，跨国投资国别选择包括成本取向、利润取向、市场取向、要素取向和公司战略取向。

四、跨国公司投资决策方法

跨国公司投资活动的最终目的是取得良好的经济效益,只有调整的经营绩效大于投入成本,该项投资活动才是可行的。所以,跨国公司投资活动必须进行成本收益分析,才能使投资决策科学化。对跨国公司的特征收益分析,可以从以下方面着手。

1. 净现值（NPV）

净现值（Net Present Value，NPV）是指投资方案所产生的净现金流量（Net Cash Flow）以资金成本为贴现率折现之后,与原始投资额现值的差额。净现值法就是按净现值大小来评价方案优劣的一种方法。净现值的计算公式为:

$$NPV = \sum_{t=1}^{n} \frac{CF_t}{(1+r)^t} - I$$

式中,NPV 为净现值,CF_t 为第 t 年的净现金流量,I 为项目初始投资额,r 为折现率,即跨国公司预定的贴现率。即 NPV = 未来报酬总现值 - 初始投资额。

净现值为零,说明跨国公司投资方案的投资报酬刚好达到所要求的投资报酬。投资项目的净现值为正,说明投资项目寿命期内的净现金量按资本成本折现后的总金额抵消初始投资后仍有剩余,这是投资项目对跨国公司的贡献。净现值越大,对跨国公司的贡献也就越大。在只有一个备选方案的采纳与否决决策中,净现值大于零则方案可行,且净现值越大,方案越优,投资效益越好;在有多个备选方案的互斥选择决策中,应选用净现值是正值中的最大者。所以,净现值的经济实质是投资方案报酬超过基本报酬后的剩余收益。

净现值指标的优点有:考虑了资金时间价值,增强了项目投资经济性的评价;考虑了投资项目全过程的净现金流量,体现了流动性与收益性的统一;考虑了投资风险,风险大则采用高折现率,风险小则采用低折现率;考虑了项目在整个寿命周期内收回投资后的经济效益状况,是全面、科学的级数经济评价方法。

净现值指标也存在明显的不足,一是净现值的计算较麻烦,难以掌握;二是净现金流量的测量和折现率较难确定;三是不能从动态角度直接反映投资项目的实际收益水平。

2. 内部收益率（IRR）

内部收益率（Internal Rate of Return，IRR）,就是资金流入现值总额与资金流出现值总额相等、净现值等于零时的折现率。内部收益率的计算公式为:

$$\sum_{t=1}^{n} \frac{CF_t}{(1+IRR)^t} - I = 0$$

式中,IRR 为内部收益率,CF_t 为第 t 年的净现金流量,I 为项目初始投资额。

内部收益率要用若干个折现率进行试算,直至找到净现值等于或接近于零的折现率。内部收益率是一项投资渴望达到的报酬率,是能使投资项目净现值等于零时的折现率。

内部收益率指标越大越好。一般情况下,内部收益率大于或等于基准收益率时,该项目是可行的。投资项目各年现金流量的折现值之和为项目的净现值,净现值为零时的折现率就是项目的内部收益率。

内部收益率法的优点是能够把项目寿命期内的收益与其投资总额联系起来,指出这个项目的收益率，便于将它同行业基准投资收益率对比，确定这个项目是否可行。使用借款进行项目建设，在借款条件（主要是利率）还不很明确时，内部收益率法可以避开借款条件，先求得内部收益率，作为可以接受借款利率的高限。但内部收益率表现的是比率，不是绝对值，一个内部收益率较低的方案，可能由于其规模较大而有较大的净现值，因而更值得建设。所以在对各个方案进行对比与选择时，必须将内部收益率与净现值结合起来考虑。

内部收益率是进行盈利能力分析时采用的主要方法之一。内部收益率被普遍认为是项目投资的盈利率，反映了投资的使用效率。内部收益率指标的突出优点就是在计算时不需要事先给定基准折现率，避开了这一既困难又易引起争论的问题。内部收益率不是事先外生给定的，而是内生决定的，即由项目现金流计算出来的。当基准折现率不易确定其准确取值，而只知其大致的取值区间时，则使用内部收益率指标就较容易判断项目的取舍，内部收益率的优越性是显而易见的。但是，内部收益率也有诸多缺陷和问题，如多解和无解问题、与净现值指标的冲突问题等，给投资决策带来了诸多不便和困惑。

3. 获利能力指数（PI）

获利能力指数（PI）是指项目经营净现金流量的现值和初始投资之比，它表明了项目的单位投资额的获利能力。获利能力指数的计算公式为：

$$PI = \frac{\sum_{t=1}^{n} \frac{CF_t}{(1+r)^t}}{I}$$

式中，PI 为获利能力指数，CF_t 为第 t 年的净现金流量，I 为项目初始投资额。当获利能力指数大于或等于1时，投资项目可以接受；反之，项目应予以拒绝。获利能力指数反映了单位投资额的效益，与净现值指标相比，便于对投资额不等的多个项目进行比较。

第四节 跨国公司税收管理

跨国公司作为一个经济主体，其在世界范围内开展各种生产经营活动，有义务向相关国家缴纳税收。跨国公司的纳税涉及各国税收制度和各国之间的税务关系，牵涉到的领域广泛，纳税环节繁杂。同时，跨国公司又可以利用灵活的组织架构与内部交易方式，借助国际化税收市场上各国税收制度的差异，采取变更营业地点、转移经营收益、内部划拨价格等方法，进行跨国公司的财务管理与税务筹划，以减轻甚至规避国际纳税义务，为实现其利润最大化服务。

一、国际税收的含义

国际税收是指两个或两个以上国家政府，在对跨国纳税人行使各自的征税权力中形成不同的征纳关系，从而发生国家之间的税收分配关系。这种关系基于各国政府所拥有的税收管辖权，其实质是各国政府在对各自政权管辖范围内的跨国纳税人征税的基础上，形成的税收权益分配。因为跨国纳税人在它所跨越的几个国家内取得收入所应承担的总税负是一个既定量，当一个国家向跨国纳税人多征税时，必然导致相关国家少征税，由此引起的有关国家之间税收权益分配的矛盾，只能通过调整这些国家之间的税收分配关系求得解决。

存在于各个经济主权国家内部的税收公平原则和税收中性原则决定了国际税收的基本原则。税收公平原则要求在国际经济往来中产生的税收收入应该在各有关国家之间公平分配，同时该原则也应该确保纳税人在税负轻重上不遭受歧视或者享受不合理的优惠。如果税收制度是中性的，则意味着其不会影响纳税人在跨国交易中的经济选择。

国际税收系统的公平与效率并非取决于任何一个国家的税收法律制度，而是所有国家税法制度的整体效果。每个国家都在运用各自的税法规则管辖相关交易。由于缺乏统一的规则，各国税法系统在对跨境交易行使管辖时常常存在冲突，从而导致多重征税或不征税现象的产生。而对税收中性原则缺乏共同标准常常引发经济扭曲和国际税收竞争。

二、国际双重征税及避免

（一）国际双重征税的原因

国际双重征税又称国际重复征税，是指两个或两个以上的国家各自依据自己的税收管辖权就同一税种对同一纳税人的同一征税对象在同一纳税期限内同时征税。在跨国公司大量发展以后，对母公司、子公司以及多层子公司独立经济实体之间的重叠征税，在一定条件下也视为国际双重征税。

国际双重征税产生的基本原因在于国家间税收管辖权的冲突。这种冲突通常有三种情况。

（1）不同国家同时行使居民税收管辖权和收入来源地税收管辖权，使得具有跨国收入的纳税人，一方面作为居民纳税人向其居住国就世界范围内的收入承担纳税义务，另一方面作为非居民纳税人向收入来源地就其在该国境内取得的收入承担纳税义务，这就产生了国际双重征税。

（2）居民身份确认标准的不同，使得同一跨国纳税人在不同国家都被认定为居民，都要承担无限的纳税义务，从而产生国际双重征税。

（3）收入来源地确认标准的不同，使得同一跨国所得同时归属于两个不同的国家，向两个国家承担纳税义务，这也产生了双重征税。

此外，各国所得税制的普遍化是产生国际双重征税的另一原因。当今世界，除了实行"避税港"税收模式的少数国家外，各国几乎都开征了所得税。由于所得税制在世界各国普遍推行，国际重复征税的机会大大增加；由于所得税征收范围的扩大，国际重复征税的严重性又大大增强。

（二）国际双重征税的避免方法

国际双重征税的避免，主要是指在国际经济活动中，当发生两种税收管辖权重叠时，行使居民税收管辖权的国家，通过优先承认跨国纳税人向行使地域税收管辖权的国家所缴纳的税收来借以减轻或消除国际双重征税。

在各国税法和国际税收协定中通常采用的避免、消除或缓和国际双重征税的方法主要有免税法、扣除法、抵免法、低税法等。

1. 免税法

免税法又称豁免法，是指居住国政府对本国居民来源于境外并已向来源国政府缴税的所得免于征税的方法。免税法的指导原则是承认收入来源地税收管辖权的独占地位，对居住在本国的跨国纳税人来自外国并已由外国政府征税的那部分所得，完全放弃行使居民（公民）管辖权，免予课征国内所得税。这就从根本上消除了因双重税收管辖权而导致的双重课税。免税法主要有全额免税法和累进免税法。

（1）全额免税法。全额免税法，即居住国政府对本国居民纳税人课税时，允许从其应税所得额中扣除来源于境外并已向来源国纳税的那一部分所得。这种办法在目前国际税务实践中已不多见。

（2）累进免税法。累进免税法，即居住国政府对来源于境外的所得给予免税，但在确定纳税人总所得的适用税率时，免税所得并入计算。也就是说，对纳税人其他所得征税，仍适用其免税所得额扣除前适用的税率。目前实行免税制的国家或地区，大多采用这个办法。

2. 扣除法

扣除法是居住国政府允许纳税人就境外所得向来源国缴纳的税款从国内外应税所得中扣除的一种方法。扣除法的指导原则是把居住在本国的跨国纳税人在收入来源国交纳的所得税视为一般的费用支出在计税所得中减除。与免税法相比，在扣除法下，纳税人的税收负担水平高，国外所得并没有完全消除重复征税，只是有所减轻。

3. 抵免法

抵免法是目前国际上比较通行的消除双重征税的方法。根据这一方法，居住国政府按照居民纳税人来源于国内外的全部所得计算应纳税额，但允许纳税人从应纳税额中抵免已在收入来源国缴纳的全部或部分税款。抵免法的指导原则是承认收入来源地税收管辖权的优先地位，但并不放弃行使居民（公民）税收管辖权。抵免法可分为直接抵免和间接抵免。

（1）直接抵免。直接抵免是相对于间接抵免而言的，其含意是允许直接抵免的外国税收必须由跨国纳税人直接向来源国缴纳。直接抵免的基本特征是外国税收可以全额直接地充抵本国税收（称全额抵免），可能的限定条件是同一项跨国所得的外国税收抵免不能超过居住国的税收负担（称限额抵免）。

（2）间接抵免。间接抵免一般适用于对公司、企业的国外子公司所缴纳的所得税的抵免。子公司不同于分公司，它只是母公司的投资单位，与母公司不是统一核算的同一经济实体，而是两个不同的经济实体，两个不同的纳税人。所以，母公司从子公司可得到的，只是子公司缴纳所得税后按照股份分配的一部分股息。因此，对母公司从子公司取得的股息计征所得税时应该予以抵免的，不能是子公司缴纳的全部所得税，只能是这部分股息所承担的所得税额。所以，这种抵免不是根据实纳税额直接进行的，而是按换算的股息应承担的税额进行间接抵免。

4. 低税法

低税法，就是指对居住国居民来源于国外的所得或对来源于本国所得的非居民纳税人，采用较低的税率或减免等优惠政策，如比利时政府规定，对来源于国外的所得按正常税率减征 80%。

三、国际避税

国际避税是指纳税人以不违法的手段跨越国境，通过人或物的流动或不流动，来达到减少或免除纳税的目的。

国际避税的产生是内外因共同作用的结果。一方面，企业以营利为目的，企业通过采取一定的方式避免缴纳税款，获得更多的利润和流动资金。避税正是企业追求利益最大化的产物。另一方面，各国（地区）税收制度的差异是实现国际避税的利用条件。比如，香港行使单一来源地税收管辖权，即各种税收的征收仅限于来自香港地区的财产和收入；列支敦士登、安道尔等地为吸引外国资本流入，繁荣本地经济，允许境外人士在此投资和从事各种经济、贸易和服务活动，获取收入或拥有财产，而又不对其征直接税。正是由于国家或地区之间税收管辖权标准、征税对象和税率、税收优惠措施等方面的差异，跨国纳税人才有实施避税的可能。

（一）国际避税的成因

1. 税收管辖权的差异

税收管辖权事实上是一种制度，每个国家都有权在不违背国际法和国际公约的基础上，自主选择对本国最有利的方式。税收管辖权以属地和属人原则来划分，分为地域税收管辖权、公民（居民）税收管辖权。各国间税收管辖权的差别，既造成国际双重征税的出现，也使国际避税成为可能。假设 A 国施行地域管辖权，B 国施行居民税收管辖权，某纳税人是 A 国居民，可是他的收入全部来自 B 国，那么他在两国都可以有效避税。

2. 税率的差异

各国的所得税制都是根据自己国家的国情制定的，因此在很大程度上存在差异。这种差异具体表现在：一是税率高低的差异，二是税率结构的差异。现代税率有三种形式，其中使用较多的有两种，即比例税率和累进税率。各国对所得征税可能采取不同的税率形式，即使采取同样的税率形式，税率、具体形式和适用范围也可能存在诸多差异。这些都为国际避税提供了便利。

3. 税基的差异

税基是某一税种的课税依据。它具体包含两个层面的意思。一是指某税种的经济基础。例如，在所得税中，税基即为应税所得；在房产税中，税基为房产等。税制建设上的一个重要问题就是选择税基。只有税基宽，税源才会丰富。二是指应纳税额的依据或标准。税基若是实物量，则税率大都为定额税率；税基若是价值量，税率大都为比例税率或累进税率。我们通常所说的税基是第二种。通常情况下，税收优惠越少意味着税基越多越宽；在税率不变的情况下，税基越大，税额也就越多。在确定应纳税额时，各国确定的税基的范围可能差异很大，什么项目的所得应列入应税所得的范围，什么样的所得又是扣除项目，就连扣除数的规定也不一定相同。正因为各个国家间的税基差异如此之大，纳税人才得以"钻空子"。

（二）国际避税的特征

1. 国际避税手段合法

国际避税的主体是跨国纳税人，采用的是合法或正当的手段，通过人和财产在国际合法流动进行。国际避税的合法是指这一行为在特定国家的特定时期是不违法的，甚至可以说是纳税人在履行应尽纳税义务前提下，依据税法上的"非不允许"及未规定的内容进行行为选择的一种权利。

2. 国际避税目的正当

国际避税的目的是减少纳税义务，少交税，或逃避应向有关国家缴纳的税。避税主体所规避的，不仅是指应纳的税额，从更加广泛的意义上说，是纳税义务的大小，但最终会造成应缴纳税款的减少。

3. 是跨国纳税人的主观意识

国际避税往往是跨国纳税人有意识、有目的地减轻自己纳税义务的行为，而且这种行为在客观上达到了预期效果。国际避税是利用各国税法规定上的差别、漏洞或不足，在减轻跨国纳税人的纳税义务上达到了主客观的统一。

（三）国际避税的方法

在跨国经济活动中，国际避税的表现形式虽然是各种各样的，但跨国纳税人采取的传统避税方法基本相同，主要有国际避税地避税、转让定价避税、资本弱化避税和利用电子商务避税。

1. 国际避税地避税

国际避税地是指征税税率明显低于国际标准，或者向非居民提供税收优惠的地方。它可以是一个国家，也可以是一个国家的某个地区，例如岛屿、港口、沿河沿海地区，甚至是交通发达的城市等。国际避税地的避税方式主要有两种，分别是虚设避税地经营机构、虚设避税地信托财产。

（1）虚设避税地经营机构。某些跨国纳税人在避税地虚设经营机构，而事实上，这些经营机构的经营活动很少甚至根本从未在避税地内进行。纳税人通过总公司或母公司将销售和供给其他国家或地区的商品、技术和各项服务等，虚设为设在避税地公司的转手交易，以此将全部或部分收入滞留在避税地，成功避免在本国应征收的高税率。此外，纳税人常常将虚设避税地经营机构与转让定价结合起来使用，以达到最佳避税效果。

（2）虚设避税地信托财产。有些国家对财产转让，例如公司股票和不动产的转让等施以重税。面对沉重的税负，跨国纳税人就常常在避税地虚设信托财产。信托的存在通常有一定的时间限制，但避税地允许建立的信托往往是无法规约束的，也就是说信托可以无期限地存在下去。于是纳税人就利用这一点，将高税率国财产转移到避税地。另外，在避税地建立信托，纳税人可以隐匿其财产，便于投资和进行风险经营活动。

2. 转让定价避税

转让定价避税是指跨国企业间通过内部交易，人为扩大在低税区的收入，从而将收入从高税区转移到低税区。事实上，发生在国与国之间的转让定价问题，即跨国企业内部集团隶属于同一法人企业，却设在两个不同国家的两个机构或两家关联企业，进行内部交易时的作价问题。由于企业集团内部成员在经济利益和经营管理上有紧密联系，在这种情况下，它们之间的转让定价通常并不符合公平交易的原则，而是由公司根据集团整体的利益加以确定的。转让定价的特殊性，决定了它在国际避税中的重要性。企业通过人为操纵转让定价，使之高于或低于市场公平交易价格，来达到转移内部利润的目的。例如，跨国母公司以低价向其海外子公司销售产品零部件，反过来，子公司再向母公司高价出售产成品。这样一来，子公司就会获得较高的利润。

3. 资本弱化避税

资本弱化避税是指跨国企业将股份形式资金转为贷款形式，以此来故意加大成本核算，抵减企业的应纳税所得额。其理论基础是现行国际会计准则中，股息不计入成本而贷款利息计入成本的规定。因此，跨国公司通过对其关联公司或子公司高利率贷款并融资，来实施资本弱化。

4. 利用电子商务避税

电子商务是采用数字化电子方式进行商务数据交换和开展商务业务的活动，是在互联网与传统信息技术系统相结合的背景下产生的相互关联的动态商务活动，在实现了书写电子化、信息传递数据化、交易无纸化、支付现代化的同时，也引起了审计环境、审计线索、审计信息的储存介质、审计的技术方法、审计方式等一系列重大变化，而这些使国际税收中传统的居民定义、常设机构、属地管辖权等概念无法对其进行有效约束，无法准确区分销售货物、提供劳务或是转让特许权。因而电子商务的迅速发展既推动了世界经济的发展，同时也给世界各国政府提出了国际反避税的新课题。

四、国际逃税

（一）国际逃税的含义

国际逃税又称国际偷漏税，是指发生在国际范围内的逃税行为，即跨国纳税人利用国际税收管理合作的困难和漏洞，采取种种非法手段，少纳或不纳有关国家税法或税收协定所规定的应纳税款。

国际逃税属于违法行为。逃税的方式主要有：不向税务机关报送纳税资料；谎报所得额；虚构、多摊成本、费用，这就等于扣除项目；伪造账册和收支凭证等。跨国纳税人采取各种隐蔽的非法手段，逃避有关国家税法或税收协定所规定的应承担的纳税义务的行为，均为国际逃税。与国际避税一样，它也是跨国纳税人谋取额外收益的一种手段，其结果也会导致有关国家财权利益受损。但在性质上与国际避税不同，其突出特征是非法性，即违反了税收法规。

联合国秘书处国际经济社会事务部制定的《发达国家与发展中国家之间谈判双边税收条约手册》规定："严格意义上的逃税，是指纳税人故意或有意识地不遵守征税国法律的行为。从广义上说，逃税行为一般也包括纳税人因疏忽或者过失而没有履行法律规定应尽的纳税义务的情形，尽管纳税人没有因为逃税目的而采取有意隐瞒的手段。"由此可见，纳税人的逃税行为，从性质上讲，属于法律上明确禁止的行为。它在形式上表现为纳税人有意识地采取错误陈述，谎报和隐瞒有关纳税情况和事实等非法手段，达到少缴或不缴税款的目的，其行为具有欺诈的性质。在纳税人因疏忽和过失而造成同样后果的情况下，尽管纳税人可能并不具有有意欺瞒这一主观要件，但其疏忽和过失本身也是违法的。

（二）国际逃税的影响

在国际税收实践中，跨国纳税人利用各种手段进行国际逃税，给国际经济生活造成了极大的危害，具体表现在以下几点。

（1）国际逃税严重损害了有关国际的税收利益。跨国纳税人的逃税行为具有很大的隐蔽性和复杂性，它们对各国财政收入造成的实际损失额，往往无法做出全面准确的统计。但国际逃税行为严重影响了有关国家财政利益这一点却是无可怀疑的。

（2）国际逃税对发展中国家的经济收益有很大影响。国际逃税不仅损害了资本输出国的税收利益，也妨害了吸引外国资金技术的发展中国家的经济利益。跨国纳税人利用发展中国家税务人员缺乏国际税收经验和涉外税收征管制度不完善等弱点，在享受税收优惠的同时进行逃税，给有关国家的税收造成大量的损失。

（3）国际逃税引起国际资本的不正常转移。跨国纳税人为了逃避税收，时常利用转移定价和其他手段跨国转移利润所得，从而造成国际资金流通秩序的混乱，使有关家的国际收支出现巨额逆差。在这种情况下，有关国家不得不采取必要的外汇管制措施，限制本国资本的外流，这样会使正常的国际资金流转受到影响。

（4）国际逃税还会造成不正当竞争。在国际市场上，税负的轻重是影响竞争胜败的一个重要因素。进行国际逃税的纳税人，由于其实际税负可能远低于正常税负标准，因而获得某种不正当的竞争优势。这种现象违背了税收公平原则，使那些诚实守法的纳税人处于不利的竞争地位。如果不能有效地防止国际逃税行为，势必动摇税法规定，而使更多纳税人寻求各种方法逃税，牟取额外的不正当利益。

（三）国际逃税的方式

1. 不向税务机关报送纳税资料

采用这种手段主要是不向税务机关提交纳税申报单和匿报应税财产和所得。匿报应税财产和所得，经常表现为纳税人匿报在国外拥有的财产或获得的股息、利息以及薪金和报酬等收入。例如，纳税人对实物加以隐瞒或用无记名证券的形式进行投资，以隐匿在国外的租金、股息和利息收入及转让资产所得。在这方面，银行为顾客保密的义务往往为纳税人转移和隐匿应税所得提供了便利条件。纳税人将收入转入某家银行的秘密账户，就隐瞒了自己的存款人身份。

2. 伪报所得和虚构扣除

纳税人可能利用股息在所得国税法上比利息享有更多优惠的规定，把对国外子公司的贷款当作投资股份来申报；反过来，接受外国投资的公司，由于股息通常不作为费用扣除而利息则可作为费用扣除，也可能将股息分配伪报为利息支付。同时，在资产和所得上以多报少，也是一种谎报所得的做法。

虚构成本费用等扣除项目，是纳税人经常采用的一类逃税方式。由于各国经济制度不同，国际市场行情复杂多变，许多国家没有严格的开支标准和统一的支付凭证，这就使得对各种国际交易的成本费用特别难以控制。纳税人往往采取以少报多、无中生有的做法，虚报投资额以增加股权比例、多摊折旧扣除，或虚构有关佣金、技术使用费和交际应酬费等开支，以减少应税所得额。

3. 伪造账册和收付凭证

某些纳税人常常采用各种会计方法实现逃税目的，如设置两套账簿，一套账簿登记虚假的经营,以应付税务机关的审查;另一套则反映真实的经营状况,但严格对外保密,从而使税务机关无法了解其实际利润水平。伪造收支凭证,主要是在购入上多开发票,在售出上少开发票,甚至用销售货物不开发票等办法达到逃税的目的。

4. 从事地下经营,完全逃避税务监管

地下经营包括不经注册就非法从事经营活动的企业和个人,也包括个人的业余时间从事第二职业,以及外国移民的非法打工。世界上几乎每一个国家都存在地下经济,有些国家称其为影子经济。德国官方估计,地下经济年交易额约 650 亿马克,政府税收损失达 100 亿马克。逃漏国际性税收的地下经济往往同出入境的走私活动结合在一起,对此进行税务监管有很大的难度。

(四)国际避税与国际逃税的区别

国际避税是指跨国应纳税人以合法的方式,利用各国税收法规的差异或利用国际税收协定中的缺陷,通过变更其经营地点、经营方式,以及人和财产跨越税境的流动、非流动等方法来谋求最大限度地减轻或规避税收负担的行为。在上述概念中,税境是指税收管辖权的界限,它不像国境那样,在地理位置上能够找到一个明显的界线或标志。由于各国执行的税收原则和政策不同,有时会出现税境小于、等于或大于国境的情况。如果一国在国内设立完全免税的无税区,税境就小于国境;如果一国坚持属地主义原则,税境就等于国境;如果一国坚持属人主义原则,则税境就大于国境。

虽然国际避税与国际逃税都是纳税人为了达到减轻税负的目的而实施的行为,但是国际避税与国际逃税是两个不同的概念。国际逃税是指跨国纳税人运用欺诈伪造、弄虚作假、巧立名目等种种手段,蓄意瞒税,以期减少或不纳有关国家税款的违法行为。国际避税与国际逃税的不同之处在于以下几点。

1. 本质不同

国际避税和国际逃税的本质区别在于:国际逃税是否定应税经济行为的存在,而国际避税是否定应税经济行为的原有形态,因此,国际逃税常常采用的是最直接的欺诈和隐瞒手法,国际避税则多公开利用税法条文本身存在的缺陷和不足,采用较巧妙的办法,对经济活动的方式进行组织安排。

2. 手段不同

国际逃税所采用的手段具有欺诈性,是非法的,与税法相对抗,是对税法的公然违反和践踏,世界上任何一个国家的税法对逃税行为都规定了惩罚措施,对逃税行为的制裁不存在法律依据不足的问题。而国际避税所采用的是合法的手段,不具有欺诈的性质。

3. 后果不同

国际逃税直接后果表现为世界范围内税基总量的减少,而国际避税一般并不改变世界范围内的税基总量,仅仅造成税基总量中适用高税率的那部分向低税率和免税的那部分的转移。

(五)反国际逃税的措施

各种方式的国际逃税活动,严重地损害了有关国家的税收利益,扰乱了国际经济秩序。

因此，各国政府和国际社会纷纷寻找对策反对国际逃税。

1. 运用法律手段

目前许多国家通过税法中的有关条款或习惯法和判例法确定跨国纳税人申报国外税务的义务。通过税法规定报告义务有两种方法：一种是在主要的几种税法中，如个人所得税法、公司所得税法、财产税法等，制定独立的条款规定纳税人的报告义务；另一种是在税收总法典中单独制定对全部税法有效的综合报告义务条款。这两种方法各有特点，第一种方法规定的报告义务针对性较强，如果税务当局要扩大报告范围，会受到法律条文的限制；第二种方法比第一种方法更为系统化和综合化，对纳税人的要求也更为严格，要求纳税人对与税收相关的所有事实都必须向税务当局报告。

针对目前跨国纳税人普遍利用银行的保密制度进行逃税的行为，某些国家还规定，如果案情涉及伪造文件这类税收欺诈行为，国内税务机关可以查阅有关银行账户。例如，美国国会1979年通过的《外国银行保密法案》规定，对美国纳税人利用外国银行账户逃税给予严厉惩罚，将处以最高为50万美元的罚款或5年监禁，或罚款和监禁并罚；要求美国银行及其他金融机构就任何一笔涉及1万美元以上的异常外汇交易向美国财政部报告；要求出入关境的价值5 000美元以上的本币和外币以及不记名票据必须通知海关。

★ 延伸阅读

国际税收协定

国际税收协定是指两个以上的主权国家，为了协调相互之间在处理跨国纳税人征税事务和其他方面的税收事务时，依据国际关系准则，所签订的一种协议或条约。税收协定属于国际法中"条约法"的范畴，它对当事国具有同国内法效力相当的法律约束力。

世界上最早的税收协定是1843年比利时和法国签订的税收协定。该协定主要是为了解决两国政府在税务问题上的相互合作和情报交换等问题。100多年以来，为适应国际税收关系不断发展的需要，国际税收协定从单项向综合、从双边向多边迅速发展。特别是20世纪中叶以来，国家与国家之间签订税收协定的情形越来越普遍。据统计，目前国际上已经生效的税收协定有2 000多个，并且形成了具有世界性意义的两个国际性税收协定范本：由联合国专家小组提出的《发达国家与发展中国家避免双重征税的协定范本》（简称"联合国范本"）和由经济合作与发展组织提出的《关于对所得和财产避免双重征税的协定范本》（简称"经合组织范本"）。两个范本的内容、结构大体相同，用以指导各国税收协定的签订。下一步的目标应以最终形成世界各国共同承认的国际税收公约为方向，充分发挥税收协定在调整国际税收关系中的规范作用。

2. 强化税务审查制度

针对谎报所得和虚构扣除，相关部门应强化税务审查制度。在这方面，各国除了积极运用现代科学技术和统计技术提高税务审核的质量外，一些国家税务当局在实践中还创造了许多方法来发现或查明不正当的申报或虚假的账簿和账户。例如，美国税务部门采用"净值法"进行审核，这种方法主要针对不能提供准确的成本费用凭证，因而无法正确计算应税所得的纳税人，以及每年所得数额较小的纳税人。具体做法是根据纳税人申报的所得和资产负债表，就一个或两个税收年度的某项营业净值的增减额进行估计，并与其申报的所得相比较，由此推测出纳税人的真实应税所得。法国税法对在两年期间内营业总额不超过 50 万法郎的贸易企业和不动产出租企业，按照企业在正常条件下预计可以获得的利润进行征税。这种办法对于防止那些难以实行有效的税务监督和管理的小型企业逃税，具有一定作用。

3. 完善会计审查

针对伪造账册和收付凭证的国际逃税方法，实行会计审查制度。目前，许多国家通过有关法律，规定公司企业，尤其是股份有限公司的税务报表，必须经过会计师的审核。英国、美国、日本和加拿大等发达国家，一般会有比较健全的税务报表的会计审查制度。许多发展中国也注意到了加强审查制度的重要性。新加坡制定的会计条例规定，在国外从事经营的公司必须有会计师审查常年的账目报告，政府的经济发展局、商业犯罪调查局等部门拥有检查、监督外资企业常年账目的权力。通过这种措施，可以及时发现伪造账目和收付凭证等手段进行逃税的行为，从而追回税款，严惩责任者。

4. 加强法制监督处罚力度

针对完全逃避税务监管的地下经营活动，加强法制监督。由于地下经营是一种严重的违法行为，又常常和国际走私活动结合在一起，因此在强化税收制度的同时，和国内、国际的司法部门合作，根据逃税行为造成的客观危害及行为本身的恶劣程度，有关当局对当事人做出行政、民事及刑事等不同性质的处罚。

5. 促进国际合作

建立国际税务情报交换制度，加强国际税收的相互协作。在税收实践中，各国政府逐步认识到，国际逃税的治理单靠国内法是很难取得成效的，只有同时利用国际法，才能较为有效地减少或消除国际逃税现象。因此，许多国家和国际组织通过双边、多边的国际条约约定防止国际逃税的措施。目前，这些措施主要包括两个方面的内容，一是有关国家相互交换国际税务情报，二是有关国家在征税方面互相协助。

思考题

1. 简述跨国公司财务管理模式。
2. 跨国公司融资方式有哪些？
3. 如何降低国际融资风险？
4. 简述跨国公司的净现值投资收益分析方法。
5. 简述国际双重征税的含义与影响。
6. 如何防范国际逃税？
7. 国际避税与国际逃税有什么区别？

第九章

跨国公司跨文化管理

本章学习重点

- 文化及其特征
- 东西方文化差异
- 文化冲突的原因与具体表现
- 跨文化管理的含义
- 跨文化管理的基本理论
- 跨文化管理方法

引导案例

跨国公司：树立道德与尊重的文化

跨国公司必须建立具有包容性、符合道德规范的企业文化，同时管理外部和内部复杂性。例如雇用和培训多样化的员工队伍，适应当地文化，同时平衡与母国的道德规范和价值观，并确保在跨国经营中采取多元文化的方式。

汉娜（Hanna）确定了五个在国外和在本国开展业务时与组织文化敏感性相关的战略问题。

（1）市场上的客户和利益相关者对组织有什么期望？（会提高他们的生活水平吗？会不会违反他们的文化期望？）

（2）要想在这个竞争激烈的市场中取得成功的策略是什么？（我们实际上希望实现什么？我们愿意承诺取得什么结果？）

（3）治理价值观是什么？它们定义了我们将如何与利益相关者合作。

（4）为了获得这些结果，需要什么组织能力？

（5）为了符合上述所有条件，工作流程是什么？角色和系统需要做什么？

汉娜认为，这些问题有助于提高人们对文化差异的认识，并帮助组织负责人和员工就定制决策以适应特定市场达成协议，同时兼顾公司原则与当地价值。

Govindarajan 的研究表明，尽管组织文化可能千差万别，但全球文化仍具有特定的特征，包括强调多元文化而不是民族价值观，地位基于功绩而不是国籍，对其他文化的新思想持开放态度，在进入新的文化环境时表现出兴奋而不是恐惧，对文化差异敏感而不受到它们的限制。

管理人员必须在道德问题上进行更广泛的思考，公司会使用各种各样的机制在全球范围内支持和加强其道德操守计划。在组织中建立全球道德操守的有用机制是社会审核，它可以衡量和报告公司运营对道德、社会和环境的影响。

（资料来源：百度百家号，锄头草《跨国公司的企业文化》）

相关统计数据表明，在失败的跨国经营企业中，仅有 30% 是由于政策、资金和技术等方面原因，其余 70% 则由文化差异而造成。不同文化之间的价值观念和经营理念等均存在巨大差异，不同文化背景下人的思维方式和所采取的管理模式也存在较大差异，因此而产生的文化冲突和摩擦，必将给跨国公司的跨国经营造成困难。因此，跨国公司在全球化经营过程中必须进行有效的跨文化管理。

跨文化管理（Management of Cross Culture）是 20 世纪 70 年代后期在美国形成和发展起来的一门交叉、边缘学科。随着对外直接投资的发展，不同文化背景的跨国公司在世界各地建立了众多的子公司和分公司，从宏观层面的各民族文化到微观层面的各企业文化相互交叉融合，这就给跨国企业管理者在跨文化条件下的企业管理提出了更高的要求。跨国企业管理者应该摒弃传统的一元文化管理观念，在对多元文化的认知、把握的基础之上，化解多元文化之间的差异与冲突，利用多元文化的包容性与协同效应，提高跨国企业的管理效能，使跨国公司充满新的生机与活力。

第一节　文化与跨国公司的组织文化

跨国公司在东道国生产经营时，面对的是与其母国完全不同的文化，以及由这种文化决定的价值理念、道德标准和行为准则。文化的差异派生出不同的逻辑思维，进而影响企业的管理实践，一种在特定文化环境中行之有效的管理方法，在另一种文化环境中应用可能产生截然相反的结果。因此，在现代跨国经营中，要对文化、文化差异及其对企业经营管理的影响有较为充分的认识。

一、文化的含义与特征

1. 文化的含义

"文化"一词源自拉丁文"cultura"，其含义并没有统一、清晰的界定，最初与祭祀和崇拜有关，意味着经过人类的生产生活、创造培养、教育学习而形成的各种事物或方式。科学管理学的奠基人泰勒（E. B. Taylor）认为，文化是一个复合性整体，包括知识、信仰、艺术、道德、法律、风俗，以及任何人作为社会成员而获得的所有能力和习惯。该定义认为，文化是社会发展过程中人类创造的各种事物的总和，文化涵盖了全社会的物质层面、精神层面和制度层面。

美国文化语言学奠基人萨皮尔（E. Sapir）从文化传承的特征出发，认为文化是在人类全部生产生活中任何通过社会遗传下来的事物，主要包括物质和精神两个方面。

英国学者威廉姆斯（R. Williams）从更广泛的意义上概括了文化的内涵，威廉姆斯认为，文化一般有三重定义：一是"理想的"文化定义，就某些绝对或普遍价值而言，文化是人类完善的一种状态或过程；二是"文献式"的文化定义，即文化是知性和想象作品的整体，这些作品以不同的方式记录了人类的经验和思想；三是文化的"社会"定义，即文化是对一种特殊生活方式的描述，这种描述不仅表现了艺术和学问中的某些价值，而且也表现了制度和日常行为中的某些意义和价值。

麦维斯（Mirvis）和马克斯（Marks）指出，文化的作用如水，常以一种微妙的方式影响人们的商务行为；文化也类似呼吸，直到受到威胁时才会感受到它。

荷兰社会心理学家吉尔特·霍夫施泰德（Geert Hofstede）则认为，文化是具有相同社会背景、成长经历，或者受过同等教育的人所共有的心理程序。

关于文化的定义或内涵，体现了文化的进化、发展过程，反映了文化的丰富内容和开放性，也衬托着文化与个人、民族和社会之间的密切联系与地域差别。从不同视角对文化进行审视，文化表现为不同的层次和种类。从文化的历史演进过程划分，可分为传统文化、现代文化和未来文化；从文化的社会关系方面看，可分为政治文化、经济文化和观念文化；从文化的社会结构层面看，可分为精神文化、物质文化和制度文化；从文化的存在范围上考察，可分为民族文化、国家文化和世界文化；从宏微观角度看，文化又可以分为社会文化、企业文化和个体文化。

《辞海》对"文化"内涵的界定为，"文化是指人类在社会历史实践过程中所获得的物质、精神的生产能力和所创造的物质、精神财富的总和"，具有更一般的意义。

2. 文化的特征

文化是全人类在社会发展进程中创造并传承的，它作为社会体系的重要组成部分，不仅构成了人们的价值观念，还影响人们的主观意识，进而导致人们的特定行为、活动。文化以最深刻、最微妙的方式影响着人们的行为，人们的行为又反过来发展、强化文化的本质特征。文化作为内涵丰富的复合整体，具有以下特征。

（1）累积性。文化不是与生俱来或以生物学为基础的，它是由人们的学习和实践活动创造的，并由人类世世代代的不断沉淀、累积而形成。人们把生产、生活中的经验提炼出来，变成语言、文字，变成音乐、绘画，变成服装、建筑，并通过社会化过程（家庭、学校、组织、社会的各种教育）而获得文化。

（2）传承性。文化的核心信息来自历史传统，具有传承性。人类的繁衍和生存伴随着文化的延续和发展，每一代人都把自己的生产技能、生活经验和知识文化累加到已有的文化之中，并传承给下一代人。文化的传承并不是简单地、原封不动地承袭下去，特别是在当代社会，外来文化的"因子"不断冲击本土文化，本土文化也通过各种途径传播到其他地方；同时，某一种文化自身也是不断整合，既有所淘汰，更有所发扬，这是一个继承传统文化精髓，同时创造崭新文化、发展先进文化的历史过程。

（3）共享性。文化的差异性并不否定文化的共享性。任何文化都是为某一团体的所有成员或大多数成员共同拥有的基本价值观和信仰理念，群体中的一员分享、学习、利用这一文化内容，并不影响其他成员享用。

二、跨国公司的组织文化

1. 跨国公司组织文化的含义

跨国公司的组织文化是指跨国公司全体员工在一定时期内从研发、生产、销售、管理、运行过程中形成的，一致认可并能够在实践中自觉履行，同时具有一定约束力，体现跨国公司发展战略、内在精神价值、经营理念和管理制度等的基本信念和共同认知；是本公司区别于其他公司的文化内涵。跨国公司的组织文化既指本公司所形成和保持的文化传统，也指抽象形态的跨国公司的一般文化体系和价值准则；既是指本公司文化的具体内容，又是指一门特定的学科、思想体系。

2. 跨国公司组织文化结构

跨国公司组织文化结构把组织文化作为一种独特的文化现象来进行探讨。一般来说，跨国公司组织文化结构分为物质层面、制度层面、行为层面和精神层面四个部分，可从这四个层面来研究和评价组织文化。

（1）物质层面，即跨国公司物质文化，是跨国公司员工创造的产品和各种物质设施等构成的器物文化，包括跨国公司生产经营的成果、生产环境、公司建筑、产品、包装、形象设计等。物质文化是组织文化的外在表象，具有直观、现实的特征。

（2）制度层面，即跨国公司制度文化，是人的意识与观念形态的反应，并由一定的物质形式所构成，是塑造精神文化的主要载体。

（3）行为层面，即跨国公司行为文化，指公司经营、教育宣传、人际关系活动、文娱体育活动中形成的文化现象，是跨国公司经营作风、精神面貌、人际关系的动态体现。

（4）精神层面，即跨国公司精神文化，在整个组织文化系统中处于核心地位，是公司在生产经营过程中，受一定的社会文化背景、意识形态影响而长期形成的精神成果和文化观念，包括公司精神、公司经营哲学、公司道德、公司价值观念、公司风貌等内容，是跨国公司意识形态的总和。

★延伸阅读

日本公司企业文化的主要内容

第一，"和"的观念。"和"是日本企业管理的哲学概念和行动指南，其内涵是爱人、仁慈、和谐、互助、团结、合作、忍让。它是日本企业成为高效能团队的精神主导和联系纽带，最初源于中国儒家思想，但又对儒家思想进行了发展。中国儒家思想强调的是"仁、礼、义"，而在日本则强调"和、信、诚"，由此使日本公司企业文化中包含"和、信、诚"的成分，使人们注重共同活动中与他人的合作，追求与他人的和谐相处，并时刻约束自己。所有日本企业都依照"和"的观念行事。在日本人看来，一个团体或企业如果失败，多半由于缺乏"和"的精神；真正实行了"和"的团体，势必带来和谐和成功。理想的工作环境，使人的潜能得到良好的发挥，使个人找到人生的归宿，达到幸福的境界。"和"的观念在很大程度上制约和引导着日本企业的经营哲学。日本企业文化实行的自主管理和全员管理、集体决策和共同负责、人与人之间的上下沟通，都与"和"的观念密不可分。

第二，终身雇佣制。终身雇佣制于第二次世界大战后在日本进行全面推广，目前已作为一种制度沿用下来，尽管这种制度不是由国家法律规定的。终身雇佣制贯穿日本员工生活与工作纲领。日本的年轻人一旦进到一家大公司，就把自己一生交给了这家公司。工作由公司安排，出差听公司派遣，住家是在公司"园地"，休假则为集体行动，结婚往往由上司主媒，有的连蜜月旅行也由公司安排，退休的补贴自然由公司发放。这样公司成了员工的第二家庭或大家庭。既然企业成了员工的大家庭，那么情感的纽带、道义和责任的要求都使企业不轻易辞退员工。而且社会也给辞退员工的企业以一种文化压力，使得这类企业形象不佳，经营难以成功。终身雇佣制其作用在于：（1）可以解除员工失业的后顾之忧，促使他们对工作采取一往无前的态度，有利于提高生产率；（2）有利于培养员工的集体主义精神；（3）企业可以有计划、有步骤地对企业员工进行培训，而不必像西方公司那样时时担心员工成为"熟手"之后将"跳槽"而去；（4）迫使企业不断改善企业管理水平，以解决随技术的进步而产生的人力过剩的问题。

第三，年功序列工资制，这种工资制是依据职工的学历、工龄、能力、效率等确定职工工资的制度。

第四，企业工会制度。日本公司企业文化工会组织形式分为两种。一是以企业单位成立的工会，工人一进工厂就自动加入工会成为会员，而科长以上的管理人员不是工会成员；二是按工种和行业组成的工会，这种工会占工会总数的比重很小。在欧美，企业工会多是在行业范围内组织，不同企业的工人可以与工会联系、协调行动，可以起到抑制资方滥用权力，与资方对抗的作用。而日本企业工会多在一个企业里，力量有限，但他们容易与资方达成各种协议。因此，日本公司企业文化推行工会制度，以缓解紧张的劳资关系。日本企业工会的作用主要表现在：与资方商议职工福利、工资待遇、生产条件等问题，维护工会会员的利益；同时积极参与企业管理的各项活动，协助资方完成各项生产任务。

（资料来源：企业文化网，《美日跨国公司企业文化比较》）

第二节 文化差异与文化冲突

一、文化差异

文化差异是不同文化之间的差别，当不同文化相遇之时会产生冲击、竞争及失落等反应。文化差异可能是由宗教信仰、文学艺术、种族群体、语言能力、政治立场、社会阶级、性别、民族、年龄、事物认知、教育程度等的不同而导致的。

特定范围内人群的行为方式产生特定的文化，这就是文化的差异性。不同区域的人在历史传统、语言文字、民族宗教、精神信仰、生产力水平、日常生活方式与生活习惯等方面存在一定的差异，而这些差异必然反映到文化层面，使一个群体的文化有别于另一个群体的文化。文化的差异性充分表现在不同民族、不同地域或不同国家之间。如美国文化相比中华文化，更崇尚个人主义、冒险与创新精神。文化差异性还体现在同一群体内的不同个体之间。由于个体的家庭环境、教育程度、生活经历、人生阅历各不相同，群体文化反映在每一个体上也有所差异，因而在同一文化单元内，会呈现出丰富多彩的个性和特点。

（一）文化差异的具体表现

如果从宏观视角来看文化差异，往往是基于全球层面的国家文化差异。国家文化差异是一个国家边界内占主导地位的文化与另一个国家之间的文化差异。不同国家之间存在着或多或少的国家文化差异，且在国家文化差异影响下，企业文化、职业文化也存在着差异，这对跨国企业管理而言更为直观和具体。所以，不同国家之间的文化差异会导致跨国企业经营管理方式的不同。日裔美籍管理学家威廉·大内认为，每种文化都赋予人们不相同的特殊环境，因此，虽然同样的行业原理对于不同的文化是适用的，但由当地情况的差别而形成的社会结构和行为模式可以使其具有很大的差距。影响跨国公司管理的文化差异很多，主要表现在以下几个方面。

1. 社会制度与意识形态的差异

社会制度与意识形态在一定意义上可以看成是影响广泛的文化范畴，社会制度是意识形态的社会基础，意识形态是社会制度的现实反映，二者相互制约、相互影响。同时，意识形态又是社会制度在文化领域的世界观、价值观和思维方式的具体表现。当今世界各国的社会制度不尽相同，在此基础上的意识形态也存在明显的区别，这些必然反映到各国的文化差异之中。

2. 思维方式的差异

思维方式是社会实践活动方式在人脑中的内化，思维方式差异是导致文化差异的一个重要方面。思维方式的差异源于各民族具体生产、生活实践的不同，思维方式与一个民族文化的世界观和价值观密切相关，一定的思维方式总是承载着一定的世界观和价值观，思维方式差异是引发价值观冲突进而导致文化冲突的重要因素。例如，有的地区或人群推崇抽象思维和理性思维，另一些地区或人群则喜欢形象思维；在社会稳定与保护人权的关系上，一些国家强调，社会的稳定是保护人权的基本前提，没有社会的稳定，比如说国内发生内战，人权根本就无从谈起，社会不稳定有时是人们争取人权的结果；而另一些国家则认为，有保障的人权是社会稳定的条件。

★延伸阅读

联想并购 IBM 的文化差异分析

1. 联想与 IBM 的企业文化差异

2004 年 12 月，联想集团在北京正式宣布收购 IBM 的全球 PC 业务。一个是国内 IT 新秀，一个是世界 IT 巨头，二者在并购之后难免会面临来自国家和企业文化之间的巨大差异，文化融合成了决定并购能否成功的关键因素。运用查尔斯·甘瑟尔（Charles Gancel）等的企业文化模型，总结出如下几个方面的差异。

其一，合法性方面。联想对于领导人的鉴定是基于其工作业绩，只有实实在在干出了业绩，才能被员工信任和追随。IBM 的管理者都是从内部晋升的，对于领导者来说，IBM 认为最重要的素质是经验。IBM 是倾向于尊重和追随"圈内人"。

其二，有效性方面。对于在公司内部如何解决问题，也就是做事风格，二者也是有差别的。在联想，依照概念型的做事风格——按体制程序办。然而在 IBM，"力争取胜、快速执行、团队精神"是其员工做事的最高准则。因此，IBM在做事风格方面以目标为导向，倡导立刻行动，属于实用型的做事风格。

其三，前瞻性方面。在联想，"战略"是经常被提及的一个词，在前瞻性维度上属于概念型和关系型的企业文化类型。而IBM则是通过蓝色文化，将企业的目标以一种细致入微的方式传达给员工。因此，在前瞻性维度上，IBM选择传统的方式，也就是企业的价值观。在这方面企业文化的类型是关系型。

分析显示，联想和IBM的企业文化类型在不同的维度不完全一致。但基本上联想倾向于概念型的企业文化类型，IBM倾向于关系型的企业文化类型。

2. 并购后的文化整合

并购前，联想集团专门成立了一个工作团队，对双方的企业文化进行了系统调查分析和评估，并对并购后的文化整合情况进行判断，最后再做出是否进行并购的决策，这大大降低了并购的风险。

并购后，联想建立了文化整合小组，对现有的公司文化、员工渴望的公司文化及两者之间的差距进行评估分析，并在此基础上对新联想的文化进行新的诠释，提出沟通融合的六字方针——坦诚、尊重、妥协，同时认识到整合的关键在于彼此交流沟通。在这个过程中，文化整合小组发现联想和IBM的价值观有相同的地方，如客户至上、诚信、创新、更有竞争力、生活与工作的平衡。在高管的任命方面，为了尊重IBM"圈内人"的领导人选择观，联想尽量任用原IBM的高管。在具体的做事风格方面，联想虚心学习IBM企业文化中优秀的部分，比如注重效率、尊重员工的创造精神等。与此同时，加强双方员工之间的沟通和交流。当双方文化磨合到一定程度之后，新联想水到渠成地形成"成就客户、创业创新、精准求实、诚信正直"的价值观，并通过一系列后续措施让员工了解新的企业文化。因此，在并购之后才做到有的放矢、各个击破，成功地整合了双方文化。

（资料来源：孙孜文. 中国企业跨国并购文化整合的案例研究［J］. 人民论坛. 2012（2）：94-95.）

3. 语言差异

语言既是文化的载体，又是文化固有的一部分；语言既是人们思维的反映与意识的表达，又是人们进行交流和沟通的工具。世界上不同种族、不同民族、不同地域有着不同的语言，即使是在同一种族、同一民族、同一国家内部也可能同时并用不同的语言；同一语言又有书面用语、口语、方言之分。因此，跨国公司的母公司与子公司及子公司与子公司之间如何跨越语言障碍，进行准确无误的交流与沟通，对于跨国公司经营与管理是十分重要的。

4. 宗教信仰差异

不同的国家或民族往往有不同的宗教信仰，而每一种宗教都有自己相对独立的思想体系、宗教理念、宗教制度、宗教仪式等，包含各自的世界观和价值观。宗教和信仰是所有文化最核心的内容，凝聚着一个民族的历史文化内核。不同宗教有不同的禁忌和倾向，既影响个人的世界观及价值观，也影响企业及企业管理者对商机的把握、产品的销售等。

宗教信仰的差异会渗透到人们的生产生活之中，如典礼仪式、节假日、作息时间、饮食习惯等。宗教信仰深刻影响着企业特别是跨国企业的内部管理、商机把握、生产安排及产品销售。

5. 教育水平差异

教育是一国国民上学读书、接受知识、培养技能的过程。当今世界各国的国民收入水平差距很大，各国教育资源不均衡，因而导致世界各国的教育水平参差不齐，国民受教育程度各异，人力资本和综合素质存在明显的差异，这必然反映到文化层面上。

（二）东西方的文化差异

不同国家及民族具有不同的文化特点。如美国企业非常注重员工个性发展，尊重个人价值，崇尚自由；德国的企业文化具有高效率、高度专业性、学校教育和工厂企业教育培训相结合的教育培训制度、高度重视创新四大特点；日本企业注重团队精神和精细化生产，日本文化的内涵表现为和谐、仁慈、合作、互助，以"和"为贵，实施终身雇佣制，企业家族化明显；中国受传统儒家、道家文化的影响，"中庸""仁义""无为"等思想深入骨髓，强调个人利益服从集体利益，集体利益服从国家利益。东西方文化在诸多方面存在差异，可分为国家（民族）层面文化差异、企业层面文化差异、个体层面文化差异。

1. 国家（民族）层面文化差异

（1）在东方人的传统观念与民族精神里，注重集体与人际关系；而西方崇尚个人主义，更强调人格独立，鼓励个性张扬。中外合作完成同一项目时，外方管理者在其价值观指导下所表现出的个人主义，往往导致与中方管理者的矛盾。

（2）美国企业总会在合作之前，在合同条款中将有关合作失败的条款列举得非常详细，包括如果不及时付款如何罚款、如果违约如何解约、如果解约如何赔偿、如果侵权如何起诉，结果引起中国企业诸多抱怨，最终不欢而散。

（3）在语言沟通方面，中国人较为含蓄，交流方式委婉，不善于直接表达自己的意见，文化表达偏向于高语境；相反，以欧美国家为代表的西方人以效率为重，说话开门见山、直切主题、性格直率、情感外露，文化表达偏向于低语境。

2. 企业层面文化差异

（1）趋于保守与倡导创新。中西方在风险观念方面差异明显，以中国传统文化为代表的东方文化重视稳定和规则，相对缺乏竞争意识和创新精神；相比较而言，西方文化通常倡导冒险，勇于变革。

（2）公司是个大家庭和公司不是家。东方文明受儒家文化影响深刻，宣扬以家为本位的社会伦理秩序。因此，东方企业常提倡"公司是个大家庭"。西方社会更加注重契约关系，通过规章制度明确员工的权利和义务。对美国人而言，永远是"家庭第一"，公司对他们来说永远不是家。

（3）东方的感性与西方的理性。东方企业注重人的作用，重视对员工的感情投资和道德教育，重视运用精神力量形成统一意识形态，日本企业的终身雇佣制和年功序列制，就是感情投资的最好范例。西方企业把管理视为理性科学，常利用数据模型、电脑分析等手段进行管理决策，形成了科学合理的组织结构和规章制度，以达到提高业绩的目标。

3. 个体层面文化差异

（1）企业管理者风格差异。中国企业常受儒家传统文化的影响，管理者更多考虑"人情"因素,惧怕失败,对工作失误较为在意,并且习惯于向上级进行请示报告,独立决策能力差。与中国管理者风格相反,西方发达国家的管理者更加独立、自主,鼓励创新,对失败通常表现得比较宽容,乐于对下属授权和表扬。

(2) 中西方员工在价值观和行为表现方面迥异。产生这一差别的原因在于权力距离(Power Distance) 的差异,霍夫施泰德的文化维度理论认为,人们在权力距离长的社会中倾向于服从权威,在权力距离短的社会中更倾向于挑战权威。中国社会中的权力距离明显大于西方。因此,中国企业强调和维护上级管理者的权威,作为下级员工,只需执行管理者的指令,不可挑战其权威;与中国不同,大多数西方企业的下级对上级有一定的建议权、质疑权。

二、文化冲突

不同国家(民族)、不同企业、不同个体之间的文化差异,可能导致社会生活中的文化冲突。文化冲突是指源于不同形态的文化或文化要素的载体之间相互排斥、相互对立,从而造成沟通困难、理解错误等文化方面的冲突,最终导致文化不相容的过程。文化冲突既包括文化观念不同而产生的冲突,也包含社会成员具体行为差异造成彼此理解错位、沟通不畅而产生的冲突。

(一) 文化本位主义是文化冲突的根本原因

世界各国各地区、各民族多种文化进行交流与碰撞,在这一过程中,某一文化信息需要经过传递、接收、破译,才能被对方感知和理解。不同文化在交流中发生信息失真与扭曲,产生各种误解,导致矛盾、冲突的发生,影响企业经营绩效。虽然文化冲突是多种因素共同作用的结果,但文化本位主义的存在,则是文化冲突产生的根本原因。

文化是人类生产、生活过程中经验和知识的结晶。不同种族、民族、国家的人在长期的生产、生活中逐渐形成了各具特色的不同文化,这种文化差异具有其客观必然性,是人类文化的普遍现象。恰恰有了多种文化的繁荣发展,才使人类文明更加丰富多彩、绚丽辉煌。在相对封闭的外部环境条件下,各民族文化可以保持各自的独立性,沿着自己固有的路径平行发展,有差异的文化完全可以和平共处,共生共荣。

不同文化冲突的发生与文化差异、文化交流相关。当两种或多种文化相遇时,由于不同文化在价值理念、思维方式、生活方式、宗教信仰、风俗习惯、意识形态等方面存在差异,文化冲突的爆发成为可能。但这只是文化冲突的必要条件之一,文化差异性并不必然导致文化冲突,如果各种文化能够自然同化与融合,是完全可以规避文化冲突的。

但是,任何文化都是为某一种群或团体的绝大多数成员所共同拥有的基本价值观和信仰理念,文化的形成具有民族性;文化的核心信息来自历史传统,传承性是文化精髓。因此,文化本位主义是一种普遍的客观存在,把本民族文化视为最优秀的文化,轻视其他民族的文化,把本民族的文化当成全人类文化的最高典范、最优价值和行为标准,并以此作为衡量、评判其他民族文化价值的尺度,即民族文化的自我中心主义情结。

文化本位主义凸显于不同文化的交流和碰撞过程。在跨国公司经营管理中,文化本位主义一般有两种表现形式:当某种文化处于强势文化地位时,文化本位主义表现为对外扩张,即不管优劣与可能,想把本民族文化强加给其他族群,用本民族文化覆盖其他民族文化,使其他民族文化被边缘化甚至趋于消失。这必然引起弱势地位文化的反击与抗争，从而产生文化冲突。当某种文化处于弱势文化地位时，文化本位主义表现为对外保守和封闭，拒绝外来文化的浸透和侵袭，甚至拒绝一切文化往来，包括对优秀文化的吸收与引入，尽量把其他民族文化的影响降到最小，这同样会引起文化冲突。文化冲突源于文化差异和文化本位主义，而文化本位主义往往是比文化差异性更重要的文化冲突原因。文化本位主义与文化冲突有着正相关关系，文化本位主义引起文化冲突，同时，文化冲突又反过来强化文化本位主义。如果民族文化没有本位主义特征，那么各民族文化之间无论差异多大，也能够相互尊重，共同发展。

(二) 文化冲突的具体表现

文化冲突是指不同文化在交流、互动过程中产生的矛盾、对立及排斥等现象。文化冲突体现在各个层面，通常表现在以下几个方面。

1. 价值观念的冲突

价值观念的冲突是文化冲突的最主要方面，因为价值观念是一种文化的核心内容，价值观体现在文化的各个要素之中，每一种文化都有自己的独特价值观念，每种文化之所以构成一个独特文化模式，就是因为价值观念贯穿其中。从某种意义上说，文化冲突本质上就是价值观念的冲突。跨国企业不同文化背景的员工拥有不同的价值观念和理想信念，由此决定了他们具有不同的心理需求和利益期望，以及与此相一致的满足其需要和实现其愿望的迥然不同的价值规范和行为方式。由文化差异而导致的价值观念、处世态度和行为规范的冲突，给跨国公司人力资源管理工作带来巨大压力，尤其是在跨国并购中，因为价值观念冲突导致的并购失败案例屡见不鲜。例如，日本电子业的两大巨头索尼公司和松下公司，曾分别收购了美国的哥伦比亚公司和 MCA 公司，从企业经营战略角度分析，这两起并购都是比较完美的交易，但其后续的运作并不尽如人意。因为日本企业文化与美国企业的价值观念格格不入，最终致使索尼公司的投资损失高达 30 亿美元，而松下公司更是将 MCA 公司转手卖给了西格拉姆公司。

2. 交流与沟通方式的冲突

全球有各种各样的语言、文字，世界各国、各民族之间的文化冲突也常常表现在使用不同的语言、文字方面。虽然在交流与沟通中可以把一种语言、文字翻译成另一种语言、文字，但语境的差异导致经常出现信息传递的歧义和曲解。例如，中国人"面子"等很难用英语"face"来表达其完整的含义，这类词汇很难在其他国家的语言、文字中找到恰当的、对应的词语，这样必然出现交流上的障碍，难免产生误解和矛盾。在沟通方式上各国也不尽相同，中国、日本等东方国家的沟通方式相对含蓄，许多信息的传递要通过肢体语言、上下文的联系、特定的语言环境，甚至需要意会；而西方国家的人更愿意相对直接、明了地表达自己的意思。另外，由于语言或非语言障碍的存在，人们对时空观念、风俗习惯的认识与理解也有所不同，这给充分沟通与准确理解相互之间的想法带来各种困难。交流与沟通方式的冲突在合资企业中表现得最为明显，严重降低了企业的管理效率。

3. 工作方式上的冲突

在不同文化背景下，无论是员工在工作过程中的目标期望、管理协调、同事关系等方面,还是管理层的决策程序、经营理念、管理风格上,都可能大相径庭,这会导致沟通不畅,从而引发工作上的冲突。技术性文化冲突在跨国公司中也很常见,如由员工接受某一专业方面的教育内容不同而引发的冲突,如不同文化背景的会计人员往往具有不同的工作方式,这就有可能引起跨国公司母公司与子公司以及各子公司之间的冲突;企业在某些技术开发、商业谈判等方面也可能发生冲突。

4. 生活习惯上的冲突

不同国家或地区在生活习惯方面有着非常大的差别,这些差别体现在饮食、起居、穿着等各个方面,如果不能充分尊重他人的生活习惯,必然引发员工之间的矛盾和冲突,进而影响到企业的生产经营活动。虽然跨国公司可以通过各种方式来吸引全世界各地的人才,包括东道国当地的人才,但是他们没有能力也不可能完全改变一个国家流传已久的独特传统文化。对于东道国当地的文化,入乡随俗比试图改变要明智,这也是减少冲突、降低损失的有效方法。

三、文化冲突对跨国公司经营管理的影响

文化冲突对跨国公司经营管理的影响,体现在跨国公司外部经营环境、内部经营环境、员工思维观念三个方面。

1. 文化冲突对跨国公司外部经营环境的影响

各国的政治生态、经济发展、法律法规、社会制度、道德观念等,无一不受文化的潜移默化的渗透与影响,不同国家文化的差异必然反映到一个经济发展的宏观环境上来。例如,欧美等西方发达市场经济国家与发展中国家的经济体制、政治架构及法律体系,从建立之初就有各自文化的烙印。因此,跨国公司到不同的国家投资经营,必须深刻了解和主动适应东道国的宏观经营环境。

2. 文化冲突对跨国公司内部经营环境的影响

首先,文化冲突对跨国企业制度建设产生不同的影响。西方文化强调理性思维、公平意识、竞争理念、承担风险、勇于创新等,表现在跨国企业的运作机制上就是现代企业制度的建立与完善,追求资源的优化配置、在市场需求导向下经营的高效率,最终实现利润最大化。而东方文化感性思维多一些,讲究人情世故,避免正面冲突等,反映在企业的经营管理理念、企业制度设计等方面与西方国家也不尽相同。

其次,文化冲突对跨国企业组织结构建设产生不同的影响。一个社会的组织结构、一个企业的组织结构,实际上体现了不同文化的差异,反映了社会占支配地位的思维方式、价值观念和市场偏好。

3. 文化冲突对跨国公司员工思维观念的影响

不同国家的文化差异,不仅对跨国公司内外部的经营环境产生影响,而且也深刻地影响着企业员工的思维方式和行为准则。表9-1就比较了美国、日本与阿拉伯国家文化价值观方面的优先性。

表 9-1　美国、日本与阿拉伯国家的文化价值观方面的优先性

美国	日本	阿拉伯国家
1. 自由	1. 归属	1. 家庭安全
2. 独立	2. 团队和谐	2. 家庭和谐
3. 自力更生	3. 集体主义	3. 父母指导
4. 平等	4. 年龄/资历	4. 年龄
5. 个人主义	5. 团结一致	5. 权威
6. 竞争	6. 合作	6. 妥协
7. 效率	7. 质量	7. 奉献
8. 时间	8. 耐心	8. 耐心
9. 直接	9. 间接	9. 间接
10. 坦诚	10. 两者之间	10. 热情

注："1"代表最重要的价值观;"10"代表最不重要的价值观。

(资料来源:Elashmawi F,Harris P R. Multicultural Management [M]. Houston:Gulf Publishing,1993.)

第三节　跨文化管理的理论基础

跨文化管理是伴随着跨国公司在全球化环境下开展跨国经营而来的一个新问题。来自不同文化背景的跨国公司员工可能因为价值观念与行为方式的差异而产生文化误解、伦理摩擦和行为冲突,这也是部分跨国公司跨国经营失败并使其全球战略落空的一个重要原因。为此,许多专家学者提出了跨文化管理理论,并建立了相关的分析模型,用以说明不同国家的文化特征,预测特定群体的动机和行为,为跨国公司的跨文化管理提供指导。下面介绍几种跨文化管理理论。

一、克拉克洪和斯乔贝克的文化维度说

早在20世纪60年代,两位美国的著名跨文化管理学者克拉克洪(F. R. Kluckhohn)和斯乔贝克(F. L. Strodibeck)就提出了跨文化管理问题。他们在《价值取向的变异》一书中,指出不同的文明具有不同的价值取向。他们根据全人类面临的问题基本假设,提出了解释文化同质性和差异性的研究分析框架。这一框架确定了6项基本的文化维度:人性的本质(Basic Human Nature)、与环境的关系(Relation To Nature)、人际关系(Relationships among People)、活动导向(Activity Orientation)、空间概念(Space Orientation)、时间取向(Time Orientation),不同文化系统的人对这六大问题在认知、理念、价值取向和解决方法等方面都不尽相同,正是这种差异体现出不同群体的文化特征,不同的文化特征进而显著地影响了他们在生活和工作中的态度与行为。

第一,对人性的看法。美国认为人性可善可恶,是善恶混合体,有可能改变;美国强调制度,尽可能考虑人性恶带来的破坏行为。中国认为人的性格不易改变,"江山易改,本性难移";中国认为"人之初性本善",在传统观念中较为重视社会道德规范,而不是特别强

调制度规范。

第二，人们对自身与外部自然环境的看法。中国人强调与自然的和谐统一。美国人更强调通过改变自然环境去实现自己的创作意图达到自己的目标，认为人主导环境。对于东南亚海啸，美国人认为原因是人类预测不准确，中国等亚洲国家认为是人破坏自然带来的灾难。

第三，人们对自身与他人关系的看法。中国强调集体主义，西方国家更倾向于个人主义。

第四，人们的活动导向。美国"强调行动的社会，人必须不断地做事，不断地处于行动之中才有意义，才创造价值。不仅要动，还要快"。亚洲社会为静态取向，安然、耐心被视为美德，强调"以静制动"，强调无为而治。美国人发现问题，总是倾向于立即找出解决问题的办法，然后实施；而东方人有时会选择静观其变，什么也不做，让时间与外界环境自然成熟，再抓时机去把问题解决掉。

第五，人们的空间观念。中国人倾向于把空间看作公共的东西，没有太多隐私可言；美国人、德国人倾向于把空间看作个人的私密之处，他人不能轻易走进。

第六，人们的时间观念。一是关于时间的导向，即一个民族和国家注重过去、现在还是未来。二是针对时间的利用，即时间是线性的（应在一个时间里做一件事）还是时间是非线性的（在同一时间里可以做很多事）。中国文化关注过去和现在，而较少关注未来；美国文化很少关注过去，基本着眼于现在和未来，这种导向在中美两国创造的文学、电影和艺术作品中可见端倪。在美国、德国文化中，同一时间做一件事；而意大利、中东人同一时间段可以做多件事。

二、霍夫施泰德的文化维度理论

荷兰著名的管理学家霍夫施泰德（Geert Hofstede）提出的文化维度理论是跨文化管理研究领域最具影响力的理论之一。霍夫施泰德从20世纪60年代后期开始研究文化差异对企业管理的影响，他认为，文化不是一种个体特征，而是具有相同教育背景和生活经验的人所共有的心理程序。

20世纪70年代，霍夫施泰德对IBM公司子公司的11.6万名员工进行了有关公司管理方式、工作环境和行为偏好的问卷调查，通过对大样本资料的分析研究，霍夫施泰德概括归纳出四个可以解释来自不同文化背景的企业员工的思维方式和行为原因，即文化的四个维度：权力距离、不确定性规避、个人主义与集体主义、男性主义与女性主义。20世纪80年代，霍夫施泰德又扩展了自己的研究范围，对全球超过70个国家和地区进行了有关文化维度识别的进一步分析，他发现，除了上述的文化四维度以外，"时间导向"对人们理解文化也非常重要，提出了他的文化维度第五个指标，即长期取向与短期取向。

1. 权力距离（Power Distance）

权力距离是测度某一组织或机构中对权力分配的期望以及对权力分配不平等的接受程度，它所涉及的基本问题是社会如何处理人与人之间不平等的现象，即权力观。在权力距离小的文化里，强调平等、参与的重要性，组织拥有更扁平化的结构，组织中成员期望权力分散化，权力集中度较低，高层人员能够听取各种意见和建议，通常与一般成员协商制定重要决策，个体成员有较多机会参与组织活动，更能发挥个体的主观能动性和工作积极性，高层人员与底层人员之间的薪酬差距较小。而在权力距离大的文化氛围里，与以上情况正好相反。

霍夫施泰德的研究发现，奥地利（11）、以色列（13）、丹麦（18）、新西兰（22）、爱尔兰（28）、挪威（31）、瑞典（31）、德国（35）、英国（35）等为权力距离指数较低的国家；而马来西亚（104）、斯洛伐克（104）、巴拿马（95）、危地马拉（95）、菲律宾（94）、俄罗斯（93）等为权力距离指数较高的国家；中国的权力距离指数为80，属于权力距离相对较大、权力集中度较高的国家。（注：括号中的数值为权力距离指数。）

2. 不确定性规避（Uncertainty Avoidance）

不确定性规避是指人们在不确定性环境里所感受到的威胁程度，以及人们为了规避这些威胁而制定或形成的理念和机制。不确定性规避是衡量人们承受风险及接受非传统行为程度的指标，它涉及人们在未来世界里如何面对客观存在的不确定性，即风险观问题。不确定性规避指数较高的国家，如日本（92）、西班牙（86）、葡萄牙（104）、希腊（112）等国家拥有大量的组织活动网络，制定了较多的行为准则和规范，相信专家和权威，劳动力流动性较低，较为缺乏冒险精神和创造活力，人们有较高程度的安全需求，尽量避免正面冲突。新加坡（8）属于不确定性规避程度最低的国家，美国（46）、英国（35）的不确性规避指数也较低，中国（30）也较低。（注：括号中的数值为不确定性规避指数。）

3. 个人主义与集体主义（Individualism and Collectivism）

个人主义与集体主义侧重考查人们彼此之间是独立性强还是依赖性强，是强调个人利益还是集体利益，它涉及一个人与他人之间关系的紧密程度，即群体观。个人主义是指一个相对松散的社会结构，人们优先考虑自己和家庭的相关事项；而集体主义则是一个相对紧密的社会结构，人们归属于一个组织或集体，并根据对集体的忠诚度来相互照顾。

与其他文化维度一样，个人主义倾向还是集体主义倾向也可以通过多种方式来测度。美国（91）、澳大利亚（90）、英国（89）、荷兰（80）、加拿大（80）等富裕国家趋向于个人主义，而危地马拉（6）、厄瓜多尔（8）、委内瑞拉（12）、巴基斯坦（14）、印度尼西亚（14）等国的个人主义倾向较低。（注：括号中的数值为个人主义倾向指数。）中国在该项中的指数是20，低于平均分数，说明中国集体主义倾向比较浓厚。

4. 男性主义与女性主义（Masculinity and Feminism）

根据霍夫施泰德的解释，男性主义的文化特征是，成功、金钱、自信、武断、英雄主义等成为社会主导价值观；女性主义的文化特征为关心他人、谦逊恭敬、关注生活质量，表现出更多的服从、善良、友好一类的天性。该指数反映社会中男性与女性所处的地位及所起的作用，即性别观。

在男性主义盛行的国度里，个人愿意迎接挑战，追求职务晋升，注重个人事业成功、收入丰厚、社会认可；在职场中工作压力较大，通常是男性控制最重要的工作岗位，营造出竞争性较强的工作环境，女性很少占据高层职位，社会依据每个人的物质财富多少和职务大小认定其成就的大小。如，斯洛伐克、日本、德国、英国和美国的男性主义指数分别为110、95、66、66和62。在男性主义较低、女性主义较强的国家中，人们更看重广泛的参与性，注重相互配合，追求生活质量。在职场中关注友好的环境与氛围，考虑雇佣安全，工作压力较小，管理者较为信任员工，并给予较大的自由，工作环境较为平和，很多女性身居要职。如，瑞典、挪威、荷兰的男性主义指数较低，分别为5、8、14；中国该指数为66，属于中等偏上的水平。

5. 长期取向与短期取向（Long-term Orientation and Short-term Orientation）

长期取向与短期取向是指一种文化或社会是面向未来，着眼长远利益，还是仅面对现实，关注短期行为，看重眼前利益。它涉及一个民族对长期利益和短期利益的考量，即时间观。

霍夫施泰德在调查研究时发现，中国的"儒家传统文化"是长期取向的代表，中国该项指标高达118，因为中华民族长期受儒家思想熏陶，勤俭节约、埋头苦干、坚忍不拔、深谋远虑，以动态观点考查事物，重视事物的长远规划和发展，不在乎一时一地的得失。相对于东方文化，西方文化更倾向于短期取向，更重视眼前利益。在典型国家中，捷克、加拿大、英国、美国的长期取向指数分别为13、23、25、29。

三、特朗皮纳斯的文化维度理论

荷兰学者弗恩斯·特朗皮纳斯（Fons Trompenaars）是跨文化管理领域最富有创造力的专家。在跨文化管理方面，他是世界上最早的权威，是全球最畅销书 *Riding the Waves of Culture* 的作者。特朗皮纳斯经过10余年对28个国家和地区超过15 000名管理人员的研究，得出了人们处理与他人关系方式的七个文化维度。

1. 普遍性和特殊性（Universalism and Particularism）

普遍性是指思维方式和实际行动较少受到环境变化的影响，在任何时间和地点都无须更改的情形。特殊性是指受环境制约，思维方式或实际行动倾向于根据具体情况的差异而采取相应的方式与方法。对于普遍性文化，关注焦点在于行为规则或合同关系，社会各阶层严格按规则办事，法律法规得到有效执行；而在特殊性文化里，焦点集中在人际关系而非正式的规则，存在诸多例外，人们一旦熟悉后，约定常常被修改，会轻易变更合约内容。

特朗皮纳斯的研究表明，侧重于普遍性还是倾向于特殊性，体现了东西方文化的差异。加拿大、美国、德国、英国等更趋向普遍性，人们认为判断对错有一定的客观标准，适用于任何人、任何时间、任何场合，人们相信客观存在比人际关系更重要。而韩国、委内瑞拉、印度尼西亚、中国等更趋于特殊性，在判断一事物是对还是错的时候，人际关系可能起到关键作用，而不是简单地由抽象的规章、条例来决定，故存在大量的例外情况。

来自普遍性文化国家的人，认为不管在什么情况下都应该使用规则，照章办事；而来自特殊性国家的人更容易舍弃规则而帮助他的朋友或家人。表9-2概括了在商务管理领域普遍性与特殊性的不同特点。

表 9-2　普遍性与特殊性的不同特点

普遍性	特殊性
注重规则而非关系	注重关系而非规则
商务合同签订后不得随意改变	商务合同签订后可以修改
可以信任的人是遵守诺言或合同的人	可以信任的人是能随情境改变的人
只有一个事实或真相	相对于每一个人，事实有不同的角度
交易就是交易	能在交易中发展关系

（资料来源：王朝辉. 跨文化管理［M］. 北京：北京大学出版社，2009.）

2. 个人主义和团体主义（Individualism and Collectivism）

个人主义和集体主义是霍夫施泰德早期研究的关键维度之一，虽然特朗皮纳斯对二者的定义与霍夫施泰德基本相同，但特朗皮纳斯在其最近的著作中已更多地使用"团体主义"而不是"集体主义"。个人主义意味着人们把自己看作独立的个体，每个人都把自己的利益看得较重。而团体主义是指人们把自己看作群体里的一员。该维度反映的是更加重视个体利益还是团体利益。

在高度个人主义的社会里，强调的是个人与私人的问题，对成就的认可及薪酬的发放必须根据个人对工作的贡献大小，并且每个人对共同承担任务的绩效是可以区分开来及量化考核的，贡献大的人应该得到表扬、奖励和晋升。在美国、加拿大、英国等欧美国家，将工资与工作表现联系起来是再合理不过的。而在高度团体主义的文化中，格外注重与团体利益相关的问题，在韩国、印度尼西亚、马来西亚等亚洲国家中，集体逻辑非常盛行，人们愿意归属的群体可能各不相同，可以是工会、公司、家族、政党组织等，但每个人都与群体联系起来。在团体观念较强的社会里，相互依赖的关系是自然逻辑的产物，家族关系、朋友关系、同学关系等形成一种社会纽带，进而结成一定的利益集团。

从跨国公司商务活动方面考察，在典型的高度个人主义文化中，一个代表出现在商务谈判现场，谈判应该由个人单独完成，谈判代表担负着很大的个人责任。而在团体主义文化中，决策由成员共同做出，团体一起完成这项任务，当然由所有成员共同承担责任。个人主义与团体主义在商务活动中的不同特点如表 9-3 所示。

表 9-3　个人主义与团体主义在商务活动中的不同特点

个人主义	团体主义
人们更多地说"我"	人们更多地说"我们"
在谈判中，决策通常由代表当场做出	在谈判中，代表做出决策通常要请示组织
个人独立完成任务，个人承担责任	群体一起完成任务，共同承担责任
通常两三个人甚至单独一人度假	有组织的群体或大家庭一起度假

（资料来源：王朝辉. 跨文化管理［M］. 北京：北京大学出版社，2009.）

3. 情感内敛和情感外露（Emotional Restraining and Emotional Exposure）

情感内敛和情感外露是区分文化差异的又一个重要方面，此维度关注不同文化选择表达情绪的不同方式与内容，反映了在人际交往中人们情绪外露的程度。在情感内敛型文化中，个体普遍不愿意主动表达自己的思想和感情，有压抑或控制自身情感的倾向。这种社会文化倡导韬光养晦，谨言慎行，在工作或公共场合隐藏自己的真实想法，一般避免暴露高兴、不满、愤怒、紧张等情绪，较少发表自己的意见和建议，保持"冷静的职业情绪"。而在情感外露型文化中，个体普遍有着直率的性情，很自然地公开表达自己的情感，爱憎分明，相互之间沟通交流开诚布公，群体当中气氛活跃，大家畅所欲言。

日本、中国等亚洲国家流行情感内敛型文化，美国、意大利、西班牙及部分南美洲国家是情感外露型文化的典型代表。情感内敛和情感外露在商务活动中的不同特点如表9-4所示。

表9-4 情感内敛和情感外露在商务活动中的不同特点

情感内敛	情感外露
通常不显露情绪	通过语音或非语音形式立即做出反应
不会把所想或感受表现出来	通过面部或身体姿态表达情绪
当众表现情绪会感到尴尬	独立完成任务，个人承担责任
对"私人"圈子外的身体接触感到不舒服	对身体接触感到自在
言语和非言语表达很微妙	经常提高说话声音

（资料来源：王朝辉. 跨文化管理［M］. 北京：北京大学出版社，2009.）

4. 特定性文化和扩散性文化（Specific Culture and Diffuse Culture）

特定性文化和扩散性文化描述了在不同文化范畴中，人们在交际方式方面存在的差异。在特定性文化中，公共空间是相对开放的，个体拥有较大的公共空间并愿意与他人分享，同时自己的私人空间相对窄小且封闭，除了家人或亲密的朋友之外，严格限制他人进入。在这种文化氛围里，公共场合与私人生活空间被严格区分开来，职务只限于工作场所，组织机构中上下级关系明确。而在扩散性文化中，公共空间外人较难融入，而一旦进入了公共空间，个体的私人空间就较容易进入。公共的工作场所与私人生活空间可以相互延伸或交叉重叠，职场工作与私人生活并没有严格的界限，职场职务和上下级关系除工作之外还渗透到个人生活之中。

特定性文化和扩散性文化差异明显反映在商务活动中。在特定性文化中，商务活动独立于个人生活之外，工作与个人生活截然分开，分别为工作与私人生活留有部分时间和精力。在扩散性文化中，一切都是融合在一起的，生意伙伴往往也是朋友，为建立良好关系而花费的时间和精力是交易成本的一部分。美国与德国分别是特定性文化和扩散性文化的典型代表。特定性文化和扩散性文化在商务活动中的不同特点如表9-5所示。

表9-5 特定性文化和扩散性文化在商务活动中的不同特点

特定性文化	扩散性文化
更开放的公共空间，更封闭的私人空间	较封闭的公共空间，一旦进入就更开放的私人空间
表现出直接、开放和外向倾向	表现出非直接、封闭和内向倾向
直接进入正题	经常避开正题，旁敲侧击
高度流动性	低流动性
将工作和私人生活分开	工作和私人生活紧紧联系在一起
在不同场合用不同称呼	在不同场合用同样的称呼或头衔

（资料来源：王朝辉. 跨文化管理［M］. 北京：北京大学出版社，2009.）

第九章　跨国公司跨文化管理

5. 成就地位与归因地位（Achieved Status and Ascribed Status）

成就地位与归因地位这一维度是个体的社会绩效评价的衡量标准。在成就地位文化中，人们的社会地位在很大程度上受其工作业绩的影响，个人因为他的工作能力与履行职责水平而获得相应的社会地位。一个人不论其出身如何，只要在本职岗位上取得了成就，就会得到社会的认可和他人的尊重，依靠自身努力取得成功是社会普遍认同的成就观。一个营销人员就看其销售额，一个生产线工人就看其生产产量，一个研发人员就看其技术创新和发明专利。在企业管理中，管理能力强、技术水平高、工作勤勉、绩效突出的人员会被提拔和重用，物质利益和经济待遇方面也是按业绩付酬，崇尚公平竞争。美国、英国、瑞士、澳大利亚等国都是以个人成就获得社会地位。

而在归因地位文化中，一个人的社会地位更多取决于出身、学历、年龄、工作年限、性别及社会关系等因素。如果一个人出身名门、毕业于名牌院校、从业时间长、资历深，又是男性，则容易得到他人的承认与尊重，职位晋升的机会就多。日本、中国、印度尼西亚等国更趋向于归因地位文化。

6. 时间导向（Time Orientation）

时间导向主要考察人们对待时间的态度与方式。特朗皮纳斯将时间维度分为两类，一是持续性时间观，二是同时性时间观。持续性时间观认为，时间是由不同的时间点连接起来的，事件在时间上是按照顺序一个接一个独立存在的，人们倾向于在一段时间里按步骤完成一件事情，严格遵守约定时间，按既定计划推进事务的进展。在商务活动中，强调时间顺序和准时。美国、德国等趋向于持续性时间观，在这些国家里，人们受连续性时间导向的引导，总是按照事件完成步骤制定一个时间表并严格执行，对于迟到、爽约等行为不能容忍。

但在同步性时间观中，人们通常在一段时间内同时做几件事情，赴约时间或工作计划更有弹性，时间点不是十分精确，可以根据影响因素随机做出调整。例如，墨西哥人受同步性时间导向的影响，制定富有灵活性的计划，在时间控制方面实行"软约束"。法国与墨西哥较为相似。对于这些国家的人而言，达到目标才是重要的，而不是实现目标的特定途径或顺序。

与时间维度相关的另一个导向是对过去、现在和未来的认知与理解，不同文化对过去、现在和未来的强调是有差别的。像美国、德国这类国家，未来比过去和现在重要；西班牙、委内瑞拉等国认为，现在才是最重要的；而对于法国、比利时来说，过去、现在和未来差不多同等重要。

7. 主观能动性与主观被动性（Subjective Initiative and Subjective Passivity）

特朗皮纳斯还考察了人们对待环境的态度和方式。在具有主观能动性文化中，个体在对自身与环境的关系上认为，人是处于主导性地位的，相信个人能够控制、改造外部环境，进而实现管理目标。而在主观被动性文化中，人们认为应该顺其自然，被动适应外部环境的发展变化，相信命运的安排。

这些对待环境的不同态度会直接影响组织的经营管理活动。在一个主动影响和控制环境的社会中，强调自己是命运的主人，广泛设置管理目标，并为实现这些目标而不懈努力，同时对达成目标的个体给予肯定，对未能完成目标的惩罚也较为严厉，如美国非常重视目标管理。而在一个主观被动性文化中，人们普遍相信事物是波浪性变化或自然演化的，应跟随这种变化而不是试图改变它。在这种文化社会中，管理目标的设置并不普遍，即使有了管理目标，随着时间的推移和条件的变化，预期的目标也是"软约束"。所以，对环境应持灵活的态度，表现出主动适应、维持自然默契非常重要，人们愿意为和谐而妥协，强调应尽自身义务，关心利益相关者，追求不同个体在组织中的目标一致性。

四、爱德华·霍尔的文化划分模型

20世纪80年代末，美国著名人类文化学家爱德华·霍尔（Edward Hall），分析了不同文化与空间的关系、与时间的关系以及与信息环境的关系。

1. 文化与空间的关系

从文化与空间的关系上分析，在不同文化条件下，人们与他人沟通交流的积极性受到空间条件的影响。例如，日本国土狭小，个体的私人空间有限，空间布局呈现和谐、人与人之间距离紧密的景象，个体性格谦和、冷静；而美国幅员辽阔，美国文化要求给予较大的私人空间。

2. 文化与时间的关系

从文化与时间的关系上看，霍尔将时间分为单时制文化和多时制文化。在欧美文化中，时间是一种稀缺资源，日程安排精细，约定的时间可以精确到分，承诺守时、按计划工作是一种普遍接受的价值取向，是典型的单时制文化。而在拉丁美洲、西亚和南欧部分国家，人们相对缺乏时间观念，认为时间是无限的，这种文化称为多时制文化。

单向计时制是一种强调日程、阶段性和准时性的时间观念。人们把时间看作一条直线，可以切成一段一段的，强调时间表和事先安排，强调在特定时间内做特定的事。为了利用好时间，人们精心安排好一天、一周、一个月的工作日程。多数欧美国家的人，比如美国人、德国人、奥地利人和瑞士人就是单向计时制的。

多向计时制是一种随机安排时间的观念，把时间看成是可伸缩的。人们习惯于同时处理几件事情，强调人们的参与和任务的完成，而不强调一切都按照时间表进行，时间安排更为随意，喜欢用事件界定时间和距离。多向计时制的国家包括拉美和非洲的大多数国家，欧洲的西班牙、意大利也是这一类型的典型代表，一些亚洲国家也可算作这一类型。

单向计时制和多向计时制的人在约会和守时方面的表现差异较大。

在约会方面，事先通知是单向计时制的一个重要特点，多数欧美国家的人认为，要请人吃饭、约会或参加任何一种社会活动都应事先通知，这表明邀请者的诚意。事先不邀请，临时通知会被视作一种怠慢。不过，在阿拉伯和一些亚洲国家，如果提前通知，被邀请人可能会忘记约会和安排，因而最后一分钟通知也被认为是真诚的邀请。

就守时而言，单向计时制的人会把多次迟到的人视作难以信赖的人，迟到是对人、对事的不尊重。在许多欧美国家，迟到5分钟就必须道歉；迟到半个小时，就会被认为失礼。而在一些多向计时制的国家中，并不看重计划和准时，人们认为实际情况比事先安排的约会更重要。

3. 文化与信息环境的关系

从文化与信息环境的关系上看，霍尔根据信息由语境或编码表达的程度，即人们在沟通交流中的信息传递与接收的准确性和清晰性，将文化分为高语境文化和低语境文化，并试图用此说明不同文化国家的人在商业活动中的特点。

不同文化对交流环境有不同的依赖程度，在高语境文化中，绝大部分信息或存在于有形的语境中，或内化在个人身上，极少存在于传递给他人的被编码的、清晰的讯息中。比如，亚洲的中国、日本、韩国以及阿拉伯国家等。

而在低语境文化中则恰恰相反，交流过程中产生的信息量大部分由显性的语码负载，相对而言，只有少量信息蕴涵在隐性的环境中，这也就意味着，在低语境文化中，人们侧重用言语本身的力量进行交流。比如欧美的一些国家，如美国、英国、法国、德国等。

当然，这种比较也是相对的，因为在任何社会中，这两种类型的交流环境都可能同时存在，只不过是看哪种文化更倾向于哪种类型。

以东西方文化对比来看，东方文化属于高语境文化，西方文化属于低语境文化。这就是为什么在中国社会中，人们交流时重"意会"；而美国人交流时，重"言传"。高语境文化与低语境文化的交流特点如表9-6所示。

表9-6　高语境文化与低语境文化的交流特点

高语境文化	低语境文化
内隐、含蓄	外显、明了
暗码信息	明码信息
较多非语言编码	较多语言编码
反应很少外露	反应外露
（圈）内（圈）外有别	（圈）内（圈）外灵活
人际关系紧密	人际关系不密切
高承诺	低承诺
时间处理高度灵活	时间高度组织化

第四节　跨国公司跨文化管理运作

跨文化管理是指跨国公司在其经营管理过程中，通过有效沟通与理解，使具有不同文化背景的企业员工达成共识，规避冲突，提高管理效率，实现企业的价值增值。跨文化沟通与管理，首先在于了解异质性文化障碍的本质特征与表现形态，其次要制定科学的文化管理战略，最后要采取有效的手段和方法。跨文化管理的目的是化解文化冲突，实现资源的优化配置，最大限度地挖掘和利用企业的潜力和价值，从而提高企业的综合效益，实现利润最大化。

跨文化管理不能一蹴而就，而是一个漫长的过程。成功的跨文化管理，必须经过识别文化差异，制定合适的跨文化管理战略，实现跨文化融合，构建全新的跨国公司组织文化四个阶段。

一、识别文化差异,培养文化敏感性

1. 识别文化差异

文化冲突是由文化差异引发的,因而开展跨文化管理首先要识别和分析不同文化的差异。只有正确识别各种文化差异,才能从中寻求发展的共同点。所以,识别文化差异是提高管理人员跨文化管理能力的一个必要条件。

忽视企业潜在的文化差异是现实中导致企业并购失败的重要原因,因此并购方应该对双方的文化差异进行深入的分析。尤其是潜在的战略性文化差异,这可能是引起强烈文化冲突的"隐形炸弹"。识别文化差异可以采取文化差异评估的方法。

文化差异评估可以采取以下步骤。首先,成立文化评估小组。小组成员应尽量是全程参与并购交易和并购后整合的管理者,这样才能避免整合前后的脱节。其次,进行关于双方文化差异的资料搜集和调查工作。除了通过搜集二手资料等途径,企业还可以采用集中在文化领域的新研究方法,如案例问卷、反复诊断式访谈、集体访谈等方法。信息应尽可能详尽和准确。最后,在搜集信息的基础上,对比分析各方在哪些关键性文化纬度上存在本质分歧,以此确定发生文化冲突的机会和成本。

2. 培养文化敏感性

跨文化敏感性通常指的是区分和体验相关文化差异的能力,某些心理学家在所提出的针对个体的跨文化敏感性阶段模型里,将跨文化敏感性分为六个不同阶段:拒绝、防御、轻视、接受、适应、融合。跨文化敏感性已成为全球企业、高校、政府组织和非政府组织公认的 21 世纪管理者必须具备的核心能力。整体上讲,跨文化敏感性越高的个体,越能接纳或欣赏文化差异。

在跨国经营活动中,需要识别不同类型的沟通情境,培养"文化敏感性"。商务背景下的跨文化沟通情境一般分为以下三类。

(1) 企业内部的管理沟通情境,包括各部门之间、领导者与员工之间、各员工之间的沟通情境。

(2) 企业与外部的管理沟通情境,包括企业与供应商之间、企业与中间商或经销商之间、企业与消费者之间、企业与竞争者之间,以及企业与政府及社会之间的沟通情境。

(3) 企业跨国并购情况下的管理沟通。

二、制定跨文化管理战略

跨文化管理(Cross-culture Management)是跨国公司在跨国经营过程中,对不同种族、不同文化类型、不同文化发展阶段的子公司所在国的文化采取融合、借鉴的管理方法,创造出符合企业发展需要的独特文化的管理过程。不同的企业跨文化整合模式分别适用于不同情况,企业需要结合跨文化整合的决定性因素来选择适合本企业具体情况的跨文化整合模式。跨国公司在实践中常常要在不同方面综合采用几种模式,以取得较好的整合协同效应。

跨文化管理要在不同文化背景下构造切实可行的组织结构和管理机制,包容各种文化特点,妥善处理文化冲突,最大限度地挖掘企业员工的潜力,调动其主观能动性,从而实现企业经营目标。为此,必须制定科学合理的跨文化管理战略。目前,国际企业的跨文化管理战略主要有以下几种。

1. 文化相容战略

世界各国、各民族的传统文化是在各自的历史长河中逐渐形成的,各种文化之间并没有高低贵贱之分,也不存在好坏正误之别。各种文化在产生、成长、演变过程中,由于所处环境不同,有着这样或那样的差异。因此,各种文化在一个跨国企业并存时,应该相互尊重,相互包容,相互理解,共存、共生、共长,实现组织内的和谐与稳定,将文化差异带来的劣势转化成某种优势。

根据不同文化相容的程度,可分为两个层次。一是文化的平行相容。即实现文化互补,就是跨国公司的子公司并不以母国或东道国的文化作为其主体文化。母国文化与东道国文化之间虽然存在着一定的差异,却并不相互排斥,而是相互补充,同时并行于公司的运作中,充分发挥各自文化的优势。一种文化的存在可以弥补另一种文化的不足,弥补企业文化的单一性。二是文化的和平相容。虽然跨国公司的母国文化与东道国文化之间存在巨大的差异,两种文化也很容易在子公司的生产经营中产生某种文化摩擦,但公司管理者在日常经营活动中刻意模糊这种文化差别,隐去两种文化中最容易导致冲突的主体部分,保存两种文化中能够彼此接受的内容。由于消除了主体文化对不同国籍员工的强烈影响力,不同文化背景的人可以在同一组织中和睦相处,即使偶尔发生分歧,也容易通过双方的沟通而妥协。

2. 文化"本土化"战略

跨国公司在东道国投资,必须充分了解东道国的文化环境,熟悉当地的市场动态,把握政府的各项法律法规。在制定战略和决策时,考虑目标市场的文化特质,在开展管理活动时,尊重和适应本地的风俗习惯、文化传统和宗教信仰等,避免与其文化产生冲突,顺应目标市场上的顾客需求,使产品、服务、管理、人员等最大限度地"入乡随俗",即本着"思维全球化、行动本土化"的原则来进行跨文化管理。该战略适宜于目标市场所在国文化开放性较小,跨国公司母国文化与东道国文化差别较大,以及子公司本身较弱小的情况。实施文化"本土化"战略一方面有利于与当地文化融合,增强东道国各阶层对外来资本的信任,减少摩擦因素,消除敌对情绪;另一方面也有利于子公司在新的国际市场上迅速站稳脚跟,开拓市场,巩固地位。

3. 文化创新战略

文化创新战略是指母公司的企业文化与国外子公司的当地文化进行有效整合,通过各种途径和方法,促使多种文化相互了解、适应和融合,摒弃各文化中的消极因素,吸收异质性文化中的精华成分,从而在母公司文化和东道国文化基础上构建一种新型的国外子公司企业文化,并以这种新型文化作为国外子公司的管理基础。这种新型文化保留了强烈的母公司文化特质,但由于与东道国当地的文化相适应,既不同于母公司企业文化,又不同于当地企业文化,通过创新获取各自优势,是两种或多种文化的有机整合,是复合型文化。

4. 文化渗透战略

当跨国公司母国文化与东道国文化之间存在本质区别,母国文化凭借母国强大的经济实力形成一定的文化优势,在整个子公司的运作中处于主导地位,但在短时间内并不能使当地员工迅速接受母国的文化理念，进而绝对服从母国的人力资源管理模式时，就需要对公司当地员工进行渐进式的文化渗透，了解母公司企业文化的精髓，使母国文化在不知不觉中深入人心，使东道国员工逐渐适应母国的企业文化，并慢慢地成为该文化的维护者和执行者。当一种文化处于明显的优势地位时，可以采取这种战略。其优点是可以在一定时期内形成统一的文化并纳入正常的经营轨道。文化渗透是一个需要长期引导和培育的过程。

三、实现跨文化融合

处理冲突时应该遵循实事求是、互相包容、互相尊重、求同存异的原则，对待文化差异应时刻保持开放、包容、创新的心态，唯有如此，才能将不同的文化融合成跨国公司新的企业文化。

1. 增进跨文化理解

尊重并理解其他文化是培养跨文化沟通能力的前提条件，要勇于理解其他文化。世界各民族文化是人类在发展的历史长河中积累起来的共同精神财富。人们应在充分了解其他文化的基础上，探寻外来文化的内涵，吸收各种文化的精髓，使之融会贯通。同时，要克服心理上狭隘的同类文化认知感，在一定程度上摆脱自身文化的束缚，从另一个参照系反观本土文化，客观看待包括外来文化在内的各种文化的优势与缺陷。在多种文化交融过程中，来自经济发达国家的文化，可以借助经济实力和技术手段，如影视作品、广告宣传、饮食服装等，对其他民族文化带来巨大影响；其他民族文化如果不能采取一种较为超然的态度与立场，也可能走进另一个极端，全部吸收发达国家的文化价值观，从而迷失自我，陷入本民族历史与文化的虚无主义泥潭。

要增进跨文化理解，对于团队成员来说需要做好以下工作：一是团队成员之间增加交流机会，充分理解彼此之间的文化差异，同时提供学习跨文化交际的平台；二是参加当地的社团组织，积极主动地与其他成员沟通；三是创造与不同文化背景成员共事和合作的机会，保证团队资源的公平配置，以确保每个员工都能获得必需的资源、信息、机会和技能等。

对于管理者来说，要做到以下几个方面的工作：一是明确团队的目标；二是以身作则，主动沟通；三是理解团队成员，消除沟通误解，关心团队成员的需求和成长，给予成员更多的支持；四是接受、理解文化差异，提供人际交往的机会和跨文化交际方面的培训；五是在文化融合的基础上，追求更高层次的创新。

2. 强化跨文化沟通

文化理解是文化沟通的基础，而有效的文化沟通又可以促进对其他文化的理解。跨文化沟通能力，简单地说，就是能很好地与来自不同文化背景的人进行有效交往与合作的能力。在国际企业经营管理过程中，应该制定一套跨文化沟通的行动方案，有意识地建立各种正式和非正式的跨文化沟通组织与管理系统，开展与搭建有形和无形的跨文化沟通活动与渠道，创造各部门主管与员工坦诚沟通的文化氛围，最终实现自上而下、自下而上、横向交叉的全方位的动态沟通网络。跨文化沟通是解决跨文化冲突的重要手段，正如德国大众前董事长所言，"尽管我们双方存在着文化上的巨大差异，但这并不可怕，最重要的是大家一定要多沟通，这使我们相互之间很容易地建立起了相互信赖的合作关系"。

3. 推动文化认同

文化认同是一种个体受其所属群体或文化的影响,产生的对该群体或文化的认同感。文化认同的过程是使原先分属于不同文化群体的个性文化充分融合,从而产生相同的文化意识和文化归属感。文化认同在跨国公司经营中主要体现在包括母国对属国文化的认同、属国对母国文化的认同、母国和属国共同对多元文化的认同。

在跨国公司经营中,发展文化认同主要有利用文化互补、缩短文化距离、融合多元文化三个具体策略。

(1) 利用文化互补。在进行跨文化管理时,跨国公司应当分析历史、文化、政治等因素的影响,在相互理解与尊重的基础上对东道国与母国间的文化进行融合,充分实现东道国对母国文化的认同,使文化间的差异得到积极的利用,从而提高跨国公司核心竞争力。

(2) 缩短文化距离。文化距离实为母国与属国之间以语言为主要特征的文化差异程度,主要包括语言差异、生活习惯差异、社会文化差异等。欧洲迪士尼初期经营的失败促使迪士尼公司开始反思,并实施了一系列本土化措施。这些措施包括雇用法国当地职员,增加法语为工作语言,允许餐间售酒,配备不同欧洲国家的语言导游等。因此,在欧洲迪士尼乐园可以看到会说德语的白雪公主、法国科幻小说中的探险岛等,这也成为欧洲迪士尼乐园的独特之处。

(3) 融合多元文化。跨国公司在国际化经营过程中,除了受东道国政治经济文化和风俗的制约外,还受异于母公司的多元文化影响,同时也可能面对属国和母国对彼此文化认同度较低的状况。面对这种复杂情况,除了要竭力回避由文化差异所导致的文化冲突外,还应本着尊重和学习的态度,利用不同文化之间的差异或互补性,融合并创造出一种各方都能接受的新型文化。融合多元文化的具体策略就是尊重母国与属国的文化诉求,充分发挥彼此的文化优势,从多元文化中吸纳其优秀因子,取长补短,培养文化敏感性、推动文化创新。同时通过跨文化培训,有效促进来自不同文化背景的管理者和员工之间的互相沟通和理解,促进拥有各种文化背景的员工交流沟通,建立多层次、制度化、正式及非正式沟通机制,实现文化协同。

四、构建全新的跨国公司组织文化

跨国公司的跨文化管理是一个文化整合、文化变迁的过程,更是一个文化再造和文化创新的过程。经过文化差异识别和跨文化培训,公司员工提高对不同文化的鉴别和适应能力,在理解文化共性的基础上,建立跨越文化差异的新的企业文化,这是解决文化冲突和促进企业发展的必然选择。这种新的企业文化是在整合了跨国公司母公司与东道国文化基因后培植出的一种全新的企业文化,能把每个员工的行动和企业的经营管理及宗旨结合起来,能加强子公司与母公司之间的有机联系,增强企业在不同国家文化环境的适应能力。

1. 开展跨文化培训

要实现跨文化沟通的有效性,必须注重培养各层级人员的跨文化沟通能力,加强员工对不同文化传统的反应和适应能力。开展跨文化培训工作的主要内容除了对不同文化的了解与认识、语言学习外,最重要的还有跨文化冲突及危机处理。

要想恰当处理跨文化冲突及危机，必须学会以平等、尊重的态度对待异国文化，切忌用本国文化标准随意评价甚至批评异国文化。在遇到文化冲突时，要善于忍耐和克制，把自己作为东道国文化的学习者和认同者，灵活处理因文化差异而产生的各种摩擦和冲突，在建立良好工作关系中不断增强对不同文化的适应能力。

世界上很多著名的跨国公司，建有跨文化培训机构。例如，日本富士通公司为了开拓国际市场，早在1975年就在美国檀香山设立培训机构，开始相关的跨文化沟通课程，培训跨国经营人才。

培训和教育能使员工系统地接受企业的全新的价值观，并强化员工的认同感。培训可以使员工明白为何以及如何实施文化建设，新的企业文化对员工有什么要求，同时认识现有文化状态与目标文化的差距，掌握不同的文化背景知识，改变以往的偏见。通过专门的培训，员工可以增加安全感，良好的组织内人际关系得以维持，企业凝聚力增强。

2. 建立和培育一种拥有共同价值观的新的跨国公司文化

文化创新是指通过各种方式促进不同的文化相互了解、融合、适应，对母国文化与东道国文化进行有效整合，从而形成一种脱胎于母国文化和东道国文化的新型企业文化。这种新型文化既保留着母国文化特点，又与东道国的文化环境相适应；既不同于母国文化，又不同于东道国文化，是两种文化的有机融合，这种融合文化可以体现跨国公司竞争优势，最终达到文化创新。

在建立新的企业文化后，最重要也是最困难的任务就是如何培育它。首先，应通过广泛深入的宣传营造企业文化变革后的舆论氛围，向员工传递企业文化变迁的信息和决心，使员工感受到变革的压力，鼓励员工接受新文化；其次，结合人力资源整合和组织机构变更，通过系统的企业文化培训，使员工知晓、理解、接受新的文化，在较短的时间内全面推行新的规章制度；最后，对新的组织文化进行持续的强化，文化变革是一个长期的过程，需要通过一定的激励约束机制来维护和巩固新文化，引领企业的价值观念，提高员工的凝聚力和向心力，从而使企业的竞争力得到不断的加强。

思考题

1. 什么是文化？文化的基本特征有哪些？
2. 文化差异的主要表现有哪些？
3. 试述霍夫施泰德的文化维度理论。
4. 简述特朗皮纳斯的文化维度理论。
5. 不同文化之间产生冲突的原因是什么？
6. 跨国公司如何进行跨文化管理？

第十章

跨国公司对华直接投资

本章学习重点

- 中国吸引跨国公司直接投资概况
- 跨国公司对华直接投资的主要特点
- 跨国公司直接投资对中国经济的影响
- 跨国公司对华直接投资的发展趋势
- 跨国公司在华投资与经营

引导案例

实施本土化五大战略 做"中国市场局内人"

科莱恩（Clariant）是全球处于领先地位的特种化工产品公司，科莱恩的全球组织网络分布于五大洲，由超过100个集团公司组成，现有23 000名员工。科莱恩总部设在瑞士巴塞尔附近的Muttenz，年销售额超过70亿瑞士法郎。公司四大部门的产品和服务涵括纺织、皮革和纸张化工用品、颜料和添加剂、色母粒、功能性化工用品等。

作为一家特种化学品企业，科莱恩始终致力于为市场和客户提供高价值的特种化学品。公司以创新和可持续性为支点，不断优化产品组合。作为科莱恩核心业务之一的催化剂业务单元最近在中国有多项成功案例，这些创新产品助力中国企业降本增效、可靠运行。

2019年8月21日，科莱恩催化剂单元在北京举行了媒体恳谈会。2018财年科莱恩的全球销售收入为66.23亿瑞士法郎（约合460亿元人民币），研发费用占销售额的3.2%，高于市场平均水平。目前，科莱恩的核心业务包括护理化学品、催化剂和自然资源；为了使科莱恩更进一步向特种化学品提供商转化，其现有的塑料和涂料业务将在不久后进行剥离。随着全球经济向东转移，亚洲市场变得越来越重要，尤其是中国市场。2018年中国在全球化学品市场的占比约为38%，2023年该占比预计达到40%，而且全球化工市场增长的60%将来自中国。因此，科莱恩非常看好中国市场，并希望成为中国市场的局内人，通过创新和可持续发展解决方案，助力中国经济转型。2018财年，科莱恩在中国的销售额已达到6.24亿瑞士法郎（约合 45 亿元人民币），较上年增长了 14.5%。科莱恩已经针对中国业务制定了"从边缘走向核心"的发展战略，未来中国将成为科莱恩全球业务发展的核心。催化剂是科莱恩的第二大业务板块，在全球拥有 17 个生产基地、27 个业务据点、11 个研发中心。在充满挑战的全球市场环境下，科莱恩催化剂在 2019 年上半年仍然实现了 8% 的大幅增长。

科莱恩的催化剂拥有非常广泛的产品线，在石油化工催化剂、合成气生产用催化剂和化工催化剂等很多领域具有领先的市场地位。目前科莱恩催化剂在中国的总部位于上海，与此同时在辽宁盘锦和上海金山建有两个制造基地，在北京、宁夏银川和山东青岛设有办事处。科莱恩催化剂在中国多个关键领域保持了强大的市场地位，如在甲醇制丙烯（MTP）和顺酐催化剂方面排名第一，在烷烃脱氢（PDH）和苯乙烯、甲醇生产催化剂方面排名第二；科莱恩催化剂通过不断拓展与本土工艺伙伴的合作关系、强化本土制造等措施，来推动催化剂业务在本土的快速发展；未来还将继续大幅提升其辽宁盘锦工厂催化剂产能，以便更好地服务中国市场。科莱恩重视创新和研发，对于其催化剂业务来说，研发尤其重要。2018 年科莱恩催化剂业务的研发支出大约是销售额的 7%，远远高于该公司 3.2% 的平均研发投入。中国的市场特点是市场体量大、增量多，中国的客户决策迅速、对技术支持需求多，同时中国的原材料是以煤为主，不同于其他地区以油和气为主的工艺。为了靠近市场、适应本土需求且可随时倾听客户的声音，科莱恩催化剂于 2015 年在中国上海组建了研发中心，借助其全球资源，开发中国客户需求的技术。未来科莱恩催化剂上海研发中心将依托科莱恩新建的一体化园区，成为继欧洲和北美之后第三个综合性催化剂研发中心。王富才先生表示，科莱恩非常看好中国的市场，相信中国对外资的政策不会变、对外商投资企业的合法权益保护不会变、为各国企业在华投资兴业提供更好服务的方向不会变，科莱恩未来要进一步强化本土战略，更好地服务客户，要做具有全球视野的中国局内人。

2019 年 8 月 27 日，科莱恩宣布将大幅提高其在辽宁盘锦催化剂生产基地的产能。这项超亿元人民币的投资项目将进一步优化现有的工厂设施，并为科莱恩的 SynDane® 顺酐催化剂打造一条全新的先进生产线。此次投资反映了科莱恩为促进增长而专注于核心高价值特种业务的战略。亚太地区，尤其是中国，是科莱恩的主要增长市场。因此，继续强化科莱恩在该地区的地位以及与客户的亲密关系，对科莱恩而言至关重要。自 2007 年起，科莱恩开始在盘锦工厂生产 SynDane® 顺酐催化剂。盘锦工厂是科莱恩与中国领先的石化企业之一的北方华锦化学工业集团有限公司共同成立的合资企业，位于盘锦市的这一成熟的生产基地拥有 140 多名员工，主要生产在丁基顺酐、氨、制氢和甲醇的生产过程以及其他应用中使用的催化剂和吸附剂。顺酐是建筑、汽车、船舶和能源行业中使用的聚合物和涂料的基本成分，预计顺酐的需求将从 2018 年的 175 万吨增长至 2022 年的 207 万吨。

（资料来源：[英] 格雷斯. 科莱恩重申：加大在华投资力度 实施本土化五大战略 做"中国市场局内人"[J]. 上海化工，2019，44（9）：53-54.）

改革开放以前，受制于国际环境和中国的实际情况，我国基本没有吸收外商直接投资；而大规模地吸引外国跨国公司来华投资，是从 1978 年我国实行改革开放政策开始的。40 多年来，外国跨国公司来华直接投资规模越来越大，对中国经济发展的影响愈加深刻，并随着时代的进步呈现出新的发展趋势。

第十章　跨国公司对华直接投资

第一节　中国吸引跨国公司来华直接投资阶段分析

改革开放至今，外国跨国公司来华直接投资的规模越来越大，投资领域越来越广，跨国公司总部经济效应明显，对中国经济发展产生全方位影响。中国吸引外国跨国公司来华直接投资的历程大致可以分为以下四个阶段。

一、中国吸引跨国公司直接投资的初始阶段

1978年召开的中国共产党十一届三中全会是跨时代的会议，从此中国迈出了改革开放的步伐。1979年第五届全国人民代表大会第二次会议正式通过《中华人民共和国中外合资经营企业法》，从法律层面上取消了外资进入中国的限制，正式标志着中国开始对外商投资采取开放和灵活的态度。与此同时，为了更好地实行改革开放政策，中央批准广东和福建两省的深圳、珠海、汕头、厦门4个城市作为经济特区，实行更为优惠的招商引资政策。

由于改革开放初期相关利用外资的法律有待完善，有一定的经济和政治风险，且各种基础设施比较落后，缺乏专业的管理和技术人才，外商对在中国进行投资仍有不少顾虑。在此期间，外商投资的进展比较缓慢，中国实际利用外资不多。1979—1983年间，共1558家外商直接投资企业被批准成立，年均312家；实际利用外资26.85亿美元，平均每年5.37亿美元。

在此阶段，外商直接投资主要集中在第三产业，在投资区域方面则集中于四个经济特区。来源于西方发达国家的资金很少，且大部分投资方为中小型制造企业、服务和房地产开发企业，而资金实力雄厚、掌握先进科学技术的制造业大型跨国企业很少。

在这一时期，我国吸引外商直接投资的政策的主要特点为以下几点。

第一，四个经济特区实行独特的引资政策，外资政策具有地区性差异。

第二，对外商直接投资的审批比较严格。改革开放刚开始的时候，外商直接投资项目需要上报外国投资管理委员会审批。虽然1980年以后部分项目的审批权已经下放到地方省（市）政府，但是一般项目数额超过300万美元的较大投资项目，仍需要得到中央政府的批准。

第三，由于中外合资企业和中外合作企业、外商独资企业的所得税率并不相同，外商投资的企业可以享受企业所得税一年免征、两年减半的优惠政策，其中中外合资经营企业的核计名义负担率为33%，而对于中外合作企业和外商独资企业而言，其可以适用5级超额累进税率，即最低一级为20%，最高一级为40%，外加10%的地方所得税，税率差别比较大，因此税收优惠政策并不太合理。

二、中国吸引跨国公司直接投资的起步发展阶段

从20世纪80年代中期开始，政府意识到吸引外商直接投资的重要性，为了更好地发展经济，政府不再被动地"允许"吸引外商投资，而是转向采取更为开放的政策来"吸引"外资。在这一阶段，我国吸引外商直接投资的政策特点为以下几点。

第一，开放了更多的区域。1984年，上海、天津、大连、秦皇岛、青岛、烟台、连云

港、广州、湛江、宁波、温州、南通、福州、北海 14 个沿海港口城市和长江、珠江、闽南厦三个三角洲开放，并于 1990 年开始开发和开放上海浦东新区，沿海开放的整体格局得以形成。

第二，在立法层面，为了进一步吸引外资，中国加大了外商投资立法的力度，相关的法律框架也初步形成。如在 1986 年 4 月颁布了《中华人民共和国外资企业法》，在 1986 年 10 月颁布了《关于鼓励外商投资的规定》，在 1987 年颁布了《指导吸收外商投资方向暂行规定及其目录》，在 1988 年 4 月颁布了《中华人民共和国中外合作经营企业法》等法律法规，法律环境日趋完善，简化了外商投资的审批程序。

第三，外资企业与内资企业实行不同的税制，且各类型外资企业的税收政策趋于一致，外资能够更好地根据自身需要选择进入中国的投资方式。

第四，政府加强了相关的基础设施建设，交通、通信、港口等配套设施逐步完善，且改革财政、金融、外贸企业制度来吸引外商投资，大大增强了外商对华投资的信心。

在此期间，根据原对外贸易经济合作部外贸司各年《中国外贸统计》数据，中国共批准设立外商直接投资企业 40 945 家，年均 5 118 家；合同外资额 457.17 亿美元，年均 57.15 亿美元；实际利用外资 223.73 亿美元，年均 27.97 亿美元。外商直接投资的行业从第三产业转向以工业项目为主的第二产业。外资来源区域也进一步多样化，美、日、欧等国家的外资也开始进入中国市场来进行投资。

三、中国吸引跨国公司直接投资的急速发展阶段

1992 年，邓小平同志南方谈话和中共十四大会议的召开确定了中国社会主义市场经济体制改革的目标，中国加快了对外开放的步伐。这一阶段实现了沿江（长江）、沿线（陇海线、兰新线）、沿边（边境）的对外开放，外商投资规模实现了飞跃式增长。1992 年我国批准外资项目数 48 764 个，比 1991 年的 12 978 个项目数增长了 275.74%，实际使用外资金额 110.07 亿美元，比 1991 年的 43.66 亿美元增长了 152.1%，无论是在规模还是数量上，均比 1991 年有急剧增长。在这一阶段我国吸引外商直接投资的特点为以下几点。

第一，资金与技术密集型的大型投资项目和相关的基础设施投资项目逐渐增多。世界著名的跨国企业中的绝大多数已经进入并抢占中国市场，中国市场成为不少跨国企业全球化战略的重要组成部分，其在中国的投资额不断增长，并且为了增强对企业的控制，跨国公司倾向于对已经投资开业的企业增资扩股。

第二，投资的领域进一步扩大。随着不少领域逐步对外开放，外商的投资领域越来越广。由于外商在资金、技术和管理上存在不少优势，其在不少行业对中国企业造成了强大的竞争压力。

1992—2000 年，根据原对外贸易经济合作部外贸司各年《中国外贸统计》数据，中国共批准外商直接投资项目 321 567 个，年均 35 730 个；合同外资金额 6 237.87 亿美元，年均 693.10 亿美元；实际利用外资 3 233.47 亿美元，年均 359.27 亿美元。无论从年均批准的外商直接投资项目数，还是从合同外资金额和实际利用外资额的角度来看，此阶段均比上一阶段有急速增长。

四、中国吸引跨国公司直接投资的结构调整阶段

2001年中国加入世界贸易组织后,中国经济与世界经济引进一步融合,在全球化背景之下,跨国公司对中国的投资热潮日趋热烈。在这一阶段,我国吸引外商直接投资的特点为以下几点。

第一,在国家政策方面,为了进一步适合外资对华投资的要求,原国家计委、原国家经贸委、原外经贸部于2002年2月颁布了《指导外商投资方向规定》,同年3月又颁布了新的《外商投资产业指导目录》。之后根据外商投资的发展需要,相继于2004年、2007年、2011年、2015年、2017年对《外商投资产业指导目录》进行了修订。2019年7月又发布了《鼓励外商投资产业目录(2019年版)》。政府在根据国情对产业逐步放宽准入的同时,也更注重引入高质量的外资,重视环境和资源保护。《外商投资产业指导目录》旨在更好地指导外商对我国的行业进行投资,有效调整和优化产业结构,防止部分行业盲目扩张,并提升产业素质,以保持我国国民经济持续、快速、健康发展。

第二,在投资的行业方面,外商主要投向第二产业和第三产业,其中第三产业的外商投资增长较快,外商投资进一步朝高端服务业倾斜。

第三,在投资的区域方面,随着我国西部大开发和中部崛起战略的实施,中西部对外资的吸引程度增加。外商投资不再局限于东部沿海地区,开始逐步向中西部地区转移。

第四,在投资方式方面,为了更好地控制在华企业,越来越多的外商采取外商独资经营的方式进行经营。

Wind数据库显示,2001—2018年,我国实际利用外资额达到16 831.77亿美元,年均935.1亿美元,比上一阶段有较大幅度的增长。

第二节 跨国公司对华直接投资的主要特点

改革开放以来,中国吸引着世界各地的公司到华投资,投资额呈逐年增长的态势。随着经济全球化的不断深入,跨国公司在世界经济发展的作用越来越重要。外国跨国公司对华直接投资呈现如下特点。

一、跨国公司对华直接投资总额持续上涨,增速较快

近十几年来,中国经济发展十分迅速,特别是我国GDP增长速度,在全球范围内"傲视群雄",而在众多促进GDP增长的因素中,外商对华直接投资功不可没。

1. 跨国公司对华直接投资规模逐年扩张

近年来,外商对华直接投资额呈逐年增长的态势,2000年外商实际直接投资额仅为407.15亿美元,而2018年外商实际直接投资额已经增长到1 349.66亿美元,是2000年的3.31倍。

从图10-1中可以看出,这19年中,跨国公司直接投资规模基本呈现逐年扩张的态势,只有2005年、2009年、2012年、2016年这四年外商实际直接投资额比前一年的投资额要少。其中,2016年的外商实际直接投资额只比2015年减少了2.66亿美元,投资额基本与

2015年的投资额持平。而2009年的外商实际直接投资额比2008年减少23.62亿美元，主要是因为受2008年亚洲金融风暴的影响，外商的投资热情有所降低。2012年的外商实际直接投资额比2011年减少42.95亿美元，主要原因是全球经济复苏缓慢、欧洲债务危机、全球需求疲软以及监管政策变化的风险升高，加重了许多跨国公司对海外投资的观望态度。

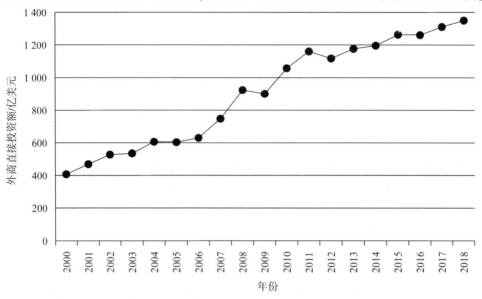

图10-1　2000—2018年外商直接投资实际利用外资金额

（资料来源：Wind数据库）

2. 跨国公司对华直接投资的增长速度较快

从跨国公司对华直接投资的增长速度来看，自2000年以来基本保持较快的增长速度。其中，2001年比2000年外商直接投资额同比增长了15.14%，远高于同期GDP的增长速度。2002年、2003年、2004年的增长速度有所下滑，分别为12.51%、1.44%、13.32%，但也保持着持续增长的态势。2005年则首次出现了负增长，外商直接投资额同比下降了0.5%。2006—2008年恢复了增长的势头，其中，2008年的外商投资额比2007年同比增长23.58%。由于受亚洲金融风暴的影响，2009年的外商投资情况比2008年略差，同比减少2.56%。2010年和2011年又重新恢复了较高水平的稳定增长态势（17.44%和9.72%）。2012年外商对华直接投资额出现了3.7%的负增长。2013—2015年又恢复了增长态势，但增长速度明显放缓，分别为5.25%、1.68%和5.61%。2016年出现轻微下降（0.21%），而2017—2018年又恢复了增长趋势，增长速度进一步放慢至4%和3%。纵观这19年，跨国公司对华直接投资整体保持上升趋势，但增速逐渐放缓。2011年之前的11年增长较快，其中有6年保持着10%左右的增长速度；2012—2018年增长速度明显放缓，都在6%以下，且出现了两年负增长。

二、跨国公司对华直接投资的资金来源地多元化

1. 跨国公司对华直接投资的资金来源地多元化

自我国实行改革开放政策以来，越来越多的国家和地区的投资者到我国境内进行投资，

第十章　跨国公司对华直接投资

资金来源地呈现更加多元化的趋势。从表 10-1 可以看出，跨国公司对华投资的资金来源地有亚洲、非洲、欧洲、北美洲、拉丁美洲、大洋洲及太平洋岛屿等，2000—2018 年总体呈上升趋势，但具体来看，亚洲和欧洲呈持续上升趋势，拉丁美洲、非洲、大洋洲及太平洋岛屿出现先升后降的趋势，北美洲呈上下波动态势。亚洲国家对华直接投资额 2000 年为 254.820 9 亿美元，2018 年已上涨至 1 070.131 亿美元，为 2000 年对华直接投资额的 4.2 倍；除了 2005—2006 年、2012 年、2016 年和 2018 年投资额比上一年有所下降之外，其余年份的投资规模均保持稳定上涨的势头。大洋洲及太平洋岛屿、欧洲和非洲增长速度略慢，2018 年对华直接投资额是 2000 年的 2 倍多，而拉丁美洲和北美洲增长速度最慢，2018 年对华直接投资额是 2000 年的 1 倍多。因此，从占比来看，在这几大洲中，亚洲国家所占比重最大且持续上升，从 2000 年占比 62.59% 上升至 2018 年占比 79.29%，欧洲、北美洲、拉丁美洲的比重从 2000 年的约 11% 下降至 8.29%、3.81% 和 6.69%，北美洲比重下降最大。大洋洲及太平洋岛屿和非洲占比也持续下降，2018 年分别从 2000 年的 1.7% 和 0.71% 下降到 1.41% 和 0.45%。这主要受欧美经济近年来不太景气、欧洲部分国家深陷债务危机、发达国家"再工业化"等多方面因素的影响。

表 10-1　2000—2018 年外商对华直接投资实际利用外资金额

万美元

年份	亚洲	欧洲	北美洲	拉丁美洲	大洋洲及太平洋岛屿	非洲	其他
2000	2 548 209	476 539	478 579	461 658	69 408	28 771	8 322
2001	2 961 326	448 398	509 685	630 891	101 478	32 977	3 004
2002	3 256 997	404 891	649 032	755 053	141 722	56 462	10 129
2003	3 410 169	427 197	516 135	690 657	173 119	61 776	71 414
2004	3 826 836	479 830	342 729	1 732 799	275 829	77 568	144 065
2005	3 571 889	564 310	372 996	1 129 333	199 898	107 086	86 947
2006	3 508 487	571 156	368 699	1 416 262	226 024	121 735	89 690
2007	4 211 735	436 511	339 027	2 011 799	274 290	148 683	54 733
2008	5 634 512	545 937	395 780	2 090 344	316 987	166 788	89 196
2009	6 064 531	549 529	367 672	1 468 433	252 877	130 969	169 256
2010	7 759 215	592 183	401 372	1 352 563	232 777	127 992	107 133
2011	8 951 427	587 654	358 156	1 250 460	261 998	164 091	27 199
2012	8 669 559	629 050	382 585	1 018 357	226 589	138 787	106 687
2013	9 467 234	689 319	408 372	820 687	232 652	137 901	2 455
2014	9 864 918	669 165	325 619	771 545	189 251	101 826	33 832
2015	10 415 946	689 705	304 272	913 768	244 357	58 507	—
2016	9 883 103	943 439	310 421	1 221 618	126 794	112 720	2 047
2017	10 919 387	883 619	428 552	636 273	160 950	65 746	8 986
2018	10 701 310	1 119 350	514 789	902 646	190 904	61 042	6 548

（资料来源：Wind 数据库）

2. 亚洲为主要外资来源地

我国实际利用外资的资金来源相对集中，其中得益于地缘因素，来自亚洲的外商投资金额遥遥领先。以 2000 年为例，来自亚洲的外商直接投资额为 268.323 1 亿美元，占所有外商直接投资额的 62.59%。2000—2018 年，源于亚洲的外商直接投资实际利用外资金额所占比重一直保持在 55% 以上，除了 2005—2006 年、2012 年、2016 年和 2018 年比重稍稍有所下滑之外，其余年份其比重均逐年上升。2018 年占比达到了 79.29%，总投资额为 1 070.131 亿美元，占据了绝对的领先地位。中国香港地区多年来一直为我国最大的外资来源地区，来源于中国香港地区的 2018 年外商直接投资实际投入外资金额高达 899.172 4 亿美元，在 2018 年对华投资的所有国家和地区中排名第一（占比为 65%），其投资金额远高于排名第二的新加坡（52.102 1 亿美元）①。韩国、日本、中国台湾地区和澳门地区则分别排在对外投资前 15 位国家和地区中的第四、第六、第十二和第十三位，投资金额分别为 46.668 8 亿美元、37.978 0 亿美元、13.913 6 和 12.798 7 亿美元，这充分显示了亚洲国家和地区为我国的主要外资来源地，为我国经济的发展提供了充足的资金。

三、跨国公司对华直接投资的区域结构进一步优化

1. 跨国公司对华直接投资主要集中于东部地区

长期以来，外商对华直接投资的分布情况极不均衡，从表 10-2 可知，外商对华投资主要分布在我国东部地区②。以 2000 年为例，东部地区合计吸引外商直接投资 392.34 亿美元，占全部外商对华投资的 85.75%，而外商直接投资在中部地区和西部地区的金额仅为 43.77 和 21.42 亿美元，占全部投资的比例仅为 9.57% 和 4.68%。这主要是由于东部地区具有地理优势，交通便利，市场较为成熟，且改革开放多年，东部已经形成较好的软硬件配套措施和经营环境，吸引了大批的外商到东部进行投资。

2000—2018 年，东部地区吸引的外商投资占全国外商总投资的比重都超过半数，处于竞争中的绝对优势地位。以 2018 年为例，东部地区合计实际利用外商直接投资金额为 1 153.70 亿美元，占全国比重为 85.48%，是 2000 年外商投资金额的 2.94 倍。其中，外商投资主要集中在广东省、江苏省、北京市、上海市、山东省和浙江省。

表 10-2　2000 年和 2018 年东部、中部、西部地区实际使用外商直接投资额

亿美元

年份	东部地区	中部地区	西部地区
2000	392.34	43.77	21.42
2018	1 153.70	98.00	97.90

（资料来源：Wind 数据库和《中国外资统计公报 2019》数据）

---

① 2018 年中国香港、新加坡等地区和国家数据根据《中国外资统计公报 2019》数据整理而得。

② 东部地区包括北京、天津、河北、辽宁、上海、江苏、浙江、福建、山东、广东、海南；中部地区包括山西、吉林、黑龙江、安徽、江西、河南、湖北、湖南；西部地区包括内蒙古、广西、四川、重庆、贵州、云南、陕西、甘肃、青海、宁夏、新疆、西藏。

2. 中部和西部地区实际使用外资金额持续增长

中、西部地区资源丰富，拥有广阔的消费市场。随着西部大开发、中部崛起等战略的实施，投资的软硬件条件得到了较大改善，各种配套逐渐完善。与东部地区相比，中、西部地区具有很大的成本优势，在承接东部地区产业转移的同时也吸引了越来越多的外商投资。特别是西部地区，近年来吸引外资的力度非常大，2018 年外商直接投资金额已接近中部地区。

虽然中、西部地区利用外商直接投资金额与东部地区仍然有较大的差距，但也保持了较高的增速，且西部地区增速明显高于东部地区。如，2018 年中部地区实际使用外商直接投资额为 98.00 亿美元，是 2000 年的 2.24 倍；2018 年西部地区实际使用外商直接投资额为 97.90 亿美元，是 2000 年的 4.57 倍，大大高于中部地区的增幅。另外，2018 年西部地区实际使用外商直接投资额的比重也快速上升，中部地区比重却有所下降。2000 年中部、西部地区外商直接投资额占投资总额的比重分别为 9.57% 和 4.68%，2018 年比重分别为 7.26% 和 7.25%，出现了差异化的变化，这充分说明了中部崛起战略虽然有一定成效，但西部大开发战略成效更好。

四、跨国公司对华直接投资的方式发生了显著变化

跨国公司在我国的投资方式有六种，分别是中外合资经营企业、中外合作经营企业、外商独资企业、外商投资股份制企业、中外合作开放投资及其他投资方式。外商对华投资以中外合资经营企业、中外合作经营企业和外商独资企业这三种方式为主，2000 年以前多以中外合资经营企业为投资方式首选，从 2000 年开始，外商对华直接投资的方式开始发生明显的改变。

1. 跨国公司独资经营有明显的上升势头

自 1997 年我国允许跨国公司在华设立独资企业以来，越来越多的外商选择在华以独资的方式开设企业。独资经营一方面可以使母公司对子公司的控制程度加强，充分发挥其内部化的优势，另一方面又能够更有效地保护其知识产权，防止核心技术外泄。如表 10-3 所示，2000 年外商独资企业实际使用金额为 192.638 8 亿美元，在直接投资中所占的份额为 47.3%，而同期中外合资经营企业在外商直接投资中的占比为 35.23%，外商独资企业开始成为最主要的外商直接投资的经营方式。随着外商直接投资金额的逐年增长，外商独资经营在直接投资中的占比也基本呈逐年上升的趋势。2017 年外商独资企业的投资金额为 913.44 亿美元，占同期外商投资总额的 69.7%，是 2000 年外商独资投资金额的 4.74 倍，外商独资经营已经成为外商首选的投资方式。

表 10-3 2000—2017 年不同投资方式外商直接投资实际使用金额

万美元

年份	中外合资经营企业	中外合作经营企业	外商独资企业	外商投资股份制企业
2000	1 434 305	659 575	1 926 388	13 021
2001	1 573 890	621 218	2 387 338	52 764
2002	1 499 200	505 800	3 172 500	69 700
2003	1 539 200	383 600	3 338 400	32 800

续表

年份	中外合资经营企业	中外合作经营企业	外商独资企业	外商投资股份制企业
2004	1 638 600	311 200	4 022 200	77 700
2005	1 461 400	183 100	4 296 100	91 800
2006	1 437 800	194 000	4 628 100	42 200
2007	1 559 600	141 600	5 726 400	49 200
2008	1 731 800	190 300	7 231 500	85 900
2009	1 727 300	203 400	6 868 200	204 400
2010	2 249 800	161 600	8 097 500	64 600
2011	2 141 500	175 700	9 120 500	163 400
2012	2 170 600	230 800	8 613 200	157 000
2013	2 377 200	194 400	8 958 900	228 100
2014	2 100 200	163 300	9 473 700	218 900
2015	2 588 500	184 500	9 528 500	325 100
2016	3 020 400	83 000	8 612 600	884 200
2017	2 974 100	80 500	9 134 400	647 500

(资料来源：Wind 数据库)

2. 中外合资经营和中外合作经营呈下降趋势

在改革开放的前三十年，由于我国的政策限制和外商对我国还有待加深了解，外商在华投资多采用中外合资经营和中外合作经营的方式。随着国家政策的逐渐放开和外商在我国经营经验的不断积累，这两种经营方式在外商对华直接投资中的比重呈下降的趋势。如表10-3 所示，2000 年，中外合资经营企业实际使用金额第一次低于外商独资企业，尽管当年中外合资经营企业和中外合作经营企业实际使用金额合计占同期外商直接投资的 51.43%，但其下降的趋势已经不可避免。中外合资经营企业虽然其金额从 2000 年的 143.43 亿美元上升到 2017 年的 297.41 亿美元，但其在全部外商投资中的所占份额却呈下降趋势，从 2000 年的 35.23% 下降到 2017 年的 22.7%，下降幅度约 12.5 个百分点。而中外合作经营企业则无论是投资金额还是所占比例均有大幅下降，其投资金额从 2000 年的 65.957 5 亿美元下降到 2017 年的 8.05 亿美元，占比则从 2000 年的 16.20% 下降到 2017 年的 0.6%，下降了 15.6 个百分点。

五、跨国公司对华直接投资的产业结构进一步调整

1. 第三产业吸引外资逐年增多

随着服务业占我国国民经济比重的不断增大，外资在第三产业的投资逐年增多。如表 10-4 所示，2000 年，第三产业实际使用外资金额为 104.638 8 亿美元，仅占同期全国总量的 25.70%；2011 年，第三产业实际使用外资 582.534 2 亿美元，占全国实际吸收外资总量的 50.21%，其比重首次超过第二产业，表明外商在我国的投资逐步向第三产业倾斜。此后

第三产业吸收外资进一步增加,2018年,第三产业实际使用外资858.5亿美元,占全国实际吸收外资总量的63.6%。

房地产业仍然是第三产业中吸收外资最多的行业,但在我国实施严厉的房地产调控的大环境下,2012—2017年投资于房地产业的外资逐年下降,仅在2018年有所回升。除此之外,2018年第三产业中吸收外资较多的五个行业为租赁和商务服务业,信息传输、软件和信息技术服务业,批发和零售业,金融业,科学研究和技术服务业。这也进一步说明外商投资的产业结构在不断调整和优化。

2. 第一产业吸引外商投资的比重较小,第二产业在外商投资中所占份额有所下降

第一产业在外商对华直接投资中占比很小,2000—2018年,其份额均小于2%,2017—2018年比重低至不到1%。2018年第一产业实际使用外资仅为8.01亿美元,虽然比2000年实际使用外资的金额6.759 4亿美元增长了1.18倍,但仅占同期全国总量的1.73%。

表10-4 2000—2018年不同产业外商直接投资实际使用金额

亿美元

年份	第一产业	第二产业	第三产业	总计
2000	6.759 4	295.749 9	104.638 8	407.148 1
2001	8.987 3	347.979 5	111.809 1	468.775 9
2002	10.276 4	394.648 9	122.503 3	527.428 6
2003	10.008 4	391.791 9	133.246 4	535.046 7
2004	11.143 4	454.630 6	140.525 8	606.299 8
2005	7.182 6	446.924 3	149.140 0	603.246 9
2006	6.000 0	425.100 0	263.570 0	694.670 0
2007	9.240 7	428.610 5	309.827 7	747.678 9
2008	11.910 2	532.562 4	379.481 2	923.953 8
2009	14.287 3	500.758 2	385.281 7	900.327 2
2010	19.119 5	538.603 7	499.629 2	1 057.352 4
2011	20.088 8	557.487 0	582.534 2	1 160.110 0
2012	20.620 0	524.580 0	571.960 0	1 117.160 0
2013	18.000 0	495.690 0	662.170 0	1 175.860 0
2014	15.220 0	439.430 0	740.960 0	1 195.620 0
2015	15.340 0	435.950 0	811.380 0	1 262.670 0
2016	18.980 0	402.130 0	838.910 0	1 260.010 0
2017	10.750 0	409.490 0	890.110 0	1 310.350 0
2018	8.010 0	483.150 0	858.500 0	1 349.660 0

(资料来源:中经网和Wind数据库)

2011年以前,第二产业的外商直接投资在全部外商直接投资中一直占主导地位。虽然从全世界范围来讲,跨国投资更多地投向第三产业,但我国利用外资的产业结构却与世界的普遍趋势有明显的区别。2000年我国第二产业实际外商直接投资295.749 9亿美元,占同期

全国外商直接投资总量的72.63%，大大高于第一产业和第三产业所占的份额。2000—2005年，第二产业外商直接投资占全部外商直接投资的比重一直保持在72%以上。从2006年开始，外商对第二产业的投资比重出现比较大幅度的下跌，并在2011年外商在第二产业的投资比重首次跌破50%的水平，仅为48.05%。此后，2012—2016年外商在第二产业的投资额逐年下降，2017—2018年虽然有所回升，但2018年第二产业实际使用外资为483.15亿美元，仅占全国实际吸收外资总量的35.8%，外商对第二产业的投资比重大幅下降。

在第二产业的直接投资中，对制造业的投资占据最主要的地位，其中大部分的投资是投向高端制造业。例如，2018年制造业中实际吸收外资前三位的行业分别为计算机、通信及其他电子设备制造业，化学原料及化学制品制造业，通用设备制造业。其中，计算机、通信及其他电子设备制造业同比增长42.7%，这表明外商投资的投向也促进了我国的产业结构调整。

第三节　跨国公司直接投资对中国经济的影响

近40多年来，国际资本在我国的经济发展中发挥着越来越重要的作用，外商投资企业已经成为我国国民经济中的重要组成部分，在促进我国经济发展的同时，也产生了一定的消极影响。

一、跨国公司直接投资对中国经济的积极影响

1. 跨国公司直接投资促进了我国经济的发展

跨国公司对华直接投资对我国经济产生了非常深远的影响，2000—2018年跨国公司在我国的实际直接投资额合计高达17 238.92亿美元，外商直接投资已经成为促进中国经济发展的发动机。以2018年为例，新京报《商务部：外资企业贡献了近20%的税收》一文指出，2018年我国吸收外资1 383亿美元，居全球第二位，到2018年年底，累计利用外资2.1万亿美元。外资企业贡献了近20%的税收，对我国经济增长发挥了积极的作用。根据2019年商务部国际贸易经济合作研究院发布的报告《跨国公司投资中国40年》记载，外商投资企业占全国企业数不足3%，但贡献了近一半的对外贸易、四分之一的规模以上工业企业产值及利润、五分之一的税收收入和13%左右的城市人口就业，外资已成为中国经济的重要组成部分。

2. 跨国公司直接投资促进了我国的技术进步和管理观念升级

外商对华技术转移主要是由跨国公司来实现。跨国公司掌握着世界上最为先进的生产技术，在对华进行投资的同时，为了扩大在华的市场份额，在"市场换技术"的情况下，会将其掌握的国际先进技术对中国企业进行转移，如提供母公司比较先进的技术和国内空白技术，促进中国企业的技术升级和进步。与此同时，由于外资企业与内资企业在技术水平上存在一定的差距，为了在激烈的市场竞争中生存下来，内资企业有强大的动力向外资企业学习先进的生产技术，这也促进了技术扩散和技术创新。

在管理观念方面，跨国公司有一整套较为先进的企业管理观念和企业文化，对中国的企

业造成了一定的冲击，这一先进的观念能够为中国企业的管理提供有益的参考。跨国公司带来了先进的公司企业生产管理、质量管理、财务管理、人力资本管理、销售管理等一系列管理制度，中国企业通过同跨国企业的近距离接触和学习，逐步形成中国的现代企业制度，促进我国企业管理制度的改革和发展。

3. 跨国公司直接投资促进了我国的产业升级

外商投资的项目多为技术密集型或资本密集型产业，其中很多资金投向我国产业结构升级中大力倡导发展的产业。近年来，我国重点发展的高端制造业和现代服务业都得到了外商的大力投资和支持。从上海市商务委员会、上海市外商投资企业协会联合发布的2018年度上海营业额和纳税额百强外企名单可以看出，上汽大众汽车有限公司、苹果电脑贸易（上海）有限公司、上汽通用汽车有限公司名列2018年度上海外资营业收入百强企业前三位；昌硕科技（上海）有限公司、达功（上海）电脑有限公司、英特尔贸易（上海）有限公司名列上海外资进出口总额百强企业的前三位；上汽大众汽车有限公司、保时捷（中国）汽车销售有限公司、上汽通用汽车有限公司名列上海外资纳税总额百强企业前三位；昌硕科技（上海）有限公司、新派（上海）餐饮管理有限公司名列上海外资吸收就业人数百强企业前两位。这显示出上海近年来大力倡导的发展先进制造业和现代服务业的产业政策已初显成效。从全国层面来看，外资通过推动我国产业重组，促进了我国现代产业的国际化。2019年版鼓励外商投资产业目录出台，我国支持外资更多投向高端制造、智能制造、绿色制造等领域，这进一步表明了我国通过外商直接投资促进我国产业升级的政策导向。

4. 跨国公司直接投资促进了我国人力资源水平的提高

随着业务的发展，大多数外资企业采取人才本土化策略，因为熟悉当地实际情况的员工更能推动业务的顺利发展。因此，外商在对我国进行大规模投资的同时，也非常注重相关人才的培养。不少跨国公司建立了一套完整培训体系，除了从国外聘请专家来国内教授员工外，也会派遣优秀员工到国外进行学习和培训，这为我国培养了一大批专业技术和管理人才，有力地促进了我国人力资源水平的提高。

除此之外，跨国公司标准化的人力资源管理模式也为中资企业提供了很好的借鉴和参考，促使中资企业人力资源管理水平的提高。如，作为快餐行业领先者的麦当劳，其强大的人力资源培训体系使得它在竞争中立于不败之地。麦当劳提供给员工全职业规划培训，从一般员工到高级主管，从各区域的培训中心到汉堡大学（即全球麦当劳的人员学习发展中心），提供全方位的培训。其95%的管理人员是从员工做起的，一旦优秀员工进入管理层，除了能在训练中心接受管理和运营方面的培训之外，还有机会到汉堡大学深造。全方位的职业培训使麦当劳高级管理人员的流动性相当低，保持了管理队伍的稳定性。跨国公司的先进人力资源制度促进了我国企业人力资源制度的改革。

5. 跨国公司直接投资推动了我国商品进出口贸易的发展

四十多年来，我国对外贸易取得的成就令人瞩目，特别是加入世界贸易组织以来，我国商品进出口贸易的发展更是迅速。相关数据显示，2001年我国货物贸易进出口总值为5 097.68亿美元，而2019年我国货物贸易进出口总值增加到45 753亿美元，增长到2001年的8.98倍。其中，出口总值从2001年的2 661.55亿美元增加到2019年的24 984.1亿美元，扩大了 8.39 倍；进口总值从 2001 年的 2 436.13 亿美元增加到 2019 年的 20 768.9 亿美元，扩大了 7.53 倍。而外商投资企业的进出口增长有利促进了我国进出口的增长。外商投资企业进出口总值从 2001 年的 2 590.98 亿美元增加到 2019 年 1—11 月的 16 650 亿美元，增长了约 5.43 倍；其出口总值从 2001 年的 1 332.35 亿美元增加到 2019 年 1—11 月的 8 828 亿美元，增长了 5.63 倍；其进口总值从 2001 年的 1 258.63 亿美元增加到 2019 年 1—11 月的 7 822 亿美元，增长了 5.21 倍。2019 年 1—11 月，外商投资企业进出口总值占全国进出口总值的 40.19%，其中外商投资企业的出口总值占全国企业出口总值的 39.06%，外商投资企业的进口总值占全国企业进口总值的 41.55%。这些数据充分说明，外商直接投资推动了我国商品进出口贸易的发展。

二、跨国公司直接投资对中国经济的消极影响

1. 跨国公司对华直接投资对民族企业的发展壮大形成较大压力

随着中国加入世界贸易组织，更多的领域开始向外资开放，开放程度日渐深入。外商在中国投资经营的范围更广、更深，中国市场的竞争激烈程度也在加剧。

首先，大型跨国公司利用其品牌优势，加强其在市场上的垄断地位，而许多中国的品牌则被外国企业收购。例如，徐福记被雀巢公司收购，金丝猴被好时公司收购 80% 股份，大宝 SOD 蜜系列产品被强生收购。美国的可口可乐公司则充分利用强大的资本和品牌优势，影响到中国年轻一代的消费者，可口可乐饮料、浓缩液在中国的市场处于明显的垄断地位，其市场份额占到 70%。这对国内饮料企业提出了非常大的挑战，不利于我国民族饮料企业的发展和壮大。

其次，大型跨国企业具有一定的技术垄断优势，某些跨国企业为了保护其技术垄断优势，在华投资采用了独资子公司的投资方式，设立独资的研发机构，强化了其技术垄断。特别是在高科技领域，跨国企业的技术垄断现象十分明显，例如，我国光纤涂覆技术、消光比测试技术领域一直被腾仓、Vytran 等少数几家跨国公司垄断，直到 2019 年华纤光电科技公司才对该领域核心技术有所突破。跨国公司在高科技领域的垄断，使我国高科技企业的发展不得不依仗于跨国公司，对我国民族企业的发展形成很大压力。

★延伸阅读

注意国外跨国公司在华的市场替代效应

市场替代是指跨国公司通过投资合作，使国内市场份额高、发展前景好的企业丧失品牌、研发甚至市场，从而实现产业控制或占领我国国内市场的过程。如，1997 年佳木斯联合收割机厂与美国约翰迪尔公司合作后，经过 7 年时间成为美方独资公司，使约翰迪尔完成了对该厂在我国农机领域的市场替代，我国也失去了在大型农业机械领域的自主发展平台；日本松下在与当年中国空调领域的著名企业万宝集团的合资中，松下有空调压缩机技术优势，万宝有国内品牌、市场优势，但如今松下空调已经从零做到 200 多万台，而后者已从市场消失；国内柴油燃油喷射系统最大的厂商无锡威孚，2004 年与德国博世合资、由德方控股后，长期培养的技术中心被撤销合并，技术人员全部被吸收进合资企业，使威孚失去了核心技术和产品开发主导权等。市场替代对我国企业的最大影响是对行业创新能力的大幅

削弱。

2. 部分外资企业不注意履行社会责任

社会责任标准（Social Accountability 8000 International Standard，简称SA8000），是1997年8月由美国经济优先领域鉴定代理认可委员会（the Council on Economic Priorities Accreditation Agency，称CEPAA）制定的，旨在通过有道德的采购活动，改善全球工人的工作条件，最终达到公平而体面的工作条件。SA 8000是全球第一个可用于第三方认证的社会责任国际标准，是一个通用的标准，它不仅适用于各类工商企业，也适用于公共机构。

中国国际跨国公司促进会发布的《2011·跨国公司社会责任问题报告》显示，一些世界500强跨国公司并没有较好地履行社会责任，扰乱市场秩序、污染环境、商业贿赂和损害公众权益的事情时有发生，造成了非常恶劣的社会影响。如全球最大药剂集团、世界500强企业之一的葛兰素史克公司，其在华销售的一种名为阿莫西林克拉维酸钾干混悬剂的儿童用抗生素，被检出含有"塑化剂"，能够明显损害儿童的肝肾，且易诱发儿童性早熟。这种做法明显损害了公众权益。

此外，某些跨国公司在华经营时降低了其环保标准，导致对中国的环境产生了不良影响。如美国康菲公司作为一家综合性的跨国能源企业，就没有承担起相应的社会责任。2011年6月，由康菲和中海油合资建设的渤海蓬莱19-3油田发生漏油事件。油田漏油造成了严重的环境污染，海洋污染面积达6 200平方千米，导致周边约3 400平方千米海域由第一类水质下降为第三、四类水质，沿海养殖的贝类、海参、虾、鱼大量死亡，渔民遭受上亿元的经济损失。

某些跨国公司只顾追求企业自身的利润最大化，而不注重履行社会责任，对我国经济的可持续发展造成了非常恶劣的影响。

3. 外资的大量流入容易增加我国的金融风险

首先，外资大量流入导致我国外汇储备增长较快。2008年1月我国的外汇储备为15 898.1亿美元，2019年年末我国的外汇储备已经增至31 079亿美元，翻了近一倍。而外汇储备增长较快导致形成强烈的人民币升值预期。且在全球金融危机后，美国等西方发达国家多采取较为宽松的货币政策，不少资金基于境内回报率较低的原因而从美国等国家流出，在人民币升值预期的影响下，这些国际投机资本近年来加速流入中国等新兴经济体，这又进一步加大了人民币升值的压力。虽然中国的汇率改革方向是实行更为弹性化的汇率政策，但是由于外资的大量流入，人民币短期内升值过快，对我国国民经济的平稳发展无疑是弊大于利。

其次，外资的大规模流入会造成大量外汇占款，中央银行需要被动地向银行体系投放大量的基础货币，容易导致货币投放过多，进而引起国内的信贷扩张、通货膨胀水平的增长，增加央行宏观调控的困难性，影响我国货币政策的独立性。

★延伸阅读

摩根士丹利套现案

1999年福建南孚电池在中国国际金融有限公司的帮助下，找到摩根士丹利作为新的投资者。南孚电池最初的四大国有股东（南平电池厂、香港百孚公司、福建兴业银行、中国出口商品基地建设公司福建分公司）以南孚69%的股份作为出资，外方以1 500万美元作为出资，合资组成中国电池有限公司。其中，中方占51%股份，外方占49%股份。但是，中方股权分散，四大国有股东分别持少部分股份。合资公司成立不久，南孚公司出现巨额亏损，向摩根士丹利出让了中国电池8.25%的股份；接着，摩根士丹利收购了原属中国出口商品基地建设公司福建分公司的股份；2002年，摩根士丹利通过增资又获得了部分股份，最终控股南孚72%的股权。由于种种原因，南孚电池上市困难重重。在进入南孚四年后，摩根士丹利急于套现，最终在2003年以1亿美元的价格将南孚电池卖给美国吉列集团。2005年，美国宝洁集团又以570亿美元的价格收购吉列全部股份，成为南孚电池的新东家。南孚电池至此经历了一次从金融投资者到产业投资者的转卖。2006年10月，宝洁公司要求将南孚电池账户的7亿元人民币存款，从中资银行转入外资银行；并企图违反与南平市政府的承诺，欲以大股东的身份，在南孚公司分红，而不是把南孚的利润留在南孚进行再投资。由于南平市政府坚决反对，才暂时阻止了宝洁公司的计划。

（资料来源：林益峰. 对南孚电池利用外资情况探讨［J］. 中国高新技术企业，2008(22)：15-16.）

4. 外资在华部分区域和产业的集中投资有可能加剧我国经济发展的不平衡

首先，虽然为了更好地指导外商对华投资，我国政府制定了《外商投资产业指导目录》，但是作为一个以利润最大化为目标的经营企业，外商在投资时首要考虑的是项目的收益性，而不是我国的产业政策。因此，跨国公司的产业投资方向与我国的产业重点发展方向发生背离是时有发生的。

其次，在投资的区域方面，虽然我国采取了西部大开发和中部崛起的发展战略，试图引导更多的外商到中、西部地区进行投资，但是由于东部地区的营商条件更为优越，基础设施更加完善，外商的投资主要还是投向我国的东部地区，这将可能导致我国东、中、西部地区的发展进一步不平衡。以2018年为例，东部地区吸引的外商直接投资额占到全国外商直接投资额的85.48%，中部和西部的外商直接投资份额仅占全国份额的14.52%，中、西部地区在吸引外商直接投资方面所占的份额仍然相当少，而且其所吸收的外商直接投资大多集中在成都、重庆等几个具有区位优势的城市，投资呈现集中化的趋势，这些都不利于我国区域经济的平衡发展。

5. 部分外资在华并购后通过各种手段转移利润，损害我国企业利益

我国与跨国公司的合作，从原来的接受其生产性投资，逐步发展到以并购形式吸纳其直接投资，主要是因为国内企业存在以下三方面困难，一是企业扩张需要巨额资金，二是外部环境竞争压力大，三是一些产业自主整合面临体制障碍。但其实这些都是正常的，国内企业必须有一个清晰的行业发展战略，特别是龙头企业，更应该注意这一点。

现在，一个不容忽视的潮流是，跨国公司开始将全球战略重心转移至中国市场，并购逐步成为跨国公司重要的全球经营战略。国外的并购投资者主要分为产业投资者与金融投资者两类。对于产业投资者来说，其基本投资路径是先参股、后控股，或者直接控股，但最终目的是将利润转出中国。对于获得控制权的产业投资企业来说，转移利润是其在华战略的重

点。其主要方式是通过技术转让费或引进关键零部件，将在华利润甚至银行贷款转移到其国外总部。而对于金融投资者来说，其投资路径主要是低价买入有潜力的公司，再高价卖出获利，投资期限一般不超过五年。"出手"的途径主要有三种，一是运作上市，二是转手卖给产业投资者，三是由企业自身回购。

第四节　跨国公司对华直接投资的发展趋势

一、跨国公司加快在华设立研发中心

早在1992年，微软就看好中国市场的潜力，不仅在中国设立分公司，还成立了多个研发中心。如今，中国已是微软在美国本土以外机构设置最完备、业务布局最全面、研发投入最大的国家之一。近年来，外商在华设立的研发机构如同雨后春笋般涌现，不仅数量快速增加，而且研发中心规模也在不断扩大。外商在华设立研发中心，主要基于以下原因。

第一，更好地接近中国市场。过去相当长的一段时间内，跨国企业都是将其在其他地方开发的产品提供给中国人，并没有考虑到中国人特有的需要。为了与中国消费者拉近距离，跨国公司将其研发中心移到中国，以真正服务中国消费者。如德国化学巴斯夫公司于2012年在上海设立了研发中心，巴斯夫表示，在华设立研发中心是要做到离亚洲人的需求更近一步，对市场反应更快。2017年，苹果宣布在上海和苏州再建两个研发中心。此前，苹果已在北京、深圳设立了研发中心。

第二，充分利用中国的研发人力资源。我国拥有不少优秀的科学研发人才，不少跨国企业正是瞄准了这些专业人才，才纷纷在华设立研发机构。正如英国《金融时报》所指出的，虽然中国研发中心并不再享有成本优势，但是在华设立研发中心的真正优势在于能够录用到优秀的人才。诺基亚西门子通信公司的中国研发中心为充分利用我国人才资源，已雇用超过1 000名中国研发人员。

第三，享受政府针对研发活动的税收优惠政策。由于鼓励和促进研发活动已经成为我国的一项基本国策，我国出台了不少针对研发活动的税收优惠政策。

2018年9月21日，财政部、税务总局与科技部联合发文，将企业研发费用税前加计扣除比例提高至75%。同时，委托境外进行研发活动所发生的费用，按照实际发生额的80%计且不超过境内符合条件的研发费用2/3的部分，可以进行加计扣除。这个改变是对之前规定的很大改进，因为委托境外研发的费用之前是不能加计扣除的。与以前事前进行项目鉴定和优惠备案不一样，现行的研发费用加计扣除采取企业自行判断、自行申报，税务机关事后监管的做法。这一做法简化了企业享受税收优惠的流程。

同时出台了对软件产业和集成电路产业的优惠政策。《关于进一步鼓励软件产业和集成电路产业发展企业所得税政策的通知》（财税〔2012〕27号）规定，我国境内新办的集成电路设计企业和符合条件的软件企业，经认定后，在2017年12月31日前自获利年度起计算优惠期，第一年至第二年免征企业所得税，第三年至第五年按照25%的法定税率减半征收企业所得税（简称"两免三减半"），并享受至期满为止。

2019年5月底，财政部和税务总局发布了68号公告，符合条件的软件企业，在2018年

12月31日前自获利年度起计算优惠期，可享受企业所得税的"两免三减半"，并享受至期满为止。但68号公告仅仅是让原来的政策在2018年度企业所得税汇算清缴期限前有个紧急的延续适用。

二、承接全球服务外包可望成为投资新热点

服务外包（Service Outsourcing）是指组织将非核心服务以合约的方式交由外部资源供应商负责，以提高资源配置效率的生产组织形式和战略管理模式。产业转移的升级、国际分工的发展、技术的快速进步以及国际贸易环境的优化，使国际服务外包呈现日新月异的发展。

近些年来，为了兑现加入世界贸易组织的承诺，我国服务业对外资大幅度开放市场，市场准入门槛逐渐降低。《鼓励外商投资产业目录（2019年版）》继续将制造业作为鼓励外商投资的重点方向，全国目录新增或修改条目80%以上属于制造业范畴，支持外资更多投向高端制造、智能制造、绿色制造等领域。在电子信息产业，新增5G核心元组件、集成电路用刻蚀机、芯片封装设备、云计算设备等条目。在装备制造业，新增或修改工业机器人、新能源汽车、智能汽车关键零部件等条目。在现代医药产业，新增细胞治疗药物关键原材料、大规模细胞培养产品等条目。在新材料产业，新增或修改航空航天新材料、单晶硅、大硅片等条目。

最近几年，中国的服务外包行业快速发展。商务部的数据显示，2018年中国服务外包企业承接服务外包合同额和执行额分别达到13 233.4亿人民币和9 597.4亿人民币，分别同比增长8.6%和12.9%，再创历史新高。其中，离岸服务外包合同额7 966亿元，执行额5 866.7亿元，同比分别增长6.3%和9.3%。我国企业承接离岸信息技术外包（ITO）、业务流程外包（BPO）和知识流程外包（KPO）的执行额分别为2 655.6亿元、1 014.4亿元和2 196.6亿元，在离岸服务外包中的占比分别为45.3%、17.3%和37.4%，以软件研发和信息技术服务为代表的ITO仍占据主导地位。与此同时，以研发服务、工程技术、检验检测等为代表的高端生产性服务外包业务快速增长，同比分别增长15.5%、27.1%和74.5%。

三、跨国并购日益成为跨国公司进入中国市场的重要方式

从全球范围来看，跨国并购投资占跨国投资的70%~80%，跨国并购是跨国投资的主要方式。在我国，由于相当长的一段时间内缺乏相关的外资并购法规，跨国公司以绿地投资的方式为主，即投资新建企业。但自中国加入世界贸易组织之后，中国产权制度逐步完善，资本市场发展也愈加健全，外资进行并购的成本大幅降低，因此越来越多的外商在华直接投资采取并购的方式进入，外资并购金额占外商直接投资额的比例逐年上升。

越来越多的外资采用并购的方式，主要基于以下原因。

第一，迅速占领庞大市场。如啤酒行业中的AB公司先后并购百威、哈尔滨啤酒、青岛啤酒，迅速占领了武汉（以百威为主）、东三省、北京地区（以哈尔滨啤酒为主）、陕西、山东、华南等地（以青岛啤酒为主）的庞大市场。

第二，利用被并购企业完善的本土营销体系。2011年，丁家宜这一本土护肤品品牌被法国香水巨头科蒂以4亿美元的价格收入囊中。2004年科蒂曾因其在中国的业务发展不理想而选择退出中国市场，外界普遍认为，科蒂选择收购丁家宜主要是看中其完善的销售渠

道。事实上，并购后科蒂通过丁家宜的销售渠道，其护肤、香水等业务 2012 年的销售额达到三四亿元，比 2010 年的销售额增长近一倍。雀巢收购银鹭，也是为了利用银鹭的本土营销体系。

第三，实现垄断。中国原有的八大碳酸型饮料公司，已有七家被可口可乐、百事可乐并购，占碳酸饮料市场 90% 以上的份额，我国的碳酸饮料市场已经基本被可口可乐和百事可乐公司垄断。

四、跨国公司在华总部经济得到加强

跨国公司地区总部在跨国公司全球布局中处于比较高级的位置，负责整合区域性资源，是跨国公司内部的运营中心、融资中心、结算中心、研发中心和公关中心，具有地区性决策作用。随着越来越多的跨国公司来华进行投资，中国市场对于跨国公司的全球化经营战略显得越来越重要。为了更好地迎合中国市场的需求，跨国公司开始在中国设立地区总部。2001 年，法国阿尔卡特公司成为第一个在我国建立地区总部的跨国公司，此后，相继有不少跨国公司在中国设立地区总部。亚洲五大跨国公司总部城市是新加坡、香港、上海、北京和东京，其中有 3 个中国城市。截至 2019 年 5 月，北京聚集地区总部 179 家，四成以上来自境外世界 500 强企业。截至 2019 年 10 月底，入驻上海的地区总部共计 710 家（其中亚太区总部 114 家），上海拥有的地区总部机构数量居内地省市之首。

在华设立总部的跨国公司行业非常广泛，如汽车、通信、电力及工程和机械、金融保险、物流、能源、房地产及综合服务业等行业。以电子及通信设备类制造业为代表的制造业的地区总部主要分布于北京，如 IBM、朗讯、摩托罗拉、西门子、日立、松下、索尼、欧姆龙、爱普生、佳能、东芝、三星、诺基亚、施耐德、ABB 等大型跨国公司。上海的地区总部涉及的行业则更为广泛，如批发和零售、交通运输、房地产、能源、金融保险业等，代表企业有艾默生电气、埃克森美孚石油、德尔福汽车系统、霍尼韦尔、吉列、强生、柯达、通用汽车、米其林、欧莱雅、资生堂、汉高、拜尔等。

跨国公司在华设立地区总部，可以通过产业关联效应、消费带动效应、集聚效应及资本放大效应等促进我国经济发展，有利于我国产业结构调整和经济增长方式转变。因此，我国政府大力支持跨国公司的地区总部入驻。

思考题

1. 外商对华直接投资的区域结构怎样？
2. 外商直接投资对中国经济的消极影响有哪些？
3. 试述外商对华直接投资的主要特点。
4. 跨国公司在华投资一般选择什么样的进入方式？
5. 阐述外商对华直接投资的发展趋势。

第十一章

中国跨国公司的成长

本章学习重点

- 中国跨国公司跨国经营的发展阶段
- 中国跨国公司跨国经营的投资模式
- 中国跨国公司发展中存在的问题
- 促进中国跨国公司健康发展的对策措施

引导案例

华菱集团成功收购澳大利亚 FMG 部分股权

2009 年 2 月,华菱集团与澳大利亚 Fortescue Metals Group Ltd(简称"FMG")公司在香港签署股权合作协议,以 2.38 澳元/股的较低均价收购 FMG 公司 17.34% 的股权,成为 FMG 第二大股东,并获得了 1 000 万吨/年的铁矿石资源。同年 5 月 8 日,华菱集团与 FMG 公司在长沙举行股权合作庆典仪式,并签署全面战略合作协议,自此湖南华菱集团正式完成对 FMG 公司的股权收购。

国际三大铁矿石巨头对价格的垄断使中国所有的钢铁企业,尤其是大型钢铁企业深受其害,中国钢铁企业的利润犹如严重的水土流失。华菱集团虽然不是受害最严重的,但一直在未雨绸缪,谋求通过行业重组,努力实现年产 3 000 万吨钢的规模,搭建合理的产业链,寻求上游产业链的支持。可以说,完善供应链,解决制约华菱集团发展的资源瓶颈问题,是华菱集团与 FMG 公司实现股权合作的最大动力。华菱集团也看重 FMG 公司的发展势头,FMG 公司在短短的四五年内成长为世界第四大铁矿石供应企业,在企业管理与科学决策等各相关方面,肯定有值得学习、借鉴的地方。华菱集团对 FMG 公司的发展一直保持高度关注,从地缘特征、资源储量、生产规模、基础设施、中长期发展前景及未来增长潜力等多方面进行分析。

这是湖南迄今最大的海外并购项目,也是中国钢铁行业唯一一次收购国外上市公司股权。华菱集团由此成为全球第四大矿业公司第二大股东,也是第一家与境外大型矿业公司实现战略合作的国内大型钢铁企业。在国内钢铁企业排名中,华菱集团钢产量排第 10 位,销售收入列第9位，利润居第7位。根据华菱集团的发展规划，到2011年，华菱集团将力争实现年销售收入1 180亿元，年利税总额170亿元，其中利润70亿元，税金100亿元，集团总资产约1 000亿元。但华菱集团是国内少数没有铁矿资源的钢企，铁矿石全部依靠外购，进口矿占55%，国内矿占45%。到2011年，华菱集团的铁矿石需求约3 000万吨。

华菱集团是从长远利益出发构架这个项目的。正好碰上全球经济低迷，FMG公司迫切需要中国资金与市场的支撑，才给了华菱集团低成本介入的大好时机。

（资料来源：央视网，《集菱集团成功收购澳大利亚FMG部分股权》）

改革开放是中国的一项基本国策，进行海外投资和跨国经营是对外开放形势下的必然趋势。自20世纪90年代以来，世界政治经济格局发生了一系列重大变化，国际环境的相对稳定及技术的进步为我国企业进入国际市场、参与国际竞争提供了良好的平台和条件。从国内来看，中国经济已逐步进入快速、全面发展的时期，中国的国际储备大增，对外开放政策进一步放宽、贸易投资体制重大改革及宏观经营环境逐步改善，为中国企业走出国门寻找新的发展机会创造了强有力的条件。对中国从事跨国经营的企业来讲，进行跨国经营是其提高利用外资水平、改善经营管理现状、壮大发展等的重要渠道和必然要求。

第一节　中国跨国公司的发展阶段

中国企业国际化经营起步较晚，是在1979年改革开放方针确定以后才开始的。但是，中国企业对外直接投资发展较快，特别是近年来，涌现出一大批有影响力的优秀跨国公司。中国跨国公司的发展大致经历了五个阶段。

一、起步阶段（1979—1991年）

在这一时期，只有个别企业开始对外投资，采取的方式是在主要国家的主要城市设立代表处、办事处，主要任务是代理国内公司向外推销产品，投资特点是金额小、业务功能简单。

在1979—1983年的五年里，经中国政府批准在国外开办的合营和独资企业共61个，分布在23个国家和地区，总投资额为10 119万美元，其中，中方投资4 590万美元。投资领域主要集中在航运服务、金融保险、承包工程和中餐馆等少数行业。如1980年3月，中国船舶工业总公司、中国租船公司与香港环球航运集团等合资在百慕大成立国际联合船舶投资有限公司，代理中国船舶及船用设备的进出口及国际航运业务。

1984—1985年，境外企业发展较快，经政府批准在国外开办的企业共119个，比前5年开办的企业数增加了近一倍，总投资额为19 477万美元，其中，中方投资13 137万美元。投资项目分布在40多个国家和地区，涉及的领域和行业更加广泛，包括资源开发、加工生产装配等方面。如1984年10月，中国国际信托投资有限公司投资4 000万元人民币，在美国西雅图与一家美国公司合资建立西林公司，从事林业和木材加工业务。

在改革开放初期，中国政府对境外投资审批极其严格。1985年，原外经贸部制定并颁布了《关于在境外开办非贸易性企业的审批程序和管理办法的试行规定》。这一规定下放了部分审批权限，简化了部分审批手续。但是，总体而言，中国政府并没有明显支持和推进境外投资。跨国投资主要是部分企业的自发行为，项目投资金额不大如表11-1所示。

二、调整整顿阶段（1992—1998 年）

在这一阶段，对外投资出现热潮，许多企业了解到，走出国门做生意效果更好，纷纷在自己产品的主要销售国建立一系列分支机构，扩大自己的经销点，慢慢形成了一整套有效的经销网络。

1992 年以后，随着深化改革和扩大开放，中国跨国公司开始进行比较大规模的海外投资。如 1992 年 11 月，首钢以 1.2 亿美元收购秘鲁铁矿公司，这是当时影响最大的跨国投资项目，也是我国冶金行业跨国投资最早的尝试。1992 年我国境外直接投资金额急剧增大，1992 年一年即达到 40 亿美元，1993 年又增加到 44 亿美元。

但这种扩大趋势并没有维持很长时间。由于种种原因，20 世纪 90 年代初我国企业跨国投资出现了一些问题，主要表现在以下方面。

（1）一些没有完成改制的国有企业，由于产权不清晰，激励机制和约束机制不完备，跨国投资失控。

（2）一些企业违反国家规定，未经批准擅自在境外设立公司，致使"夫妻店""独人公司"等现象屡见不鲜。

（3）一些企业海外项目财务管理不规范，普遍存在"两本账"问题，给国有资产的保值增值带来隐患。

（4）一些腐败官员利用跨国投资，将国有资产转移到个人名下，造成国有资产流失。

1994 年国家开始对企业海外投资进行整顿，要求各单位对本单位的境外企业进行清理，撤销"夫妻店""独人公司"，补办擅自设立的境外企业审批手续。政府有关部门对境外投资制定了更严格的审批手续规定。经过整顿，盲目的境外投资得到遏制。与此同时，我国境外投资数量明显下降。

三、积极推进阶段（1999—2003 年）

在这一阶段，跨国经营活动出现了新的变化，不仅代表处、人事处、销售网络相继建立，而且许多企业在国外建立了自己的窗口，如商场、宾馆、展览中心等，更有一些生产企业在一些国家和地区建立了自己的生产、维修基地等。

中国企业更多地按市场经济规则并从企业发展自身规律出发进行跨国投资。中国政府也以从未有过的积极态度支持和推进企业的跨国投资。1999 年年初，中国政府以推进境外加工贸易为起点，推动中国企业海外投资，促进中国跨国公司的成长。国务院出台了鼓励企业开展境外带料加工装配业务的规定。1999—2003 年，共批准海外投资企业数 1 555 个，中方投资额超过了 49 亿美元，如表 11-1 所示，其中，2003 年，我国企业投资设立境外企业 510 家，中方投资额达 20.87 亿美元，项目平均投资额超过 400 万美元。

表 11-1　1979—2003 年中国对外直接投资基本情况

项目	1979—1991 年	1992—1998 年	1999—2003 年
批准海外投资企业总数/个	1 048	1 046	1 555
年均批准海外投资企业数/个	80.61	149.43	311

续表

项目	1979—1991 年	1992—1998 年	1999—2003 年
中方投资总额/万美元	151 296	102 222	491 883
中方年均投资额/万美元	11 638.15	14 603.14	98 376.6

四、快速发展阶段（2004—2016 年）

在这一阶段，我国对外直接投资速度明显加快，大批中国企业开始走出去到海外市场进行战略布局，呈现全方位、宽领域的跨国经营特点。跨国投资领域已拓展到海外的工业制造、建筑、石油化工、资源开发、交通运输、水利电力、电子通信、商业服务、农业等行业，对海外环境保护、航天航空、核能和平利用、医疗卫生、旅游餐饮、咨询服务等领域的投资也有长足的进展。2006—2016 年，我国对外直接投资从约 200 亿美元增长到 1 961.5 亿美元，呈现高速增长的势头，从图 11-1 中可看出。

五、稳步调整阶段（2016 年以后）

在这个阶段，我国对外直接投资总量有所放缓，2017 年和 2018 年我国对外直接投资总量有所下降，分别为 1 582.9 亿美元和 1 430.4 亿美元。但我国对外投资的结构、质量得到进一步优化，除了向国外战略性资源领域投资外，还增加了对高新技术产业、高端制造业、新兴服务业的投资。中资企业"走出去"愈发理性，特别是我国与"一带一路"沿线国家间的投资活动日益活跃，跨境资金总量大幅增长。2006—2018 年中国对外直接投资总额如图 11-1 所示。

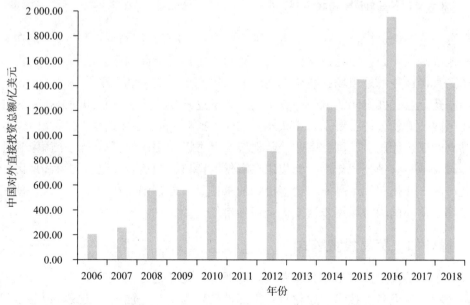

图 11-1 2006—2018 年中国对外直接投资总额

（数据来源：Wind 数据库）

2019年，中国跨国公司的海外资产、海外收入、海外员工占比稳步提高。2019年中国跨国公司前10名各项数据如表11-2所示。

表11-2 2019年中国跨国公司前10名各项数据

排名	公司名称	海外资产/万元	海外收入/万元	海外员工/人	跨国指数/%
1	中国石油天然气集团公司	91 912 417	113 679 952	122 704	24.95
2	中国石油化工集团公司	62 238 419	87 697 937	39 658	21.97
3	中国中信集团有限公司	57 071 538	8 889 769	30 293	12.66
4	中国远洋海运集团有限公司	55 840 636	15 081 516	8 091	50.41
5	腾讯控股有限公司	51 326 103	1 028 586	35 169	44.13
6	中国海洋石油集团有限公司	47 812 263	43 068 281	4 671	34.83
7	中国化工集团有限公司	37 201 734	21 688 278	86 025	51.99
8	华为投资控股有限公司	36 618 560	3 490 400	45 000	28.28
9	国家电网有限公司	28 636 578	10 283 503	15 759	4.31
10	中国交通建设集团有限公司	23 774 955	15 540 775	31 788	20.45

（资料来源：新浪财经，《2019中国100大跨国公司榜单》）

第二节 中国跨国公司跨国经营的投资模式

一、建立海外营销渠道投资模式

建立海外营销渠道投资模式，是指我国一些企业进行海外投资的目的并不是在东道国设立生产基地或研发中心，而是建立自己的国际营销机构，借此构建自己的海外销售渠道和网络，将产品直接销往海外市场，减少中间环节，提高企业的盈利水平。

中国制药企业三九集团的海外投资基本上属于这种模式。三九集团的制造基地和研发中心等均在国内，海外公司主要是营销机构。自1992年以来，三九集团先后在中国香港、俄罗斯、马来西亚、德国、美国、南非、新加坡、日本以及中东地区等十几个国家和地区设立了营销公司。这些营销公司作为三九集团在海外的窗口，担负着让这些国家和地区的消费者了解三九产品、开拓三九产品海外销售市场的重任。海外营销公司的发展壮大，使三九集团产品的市场由单一国内市场逐步演变为全球性市场。

二、境外加工贸易投资模式

境外加工贸易投资模式是指我国有些企业通过在境外建立生产加工基地，开展加工装配业务，以企业自带设备、技术、原材料、零配件投资为主，经加工组装成制成品后就地销售或再出口到别的国家和地区，借此带动和扩大国内设备、技术、原材料、零配件出口。境外加工贸易投资模式适合我国经济结构调整的要求，近年来日益成为企业海外投资的一种重要模式。开展境外加工贸易的国内企业主要集中在技术成熟和生产能力过剩的纺织、服装、家电、轻工、机械和原料药等行业。

华源集团 1992 年诞生于上海浦东新区，是以纺织业为支柱产业的大型国有企业集团。20 世纪 90 年代中后期，我国纺织业面临国内市场萎缩、生产能力过剩的困境，而在国际市场上又不断受到以出口配额和保障措施等为主要形式的贸易壁垒的限制。华源集团抛弃单纯依靠出口占领海外市场的传统做法，另辟蹊径开展境外加工贸易，先后在塔吉克斯坦、尼日尔、墨西哥、加拿大和泰国等地投资建立海外生产加工基地并合理利用原产地规则，有效绕过国外贸易壁垒，规避反倾销，拓展了海外市场，并带动和扩大了国内设备、技术、原材料、零配件出口。华源集团在墨西哥和加拿大设立了两个纺织企业，利用《北美自由贸易协定》中规定的贸易区成员国境内生产的棉纱或纤维制成的纺织品享有免税、免配额的优惠政策，扩大了对北美尤其是美国的棉纱和面料产品出口。此外，深圳康佳集团、珠海格力集团和江苏春兰集团等企业的海外投资，也多属于境外加工贸易投资模式。

三、创立自主品牌投资模式

创立自主品牌投资模式是指我国某些企业在海外投资过程中，不论是采取绿地投资方式，还是采取跨国并购投资方式，均坚持在全球各地树立品牌，靠长期的投入培育自主的国际知名品牌，开拓海外市场的模式。海尔集团是该模式的代表。

海尔集团在海外投资办厂时，坚持海尔品牌，中方投资方是海尔集团，生产和销售的产品也是海尔。海尔在海外投资中，采用"先难后易"策略，这是由海尔创立自主品牌投资模式决定的。2004 年 1 月 31 日，在世界五大品牌价值评估机构之一的世界品牌实验室编制的《世界最具影响力的 100 个品牌》报告中，海尔集团排在第 95 位，是唯一一家入选的中国（除香港、澳门、台湾地区）企业。

四、海外并购模式

（1）海外并购品牌模式。海外并购品牌模式是指通过并购国外知名品牌，借助其品牌影响力开拓当地市场的海外投资模式。并购海外品牌是为了获得目标品牌的营销渠道和忠诚的消费群体，达到快速进入市场、减少成本、规避风险的目的。2018 年 9 月，安踏体育公布公告，宣布联合私募基金方源资本组成财团，收购 Amer Sports。安踏收购 Amer Sports 是其全球战略的一部分，安踏通过收购兼并全球性的公司来完成品牌国际化的第一步，同时继续聚焦运动装备产业，以多品牌战略满足不断细分的消费者需求和使用场景。

（2）海外资产并购模式。海外资产并购模式是指中方企业购买海外目标企业的全部或主要的运营资产，或收购其一定数量的股份，以实现对目标企业进行控制或参股的投资行为。中方企业并购目标企业后一般不承担目标企业原有的债权债务，只承接目标企业原有的资产和业务。2016 年 1 月 15 日，青岛海尔发布公告称，拟通过现金方式向通用电气（GE）购买其家电业务相关资产，交易金额为 54 亿美元。GE 家电业务在美国发展有百年历史，备受美国当地用户的认可。在欧美市场，GE、惠而浦、博世等家电品牌长期霸占中高端市场，这恰恰是中国企业最难攻下的领地。此外，北京东方电子集团收购韩国现代电子、中国海洋石油有限公司收购印尼油气田资产等，都属于这种模式。

（3）海外股权并购模式。海外股权并购模式是指国内企业购买海外目标公司（通常是上市公司）发行在外的具有表决权的股份或认购其新增注册资本，所获得的股份达到一定比例可对该公司行使经营管理控制权的海外投资行为。在这种模式下，交易对象是海外目标公司的股权，而最终获得的是对目标公司的控制权，我国企业作为收购方成为海外目标公司的新股东。近年来，国内企业选择股权并购模式进行海外投资的事例逐步增多，如海澜之家的子公司拟以自有资金6.6亿元受让新余云开等股东持有的英氏婴童约44%股权。

五、国家战略主导投资模式

国家战略主导投资模式，是指我国一些大型资源企业在政府推动下，为国家经济的可持续发展，如国家能源安全的需要和重要矿产资源进口供给保障而在海外进行的资源开发方面的投资。

海外能源开发投资是落实国家能源安全战略的重要步骤，这类投资需要巨额资金，投资回收期长，投资风险大，需要政府推动并承担主要风险，因而采取国家战略主导模式比较适宜。采取该模式进行海外投资的代表性企业是我国石油行业的三大巨头，即中石化、中石油和中海油。重要矿产资源进口供给保障包括铁矿石等矿产资源类产品的进口与国外投资活动。钢铁产业是我国经济发展的重要支柱产业，但在很大程度上受制于国外铁矿石的供给，近年来我国加大了这方面的对外直接投资。

六、海外研发投资模式

海外研发投资模式是指我国一些高科技企业通过建立海外研发中心，利用海外研发资源，使研发国际化，以获取居于国际先进水平的自主知识产权。首创这一海外投资模式的是华为技术有限公司。华为在全球建立了22个地区部、100多个分支机构和36个培训中心，在美国硅谷和达拉斯、印度班加罗尔、瑞典斯德哥尔摩及俄罗斯莫斯科等地建立了多家海外研发中心，并通过各种鼓励政策吸引国内外优秀科技人才开展研发活动。截至2017年年底，华为累计专利授权74 307件，外国专利申请累计48 758件，其中90%以上为发明型专利，居发展中国家企业之首。

第三节 中国跨国公司发展中存在的问题及对策

在贯彻实施"走出去"战略时，政府如何做出有效的引导与推动，成为影响这项国家战略实施的重要因素。20世纪90年代末，中央提出实施"走出去"战略以来，我国政府主管部门针对境外加工贸易、推动与发展中国家合资合作、森林资源开发等业务先后出台了专项的支持性政策，包括财政支持、放宽外汇管制、增加政策性银行信贷规模等。但是，总体来看，我国现行管理体制和服务体系仍然存在诸多缺陷，对外投资管理仍处于不成熟阶段。

一、现行管理体制和服务体系的缺陷及对策

（一）行政管理体制与服务体系的缺陷

1. 多头审批管理，审批环节烦琐

在我国对外直接投资管理体制中，多头审批管理一直是一个比较突出的问题。有众多的

部门参与企业对外直接投资的管理工作:商务部是国务院授权的对外直接投资的归口管理部门,负责拟定境外投资的管理办法和具体政策,起草对外直接投资管理的法律法规和规章,依法核准国内企业对外投资开办企业(金融类除外)并实施监督管理;国家发展和改革委员会负责安排国家拨款的境外资源开发类和大额用汇投资项目;国家外汇管理局、中国人民银行、财政部、国有资产管理委员会为对外直接投资的协助管理部门,负责与对外投资有关的外汇的汇出与汇入、资金投放、境外国有资产管理等事务;各地方政府和有关部委为其境外企业主办单位的政府主管部门,并根据本地区、本行业的综合优势和特点,确定本地区、本行业的重点投资方向和领域;同时,商务部授权其驻外使领馆经济商务机构对中方在其所在国开办的各类企业进行一线监督管理。在这种多层次的管理体制下,表面上各部门各司其职,但实际上职能交叉,管理内容重叠。各部门从各自的管理权限和部门目的出发,制定各自的管理办法,同时又缺乏一个权威的机构来统一协调,在实际操作中往往造成混乱,极易产生矛盾。

按现行规定,不同类型和金额的对外投资项目要经过国家发展和改革委员会、商务部及地方相关主管部门的核准,需要企业报送的相关材料虽然按最新规定有所简化,但仍相对繁杂,企业很难在短期内备齐;若想得到中央外贸发展基金、进出口银行政策性贷款、出口信用保险、援外优惠贷款等方面的政策扶持,则更费周折。

2. 国家对海外企业监管不力

在我国对外直接投资中,一直存在国有资产流失、企业非法经营、投资移民、资本外逃等问题。这与我国对外直接投资的管理体制中一直存在的"重审批、轻监管"现象不无关系。我国对对外投资的监管基本上处于放任自流或无能为力的状态。尽管我国商务部从2003年起对境外投资实行了统计、年检和绩效评价制度,但少数投资主体对联合年检重视程度不够,落实不到位,导致部分境外企业没有参加联合年检;加之许多根本没有经过审批而私自进行对外投资的国有企业、民营企业,使我国对外投资统计的准确性与全面性大打折扣。财政部对境外国有资产的管理基本上也是有名无实,其监管的条例和措施可操作性较差,而驻外使领馆商务处也缺乏必要的监管手段,其一线监管职能受到人员经费的严重制约。

3. 外汇管制制约企业国际融资能力

为了适应我国境内投资者开展对外直接投资和跨国经营的需要,外汇管理局逐步放宽了对境外投资的外汇管理,取消了境外投资风险审查制度和汇回额度的限制,允许购汇或使用国内外汇贷款用于境外投资等。但是,企业走出去的融资担保问题一直没有得到很好的解决,国家对境外投资企业的资金筹措和贷款担保仍限制得过多过死。例如,国家外汇管理部门对国内母公司给予境外子公司贷款担保有严格的数量限制,中国银行境外分行也不能向我国境外企业发放贷款。这些规定都极大地削弱了海外投资企业的国际国内融资能力。

4. 对外投资保障制度体系不健全

具体表现在以下几方面。

(1)法律法规体系不健全。我国对外投资立法严重滞后于海外投资实践的发展。我国的第一项对外直接投资开始于1979年,但迄今为止,我国尚未出台专门的海外投资法,还没有形成完善的对外投资的法律体系。现行的有些法规不仅颁布时间较早，而且门类残缺不全，难以适应当前企业海外投资的需要。

（2）海外投资保险制度不完备。企业从事跨国经营，往往面临着较大的政治和经济风险。中国出口信用保险公司作为政策性保险公司，已为境外带料加工装配等国家鼓励出口的项目、产品提供了政治风险及非商业性风险保障。对境外带料加工装配项下出口的设备、技术、零配件、原材料等，比照中长期出口信用保险的条件提供保险，并适当提高对拉丁美洲、非洲等高风险地区的出口信用保险国家限额。尽管如此，我国海外保险制度对实施"走出去"战略的支持力度远没有达到预期目标，主要原因是业务范围狭窄、业务规模小及保险费率过高。

（3）多边双边投资保护机制不健全。我国于1985年和1990年先后参加了由世界银行主持的《多边投资担保机构公约》和《关于解决各国和其他国家国民之间投资争端的公约》。这两个公约对中国跨国公司开展对外直接投资提供了强有力的支持。我国已与100多个国家签订了双边投资促进和保护协定，但仍有相当一部分海外市场与我国尚未签订此类协定。而已签订的双边投资协定多数与来华投资的发达国家和次发达国家签订，其主要目的是吸引这些国家的投资，而未将保护中国境外投资列为重点。这事实上导致双边投资协定演变为我国政府的单方面承诺。

（4）对外投资信息服务尚不完善。毋庸置疑，企业在收集各国投资环境和市场信息方面的手段是十分有限的，且成本很高。向社会提供公共产品是政府应尽的职责，全面、系统、准确、及时地向国内企业提供对外投资相关信息是政府具体实施"走出去"战略的重要一环，本应大有作为，然而长期以来，对外投资主管部门在为企业提供外国政治法律环境、投资贸易环境及文化风俗等信息方面，做得还很不到位。

（二）解决行政管理体制与服务体系缺陷的对策

如何在充分发挥市场配置资源基础性作用的同时，进一步加强和改善宏观调控，是完善社会主义市场经济体制的内在要求，是我国参与经济全球化、发展外向型经济的要求，同时也是我国政府打造国际竞争力的一个重要课题。

1. 构建新型监督管理体系

我国正在完善社会主义市场经济体制，企业将彻底成为投资决策和生产经营主体，因此在自主经营、自负盈亏的前提下，政府部门应减少对企业商务活动的限制和干预，包括对跨国经营的投资决策和经营人员的出国外事管制。政府政策的重点不应是在审批环节上管制企业，而应通过产业和地区促进政策引导企业的经营行为。

首先，作为国家重大战略的管理者，政府需要把握战略实施的全局，应通过建立完善的统计分析制度，适时进行战略和策略调整。

其次，根据国际政治经济发展的动态，对于拟投资和已经投资的项目在政治（战争为主）风险、经济（金融为主）风险、经济和技术安全及是否违反我国以及东道国法律法规方面，进行必要的监控和限制，以便建立风险预测、预警和快速反应机制，通过政治保险、内部通告及外交协调等有效措施，帮助企业规避风险。

2. 强化法律和制度保障

政府应当切实为"走出去"战略保驾护航。投资自由化是当前国际直接投资的发展趋势,但自由化是以法律为保障的,不仅东道国需要向外来投资者提供法律保护,投资者母国也须以法律法规保障投资者的权益。我国迄今为止尚未制定专门的海外投资法,部门管理规章也比较零散,落后于形势的发展,亟待完善与更新,否则依法行政就没有根据。因此,政府有关部门应加快与对外投资相关的法律的制定,为我国跨国公司的境外投资提供法律保障。

3. 完善海外投资保障体系和保险制度

为鼓励企业"走出去",我国应通过提供优惠的政策,建立必要的对外投资保障体系和保险制度,签订双边投资保护协定和避免双重征税协定等措施,来保护本国投资者的合法权益,鼓励和引导企业开展对外投资。

4. 完善财政促进体系

我国应进一步完善实施"走出去"战略的政策促进体系,发挥政府作为这项事业宏观发展的推动者和引导者的作用。具体来说,应做好以下几方面的工作。一是在信贷方面,取消受贷企业出具1∶1财产抵押或以担保来获取贷款的政策限制。作为政策性银行,中国进出口银行应将业务内容进行调整,不直接做信贷业务,而将现有资本金作为"信贷担保基金",向那些为跨国经营企业提供商业贷款的商业银行提供信贷担保,担保比例按风险系数进行计算后确定。二是中国出口信用保险公司的政策定位应更加清晰,适度扩大资本金规模,进一步扩大对外投资和其他跨国经营的保险和担保范围,确定合理适度的信贷保险费率,满足企业跨国并购、BOT项目融资等新兴业务的需要。

5. 加大中央财政对"走出去"战略实施的支持力度

应加大中央对"走出去"战略的财政支持力度,以扶持企业对新行业领域市场的开拓。财政支持可探索以赠款、贷款和股权投资等方式提供;可对整个投资项目提供,也可针对海外投资项目实施进程中的某个特定阶段提供,如可行性研究、项目开发或启动阶段。根据财政支持计划的结构,投资前期规划和可行性研究,可以得到金额资助或垫付。如果一个项目被认为是可行的,垫付可行性研究的经费资助可以偿还的方式进行。政府在财政支持方面,还可以有差别地对不同产业领域的对外投资或其他跨国经营,提供直接的税收鼓励。

6. 加强信息与技术援助服务

政府应加强信息服务和技术援助服务。在信息服务方面,除提供东道国经济和政策法规外,还要向国内投资者提供相关国家的各类风险信息、行业调研和具体的投资机会信息;建立对境外投资有兴趣的国内企业相关情况的数据库;提供中介服务,向潜在投资者提供投资机会信息或介绍适宜的投资合作项目。技术援助主要是根据企业需要,设定投资促进的技术援助项目,如跨国收购和资源整合、可行性研究等。通过这种项目,把发达国家的高级管理人员带到国内,或者把国内企业的高级管理人员送到发达国家,相互交流。此外,对于圈定的投资机会,也可提供项目开发和可行性研究等。

★延伸阅读

浙江民营企业"走出去"战略

改革开放30多年来,浙江的经济得到了飞速的发展,这与该省民营企业的快速发展密不可分。浙江企业"走出去"开始于20世纪80年代初,至今已有3个阶段。第一个阶段是

1982年到1997年,这一阶段以设立境外窗口公司和办事处为主,政府机关和国有企业占主导。第二个阶段是1998年到2005年。特别是1999年省外经贸厅提出的"两个推动",即推动浙江制造业等优势产业到境外投资,积极开展境外加工贸易;推动浙江商品专业市场到境外设立分市场,建立国际营销网络,在带动出口方面作用明显。第三个阶段是2006年至今,这一阶段项目个数明显增加,规模不断扩大,质量显著提高,形式日益多样,民营企业成为"走出去"的主体,产业项目比重增大。目前,浙江企业经审批在境外的投资机构已近3 000家,数量位居全国第一。据统计,浙江境外投资总额约20亿美元,分布在127个国家和地区。从2002年到2010年,浙江企业境外投资额由0.6亿美元提高到约6.6亿美元,年均增长59.5%,"走出去"的步伐明显加快。单向投资规模从2006年的92万美元提高到158万美元,中方投资额在500万美元以上的项目达24个。纺织、机械、轻工、电子和建筑业是浙江企业"走出去"的主导产业。在这些"走出去"的企业中,民营企业占到总数的95%。而在商务部确定的第一批和第二批19家境外合作区中,浙江企业中标4家,数量居全国第一。

浙江省民营企业在"走出去"的过程中取得了较大的成绩,这在很大程度上得益于其产权清晰、机制灵活。民营企业产权明晰,自担风险,体制新,机制活,善于捕捉市场信息,细分市场,迅速组织生产,准备周期短,其灵活性适应了国际市场上多品种、小批量、个性化需求。与此同时,浙江民营企业在对外直接投资中也具有小规模技术优势。浙江民营企业生产的很多产品既是劳动密集型产品,又是高技术密集型产品,这正是浙江民营企业的特殊优势。浙江位于我国经济最发达的长江三角洲地区,经济基础良好,水陆交通都很方便,长期以来一直与海外有着广泛的经济贸易联系,国内外市场腹地广阔,辐射能力强,具有比较良好的区位条件。此外,浙江的企业家具有吃苦耐劳的精神,这也是其发展对外投资、实施跨国经营的资源优势。

尽管浙江民营企业成绩辉煌,但在未来对外直接投资的竞争中也面临很多困难。从企业自身层面来说,首先,经营融资困难,资本劣势明显。对于大部分浙江民营企业来说,企业产权单一,规模较小,产品科技含量低,抗风险能力低,缺乏吸引资金的能力,且中小型民营企业的融资渠道狭窄,期限较短,贷款的供给数量远远不能满足企业对资金的需求量。其次,管理能力不足,开拓国际市场综合能力有待进一步提高。浙江民营企业的原始创业大多是以血缘、地缘、情缘为纽带合作投资的,普遍采用"任人唯亲"及企业最高管理者事必躬亲的管理模式来实现企业的发展与扩张,缺乏国际化经营能力和经验、垄断优势或某种特有的经营管理优势,这也会使企业的国际化竞争能力下降。最后,科技开发和技术创新能力较低。近年来,浙江民营企业产品在国际市场屡屡遭受各类贸易壁垒,与此有密不可分的关联。最后,大多数民营企业家对海外市场信息获取不足等因素,也会对浙江民营企业的发展形成一定的制约。

二、中国企业跨国投资中自身存在的问题与对策

(一) 中国企业跨国投资中自身存在的问题

1. 国有企业制度存在缺陷

产权界定不清晰是我国国有企业跨国经营业绩不佳的主要原因。产权明晰的重要性在于

它能带来效率,而排他性的产权之所以有效率则在于它是有效激励机制和交易产生的基础。我国国有企业普遍存在所有者缺位现象,造成国有企业对外投资项目出现明显的决策失误等先天不足现象。另外,产权安排也决定了管理制度。国有企业产权制度对经营者缺乏有效的激励、监督和约束机制,境外公司内部管理混乱,进而直接导致企业海外经营失败。我国多数国有企业产权不明、机制不活、管理不善,未能按照现代企业制度完善内部治理结构,形成先天制度缺陷,难以肩负起"走出去"的大任。

2. 缺乏国际化意识

我国企业普遍缺乏全球战略意识和现代化经营管理手段,在经营理念和方法上都无法适应国际竞争的需要,仅仅满足于占领国内市场,"走出去"意识淡薄,即便是一些有实力和比较优势的企业,也未将对外投资列入企业的发展规划。目前,跨国公司之间的竞争已远远超出具体国家的范围,形成了在整个全球范围内抢占市场、争夺消费者的竞争态势。如果一个企业将竞争的着眼点仅仅放在本国市场,那么它很有可能在一夜之间发现,自己身边出现了一个无法匹敌的庞然大物——跨国公司,并且这个庞然大物会毫不手软地向自己发起进攻。缺乏国际化和全球化意识的公司,在未来是不可能成为具有竞争力的公司的。

3. 对外投资战略不明确

我国很多企业缺乏对外投资的长期发展战略,目标极不明确,有的是为了"走出去"而"走出去",有的则是一种随机行为,缺乏科学论证。一些企业不善于利用国际投资方面的法律、会计、资产评估等相关信息服务,前期准备工作不充分,对境外经营过程中可能遇到的困难也考虑不周,结果往往造成投资的失败。

4. 缺乏对外投资资金和跨国经营管理人才

我国企业开展对外投资遇到的一个突出问题就是自有资金不足,而国家的信贷支持力度不够,其他融资渠道也相当闭塞,从而使开拓国际市场困难重重。除了一些列入国家投资计划的资源开发和境外加工贸易项目得到政府资金支持外,多数项目的资金要靠企业自己解决。有些企业虽然在境外有很好的销售市场,产品技术和质量也能达到当地较高的水平,但因为资金短缺,不能扩大生产规模。同时,企业进行跨国经营需要大批高级的金融人才、科技人才、管理人才和法律人才,他们不仅要熟练掌握外语,还要了解国外的政治、经济、法律与文化环境,熟悉国外的市场与消费者,具有跨文化谈判与沟通能力。而我国企业恰恰缺乏这方面的复合型人才。人才瓶颈已经成为制约企业"走出去"的明显障碍。

(二)解决问题的对策

1. 制定科学合理的跨国经营发展战略

跨国经营发展战略应与企业总体发展战略相协调,把国家的发展与企业的总体发展战略有机结合起来,企业的每项海外投资和跨国经营,都必须服从于整体战略。

2. 企业要强化战略管理与控制

着力完善跨国经营管理制度,包括投资决策制度、经营管理制度、人力资源管理制度、风险规避制度等。跨国经营的战略管理与控制制度,是实现企业全球化资源优化配置的关键。企业在产业布局过程中,一定要兼顾成本和利润率,实行价值链管理,以母公司利润最大化为根本目标。对现有生产经营的产业链进行细分、延长，由国内外分支机构按资源优化组合的原则进行专业化分工，把国内劳动力资源的竞争优势转化为利润，然后加大对研发和营销的投入，创立自主知识产权和自有品牌。高度警惕和防范跨国经营可能遭遇的各类风险，建立风险评估机制和风险防范预案，通过快速反应机制，应对风险的发生并降低风险带来的损失。

3. 培养和吸纳跨国经营人才

企业开展跨国经营，需要大批熟悉国际惯例，了解当地政治、法律和文化，还熟练掌握外语的复合型人才。因此，企业应该尽快制定人才战略，通过各种方式和渠道，培养和吸纳高级复合型人才。首先，可以采用培训的手段。企业既可以利用自身的力量或国家的帮助进行员工培训，又可以将员工送出去进行专门培训。其次，通过市场化运作、招揽人才。在世界范围内吸引高级人才，具有成本低、见效快的特点。如，TCL公司聘请日本人山根亲雄担任其王牌彩电的技术总监，在一定程度上满足了公司在国际管理人才方面的强烈需要。

思考题

1. 分析我国国家战略主导投资模式的利与弊。
2. 我国现行对外投资管理体制还存在哪些缺陷？
3. 中国跨国公司跨国经营的投资模式有哪些？
4. 在跨国经营中，中国企业自身存在哪些问题？如何解决？

参考文献

[1] Bengtsson M, Kock S. Coopetition in business networks to cooperate and compete simultaneously [J]. Industrial Marketing Management, 2000, 29.

[2] Berry S, Ariel P. Some applications and limitations of recent advances in empirical industrial organization: Merger analysis [J]. The American Economic Review, 1993, 83 (2).

[3] Fu X, Hou J, Sanfilippo M. Highly skilled returnees and the internationalization of EMNEs: Firm level evidence from China [J]. International Business Review, 2016.

[4] Li J, Strange R, Ning L, et al. Outward foreign direct investment and domestic innovation performance: Evidence from China [J]. International Business Review, 2016, 25 (5).

[5] Burkart M. Initial shareholders and overbidding in takeover contests [J]. Journal of Finance, 1995, 50 (5).

[6] Chowdhry B, Jegadeesh N. Pre-tender offer share acquisition atrategy in takeovers [J]. Journal of Financial and Quantitative Analysis, 1994, 29 (1).

[7] Chwolka A, Martini J. T, Simons D. The value of negotiating cost-based transfer prices [J]. Business Research, 2010, 3 (2).

[8] Rice J, Galvin P. Alliance patterns during industry life cycle emergence: the case of Ericsson and Nokia [J]. Technovation, 2005, 26.

[9] Adams L, Drtina R. Transfer pricing for aligning division and corporate decisions [J]. Business Horizons, 2008 (51).

[10] Chatterjee K, Samuelson W. Game theory and business applications (second edition) [M]. New York: Springer Science+Business Media, 2014.

[11] 白洁. 对外直接投资的逆向技术溢出效应——对中国全要素生产率影响的经验检验 [J]. 世界经济研究, 2009 (8).

[12] [美] 克鲁格曼, [美] 奥伯斯法尔德. 国际经济学 [M] 5版, 中文版. 海闻, 等, 译校. 北京: 中国人民大学出版社, 2002.

[13] [英] 柯林斯. 金砖国家对外直接投资 [M]. 朱莺, 顾健, 译. 北京: 化学工业出版社, 2017.

[14] 东艳. 深度一体化、外国直接投资与发展中国家的自由贸易区战略 [J]. 经济学 (季刊), 2009, 8 (2): 397-426.

［15］杜凯，周勤. 中国对外直接投资：贸易壁垒诱发的跨越行为［J］. 南开经济研究，2010，（2）.

［16］樊增强. 跨国公司发展的新趋势和新特点［J］. 中国流通经济，2013（9）.

［17］范黎波，宋志红. 跨国经营理论与实务［M］. 北京：北京师范大学出版社，2011.

［18］［美］卢森斯. 国际企业管理——文化、战略与行为［M］. 7版. 赵曙明，程德俊，译. 北京：机械工业出版社，2010.

［19］关雪凌，罗来军. 跨国公司经营与管理［M］. 北京：中国人民大学出版社，2012.

［20］孔群喜，王紫绮，王晓颖. ODI逆向技术溢出、吸收能力与经济增长质量——基于偏效应和门槛特征的实证研究［J］. 亚太经济，2018（6）.

［21］孔欣，李健欣. 企业异质性：出口贸易、国外直接投资与企业外包［J］. 贵州财经学院学报，2011（6）.

［22］李立民，张越，王杰. OFDI对中国-东盟贸易影响研究［J］. 国际经济合作，2018（9）：76-86.

［23］李梅. 人力资本、研发投入与对外直接投资的逆向技术溢出［J］. 世界经济研究，2010（10）.

［24］林季红. 跨国企业管理案例［M］. 北京：中国人民大学出版社，2013.

［25］卢进勇，刘恩专. 跨国公司经营与管理［M］. 北京：机械工业出版社，2013.

［26］聂珊珊. "一带一路"背景下中国企业对新加坡直接投资的现状与风险分析［J］. 辽宁经济，2019（2）：16-17.

［27］［美］帕拉哈拉德，［美］多茨. 跨国公司使命［M］. 王文彬，等，译. 北京：华夏出版社，2001.

［28］彭徽，匡贤明. 中国制造业与生产性服务业融合到何程度——基于2010—2014年国际投入产出表的分析与国别比较［J］. 国际贸易问题，2019（10）.

［29］冉启英，任思雨，吴海涛. OFDI逆向技术溢出、制度质量与区域创新能力——基于两步差分GMM门槛面板模型的实证分析［J］. 科技进步与对策，2019，36（7）.

［30］任永菊. 跨国公司与对外直接投资［M］. 北京：清华大学出版社，2018.

［31］沙文兵，李莹. OFDI逆向技术溢出、知识管理与区域创新能力［J］. 世界经济研究，2018（7）.

［32］沈卓群. 我国服务业OFDI在东盟10国分布现状、问题及对策［J］. 时代金融，2019（17）.

［33］孙志红，吕婷婷. 国际产能合作背景下对外直接投资逆向技术溢出效应的地区差异——基于金融门槛效应的考察［J］. 国际商务（对外经济贸易大学学报），2019（5）.

［34］王峰，方瑞，曾振宇. 行业吸收能力差异如何影响中国OFDI的逆向技术溢出？［J］. 南京审计大学学报，2019，16（2）.

［35］王晓颖. 东道国自然资源禀赋、制度禀赋与中国对ASEAN直接投资［J］. 世界经济

研究，2018（8）．

[36] 闫付美．生产性服务业 OFDI 与中国技术创新研究［D］．济南：山东大学，2018．

[37] 杨波，柯佳明．新中国 70 年对外投资发展历程回顾与展望［J］．世界经济研究，2019（9）．

[38] 姚利民，王爱丽．世界一流跨国公司成长的母国因素实证分析［J］．国际商务研究，2016（1）．

[39] 余泳泽，潘妍．中国经济高速增长与服务业结构升级滞后并存之谜——基于地方经济增长目标约束视角的解释［J］．经济研究，2019，54（3）．

[40] 朱智洺，符磊，绪辉．跨国公司经营管理［M］．北京：清华大学出版社，2018．